Mac Kung Fu
für OS X

Mac Kung Fu
für OS X

Keir Thomas

Deutsche Übersetzung von Oliver Roman

O'REILLY®

Beijing · Cambridge · Farnham · Köln · Sebastopol · Tokyo

Die Informationen in diesem Buch wurden mit größter Sorgfalt erarbeitet. Dennoch können Fehler nicht vollständig ausgeschlossen werden. Verlag, Autoren und Übersetzer übernehmen keine juristische Verantwortung oder irgendeine Haftung für eventuell verbliebene Fehler und deren Folgen.

Alle Warennamen werden ohne Gewährleistung der freien Verwendbarkeit benutzt und sind möglicherweise eingetragene Warenzeichen. Der Verlag richtet sich im Wesentlichen nach den Schreibweisen der Hersteller. Das Werk einschließlich aller seiner Teile ist urheberrechtlich geschützt. Alle Rechte vorbehalten einschließlich der Vervielfältigung, Übersetzung, Mikroverfilmung sowie Einspeicherung und Verarbeitung in elektronischen Systemen.

Kommentare und Fragen können Sie gerne an uns richten:

O'Reilly Verlag
Balthasarstr. 81
50670 Köln
E-Mail: kommentar@oreilly.de

Copyright der deutschen Ausgabe:
© 2012 by O'Reilly Verlag GmbH & Co. KG
1. Auflage 2012

Die Originalausgabe erschien 2011 unter dem Titel
Mac Kung Fu bei McGraw-Hill / AB Electronics.

Bibliografische Information der Deutschen Nationalbibliothek
Die Deutsche Nationalbibliothek verzeichnet diese Publikation in der Deutschen Nationalbibliografie; detaillierte bibliografische Daten sind im Internet über http://dnb.d-nb.de abrufbar.

Übersetzung und deutsche Bearbeitung: Oliver Roman
Lektorat: Susanne Gerbert, Köln
Korrektorat: Friederike Daenecke, Zülpich
Umschlaggestaltung: Michael Oreal, Köln
Produktion: Karin Driesen, Köln
Satz: Andreas Franke, SatzWERK, Siegen, www.satz-werk.com
Belichtung, Druck und buchbinderische Verarbeitung:
Druckerei Kösel, Krugzell; www.koeselbuch.de

ISBN 978-86899-197-0

Dieses Buch ist auf 100% chlorfrei gebleichtem Papier gedruckt.

Inhaltsverzeichnis

1	**Einführung**		1
	1.1	Wie man dieses Buch liest.................	2
	1.2	Für alle Macs – keine Zusätze nötig!	3
	1.3	Dank.................................	3
	1.4	Weitergabe	4
2	**Wie Sie das meiste aus den Tipps herausholen**		5
	2.1	Verborgene Einstellungen über getippte Befehle aktivieren	5
	2.2	Wie Sie das Apfelmenü und die Anwendungsmenüs verwenden	6
	2.3	Eine Sicherung mit Time Machine erstellen......	7
	2.4	Die Maus oder das Trackpad verwenden	7
	1.1	Ein Administratorkonto haben	8
	1.2	Abmelden und wieder anmelden	9
	1.3	Programmfenster verwenden	9
	2.1	Die Mac-Tastatur und Tastaturkurzbefehle verwenden............................	10
	2.2	Tastenbeschreibung	11
3	**Die Tipps**		13
	Tipp 1	Den iTunes-Titel im Dock anzeigen	13
	Tipp 2	Animierte Aus- und Einblendeffekte ausschalten..	14
	Tipp 3	Starten Sie Programme ganz ohne Maus	18
	Tipp 4	Text in einem Vorschaufenster von Quick Look auswählen............................	18
	Tipp 5	Wie Sie Fenster leichter skalieren	19

Tipp 6	Im Vollbildmodus auf das Dock zugreifen	19
Tipp 7	Wechseln Sie den Schreibtisch-Space durch Anschubsen	20
Tipp 8	Schützen Sie USB-Sticks mit einem Passwort	21
Tipp 9	Wo liegt Ihr Schreibtischbild?	23
Tipp 10	Erstellen Sie Zusammenfassungen von Dokumenten	24
Tipp 11	Aktivieren Sie Stapel und Mission Control mit einer Geste	25
Tipp 12	Wie Sie ganz schnell eine Dateiliste anlegen	26
Tipp 13	Wie Sie das Scrollen richtig beherrschen	26
Tipp 14	Nutzen Sie alle Tastaturfunktionen	29
Tipp 15	Reparieren Sie hässliche Zeichensätze auf externen Bildschirmen	29
Tipp 16	Geben Sie mit Leichtigkeit allgemein übliche Symbole und Zeichen ein	30
Tipp 17	Benennen Sie Fotos automatisch um	32
Tipp 18	Leeren Sie den Papierkorb auf sichere Weise	34
Tipp 19	Gestalten Sie jedes Symbol persönlicher	35
Tipp 20	Finden Sie die Versionsnummern von Programmen	37
Tipp 21	Dashboard-Widgets auf dem Schreibtisch verwenden	37
Tipp 22	Ergänzen Sie Ordner mit Schreibtischhintergrundbildern	39
Tipp 23	Speichern Sie eine Bildschirmkopie in der Zwischenablage statt in einer Datei	39
Tipp 24	Versetzen Sie Ihr MacBook in den Tiefschlaf, um Energie zu sparen	40
Tipp 25	Werden Sie ein Power-User: Mission Control	41
Tipp 26	Wie Sie einen zu langsamen Startvorgang beschleunigen	44
Tipp 27	Wie Sie wissen können, wo genau Sie im Finder sind	44
Tipp 28	Optimieren Sie die optischen Launchpad-Effekte	45
Tipp 29	Verlängern Sie die Batterieleistung von MacBooks	46
Tipp 30	Wenden Sie qualitativ hochwertige Spezialeffekte auf Bilder an	48
Tipp 31	Erstellen Sie „verrückte" E-Mails	48
Tipp 32	Bestimmen Sie, welche Musik erklingt – über einen Bildschirmschoner	49
Tipp 33	Legen Sie einen völlig sicheren Ort für persönliche Dateien an	51

Inhaltsverzeichnis ◄ VII

Tipp 34	So erhalten Sie eine Übersicht über alle WLAN-Details	54
Tipp 35	Wechseln Sie schnell zwischen Audioeingabe und -ausgabe	55
Tipp 36	Machen Sie das Launchpad zu einem persönlich gestalteten Programmstarter	56
Tipp 37	Statten Sie TextEdit mit einer Wortzählung aus...	57
Tipp 38	Sonderfunktionstasten beim Aufruf von Mission Control drücken und gedrückt halten....	59
Tipp 39	Öffnen Sie ein Spotlight-Ergebnis im Programm Ihrer Wahl...........................	59
Tipp 40	Werfen Sie einen schnellen Blick auf den Kalender	59
Tipp 41	Wo befinden sich Dateien, die Spotlight findet?...	60
Tipp 42	Geben Sie mit Leichtigkeit diakritische Zeichen ein............................	60
Tipp 43	Erstellen Sie automatisch Links in Dokumenten..	62
Tipp 44	Kontrollieren Sie, welche Programme starten, wenn Ihr Mac hochfährt	63
Tipp 45	Behalten Sie die Prozessorauslastung und -aktivität im Blick	64
Tipp 46	Erstellen Sie Dokumentvorlagen und Textbausteine	65
Tipp 47	Halten Sie Ihren Mac hellwach	67
Tipp 48	Testen Sie die Speicherbausteine Ihres Mac......	67
Tipp 49	Erstellen Sie eine Installations-DVD bzw. einen bootfähigen USB-Stick für OS X..........	69
Tipp 50	Schnelle Hilfe, wenn das System abstürzt oder einfriert...........................	73
Tipp 51	Teilen Sie Ihr Adressbuch mit anderen	74
Tipp 52	Ändern Sie die Zeichensätze, die im Finder verwendet werden......................	75
Tipp 53	Unterziehen Sie Ihren Mac einem Stresstest, um Fehler aufzudecken....................	76
Tipp 54	Taggen Sie Dateien, um sie schneller zu finden...	77
Tipp 55	Holen Sie sich Ihren Library-Ordner zurück!.....	79
Tipp 56	Wie Sie unverzüglich Schreibtischverknüpfungen zu Dateien erstellen......................	80
Tipp 57	Versehen Sie Dock-Stapel mit einem coolen optischen Effekt	81
Tipp 58	Sehen Sie ständig Infos über Dateien, die auf dem Schreibtisch liegen..................	82
Tipp 59	Verkleinern Sie PDF-Dateien	83

Tipp 60	Schalten Sie die Tastenwiederholungsfunktion wieder ein	84
Tipp 61	Wie Sie Symbole in einer Symbolleiste schnell umordnen	84
Tipp 62	Sichern Sie Textschnipsel zur Wiederverwendung	85
Tipp 63	Verstecken Sie Dateien	86
Tipp 64	Zeigen Sie in der Titelleiste von Finder-Fenstern vollständige Pfade an	88
Tipp 65	Kontrollieren Sie verborgene Bildschirmfoto-Einstellungen	88
Tipp 66	Erstellen Sie ein cleveres Farbauswahl-Programm	90
Tipp 67	Erstellen Sie ein Time-Machine-Backup ohne angeschlossene Festplatte	93
Tipp 68	Machen Sie das Dock ganz, ganz klein	94
Tipp 69	Verwenden Sie einen versteckten Listenmodus für Stapel	95
Tipp 70	Öffnen Sie schnell Dateien, die Sie in der Übersicht betrachten	96
Tipp 71	So verstecken Sie alle Fenster	97
Tipp 72	Verbessern Sie Ihre Arbeit mit der Spaltenansicht im Finder	97
Tipp 73	Zeigen Sie die Speicherorte von Dateien in Spotlight und im Dock an	98
Tipp 74	Machen Sie den Finder zum Mittelpunkt Ihrer Produktivität	99
Tipp 75	Legen Sie Drucker zum schnellen Drucken zusammen	100
Tipp 76	Wie Sie sofort Ihren Mac herunterfahren, neu starten oder in den Ruhezustand versetzen	101
Tipp 77	Zeigen Sie alle verborgenen Informationen eines Fotos oder Films an	102
Tipp 78	Drucken mithilfe von Drag & Drop	103
Tipp 79	Verwenden Sie Spotlight wie ein Profi	103
Tipp 80	Springen Sie zwischen den Ansichten der Finder-Fenster hin und her	106
Tipp 81	Setzen Sie die Hardware-Einstellungen Ihres Mac zurück	106
Tipp 82	Finden Sie heraus, wie viel Festplattenspeicherplatz frei ist	107
Tipp 83	Schlagen Sie vergessene Kennwörter nach	109
Tipp 84	Verschaffen Sie sich Einblick in Druckaufträge	109
Tipp 85	Bringen Sie ein Programm dazu, ein Dokument zu öffnen	110

Tipp 86	Sichern Sie Spotlight-Suchaufträge zur Wiederverwendung	111
Tipp 87	Rufen Sie eine Karte von der Adresse auf, die Ihnen geschickt wurde...................	112
Tipp 88	Rechnen Sie blitzschnell	112
Tipp 89	So erhalten Sie die Gesamtgröße mehrerer Dateien	113
Tipp 90	Verwalten Sie Projektdateien mit Farbetiketten ...	114
Tipp 91	Nehmen Sie Filme, Screencasts und Podcasts auf .	115
Tipp 92	Drucken Sie vom Finder aus	117
Tipp 93	Fügen Sie eine Auswurftaste hinzu	117
Tipp 94	Greifen Sie auf versteckte Menüoptionen zu	118
Tipp 95	Suchen Sie unverzüglich in Google	119
Tipp 96	Bringen Sie Ihr Anmeldebild mit optischen Effekten zur Geltung......................	119
Tipp 97	Betrachten Sie iCal-Ereignisse in Cover Flow.....	120
Tipp 98	Vergrößern Sie den Mauszeiger	121
Tipp 99	Werden Sie ein Power-User: Programmumschalter.	121
Tipp 100	Korrigieren Sie das Wörterbuch Ihres Mac.......	123
Tipp 101	Stellen Sie die Lautstärke ultraleise............	124
Tipp 102	Rufen Sie die Übersicht für Stapeleinträge auf....	124
Tipp 103	Sehen Sie sich Programmsymbole aus nächster Nähe an	125
Tipp 104	Schützen Sie Dateien, um Änderungen oder das Löschen zu verhindern	126
Tipp 105	Ersetzen Sie die Hintergründe von Dashboard und Mission Control	128
Tipp 106	Verwenden Sie einen Bildschirmschoner als Schreibtischhintergrund	130
Tipp 107	Zeigen Sie technische Infos auf dem Mac-Anmeldebildschirm an......................	133
Tipp 108	Zeigen Sie das Startmenü mit einer Apple Remote-Fernbedienung an.........................	134
Tipp 109	Verhindern Sie, dass Programme beim Neustart automatisch Dateien öffnen.	134
Tipp 110	Erstellen Sie verschlüsselte Archive für alle Rechner	136
Tipp 111	So schlagen Sie Wörter sofort nach	140
Tipp 112	Reparieren Sie Ihren Mac – selbst wenn die Festplatte defekt zu sein scheint	141
Tipp 113	Stellen Sie die Dateidownload-„Quarantäne" ab...	142

Tipp 114	So sehen Sie den Speicherort der von Ihnen bearbeiteten Dateien	143
Tipp 115	Mit Tastaturkurzbefehlen Dateien ausschneiden statt kopieren	143
Tipp 116	Vermeiden Sie die Wartezeit bei aufspringenden Ordnern	144
Tipp 117	Bewegen Sie die Einfügemarke beim seitenweisen Blättern mit Tasten	144
Tipp 118	Springen Sie in Öffnen/Sichern-Dialogfenstern schnell an verschiedene Orte	145
Tipp 119	So kriegen Sie einen abgestürzten Mac wieder in den Griff	146
Tipp 120	Wandeln Sie ein Bild in der Zwischenablage in eine Datei um	147
Tipp 121	Springen Sie mithilfe der Tastatur auf dem Schreibtisch umher	147
Tipp 122	Erstellen Sie E-Mail-Verknüpfungen	148
Tipp 123	Überprüfen Sie die Garantie Ihres Mac	149
Tipp 124	Sperren Sie zur Sicherheit den Bildschirm	149
Tipp 125	Öffnen Sie eine Datei, an der Sie arbeiten, in einem anderen Programm	151
Tipp 126	So bekommen Sie PDFs in den Griff	152
Tipp 127	Bearbeiten Sie Filme im QuickTime Player	155
Tipp 128	Werfen Sie eine stecken gebliebene Disk aus dem CD/DVD-Laufwerk aus	157
Tipp 129	Bringen Sie widerspenstige zweite Monitore zum Laufen	157
Tipp 130	Verwenden Sie mit einem Trackpad den schnellen Vor- oder Rücklauf in Filmen	158
Tipp 131	Nehmen Sie ein Bildschirmfoto auf	158
Tipp 132	Wie Sie ein Software-Update dauerhaft ignorieren	160
Tipp 133	Erstellen Sie ein Schriftmusterdokument	161
Tipp 134	Sehen Sie unverzüglich die Handbuchseite eines Befehls ein	161
Tipp 135	Vervollständigen Sie Wörter automatisch	161
Tipp 136	Stellen Sie das Dock so ein, dass es nur laufende Programme zeigt	162
Tipp 137	Fügen Sie dem Dock einen Benutzte-Objekte-Stapel hinzu	164
Tipp 138	Passen Sie die Auswahlfarbe für Mission Control an	165
Tipp 139	So bekommen Sie schnell Zugriff auf die Werkzeuge der Systemeinstellungen	167

Tipp 140	Schalten Sie den Schreibtisch ab.	168
Tipp 141	Reparieren Sie zerbrochene Kennwörter	170
Tipp 142	Verkleinern Sie Fenster zu Docksymbolen	171
Tipp 143	Schalten Sie die Dockvergrößerung vorübergehend ein (oder aus)	171
Tipp 144	Entfernen Sie Einstellungsfelder in den Systemeinstellungen	171
Tipp 145	Machen Sie PDF-Dateien schneller	173
Tipp 146	Fügen Sie über ein Bildverarbeitungsprogramm ein Bild in eine Datei ein	174
Tipp 147	So bekommen Sie die Datenkompression in den Griff	174
Tipp 148	Gewinnen Sie mehr Kontrolle bei der Aufnahme von Bildern	176
Tipp 149	Wählen Sie Text wie ein Profi aus	176
Tipp 150	Suchen Sie besser in TextEdit	177
Tipp 151	Betrachten Sie Anhänge und Webseiten in Mail mit Übersicht (Quick Look)	179
Tipp 152	Wandeln Sie Finderverknüpfungen in Dockstapel um	179
Tipp 153	Verwenden Sie den Ziffernblock als Sonderfunktionstasten	180
Tipp 154	Leeren Sie die Cache-Speicher für ungebremsten Lauf	182
Tipp 155	Ändern Sie das Hintergrundbild des Anmeldebildschirms	183
Tipp 156	Blenden Sie den Schreibtisch mit einer Sonderfunktionstaste ein	185
Tipp 157	Verwenden Sie Übersicht an der Eingabeaufforderung	185
Tipp 158	Öffnen Sie ein Terminalfenster am aktuellen Ort	185
Tipp 159	Schalten Sie das Trackpad ab, wenn eine Maus angeschlossen ist	186
Tipp 160	Installieren Sie lediglich Druckertreiber, nicht ihre Zusätze	186
Tipp 161	Senden Sie jemandem einen Link zu einem Programm	187
Tipp 162	Erhalten Sie einen größeren Suchbereich in Safari	188
Tipp 163	Rechenergebnisse kopieren	188
Tipp 164	Erstellen Sie zum schnellen Zugriff Lesezeichen für Bilder und PDFs	189
Tipp 165	Verkleinern Sie Safari-Fenster im Vollbildmodus	189

Tipp 166	Laden Sie Software-Updates herunter, und behalten Sie die Dateien.	190
Tipp 167	Verbinden Sie sich mit Rechnern, die keine Macs sind, um deren Bildschirm einzusehen.	191
Tipp 168	Fügen Sie Leerräume ins Dock ein	192
Tipp 169	Arbeiten Sie mit Fenstern, die sich im Hintergrund befinden.	193
Tipp 170	Lassen Sie sich nur Dateien anzeigen, die heute oder gestern (usw.) erstellt wurden.	194
Tipp 171	Laden Sie herunter, was Sie wollen.	195
Tipp 172	Betrachten Sie Ereignisse der nächsten zwei Wochen in iCal.	197
Tipp 173	Werden Sie den Mac-Startakkord los	198
Tipp 174	Zoomen Sie den Schreibtisch heran	199
Tipp 175	Sichern Sie weniger häufig mit Time Machine.	200
Tipp 176	Zwischen Dokumentfenstern wechseln.	201
Tipp 177	Benennen Sie Dateien schnell um	202
Tipp 178	Erzwingen Sie, dass eine Datei in den Spotlight-Index aufgenommen wird.	202
Tipp 179	Stellen Sie die Frage ab, ob Sie neue Festplatten für Time Machine verwenden wollen.	204
Tipp 180	Aktivieren Sie bei mobilen Macs den Ruhezustand der Festplatte früher	204
Tipp 181	Fügen Sie Ihre eigenen Systemklänge hinzu	205
Tipp 182	So erkennen Sie, dass Sie auf einen Nur-lesen-Ordner zugreifen	208
Tipp 183	Verschicken Sie Text oder Bilder schnell per E-Mail	208
Tipp 184	Bilder in Vorschau stapelweise verkleinern, drehen oder spiegeln	208
Tipp 185	Erstellen Sie schnell einen Notizzettel.	209
Tipp 186	Öffnen Sie ein Finder-Fenster beim Sichern oder Öffnen von Dateien.	211
Tipp 187	Erstellen Sie auf Ihrem Mac Podcasts wie ein Profi	211
Tipp 188	Erkennen Sie auf einen Blick, ob ein PDF mehrere Seiten umfasst	213
Tipp 189	Beherrschen Sie Diashow-Bildschirmschoner.	213
Tipp 190	So holen Sie Bilder und Filme von Ihrem iPhone und iPad herunter	213
Tipp 191	Sichern Sie Webseiten auf die Festplatte.	214
Tipp 192	Recyceln Sie Ihre alte Apple-Hardware, und verdienen Sie dabei	215

Tipp 193	Verkürzen Sie die Ereigniszeiten in iCal	215
Tipp 194	Bringen Sie Ihren Mac zum Sprechen	216
Tipp 195	Kosten Sie das Mac-Programm Lexikon voll aus	217
Tipp 196	Scrollen Sie besser durch Finder-Fenster	218
Tipp 197	Zeigen Sie Telefonnummern in riesiger Schrift an, um sie leichter notieren zu können	219
Tipp 198	Lassen Sie sich immer erweiterte Sichern-Dialogfenster anzeigen	219
Tipp 199	Übersicht (Quick Look) im Vollbildmodus verwenden	221
Tipp 200	Lassen Sie Ihre Grammatik während der Eingabe überprüfen	221
Tipp 201	Optimieren Sie das „Look-and-Feel" des Docks	222
Tipp 202	Fügen Sie PDF-Dateien handgemalte Zeichnungen hinzu	224
Tipp 203	Einträge im Kontextmenü ausmisten	224
Tipp 204	Beenden Sie den Finder	225
Tipp 205	Dateioperationen widerrufen	226
Tipp 206	Erstellen Sie einen neuen Ordner aus einer Auswahl von Dateien	226
Tipp 207	So entfernen Sie schnell Dashboard-Widgets	226
Tipp 208	Richten Sie Schreibtischsymbole beim Ziehen aus	227
Tipp 209	Betrachten Sie die Animationen von OS X in Zeitlupe	227
Tipp 210	So erkennen Sie, welche Programme im Dock versteckt sind	227
Tipp 211	Brechen Sie Drag-and-Drop mitten in der Bewegung ab	228
Tipp 212	Bringen Sie Time Machine dazu, eine Datei zu vergessen	229
Tipp 213	Nehmen Sie zu freigegebenen Ordnern auf Servern Verbindung auf	230
Tipp 214	Stöbern Sie im App Store eines anderen Landes	231
Tipp 215	Vermeiden Sie eine unordentliche Datenweitergabe wegen .DS_store-Dateien	231
Tipp 216	Zeichnen Sie Ihre Arbeit im Terminal auf	232
Tipp 217	Greifen Sie auf einen geheimen optischen Verkleinerungseffekt zu	232
Tipp 218	Führen Sie den Sekundärklick mit zwei Fingern besser aus	234
Tipp 219	Konvertieren Sie eine Reihe von Bildern in eine PDF-Datei	234

Tipp 220	Lassen Sie immer nur ein Programmfenster auf einmal anzeigen	235
Tipp 221	Fügen Sie der Finder-Seitenleiste den Papierkorb hinzu	236
Tipp 222	Verwenden Sie Übersicht (Quick Look) in Öffnen/Sichern-Dialogfenstern	237
Tipp 223	Ziehen Sie die Tonspur aus einer Filmdatei	237
Tipp 224	Erstellen Sie PDF-Dateien, und sichern Sie sie automatisch in einen Ordner	238
Tipp 225	Kopieren und ohne Formatierung einsetzen	239
Tipp 226	Verwenden Sie Startoptionen	240
Tipp 227	Erstellen Sie sichere Notizen	241
Tipp 228	Erstellen Sie ein Alles-beenden-Programm	242
Tipp 229	Rüsten Sie das RAM Ihres Rechners auf	243
Tipp 230	Starten Sie GUI-Programme von der Kommandozeile aus	243
Tipp 231	Erstellen Sie schnell eine Textkopie von E-Mails	246
Tipp 232	Suchen Sie mit Spotlight von einem Terminalfenster aus	246
Tipp 233	Aktivieren Sie den root-Benutzer	246
Tipp 234	Wecken Sie Ihren mobilen Mac, sobald das Stromkabel angeschlossen wird	248
Tipp 235	Übergeben Sie Befehlszeilen-Ausgaben an GUI-Programme	248
Tipp 236	Deaktivieren Sie einige der OS-X-Funktionen	250
Tipp 237	Definieren Sie Tastaturkurzbefehle so um, dass sie Option oder Command verwenden	254
Tipp 238	Kopieren Sie den Schriftstil von Text	254
Tipp 239	Verwenden Sie Gesten für App-Exposé	255
Tipp 240	Ändern Sie Alias-Ziele	255
Tipp 241	Wechseln Sie in Spotlight zwischen Kategorien	256
Tipp 242	Erstellen Sie das Dock von Grund auf neu	256
Tipp 243	Ändern Sie die Reihenfolge der Symbole in der Menüleiste	256
Tipp 244	Wecken Sie Macs auf, die nicht aufwachen wollen	257
Tipp 245	Spielen Sie Freunden, die einen Mac benutzen, Streiche	257
Tipp 246	So sehen Sie, wie groß ein Bild wirklich ist	259
Tipp 247	Konvertieren Sie Audio- und Videodateien in verschiedene Formate	260
Tipp 248	Erweitern Sie die Dateikenntnisse von Übersicht (Quick Look)	261

Tipp 249	Googeln Sie sofort ausgewählten Text	261
Tipp 250	Verwenden Sie eine andere Animation für die Dockstapel	262
Tipp 251	Verwenden Sie eine geheime Geste, um zum vorherigen Space zu wechseln	262
Tipp 252	Finden Sie heraus, von wo eine Datei heruntergeladen wurde	263
Tipp 253	Lassen Sie beim Anmelden ein Nachrichtenfenster einblenden	263
Tipp 254	Starten Sie Time Machine von der Kommandozeile aus	264
Tipp 255	Reparieren Sie Festplattenprobleme	265
Tipp 256	Reißen Sie Tabs ab	267
Tipp 257	Verschieben Sie ein Time-Machine-Backup auf eine größere Platte	267
Tipp 258	Schauen Sie sich eine E-Mail ohne ihre Formatierung an	270
Tipp 259	Erweitern Sie die Dateikenntnisse von Spotlight	270
Tipp 260	Diagnostizieren Sie Netzwerkprobleme	271
Tipp 261	Stellen Sie schneller SSH/SFTP/FTP-Verbindungen her	272
Tipp 262	Fügen Sie mithilfe von Vorschau Dokumenten Ihre Unterschrift hinzu	273
Tipp 263	Beschleunigen Sie Mail	275
Tipp 264	Vergrößern Sie Programme so, dass sie den gesamten Schreibtisch füllen	276
Tipp 265	Suchen Sie nach Systemdateien	276
Tipp 266	Legen Sie das Standardbetriebssystem fest	278
Tipp 267	Speichern Sie einen Schnappschuss dessen, was Ihr Mac gerade macht	278
Tipp 268	Verwenden Sie relative Pfade in Öffnen- und Sichern-Dialogfenstern	279
Tipp 269	So schließen Sie Dialogfenster sofort	279
Tipp 270	Suchen Sie nach Zeilenvorschüben und Tabulatoren	280
Tipp 271	Arbeiten Sie besser bei Sonnenschein	280
Tipp 272	Sausen Sie durch Sichern-unter-Dialogfenster	280
Tipp 273	Passen Sie die Voreinstellungen für jedes Programm an	281
Tipp 274	So sehen Sie größere Vorschaubildchen von Hintergrundbildern	281
Tipp 275	Wechseln Sie schnell zwischen Tabs	281

Tipp 276	Durchsuchen Sie alte Time-Machine-Festplatten	281
Tipp 277	Forschen Sie innerhalb einer Website mithilfe von Safari	283
Tipp 278	Greifen Sie aus großer Entfernung auf Dateien Ihres Mac zu	283
Tipp 279	Bewegen Sie sich in Programmen zurück und vor	285
Tipp 280	Spielen Sie	285
Tipp 281	So sehen Sie, wie viel Plattenplatz durch welche Medien belegt ist	286
Tipp 282	Lassen Sie X11-Programme im Vollbildmodus laufen	286
Tipp 283	Schalten Sie das Dashboard zurück in den Overlay-Modus	288
Tipp 284	Putzen Sie die visuellen Effekte von iTunes heraus	288
Tipp 285	Springen Sie in TextEdit zu einer bestimmten Zeile	289
Tipp 286	Fügen Sie den Finder zu Launchpad hinzu	289
Tipp 287	Leiten Sie E-Mails stapelweise weiter	289
Tipp 288	Bauen Sie ein kabelgebundenes Sofortnetzwerk zwischen Macs auf	290
Tipp 289	Ziehen Sie coole Hintergrundbilder aus Bildschirmschonerpaketen	290
Tipp 290	Verwenden Sie Emoji – japanische mehrfarbige Emoticons	291
Tipp 291	Schreiben Sie in TextEdit in fremden Sprachen, und überprüfen Sie die Rechtschreibung	293
Tipp 292	Verwenden Sie Safari, während Sie im Recovery-System arbeiten	294
Tipp 293	Ziehen Sie ohne Datenverlust von Windows auf den Mac um	294
Tipp 294	Erweitern Sie die Dateikenntnisse des QuickTime Player	295
Tipp 295	Lesen Sie die Apple-Handbücher für Ihre Produkte	296
Tipp 296	Verwenden Sie an Ihrem Mac eine Tastatur, die nicht von Apple ist	296
Tipp 297	Verbinden Sie sich bei der Anmeldung mit Netzwerkfreigaben	297
Tipp 298	Kehren Sie eine Dateiauswahl um	299
Tipp 299	Öffnen Sie Duplikate von Dashboard-Widgets	299
Tipp 300	Lassen Sie Filmszenen sekundenweise abfahren	299
Tipp 301	Wandeln Sie eine Website in ein Programm um	300

Tipp 302	Stellen Sie Videoclips online	301
Tipp 303	Erstellen Sie neue Ordner, wo Sie wollen	302
Tipp 304	Verwenden Sie Übersicht (Quick Look), um Websites zu überfliegen	302
Tipp 305	Laden Sie Dateien von FTP-Servern, indem Sie den Finder verwenden	303
Tipp 306	Stellen Sie die Feststelltaste ab	303
Tipp 307	Aktivieren Sie die Hintergrundbeleuchtung	304
Tipp 308	Erkennen Sie den Zustand Ihrer Batterie auf einen Blick	304
Tipp 309	Vergrößern Sie mit Leichtigkeit Bereiche von Fotos oder PDFs	305
Tipp 310	Besorgen Sie sich ein unverfälschtes Bild von der Andromeda-Galaxie	305
Tipp 311	Starten Sie das Dock neu	306
Tipp 312	Sagen Sie Ihrem Mac, was er tun soll	306
Tipp 313	Benutzen Sie drei Finger, und revolutionieren Sie Ihren Umgang mit dem Mac	308
Tipp 314	Verwenden Sie AirDrop auch auf inkompatiblen Macs	309
Tipp 315	Setzen Sie Ihr Mac-Abenteuer fort: Einige Programme, die Sie unbedingt haben müssen	310

Index **315**

Kapitel 1

Einführung

Mac OS X Lion stellt den Gipfel der Software-Entwicklung dar. Das behaupte ich in voller Überzeugung als jemand, der nicht nur jedes Betriebssystem auf praktisch jeder Art von Computer verwendet, sondern auch ganze Zeitschriften und Bücher über sie geschrieben hat.[1]

Einfach ausgedrückt: OS X „läuft einfach", und ich schätze das wie Millionen andere auch. Wann auch immer ich einen Windows-Rechner benutze – mit seinen eigenwilligen Unterbrechungen und seiner Tendenz, den Anwendern allerlei Hürden in den Weg zu legen –, werde ich an den Luxus erinnert, der mir geboten wird, wenn ich meinen Mac hochfahre.

Aber so sehr ich reibungslose Arbeit am Computer genieße, bin ich doch auch ein Tüftler. Es liegt mir im Blut, herumzuprobieren und verborgene Einstellungen und versteckte Eigenschaften zu finden. Ich bin süchtig nach dem Wow!-Moment, wenn man etwas Neues und Cooles entdeckt, oft auch etwas, von dem niemand sonst weiß.

Das hat mich dazu inspiriert, *Mac Kung Fu* zu schreiben. Kein anderes Buch hat dieselbe ans Zwanghafte grenzende Tiefe, und kein anderer Autor hat denselben Antrieb, in die Katakomben von OS X zu stürmen, um faszinierende Schätze zu finden.

Die über 300 Tipps, die Sie auf den nachfolgenden Seiten finden, mussten eines oder mehrere der folgenden Kriterien erfüllen, um ins Buch aufgenommen zu werden:

---

[1] http://keirthomas.com

- Sie mussten wirklich nützlich sein, sowohl für Mac-Neulinge als auch für alte Hasen (selbst Mac-Experten werden hier viel Erfreuliches finden).
- Sie mussten die Art, wie Sie Ihren Mac verwenden, wirklich verbessern.
- Sie mussten die verblüffenden Dinge zeigen, die man mit einem Mac-Rechner anstellen kann, wenn man OS X verwendet.
- Sie mussten Spaß machen und interessant sein.

Über vierhundert Tipps wurden anfangs geschrieben, die auf die ungefähr dreihundert in diesem Buch zusammengekürzt wurden. Nicht alle Tipps sind pompös und aufdringlich. Manche schildern sehr kleine, feine Tricks. Doch selbst diese könnten Ihre Arbeitsweise verändern.

Im gesamten Buch setze ich voraus, dass Sie mit den Grundlagen des Umgangs mit dem Mac vertraut sind, was sich für gewöhnlich nach einer oder zwei Wochen der Arbeit am Mac einstellt, wenn man ein Neuling ist. Anders gesagt: Ich verschwende keine Zeit damit, das völlig Offensichtliche zu erklären. Aber Sie werden viele Tipps finden, die weniger bekannte Eigenschaften von OS X schildern, und ebenso Tricks, die Ihre Arbeitsabläufe verbessern werden, oftmals durch den Einsatz von verborgenen Einstellungen. In diesem Buch geht es darum, jeden Tropfen Anwenderfreundlichkeit aus OS X herauszupressen.

1.1 Wie man dieses Buch liest

Kurz gesagt ist *Mac Kung Fu* ein großes Tipps-Buch. Daher empfehle ich keine bestimmte Weise, wie man es lesen soll. Sie müssen nicht neben Ihrem Rechner sitzen, um es zu lesen. Was *Mac Kung Fu* ausmacht, ist gerade die Tatsache, dass Sie an jeder Stelle einsteigen können. Beginnen Sie am Anfang, oder beginnen Sie in der Mitte. Sie können sogar am Ende beginnen und sich nach vorne durcharbeiten. Beginnen Sie einfach zu lesen. Wenn Sie einen Tipp finden, der Ihnen gefällt, probieren Sie ihn aus!

Manche Tipps sind komplexer als andere, und bei manchen müssen Systemdateien verändert werden. Eine gute Faustregel ist: Wenn Sie sich bei dem, was Sie tun, nicht sicher sind, dann lassen Sie diesen einen Tipp aus, und kommen Sie vielleicht später darauf zurück, wenn Sie sich sicherer fühlen.

Die Tipps wurden für OS X Lion geschrieben. Das soll nicht heißen, dass sie nicht in vorhergehenden OS-X-Versionen wie Snow Leopard funktionieren. Doch ich habe die Tipps nur unter OS X Lion geprüft, und in der Lion-Version hat sich viel in der Terminologie geändert. Wenn Sie das Buch im Zusammenhang mit einer älteren Version verwenden möchten, werden Sie aber mit etwas gesundem Menschenverstand schon ziemlich weit kommen.

1.2 Für alle Macs – keine Zusätze nötig!

Dieses Buch braucht nichts weiter als einen Mac, auf dem OS X ab Version Lion läuft. Nichts weiter.

Sie können ein MacBook, ein MacBook Pro, ein MacBook Air, einen iMac, Mac mini oder Mac Pro Ihr Eigen nennen. Das spielt keine Rolle, wenngleich ein paar wenige Tipps davon handeln, so viel wie möglich aus tragbaren Macs herauszuholen.

Keiner der Tipps macht es erforderlich, dass Sie mehr Software kaufen. Alle Tipps verbessern, nutzen oder optimieren eingebaute Funktionen. Ein kleiner Teil der Tipps erwägt die Möglichkeit, Erweiterungsprogramme herunterzuladen, um entscheidende Funktionen hinzuzufügen, die bei OS X vermisst werden, doch die erwähnte Software ist immer kostenlos.

1.3 Dank

Mein Dank gilt den Mitarbeitern des Verlags Pragmatic Programmers, die einem verrückten Kerl nicht die Tür vor der Nase zugeschlagen haben, der den Vorschlag machte, ein Ein-Kapitel-Buch voller Sachen zu bringen, die er für cool hielt. Ich danke Jackie Carter, meinem Lektor, und dem Team von Pragmatic Bookshelf, die zu den aufgewecktesten Leuten zählen, denen ich je begegnet bin.

Ich bin auch den technischen Gutachtern dankbar, die das Buch vor der Veröffentlichung auf Herz und Nieren prüften und die oftmals wichtige Verbesserungen vorschlugen. Mein Dank gilt Daniel Bretoi, Patrick Burleson, Bill Dudney, Isaac Dudney, Kevin W. Gisi, Jon Kurz, Wesley Matlock, Angela Murtha, Mike Riley und Matt Swain.

Schließlich gilt mein Dank den Beta-Testern, die sich mit den Texten zum Buch an ihre Macs setzten, bevor es veröffentlicht wurde. Eure Fehlerberichte machten *Mac Kung Fu* zu einem noch besseren Buch.

1.4 Weitergabe

Wenn Sie gerne einige der Tipps in Ihrem Blog weitergeben möchten, dann tun Sie das ruhig. Wahrscheinlich wird mein Verleger nicht allzu glücklich darüber sein, wenn Sie sich diese Freiheit nehmen, doch die Weitergabe von einigen Tipps, die Sie für nützlich halten, kann nur etwas Gutes sein. Wenn Sie das machen, wäre es großartig, wenn Sie das Buch erwähnen und einen Link zur offiziellen Webseite des Buches bereitstellen könnten: http://pragprog.com/book/ktmack/mac-kung-fu.

Keir Thomas

Kapitel 2

Wie Sie das meiste aus den Tipps herausholen

Dieses Buch enthält über dreihundert Tipps, und Sie können an jeder Stelle einsteigen. Die Tipps stehen nicht in einer besonderen Reihenfolge, und Sie müssen nicht am Anfang beginnen! Wenn Sie nach Tipps zu einem bestimmten Thema oder einer Funktion des Betriebssystems suchen, verwenden Sie den Index hinten im Buch.

Zwischen den Tipps sind einige Kästen eingefügt, die kurz und bündig Funktionen von OS X erklären, die Sie bisher möglicherweise übersehen haben. Das Ziel ist einfach, Sie in die wesentlichen Eigenschaften von OS X einzuführen, die Ihre Produktivität fördern.

Im Folgenden finden Sie einige Anmerkungen, die Ihnen dabei helfen, das meiste aus den Tipps herauszuholen.

2.1 Verborgene Einstellungen über getippte Befehle aktivieren

Für manche Tipps müssen Sie Konfigurationsbefehle in ein Terminalfenster eintippen, um verborgene oder experimentelle Einstellungen zu aktivieren. Daran führt leider kein Weg vorbei.

Wenn Sie die Kommandozeile noch nie zuvor verwendet haben, kann sie ein wenig einschüchternd wirken, aber haben Sie keine Angst – es ist überraschend unkompliziert. Tippen Sie einfach ein, was Sie sehen, und dann drücken Sie ⏎. Vergewissern Sie sich, dass Sie den Befehl genau so eintippen, wie er auf der Buchseite steht.

Wenn Sie *Mac Kung Fu* als ein E-Book auf Ihrem Mac lesen,[1] können Sie den Befehl natürlich auch einfach direkt ins Terminalfenster kopieren.

Die meisten dieser Befehle nehmen nur Änderungen an Ihrem Benutzerkonto vor. Die anderen Benutzer werden davon nicht betroffen. Tipps, die das gesamte System betreffen, sind deutlich gekennzeichnet!

Nachdem Sie bei der Eingabe von Befehlen ⏎ gedrückt haben, werden Sie keine Bestätigung wie „Befehl ausgeführt!" oder „OK" sehen. Wenn Sie keine Rückmeldung bekommen, ist das ein gutes Zeichen – es bedeutet, dass alles funktioniert hat. Wenn es eine Fehlermeldung gibt, bedeutet es wahrscheinlich, dass Sie sich vertippt haben. Wenn das passieren sollte, ist OS X für gewöhnlich clever genug, keine Änderungen vorzunehmen. Versuchen Sie es einfach noch einmal.

Manchmal sind Befehle zu lang, um im Buch in eine Zeile zu passen – das ist eine Beschränkung, die sowohl gedruckten als auch elektronischen Büchern eigen ist. In solch einem Fall ist der Rest der Zeile darunter eingerückt, und Sie sollten die gesamte Zeile eintippen, wobei Sie nur am Ende ⏎ drücken.

Normalerweise wird Ihnen der Befehl dargeboten, der die verborgene Eigenschaft aktiviert, die in dem Tipp besprochen wird, gefolgt von dem Befehl, der sie wieder ausschaltet, wenn Sie das möchten.

2.2 Wie Sie das Apfelmenü und die Anwendungsmenüs verwenden

Einige Tipps beziehen sich auf das *Apfelmenü*. Andere Tipps beziehen sich auf das *Anwendungsmenü*. Das Apfelmenü ist das Menü in der linken oberen Ecke des Bildschirms, das passenderweise mit dem Apple-Logo gekennzeichnet ist.

Das Anwendungsmenü ist das Menü rechts davon, das für gewöhnlich nach der betreffenden Anwendung benannt und fett dargestellt ist.

Das *Hauptmenü* bezieht sich einfach auf die gesamte Menüzeile oben am Bildschirm.

---

[1] Amazon bietet eine Mac-Version seiner Kindle-Software an: http://www.amazon.com/gp/kindle/mac

2.3 Eine Sicherung mit Time Machine erstellen

Es empfiehlt sich, das Sicherungsprogramm Time Machine zu verwenden, wenn Sie das nicht sowieso schon machen (siehe *OS X erforschen: Time Machine*, Seite 203). Sie sollten unbedingt Time Machine eine Sicherung durchführen lassen, bevor Sie einen der Tipps in diesem Buch ausprobieren, die Systemdateien verändern. Um das zu tun, klicken Sie auf das Menüsymbol von Time Machine im rechten oberen Bereich des Bildschirms und wählen den Eintrag *Backup jetzt erstellen* aus dem Menü, das daraufhin erscheint.

2.4 Die Maus oder das Trackpad verwenden

Einige Tipps machen es erforderlich, dass Sie einen Sekundärklick ausführen, um besondere, kontextsensitive Menüs anzuzeigen. Wenn Sie eine handelsübliche PC-Maus mit zwei (oder mehr) Tasten verwenden, werden Sie sehen, dass dies mit der rechten Maustaste gut funktioniert. Wenn Sie eine von Apple hergestellte Maus oder ein Trackpad verwenden, gibt es verschiedene Möglichkeiten, einen Sekundärklick auszuführen, und zwar:

- Halten Sie `ctrl` gedrückt, und klicken Sie so wie sonst auch.

- Wenn Sie ein Trackpad verwenden, legen Sie zwei Finger aneinander und klicken.

- Wenn Sie eine Magic Mouse von Apple verwenden, öffnen Sie die Systemeinstellungen (*Apfelmenü → Systemeinstellungen*), klicken auf das Maussymbol und setzen den Haken neben *Sekundärklick*. Danach können Sie auf den vorderen rechten Bereich der Maus klicken, um einen Sekundärklick auszuführen.

- Wenn Sie die ältere Apple-Maus verwenden (sie hieß Apple Mighty Mouse), öffnen Sie die Systemeinstellungen (*Apfelmenü → Systemeinstellungen*), klicken auf das Maussymbol und ändern das Aufklappmenü oben rechts von der Maus zu *Sekundäre Maustaste* (siehe Abbildung 1).

Neue iMacs werden mit einer Magic Mouse ausgeliefert, die man an ihrer vollkommen glatten Oberfläche erkennt. Anwender älterer Desktop-Macs haben vielleicht noch eine Apple-Maus mit einem Scroll-Ball.

Kapitel 2: Wie Sie das meiste aus den Tipps herausholen

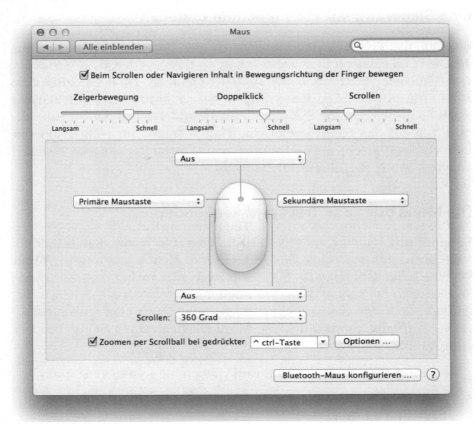

Abbildung 1: Den Sekundärklick für eine Apple-Maus aktivieren

Einige Tipps in diesem Buch beziehen sich auf Trackpad-Gesten. In fast all diesen Fällen ist dafür ein Multi-Touch-Trackpad nötig, wie beispielsweise das externe Magic Trackpad oder die gläsernen „tastenlosen" Trackpads, die seit Ende 2008 in den MacBooks verbaut werden.

1.1 Ein Administratorkonto haben

Die meisten Tipps, die hier gezeigt werden, setzen voraus, dass Sie ein Administratorkonto verwenden. Das ist die übliche Kontenart, die angelegt wird, wenn Sie Ihren Mac zum ersten Mal einrichten. Wenn Sie Ihren Mac mit jemand anderem teilen, kann der andere Anwender für Sie vielleicht ein Standardkonto oder gar ein Konto mit Kindersicherung eingerichtet haben. Sie werden sich mit dieser Person darüber unterhalten müssen, ein Administratorkonto zu erhalten, bevor Sie mit den Tipps weitermachen können.

1.2 Abmelden und wieder anmelden

Manchmal werden Sie sich abmelden und wieder anmelden müssen, um die Änderungen zu aktivieren. Das tun Sie, indem Sie all Ihre Dateien sichern, das Apfelmenü anklicken und den Eintrag *Abmelden* wählen. Auf der Hauptanmeldeseite, die daraufhin erscheint, klicken Sie auf das Symbol, das für Ihr Benutzerkonto steht, und geben Ihr Kennwort ein, wenn Sie dazu aufgefordert werden.

1.3 Programmfenster verwenden

In diesem Buch beziehe ich mich immer wieder auf allgemeine Elemente von Anwendungsfenstern. Die meisten sind klar, doch um Verwirrung zu vermeiden und mehr Einzelheiten zu bekommen, sehen Sie sich am besten die folgende Liste an und werfen einen Blick auf Abbildung 2:

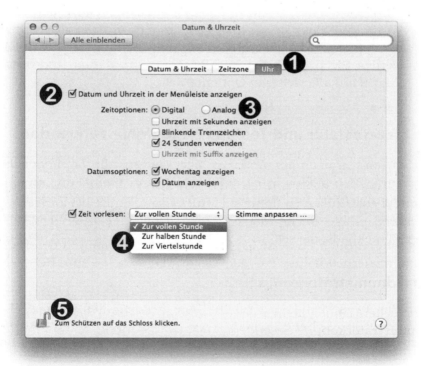

Abbildung 2: Kontrollelemente von Anwendungsfenstern, auf die in diesem Buch verwiesen wird

1. **Reiter:** Jeder Klick auf einen Reiterknopf führt Sie zu einem anderen Blatt mit einer anderen Einstellungsseite. Der aktuelle Reiterknopf ist abgedunkelt.

2. **Kontrollkästchen:** Ein Klick setzt einen Haken in das Kästchen, wodurch genau diese Eigenschaft aktiviert wird. Nochmaliges Klicken entfernt den Haken, wodurch diese Eigenschaft wieder deaktiviert wird. Es können mehrere Kontrollkästchen ausgewählt werden.

3. **Radioknöpfe:** Wie bei den Kontrollkästen aktiviert ein Klick in den Kreis diese Eigenschaft. Der Unterschied liegt darin, dass bei Radioknöpfen nur eine der angebotenen Optionen ausgewählt werden kann.

4. **Aufklappmenüs:** Ein Klick auf ein Aufklappmenü zeigt ein Menü, aus dem Sie eine Option auswählen können.

5. **Vorhängeschloss:** Wenn in einem Systemeinstellungsfenster das Vorhängeschloss geschlossen ist, können nur wenige Optionen bearbeitet werden. Wenn Sie auf das Vorhängeschloss klicken, werden Sie nach Ihrem Anmeldekennwort gefragt und erhalten Zugriff auf alle weiteren Optionen.

2.1 Die Mac-Tastatur und Tastaturkurzbefehle verwenden

Zum Abschluss noch ein Wort zur Mac-Tastatur: Im Laufe der Jahre wurden die Mac-Modustasten einige Male umbenannt, was zu einiger Verwirrung geführt hat. Weitere Verwirrung wird dadurch verursacht, dass diese Tasten in verschiedenen Ländern anders genannt werden.

Im gesamten Buch verweise ich auf die Tasten einfach mit den Namen, die auf modernen deutschen Mac-Tastaturen stehen – zum Beispiel ⌘ oder ⌥.

Wenn Sie etwas wie das hier sehen: ⌘+Leertaste, dann sollen Sie die Taste ⌘ gedrückt halten und die Leertaste drücken. Ein weiteres Beispiel: ⌥+⌘+D weist Sie an, ⌥ und ⌘ gedrückt zu halten, bevor Sie die Taste D drücken.

Zum Nachschlagen wird Ihnen die folgende Tabelle nützlich sein. Sie erläutert die Lage und die Synonyme für die verschiedenen Funktionstasten des Mac.

2.2 Tastenbeschreibung

Taste	Beschreibung
⌘	Diese Taste liegt auf den meisten Mac-Tastaturen unmittelbar rechts und links neben der Leertaste. Manchmal ist diese Taste stattdessen mit dem Kürzel cmd beschriftet. Das ist die primäre Modustaste des Mac. Sie zeigt das ⌘-Symbol, und auf älteren Tastaturen ist darauf auch das -Symbol abgebildet. Deshalb wird sie weltweit bisweilen auch *Apfeltaste* genannt.
⌥	Die jeweils nächste Taste links und rechts von der Leertaste trägt auf den meisten Mac-Tastaturen die Beschriftung *alt* und zeigt das Symbol E, auch auf älteren Mac-Tastaturen.
ctrl	Die Taste Control liegt auf den meisten Mac-Tastaturen links unten (und manchmal, abhängig vom Tastaturmodell, auch zusätzlich ganz rechts unter dem Haupttastenblock). Meistens trägt sie die Bezeichnung *ctrl* und wird in Mac-Anwendungen durch das Symbol ⌃ angezeigt.
fn	Die Funktionstaste liegt in der linken unteren Ecke der MacBook-Tastaturen und auch auf der drahtlosen Apple-Tastatur; auf den erweiterten Tastaturen aus Aluminium liegt sie links im mittleren Tastenblock. Sie schaltet die Hotkeys, die die Bildschirmhelligkeit verändern und derlei mehr, so um, dass sie wie die herkömmlichen Tasten F1, F2, F3 usw. funktionieren. Sie verändert auch verschiedene andere Tasten.
⇧	Die Umschalt- oder Shift-Tasten liegen links und rechts außen in der ersten Tastaturreihe von unten. Diese Tasten sind in der Regel mit dem Symbol ⇧ versehen.
⇥	Die Tabulatortaste liegt links von der QWERTZ-Tastenreihe. Manchmal trägt sie das Symbol →|.
↵	Die Eingabe/Enter-Taste wird dazu verwendet, eine Textzeile abzuschließen und eine neue zu beginnen. Darüber hinaus werden mit ihr eingetippte Befehle vervollständigt. Sie trägt manchmal das Symbol ↵.
←	Die Löschtaste wird dazu verwendet, ein Zeichen hinter der Einfügemarke zu löschen. Sie befindet sich in der rechten oberen Ecke des Haupttastenblocks unter der Auswerfen-Taste. (Sie unterscheidet sich von der Entfernen-Taste, die durch das Symbol ⌦ gekennzeichnet wird und auf erweiterten Mac-Tastaturen im mittleren Tastenblock liegt.)
Eject	Die Taste *Auswerfen* befindet sich in der rechten oberen Ecke des Haupttastenblocks und ist mit dem üblichen Auswerfen-Symbol beschriftet. Sie wird dazu verwendet, CDs und DVDs aus dem CD/DVD-Laufwerk auszuwerfen.
Pfeiltasten	Die Pfeiltasten, die durch die Pfeilsymbole ↓, ↑, ← und → gekennzeichnet sind, befinden sich auf den Tastaturen der MacBooks und der drahtlosen Apple-Tastatur sowie im rechten Drittel der kabelgebundenen Tastaturen.

Kapitel 2: Wie Sie das meiste aus den Tipps herausholen

Einige Tipps in diesem Buch beziehen sich auf die Standard-Tastaturkurzbefehle von OS X Lion für Mission Control. Wenn Sie ein Upgrade von OS X Snow Leopard durchgeführt haben, kann es sein, dass einige Tastaturkurzbefehle ein wenig davon abweichen. Um die Standardeinstellungen wiederherzustellen, öffnen Sie die Systemeinstellungen (*Apfelmenü* → *Systemeinstellungen*), klicken auf das Tastatursymbol und vergewissern sich, dass der Reiter *Tastaturkurzbefehle* ausgewählt ist. In der Liste auf der linken Seite wählen Sie *Mission Control* aus und klicken dann auf den Knopf *Zurücksetzen*. Danach können Sie die Systemeinstellungen schließen.

Kapitel 3

Die Tipps

1 Den iTunes-Titel im Dock anzeigen

Nun kommt ein praktischer kleiner Kniff für das Dock, der bewirkt, dass jedes Mal kurz ein Einblendfenster erscheint, wenn iTunes einen neuen Titel abspielt (siehe Abbildung 3). Das ist so nützlich, dass man kaum glauben kann, dass es nicht standardmäßig aktiviert oder wenigstens eine der frei zugänglichen Voreinstellungen ist. Doch das ist nicht der Fall.

Abbildung 3: Ein Einblendfenster, das den aktuellen iTunes-Titel anzeigt

Beenden Sie iTunes, wenn es offen ist, öffnen Sie dann ein Fenster im Terminal (*Finder → Programme → Dienstprogramme → Terminal*), und geben Sie Folgendes ein:

```
defaults write com.apple.dock itunes-notifications -bool TRUE;killall Dock
```

Danach starten Sie iTunes und lassen einen Titel laufen. Schlau, nicht wahr? Das Einblendfenster wird nach ein paar Sekunden wieder ausgeblendet.

Damit in dem Einblendfenster das iTunes-Symbol erscheint, geben Sie Folgendes in ein Terminalfenster ein:

```
defaults write com.apple.dock notification-always-show-image -bool TRUE;
     killall Dock
```

Um das Einblendfenster zu einem späteren Zeitpunkt wieder zu deaktivieren, schließen Sie iTunes erneut, öffnen dann ein Terminalfenster und geben die folgenden zwei Zeilen ein:

```
defaults delete com.apple.dock itunes-notifications
defaults delete com.apple.dock notification-always-show-image;killall Dock
```

2 Animierte Aus- und Einblendeffekte ausschalten

Sie mögen mich einen Zyniker nennen, doch es macht den Eindruck, dass OS X ein bisschen mit seinen optischen Effekten angibt. Dialogfenster und manche Programmfenster erscheinen aus dem Nichts auf dem Bildschirm. Dieses Design bewirkt dieselbe Erfahrung, die die Anwender am iPod und am iPad machen. Doch auf einem größeren Bildschirm kann das beunruhigend wirken.

Wäre es nicht besser, wenn diese Elemente einfach nur auf dem Bildschirm erscheinen würden, so wie in der guten alten Zeit?

Ich zeige Ihnen, wie Sie die meisten der optischen Effekte von OS X ausschalten können.

Einblendfenster und Dialoge

Um den Effekt auszuschalten, dass Dialogfenster und andere Fenster scheinbar mitten aus dem Bildschirm springen, öffnen Sie ein Terminalfenster (*Finder → Programme → Dienstprogramme → Terminal*) und geben Folgendes ein:

```
defaults write -g NSAutomaticWindowAnimationsEnabled -bool FALSE
```

Melden Sie sich daraufhin ab und wieder an, damit die Änderungen übernommen werden.

Um den Effekt wieder zu aktivieren, öffnen Sie ein Terminalfenster und geben das Folgende ein, wonach Sie sich ab- und wieder anmelden, um die Änderungen zu übernehmen:

```
defaults delete -g NSAutomaticWindowAnimationsEnabled
```

Übersicht (Quick Look)

Das Übersichtsfenster erscheint, wenn Sie eine Datei auswählen und die ⌈Leertaste⌋ drücken. Es zeigt eine Vorschau des Inhalts der Datei. Sie können verhindern, dass das Übersichtsfenster geradezu aus der fraglichen Datei herausspringt, indem Sie das Folgende in ein Terminalfenster eingeben (diese Änderung beseitigt auch den Effekt, dass das Übersicht-Fenster beim Schließen wieder in die Datei zurückspringt):

```
defaults write com.apple.finder QLPanelAnimationDuration -int 0;killall
    Finder
```

Die Änderung wird sofort übernommen. Um den Effekt wieder zu aktivieren, öffnen Sie ein Terminalfenster und geben Folgendes ein (wieder wird die Änderung sofort übernommen):

```
defaults delete com.apple.finder QLPanelAnimationDuration;killall
    Finder
```

Mission Control

Um die Zoom-Effekte von Mission Control zu unterbinden, die immer auftreten, wenn es aktiviert oder deaktiviert wird, öffnen Sie ein Terminalfenster und geben Folgendes ein:

```
defaults write com.apple.dock expose-animation-duration -int 0;killall Dock
```

Die Änderungen werden sofort übernommen. Beachten Sie, dass dieser Befehl auch den animierten Effekt von Fenstern unterbindet, die aus dem Fenster gleiten, wenn *Schreibtisch anzeigen* aktiviert wird (was auf dem Trackpad durch Spreizen von Daumen und drei Fingern geschieht).

Um die ursprünglich eingestellten animierten Effekte von Mission Control wiederherzustellen, öffnen Sie ein Terminalfenster und geben Folgendes ein:

```
defaults delete com.apple.dock expose-animation-duration;killall Dock
```

Datei- und Druckdialogfenster

Um zu verhindern, dass das Sichern- und Druckdialog-Einblendfenster von der Titelleiste in jedem Programm herunter- und wieder hochfährt, öffnen Sie ein Terminalfenster und geben Folgendes ein:

```
defaults write -g NSWindowResizeTime -float 0.01
```

Sie müssen sich ab- und wieder anmelden, damit die Änderungen übernommen werden.

Möchten Sie später die optischen Effekte wieder aktivieren, geben Sie das Folgende ein und melden sich ab und wieder an, um die Änderungen zu übernehmen:

```
defaults delete -g NSWindowResizeTime
```

Launchpad

Eine verborgene Einstellung kann optimiert werden, um das Launchpad unverzüglich erscheinen und verschwinden zu lassen. Um sie zu aktivieren, öffnen Sie ein Terminalfenster (*Finder → Programme → Dienstprogramme → Terminal*) und geben die folgenden beiden Zeilen ein, wobei Sie nach jeder Zeile ⏎ drücken:

```
defaults write com.apple.dock springboard-show-duration -int 0
defaults write com.apple.dock springboard-hide-duration -int 0;killall Dock
```

OS X erforschen: Quick Look (Übersicht)

Quick Look, auch *Übersicht* genannt, ist eine ganz einfache Funktion, die Ihnen eine Vorschau auf Dateiinhalte ermöglicht, ohne dass Sie diese Dateien in einem Programm öffnen müssen. Um Quick Look zu verwenden, wählen Sie einfach eine Datei in einem Finder-Fenster oder auf dem Schreibtisch aus und drücken die Leertaste (oder Sie wählen nach einem Sekundärklick auf die Datei aus dem Menü, das erscheint, den Eintrag *Übersicht*). Die Inhalte der Datei werden sofort in einem Einblendfenster sichtbar, das wieder verschwindet, wenn Sie erneut die Leertaste drücken oder auf den Schließknopf klicken.

Quick Look kann mit den meisten Dateien umgehen, die normalerweise verwendet werden. Dazu zählen die Dokumente von Microsoft Office und iWork, Bilder und Filme. Die Formatierung von Office-Dokumenten ist nicht immer perfekt, doch Sie können zumindest einen Eindruck vom Inhalt der Datei bekommen.

Wählen Sie mehrere Dokumente gleichzeitig aus, und aktivieren Sie Quick Look, wie oben beschrieben (drücken Sie die Leertaste oder führen Sie einen Sekundärklick aus, und wählen Sie *Übersicht* aus dem Kontextmenü). Die Dokumente werden innerhalb des Übersichtsfensters in einer Galerie angeordnet, sodass Sie schnell ihre Inhalte überfliegen können.

Die Änderungen werden sofort übernommen. Möchten Sie den animierten Effekt wiederherstellen, öffnen Sie erneut ein Terminalfenster und geben die folgenden beiden Zeilen ein:

```
defaults delete com.apple.dock springboard-show-duration defaults delete com.apple.dock springboard-hide-duration;killall Dock
```

Sie können auch die Zeit reduzieren, die die einzelnen Launchpad-Programmseiten benötigen, bis sie sich auf den Bildschirm oder aus dem Bildschirm herausbewegen. Öffnen Sie ein Terminalfenster, und geben Sie das Folgende ein, wenn Sie möchten, dass sich die Seiten unverzüglich herein- oder herausbewegen:

```
defaults write com.apple.dock springboard-page-duration -int 0;killall Dock
```

Die Änderungen werden sofort übernommen. Um die Standardeinstellung wiederherzustellen, öffnen Sie ein Terminalfenster und geben Folgendes ein:

```
defaults delete com.apple.dock springboard-page-duration;killall Dock
```

Dock

Das Dock kann ausgeblendet werden, sodass es aus dem Bildschirm gleitet, wenn es nicht verwendet wird. Das spart ein wenig Platz auf dem Bildschirm. Sobald Sie den Mauszeiger an die Bildschirmkante führen, an der das Dock normalerweise positioniert ist, wird es wieder eingeblendet. Um diese Funktion ein- oder auszuschalten, führen Sie einen Sekundärklick auf dem Zebrastreifen zwischen den normalen Dock-Symbolen links und den Stapeln rechts aus und wählen *Dock immer eingeblendet* oder *Dock ausblenden*.

Um das Dock unverzüglich ins Bild springen zu lassen, wenn es gebraucht wird, anstatt es animiert einzublenden, öffnen Sie ein Terminalfenster und geben Folgendes ein:

```
defaults write com.apple.dock autohide-time-modifier -int 0;killall Dock
```

Um den ursprünglich eingestellten Einblendeffekt wiederherzustellen, öffnen Sie ein Terminalfenster und geben Folgendes ein:

```
defaults delete com.apple.dock autohide-time-modifier;killall Dock
```

3   Starten Sie Programme ganz ohne Maus

Ein Programm, das Sie nicht im Dock haben, können Sie schnell starten, indem Sie ⌘+Leertaste drücken und beginnen, den Programmnamen zu schreiben. ⌘+Leertaste aktiviert die Suchfunktion Spotlight, die den Programmnamen schon nach ein paar eingegebenen Buchstaben von allein vervollständigen und das Programm automatisch auswählen wird. Sie müssen nur noch ↵ drücken, um das Programm zu starten. Ich verwende das oft, um Programme zu starten, die ich bereits im Dock habe, wenn ich meine Hände nicht von der Tastatur nehmen möchte.

4   Text in einem Vorschaufenster von Quick Look auswählen

Wenn Sie Quick Look (*Übersicht*) verwenden, um irgendwelche Dateien zu betrachten, die Text enthalten – zum Beispiel PDF-Dateien oder Word-Dokumente –, werden Sie bemerken, dass Sie darin den Text nicht durch Klicken und Ziehen auswählen können. Wenn Sie irgendwo im Übersichtsfenster klicken und ziehen, wird es lediglich bewegt.

Es gibt jedoch eine verborgene Einstellung, die es Ihnen ermöglicht, Text wie sonst auch auszuwählen, und Sie können damit den üblichen Tastaturkurzbefehl ⌘+C verwenden, um Text zu kopieren. Das Übersichtsfenster kann immer noch auf dem Bildschirm bewegt werden, indem Sie seine Titelleiste anklicken und ziehen, wie bei anderen Programmfenstern auch.

Um diese Einstellung zu aktivieren, öffnen Sie ein Terminalfenster (*Finder → Programme → Dienstprogramme → Terminal*) und geben Folgendes ein:

```
defaults write com.apple.finder QLEnableTextSelection -bool TRUE;killall
    Finder
```

Die Änderungen werden sofort übernommen. Um die Einstellung zu deaktivieren, öffnen Sie ein Terminalfenster und geben Folgendes ein:

```
defaults delete com.apple.finder QLEnableTextSelection;killall Finder
```

5 | Wie Sie Fenster leichter skalieren

Sie können jedes Programmfenster skalieren, indem Sie mit dem Mauszeiger auf eine der Fensterkanten zeigen, bis der Mauszeiger zu einem Pfeil wird, und dann klicken und ziehen. Es kann allerdings sehr schwierig sein, den Mauszeiger exakt in die richtige Position zu bringen.

Indem Sie die folgenden verborgenen Einstellungen optimieren, wird der Bereich vergrößert, in welchem der Mauszeiger zum Pfeil wird. Öffnen Sie ein Terminalfenster (*Finder → Programme → Dienstprogramme → Terminal*), und geben Sie Folgendes ein:

```
defaults write -g AppleEdgeResizeExteriorSize 10
```

Melden Sie sich daraufhin ab und wieder an, damit die Änderungen übernommen werden. Nun sollte der Mauszeiger schon zum Pfeil werden, wenn er auch nur in der Nähe der Außenkante eines Fensters ist. Sie müssen ihn nun nicht länger ganz exakt auf der Kante selbst positionieren.

Um die Standardeinstellung wiederherzustellen, öffnen Sie ein Terminalfenster und geben Folgendes ein:

```
defaults delete -g AppleEdgeResizeExteriorSize
```

Melden Sie sich daraufhin ab und wieder an, damit die Änderungen übernommen werden.

Um Fenster leichter zu skalieren, können Sie auch eine der beiden Tasten ⌥ oder ⇧ (oder beide) drücken, während Sie eine der Kanten anklicken und ziehen. Letzteres bewirkt, dass sich die Fenster auf beiden Seiten vertikal zusammenziehen, wenn Sie klicken und ziehen (ein Effekt wie bei einer Konzertina), während Ersteres das gesamte Fenster verkleinert – das entspricht dem Klicken und Ziehen einer Ecke. Zusammen bewirken sie, dass das Fenster zu seinem Zentrum hin kleiner oder größer wird.

6 | Im Vollbildmodus auf das Dock zugreifen

Viele Mac-Programme, wie beispielsweise Safari und Mail, können im Vollbildmodus betrieben werden, wobei sie einen ganzen Space von Mission Control einnehmen. Normalerweise wird ein Programm in den

Vollbildmodus geschaltet, indem man auf das kleine Symbol in der rechten oberen Ecke des Programmfensters klickt. Der Vollbildmodus versteckt die Menüzeile oben am Bildschirm und das Dock. Sie können die Menüzeile wieder einblenden, indem Sie Ihren Mauszeiger an den oberen Bildschirmrand schieben und eine Sekunde warten, doch mit dem Dock funktioniert das nicht. Auch wenn Sie den Mauszeiger an die übliche Position des Docks auf dem Bildschirm schieben, wird es sich hartnäckig weigern zu erscheinen.

Das Dock wird tatsächlich erscheinen, doch Sie müssen dazu einen eigenartigen kleinen Trick anwenden – schieben Sie den Mauszeiger gegen den Bildschirmrand, an dem sich das Dock normalerweise befindet. Warten Sie dann eine Sekunde, und schieben Sie ihn erneut dagegen. Das bringt das Dock dazu, sich wieder einzublenden. Dazu braucht man ein wenig Übung, also legen Sie los!

7 Wechseln Sie den Schreibtisch-Space durch Anschubsen

Wenn Sie mehr als einen Schreibtisch-Space verwenden, wissen Sie vielleicht schon, dass Sie, wenn Sie ein Programmfenster anklicken und ganz an die rechte (oder linke) Bildschirmkante ziehen, das Fenster auf den nächsten Space „schubsen" können. Um das zu erreichen, ziehen Sie das Fenster so weit, dass der Mauszeiger ganz an den Bildschirmrand stößt.

Es gibt eine Verzögerung von einer oder zwei Sekunden, bevor OS X zum benachbarten Space wechselt, und Sie können das beschleunigen, indem Sie wie folgt eine verborgene Einstellung verwenden:

```
defaults write com.apple.dock workspaces-edge-delay -float 0;killall Dock
```

Der Schreibtisch-Space wird von nun an wechseln, sobald Sie an den Bildschirmrand kommen. Ich halte das für nützlich, doch wenn Sie lieber eine winzige Verzögerung (nur für einen Sekundenbruchteil) möchten, bevor der Schreibtisch-Space gewechselt wird, versuchen Sie Folgendes:

```
defaults write com.apple.dock workspaces-edge-delay -float 0.15;killall Dock
```

Um später zur voreingestellten Verzögerung von einer oder zwei Sekunden zurückzukehren, öffnen Sie ein Terminalfenster und tippen Folgendes ein:

```
defaults delete com.apple.dock workspaces-edge-delay;killall Dock
```

8 Schützen Sie USB-Sticks mit einem Passwort

Viele Benutzer verwenden USB-Sticks, um Daten von einem auf den anderen Rechner zu übertragen oder um ständig ihre Dateien mit sich zu führen.

Mit OS X Lion können Sie einen USB-Stick so formatieren, dass seine Inhalte verschlüsselt sind. Sie müssen dann jedes Mal ein Passwort eingeben, wenn Sie ihn anschließen.

Das macht jeden USB-Stick zu einem sehr sicheren, mobilen Speichermedium von der Art, die oftmals sehr teuer verkauft werden. Bedenken Sie jedoch, dass der Speicherstick nur auf Macs laufen wird, auf denen ebenfalls OS X Lion läuft, und nicht auf Macs mit älteren OS-X-Versionen oder auf Windows- oder Linux-Rechnern. Diesen Betriebssystemen wird der Speicherstick unformatiert oder defekt erscheinen. Wenn Sie wissen möchten, wie Sie ein plattformübergreifendes verschlüsseltes Archiv anlegen, das Sie auf einem USB-Stick speichern können, lesen Sie Tipp 110, *Erstellen Sie verschlüsselte Archive für alle Rechner*, auf Seite 136.

Um diesen Tipp umzusetzen, benötigen Sie einen Speicherstick von beliebiger Größe. Beachten Sie, dass bereits auf dem Stick gespeicherte Dateien während der Formatierung gelöscht werden. Daher sollten Sie sie vorübergehend an einen sicheren Ort kopieren und sie dann wieder zurückkopieren, sobald die folgenden Schritte ausgeführt worden sind:

1. Beginnen Sie, indem Sie das Festplatten-Dienstprogramm öffnen (*Finder → Programme → Dienstprogramme → Festplatten-Dienstprogramm*) und danach den USB-Stick anschließen, den Sie verwenden möchten.

2. Suchen Sie den Eintrag des USB-Sticks in der Geräteliste auf der linken Seite des Festplatten-Dienstprogramm-Fensters. Sie werden es wahrscheinlich leicht an seiner Größe erkennen. Wählen Sie den Eintrag aus und stellen Sie dabei sicher, dass Sie das Laufwerk selbst und nicht seine Partition(en) auswählen, die etwas eingerückt darunter aufgeführt sind. Ein Beispiel sehen Sie in Abbildung 4.

Kapitel 3: Die Tipps

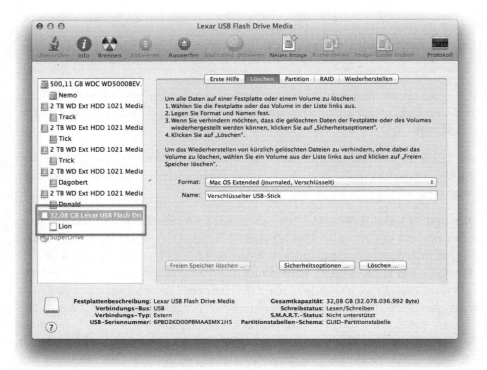

Abbildung 4: So erstellen Sie einen passwortgeschützten USB-Stick

3. Klicken Sie nun auf den Reiter *Löschen* im Fenster des Festplatten-Dienstprogramms. Im *Format*-Einblendmenü wählen Sie Mac *OS Extended (Journaled, Verschlüsselt)*. In das Eingabefeld *Name* geben Sie ein, wie der Speicherstick heißen soll. Dieser Name wird in Zukunft stets in der Seitenleiste der Finder-Fenster erscheinen, wenn Sie den USB-Stick anschließen.

4. Klicken Sie nun auf den Knopf *Löschen*. Sie werden aufgefordert, ein Kennwort einzugeben und es zu bestätigen, indem Sie es direkt darunter gleich noch einmal eingeben. Es ist wichtig, dass Sie dieses Kennwort nicht vergessen! Wenn Sie es vergessen, gibt es keine Möglichkeit, die Inhalte des Speichersticks zu rekonstruieren – sie sind dann für immer verloren. Allerdings können Sie dann den Speicherstick erneut formatieren und auf diese Weise weiterhin verwenden. Da diese Gefahr besteht, ist es eine gute Idee, etwas in das Feld *Merkhilfe* zu schreiben, das einen Hinweis darauf geben kann, wie das Kennwort lautet – die Merkhilfe wird dann eingeblendet, wenn Sie einmal Schwierigkeiten bei der Eingabe des Passworts haben.

5. Wenn Sie damit fertig sind, klicken Sie in dem Einblendfenster auf den Knopf *Löschen*. Das Löschen, Partitionieren und Verschlüsseln dauert nun eine Minute oder zwei, das ist abhängig von der Größe des Speichersticks. Sobald Sie das alles erledigt haben, wird der neue Speicherstick einsatzbereit sein. Sie können Dateien auf ihn kopieren, indem Sie seinen Eintrag in der Seitenleiste eines Finder-Fensters auswählen. Das Festplatten-Dienstprogramm können Sie jetzt schließen.

Von nun an können Sie den verschlüsselten Stick wie jeden anderen Speicherstick verwenden. Denken Sie daran, den Speicherstick auszuwerfen, bevor Sie ihn aus der Buchse ziehen. Dazu klicken Sie die Auswurftaste neben dem Geräteeintrag in der Seitenleiste des Finder-Fensters an.

Wenn Sie den Speicherstick das nächste Mal anschließen, werden Sie nach dem Kennwort gefragt. Wenn Sie bei der Kennwortabfrage den Haken vor *Kennwort in meinem Schlüsselbund sichern* setzen, werden Sie auf diesem Rechner nie wieder nach dem Kennwort gefragt. Wenn der Stick jedoch an einen anderen Mac angeschlossen wird, erscheint die Kennwortabfrage wieder. Auf diese Weise haben Sie dann einen USB-Stick, der an Ihrem eigenen Rechner läuft, dessen Daten jedoch für niemanden sonst zugänglich sind.

Beachten Sie, dass die in diesem Tipp geschilderten Schritte nicht auf USB-Sticks begrenzt sind. Sie können eine komplette mobile USB-, FireWire- oder Thunderbolt-Festplatte auf diese Weise verschlüsseln und damit bewirken, dass die Inhalte ausschließlich nach der Eingabe eines Kennworts zugänglich sind. Dabei sollten Sie bedenken, dass der Zugriff auf ein verschlüsseltes Laufwerk möglicherweise ein wenig langsamer erfolgt. Doch dieser Effekt tritt wahrscheinlich nur dann auf, wenn Sie regelmäßig große Dateien wie Filme darauf abspeichern.

9 Wo liegt Ihr Schreibtischbild?

Dies ist ein raffinierter Tipp, der Ihren Mac dazu bringt, Ihnen den Speicherort des Schreibtischbildes zu verraten, das Sie gerade verwenden.

Öffnen Sie ein Terminalfenster (*Finder* → *Programme* → *Dienstprogramme* → *Terminal*), und geben Sie Folgendes ein:

```
defaults write com.apple.dock desktop-picture-show-debug-text -bool TRUE;
    killall Dock
```

Sie sollten nun den Dateinamen und den Pfad des Schreibtischbildes quer über den Schreibtisch angezeigt bekommen – selbst wenn Sie Mission Control oder Dashboard starten.

Um die Anzeige des Dateinamens und Pfades wieder zu entfernen, öffnen Sie ein Terminalfenster und geben Folgendes ein:

```
defaults delete com.apple.dock desktop-picture-show-debug-text;killall Dock
```

10 Erstellen Sie Zusammenfassungen von Dokumenten

Manche Textverarbeitungsprogramme verfügen über Funktionen zur Textzusammenfassung, die hervorstechende Merkmale mehrerer Abschnitte (oder gar Seiten) sammeln und sie in einem einzigen Absatz oder in einer Folge von Absätzen präsentieren. Die Zusammenfassung ist freilich von wechselnder Qualität, doch sie kann einen guten Ausgangspunkt bilden, wenn Ihnen die Zeit fehlt, diese Arbeit selbst zu erledigen. Ihr Mac hat solch eine Funktion bereits eingebaut.

Richten Sie den Dienst ein

Vorab sind einige Einstellungen vorzunehmen, bevor Sie diese Funktion regelmäßig verwenden können. Öffnen Sie die Systemeinstellungen (*Apfelmenü → Systemeinstellungen*), klicken Sie auf das Tastatursymbol, und aktivieren Sie den Reiter *Tastaturkurzbefehle*. In der Liste auf der linken Seite wählen Sie *Dienste* aus. Setzen Sie nun einen Haken bei *Zusammenfassen* unter der Überschrift *Text* in der Liste auf der rechten Seite. Schließen Sie die Systemeinstellungen.

Fassen Sie Text zusammen

Von jetzt an wählen Sie den Text, den Sie zusammenfassen wollen, im Programmfenster aus und klicken auf das Programmmenü, wählen *Dienste* und dann den Eintrag *Zusammenfassen*. Nicht alle Programme ermöglichen den Einsatz der Dienste; sie bieten daher diese Funktion nicht an – in Microsoft Word 2011 klappt es, doch ärgerlicherweise tanzt Word 2008 aus der Reihe. Doch in den Programmen, die mit OS X geliefert werden, funktioniert es gut, ebenso in den meisten Adobe-Programmen, die Text verarbeiten, wie beispielsweise InDesign.

Verwenden Sie den Dienst *Zusammenfassen*, indem Sie einen der runden Knöpfe anklicken, die vor Sätzen oder Absätzen stehen, und so zwischen einer Zusammenfassung als einer Folge einzelner Sätze oder einer Folge von Absätzen auswählen. Mit dem Schieberegler für die Größe der Zusammenfassung passen Sie die Länge der Zusammenfassung an. Das heißt, Sie stellen ein, wie viel des ursprünglichen Textes in der Zusammenfassung enthalten bleibt.

11 | Aktivieren Sie Stapel und Mission Control mit einer Geste

Mit diesem schlauen, kleinen Kniff können Sie Stapel im Dock aktivieren, indem Sie mit dem Mauszeiger darüberfahren und eine Scrollgeste auf einem Multi-Touch-Trackpad oder auf der Magic Mouse ausführen oder indem Sie das Scrollrad einer Maus drehen.

Wenn Sie denselben Trick anwenden, während Sie über ein Programmsymbol im Dock fahren, wird App-Exposé aktiviert. Sie werden die geöffneten Programmfenster dieses einen Programmes und – kompatible Programme vorausgesetzt – die Liste zuletzt geöffneter Dokumente dieses Programms sehen. Das entspricht der Funktion *App-Exposé* unter dem Reiter *Weitere Gesten* im Trackpad-Systemeinstellungsfeld.

Sobald Sie die verborgene Einstellung aktiviert haben, müssen Sie in jedem Fall nach oben scrollen, um sie zu aktivieren (also um den Stapel aufzufächern), und dann nach unten scrollen, um sie zu deaktivieren (um den Stapel wieder zu verbergen). Sie werden eine Weile scrollen müssen, um die Funktion zu aktivieren, damit OS X registriert, dass Sie das absichtlich und nicht versehentlich tun. Anders formuliert: Sie werden dem Scrollrad richtig Schwung geben müssen und es nicht um nur ein paar Klicks drehen.

Um diese verborgene Funktion zu aktivieren, öffnen Sie ein Terminal-Fenster (*Finder → Programme → Dienstprogramme → Terminal*) und geben Folgendes ein:

```
defaults write com.apple.dock scroll-to-open -bool TRUE;killall Dock
```

Die Änderungen werden sofort übernommen. Um diese Funktion zu deaktivieren, öffnen Sie ein Terminal-Fenster und geben Folgendes ein:

```
defaults delete com.apple.dock scroll-to-open;killall Dock
```

12 Wie Sie ganz schnell eine Dateiliste anlegen

Brauchen Sie ganz schnell eine Liste der Datei- und Ordnernamen innerhalb eines Verzeichnisses? Dann öffnen Sie das Verzeichnis im Finder, wählen Sie alles aus (⌘+A), und kopieren Sie es in die Zwischenablage (⌘+C). Öffnen Sie danach TextEdit, wechseln Sie in den Reintextmodus (*Format → In reinen Text umwandeln* oder ⌘+⇧+T), und fügen Sie den Inhalt der Zwischenablage mit ⌘+V ein. Keine Sorge, Sie werden keineswegs die Inhalte der Dateien in das Dokument einfügen. Stattdessen werden Sie eine Liste all der Datei- und Ordnernamen sehen. Das funktioniert in jedem Texteditor und in manchen Textverarbeitungsprogrammen, wie beispielsweise Microsoft Word.

13 Wie Sie das Scrollen richtig beherrschen

Hier folgt eine Reihe von Tipps, die dazu gedacht sind, Ihnen mehr Kontrolle über das Scrollen in Finder-Fenstern, durch Dokumente und Webseiten zu verschaffen.

Umgekehrte Scrollrichtung abschalten

Im Vergleich zu anderen Betriebssystemen kehrt OS X die Scrollrichtung um, wenn Sie das Mausrad oder die Zwei-Finger-Scrollgeste auf einem Multi-Touch-Trackpad oder einer Magic Mouse verwenden. Man kann sich daran selbstverständlich gewöhnen, doch wenn Sie das nicht mögen, erfahren Sie nun, wie Sie das ausschalten, und zwar nach Geräten geordnet:

- Apple Magic Mouse: Öffnen Sie die Systemeinstellungen (*Apfelmenü → Systemeinstellungen*), klicken Sie auf das Maussymbol, und wählen Sie den Reiter *Zeigen und Klicken*. Entfernen Sie den Haken vor *Scrollrichtung: Natürlich*. Die Änderungen werden sofort übernommen.

- Andere Mäuse (einschließlich der Apple-Maus): Öffnen Sie die Systemeinstellungen (*Apfelmenü → Systemeinstellungen*), klicken Sie auf das Maussymbol, und entfernen Sie den Haken vor *Beim Scrollen oder Navigieren Inhalt in Bewegungsrichtung der Finger bewegen*. Die Änderungen werden sofort übernommen.

- Trackpad: Öffnen Sie die Systemeinstellungen (*Apfelmenü → Systemeinstellungen*), klicken Sie auf das Trackpadsymbol, und wählen Sie den Reiter *Scrollen und Zoomen*. Entfernen Sie den Haken neben *Scrollrichtung: Natürlich*. Die Änderungen werden sofort übernommen.

Rollbalken immer anzeigen

OS X Lion versteckt die Rollbalken, wenn sie nicht benötigt werden. Um sie ständig einzublenden, öffnen Sie die Systemeinstellungen (*Apfelmenü → Systemeinstellungen*), klicken auf das *Allgemein*-Symbol und dann auf den runden Knopf vor dem Eintrag *Immer neben Rollbalken einblenden*.

Nachlauf beim Scrollen abschalten

OS X Lion versucht, die Erfahrung zu imitieren, die man bei der Bedienung eines iPad oder iPhone macht, und das schließt das Scrollen mit Nachlauf mit ein, bei dem die Seite schnell scrollt, wenn man mit zwei Fingern über die Oberfläche eines Multi-Touch-Trackpads oder einer Magic Mouse wischt. Was hinter den Kulissen geschieht: Das Trackpad oder die Maus registriert irgendeine Beschleunigung der Fingergeste, bevor Sie die Finger wieder von der Oberfläche abheben. Daher funktioniert das nicht perfekt, und es kann vorkommen, dass Sie die Beschleunigung nur hin und wieder bemerken. Außerdem werde ich beim Scrollen mit Nachlauf auf größeren Monitoren immer ein wenig seekrank.

Es ist möglich, das Scrollen mit Nachlauf in den Systemeinstellungen auszuschalten, doch diese Option ist tief im Einstellungsfeld *Bedienungshilfen* vergraben. Öffnen Sie die Systemeinstellungen (*Apfelmenü → Systemeinstellungen*), und klicken Sie auf das Bedienungshilfen-Symbol. Dann wählen Sie den Reiter *Maus & Trackpad* aus und klicken auf den Knopf *Trackpad-Optionen*. In dem Einblendfenster, das daraufhin erscheint, wählen Sie *ohne Nachlauf* aus dem Auswahlmenü neben *Scrollen*.

Diese Methode beseitigt das Scrollen mit Nachlauf allerdings nur für Trackpads. Um es für alle Zeigegeräte einschließlich Mäuse auszuschalten, öffnen Sie das Terminal (*Finder → Programme → Dienstprogramme → Terminal*) und geben Folgendes ein:

```
defaults write -g AppleMomentumScrollSupported -bool FALSE
```

Melden Sie sich ab und wieder an, damit die Änderungen übernommen werden.

Um das Scrollen mit Nachlauf wieder zu ermöglichen, wiederholen Sie entweder die oben geschilderten Schritte, um es in den Systemeinstellungen zu aktivieren, oder Sie öffnen ein Terminalfenster, geben Folgendes ein, und melden sich ab und wieder an, damit die Änderungen übernommen werden:

```
defaults delete -g AppleMomentumScrollSupported
```

Horizontales Scrollen mit einer PC-Maus

Neuere Apple-Mäuse haben besondere Scrollbälle oder kleine Trackpads, die sowohl vertikales als auch horizontales Scrollen ermöglichen. Die meisten PC-Mäuse sind mit einem Scrollrad ausgestattet, das lediglich vertikales Scrollen erlaubt. Um mit jeder Maus horizontal zu scrollen, halten Sie einfach ⇧ gedrückt, während Sie das Rad drehen.

Mithilfe der Rollbalken an eine neue Stelle springen

In dem Dokument oder der Website, die Sie betrachten, können Sie eine Seite aufwärts oder abwärts scrollen, indem Sie auf den Bereich über oder unter dem Schieber im Rollbalken klicken. Normalerweise blättert dann das Programm Seite um Seite weiter. Manchmal möchten Sie jedoch einfach nur an einen anderen Ort im Dokument springen, ohne Seite für Seite scrollen zu müssen. Das erreichen Sie, indem Sie den Mauszeiger im Rollbalken an die Stelle bewegen, zu der Sie springen möchten, die Taste ⌥ gedrückt halten und mit der Maus klicken. So springt der Schieber unverzüglich an diese Stelle.

Das kann sehr nützlich sein, wenn Sie zum Anfang oder Ende eines Dokuments springen möchten – halten Sie einfach ⌥ gedrückt, und klicken Sie ganz oben oder ganz unten in den Rollbalkenbereich.

Langsamer scrollen

Wenn Sie ⌥ gedrückt halten, während Sie den Schieber (den kleinen Balken, der im Rollbalken Ihre Position innerhalb eines Dokuments anzeigt) angeklickt halten und ziehen, wird das Scrollen abgebremst. Am besten zeigt sich das in der Praxis, also probieren Sie es aus – greifen Sie den Schieber in einem offenen Fenster, das eine lange Datei anzeigt, halten Sie dann ⌥ gedrückt, und ziehen Sie. Wie Sie sehen, wird das Scrollen nicht nur verlangsamt, es wird auch flüssiger, wodurch es leichter wird, die Fensterinhalte zu lesen, während sie vorbeiscrollen.

14 Nutzen Sie alle Tastaturfunktionen

Die modernen mobilen Macs und das Apple Wireless Keyboard verfügen nur über eine ⌫-Taste, die die Zeichen hinter dem Mauszeiger löscht. Wenn Sie jedoch die Taste `fn` drücken (in der linken unteren Ecke der Tastatur), können Sie die ⌫-Taste zu einer Entfernen-Taste machen, die wie auf erweiterten Tastaturen die Zeichen vor dem Mauszeiger löscht.

Wenn wir gerade dabei sind: Wenn Sie die Taste `fn` gleichzeitig mit dem Pfeil nach oben/unten drücken, werden die Pfeiltasten zu ⇞/⇟-Tasten. Halten Sie `fn` gedrückt, während Sie die Pfeiltasten nach links und rechts drücken, werden diese entsprechend zu den Tasten `Pos1` und `Ende`, die entweder an den Anfang bzw. das Ende des Dokuments scrollen oder den Mauszeiger an den Zeilenanfang bzw. das Zeilenende bewegen, je nachdem, welches Programm Sie verwenden.

15 Reparieren Sie hässliche Zeichensätze auf externen Bildschirmen

Wenn Sie einen externen Bildschirm anschließen, der nicht von Apple stammt, kann es sein, dass die Zeichensätze ein wenig undeutlich oder fransig aussehen, weil das Font-Antialiasing nicht korrekt eingestellt wurde. Das ist leicht repariert: Öffnen Sie ein Terminal-Fenster (*Finder → Programme → Dienstprogramme → Terminal*), geben Sie Folgendes ein, und melden Sie sich danach ab und wieder an, um die Änderungen zu übernehmen:

```
defaults -currentHost write -g AppleFontSmoothing -int 2
```

Sollte diese Methode bei Ihnen nicht funktionieren oder sind Sie mit den Ergebnissen nicht zufrieden, öffnen Sie ein Terminal-Fenster, geben Sie Folgendes ein und melden Sie sich ab und wieder an, um die Änderungen zu übernehmen:

```
defaults -currentHost delete -g AppleFontSmoothing
```

16 | Geben Sie mit Leichtigkeit allgemein übliche Symbole und Zeichen ein

Nun sollen Sie erfahren, wie Sie allgemein übliche Symbole und Zeichen in Ihre Textdokumente eingeben, wie Sie es in Abbildung 5 sehen (siehe auch Tipp 42, *Geben Sie mit Leichtigkeit diakritische Zeichen ein*, auf Seite 60). Beachten Sie, dass dieser Tipp die deutsche Tastaturbelegung voraussetzt.

Abbildung 5: Verschiedene Symbole über Tastaturkurzbefehle eingeben

Apple-Symbol

Drücken Sie ⇧+⌥++, um das Apple-Logo () in Ihren Text einzugeben. Bedenken Sie, dass das Symbol wahrscheinlich in Dokumenten oder E-Mails nicht sichtbar ist, die unter anderen Betriebssystemen wie Windows oder Linux geöffnet werden. Stattdessen werden diese Systeme wahrscheinlich ein Quadrat anzeigen, das auf ein fehlendes Zeichen hindeutet. Manche Linux-Systeme zeigen vielleicht ein Symbol an, das einen Apfel darstellt, aber nicht das Apple-Logo.

16: Geben Sie allgemein übliche Symbole und Zeichen ein ◀ 31

Copyright

Drücken Sie ⌥+G, um ein Copyright-Symbol (©) in Ihren Text einzugeben. Wenn Sie *(c)* eingeben, wird es in den meisten Programmen dasselbe bewirken. (Sie müssen nach der schließenden Klammer die Leertaste drücken, damit das Symbol erscheint.)

Währung

Das Dollarzeichen geben Sie ein, indem Sie ⇧+4 drücken, wie es auf der Taste aufgedruckt ist. So geben Sie die anderen üblichen Währungssymbole ein:

- Cent (¢): ⌥+4
- Pfund Sterling (£): ⇧+⌥+4
- Japanischer Yen (¥): ⌥+Y
- Euro (€): ⌥+E

Gedankenstriche und Auslassungszeichen (Ellipsen)

Um einen Gedankenstrich einzugeben, drücken Sie ⌥+-. Um den längeren, englischen Gedankenstrich einzugeben, drücken Sie ⇧+⌥+-.

Um das Symbol Ellipse einzugeben (das sind drei aufeinanderfolgende Punkte, die eine Auslassung anzeigen), drücken Sie ⌥+..

Mathematische Symbole

Viele mathematische Symbole sind über die Tastenaufdrucke leicht zugänglich (um beispielsweise ein Größer-als-Symbol einzugeben, drücken Sie ⇧+>). Möchten Sie jedoch andere mathematische Symbole eingeben, müssen Sie folgende Tastenkürzel nutzen:

- ungefähr gleich (≈): ⌥+X
- Grad (°): ⇧+^
- Division (÷): ⌥+⇧+.
- unendlich (∞): ⌥+,
- kleiner oder gleich (≤) und größer oder gleich (≥): ⌥+< und ⌥+⇧+<

- ungleich (≠): ⌥+0
- Pi (π): ⌥+P
- plus oder minus (±): ⌥++
- Quadratwurzel (√): ⌥+V
- Summenzeichen (Σ): ⌥+W

Trademark (Warenzeichen)

⌥+⇧+D erzeugt das englische Warenzeichensymbol Trademark (™). Wenn Sie tm, gefolgt von einem Leerzeichen, eingeben, kommen Sie in den meisten Programmen zum selben Ergebnis. ⌥+R fügt das Symbol für ein eingetragenes Warenzeichen (®) ein. Geben Sie (r) ein, wird auch das in den meisten Programmen dieses Symbol einfügen.

17 Benennen Sie Fotos automatisch um

Digitalkameras scheinen Namen wie DSCF0407.JPG sehr zu mögen. Ich weiß ja nicht, wie das bei Ihnen ist, aber ich bevorzuge Namen wie Disneyland-Urlaub 023.jpg. Es kann ziemlich nervtötend sein, jede Datei einzeln umzubenennen, doch es gibt eine schnelle und einfache Lösung: Lassen Sie das den *Automator* für Sie erledigen (um zu erfahren, was Automator ist, siehe *OS X erforschen: Automator*, auf Seite 253). Dies sind die einzelnen Schritte:

1. Legen Sie einen Ordner an, um die Fotos zu speichern. Wo er liegt, ist egal, und wie er heißt, bleibt auch Ihnen überlassen. Kopieren Sie dann die Bilddateien in diesen Ordner. Vergewissern Sie sich, dass Sie die Dateien nur kopieren und nicht verschieben – bewahren Sie die Originale an einem sicheren Ort auf, bis Sie sicher sind, dass die Umbenennung funktioniert hat.

2. Starten Sie das Programm *Automator*. Es befindet sich unter den ersten Programmen, die im Programme-Ordner aufgelistet werden, und hat einen Roboter als Symbol.

3. Im Einblendfenster *Wählen Sie eine Art für das Dokument aus* klicken Sie auf das Programmsymbol (auch darauf ist ein Roboter abgebildet) und danach auf den Knopf *Auswählen*.

4. Das Automator-Programmfenster sieht etwas einschüchternd aus, doch Sie müssen den größten Teil davon gar nicht beachten. In der Bibliotheksliste auf der linken Seite des Automator-Programmfensters wählen Sie *Dateien & Ordner*, und in der Liste rechts davon wählen Sie *Finder-Objekte umbenennen*. Klicken und ziehen Sie diesen Menüeintrag auf die rechte Seite des Programmfensters, und lassen Sie ihn über der Fläche *Aktionen oder Dateien hierhin bewegen, um Ihren Arbeitsablauf zu erstellen* los.

5. In dem Einblendfenster, das daraufhin erscheint, werden Sie gefragt, ob Sie eine zusätzliche Aktion zum Kopieren der umbenannten Dateien hinzufügen möchten. Das müssen Sie in diesem Fall nicht machen, daher klicken Sie auf den Knopf *Nicht anwenden*.

6. Nun sehen Sie ein neues Element mit der Überschrift *Datum oder Uhrzeit hinzufügen* auf dem Bildschirm. Klicken Sie dort auf das Einblendmenü mit dem Namen *Datum oder Uhrzeit hinzufügen*, und wählen Sie *Text ersetzen* aus.

7. Jetzt müssen Sie über den Finder den Ordner suchen, in dem die Fotografien gespeichert sind, die Sie umbenennen möchten, um einige Informationen zu sammeln. Sehen Sie sich die typischen Dateinamen an, die Ihre Digitalkamera erstellt, und überlegen Sie sich, welchen Teil davon Sie durch Ihren eigenen Text ersetzen möchten. So haben beispielsweise Fotos aus meiner Kamera stets einen Dateinamen, der mit DSCF beginnt, gefolgt von einer fortlaufenden Nummer und .jpg als Dateiendung. Ein typischer Dateiname wäre DSCF0404.JPG. In diesem Fall würde ich gerne DSCF durch etwas ersetzen, das eher beschreibenden Charakter hat, zum Beispiel durch den Namen des Ortes, an dem ich Urlaub gemacht habe.

8. Kehren Sie nun zum Automator-Programmfenster zurück. Geben Sie in das *Suchen:*-Feld Ihrer neuen Aktion den Text ein, den Sie im Dateinamen ersetzt haben möchten. (Um bei meinem Beispiel zu bleiben: Ich würde DSCF schreiben.) In das Feld *Ersetzen durch:* geben Sie den Text ein, der stattdessen erscheinen soll. Für meinen letzten Urlaub würde ich beispielsweise Disneyland-Urlaub schreiben (siehe Abbildung 6).

9. Sobald Sie Ihren Ersatztext eingegeben haben, klicken Sie auf *Ablage → Sichern* und geben Ihrer neuen Automator-Aktion einen Namen. Alles ist erlaubt, zum Beispiel *Bilder umbenennen*. Wählen Sie einen Speicherort dafür, zum Beispiel auf dem Schreibtisch.

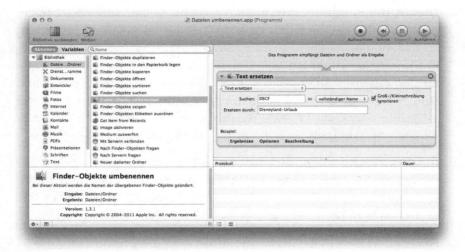

Abbildung 6: Dateien mit Automator automatisch umbenennen

10. Sobald Sie gesichert haben, können Sie das Programm *Automator* beenden. Es ist nicht nötig, auf den Knopf *Ausführen* zu klicken oder irgendetwas zu testen.

11. Ihre neue Automator-Aktion liegt dort, wo Sie sie beim Sichern hingelegt haben, und Sie können sie an demselben Robotersymbol erkennen, das auch das Programm *Automator* ziert. Jetzt müssen Sie nur noch das Bild oder die Bilder, die Sie zuvor kopiert haben, auf dieses Symbol ziehen und loslassen. Sie werden unverzüglich innerhalb ihres Ordners umbenannt. Wenn Sie fertig sind, können Sie die Automator-Aktion zum weiteren Gebrauch lassen, wo sie ist, oder sie einfach löschen.

18 Leeren Sie den Papierkorb auf sichere Weise

Wann immer Sie den Papierkorb leeren, werden die Dateien darin auf die übliche Weise gelöscht. Das heißt, das Dateisystem von OS X gibt den Speicherplatz, den sie belegt hatten, für einen anderen Gebrauch frei. Doch der Inhalt der Dateien bleibt dabei in Wahrheit so lange auf dem Speichermedium, bis er überschrieben wird, und er kann mit einem der vielen erhältlichen Wiederherstellungsprogramme wiederhergestellt werden.

Um das zu vermeiden, können Sie den Papierkorb auf sichere Weise leeren, wobei die Daten mit Nullen überschrieben werden, sodass sie (zumindest außerhalb eines Hightech-Kriminallabors) nicht wiederhergestellt werden können; bedenken Sie jedoch, dass die Dateien noch immer in Ihrem Time-Machine-Backup enthalten sein können (siehe Tipp 212 auf S. 229).

Papierkorb sicher entleeren

Um den Papierkorb sicher zu entleeren, klicken Sie einfach das Papierkorbsymbol im Dock an und halten es fest, bis das Kontextmenü erscheint. Lassen Sie die Maustaste los, und drücken Sie danach die ⌘-Taste. Das Menü ändert sich dann zu *Papierkorb sicher entleeren*. Klicken Sie darauf, damit das geschieht. Sie können auch ein Finder-Fenster öffnen und den Eintrag *Papierkorb sicher entleeren* aus dem Anwendungsmenü wählen.

Bedenken Sie, dass das sichere Löschen von Dateien deutlich länger dauert als das unsichere. Bei einem sehr vollen Papierkorb kann das Stunden dauern. Allerdings wird das sichere Entleeren des Papierkorbs im Hintergrund vorgenommen.

Den Papierkorb immer sicher leeren

Um den Papierkorb immer sicher zu leeren, öffnen Sie ein Finder-Fenster und klicken auf das Anwendungsmenü und danach auf *Einstellungen*. Klicken Sie anschließend auf den Reiter *Erweitert*, und setzen Sie den Haken vor *Papierkorb sicher entleeren*.

19 Gestalten Sie jedes Symbol persönlicher

Jede Datei kann ein benutzerdefiniertes Bild als Symbol zugewiesen bekommen – von Programmdateien über Dateien bis zu Aliasdateien auf dem Schreibtisch – auch Ordner. Und so geht's:

Verwenden Sie ein Bild als Symbol

1. Öffnen Sie das Bild, das Sie als als Symbol verwenden möchten, im Programm *Vorschau*. Wählen Sie alles aus (⌘+A), und kopieren Sie es in die Zwischenablage (⌘+C). Schließen Sie *Vorschau*.

2. Klicken Sie die Datei an, deren Symbol Sie ersetzen möchten, und drücken Sie ⌘+I, um die Dateiinformation anzuzeigen. In dem

Fenster, das daraufhin erscheint, klicken Sie auf die Symbolvorschau in der oberen linken Ecke. Dadurch wird das Symbol hervorgehoben. Drücken Sie ⌘+V, um das neue Symbolbild einzufügen. Die Änderungen sollten sofort übernommen werden.

OS X erforschen: Mission Control

Mission Control ist ein vielseitiges Werkzeug, das unter anderem dazu gedacht ist, Ihnen einen Blick aus der Vogelperspektive über ihre Anwendungen zu verschaffen. Es kann durch einen Klick auf sein Docksymbol gestartet werden oder auf einem Multi-Touch-Trackpad durch das Aufwärtswischen mit drei Fingern. Es kann auch mit einer Funktionstaste aktiviert werden (in der Regel mit der F3-Taste) oder durch die Eingabe von ctrl+↑.

Mission Control zeigt eine verkleinerte Vorschau aller aktiven Programmfenster an, sodass Sie auf einen Blick sehen können, welche Dateien Sie geöffnet haben. Wichtiger noch: Sie können irgendeines davon anklicken, um es in den Vordergrund zu bringen, und gleich damit arbeiten.

Doch das ist noch nicht alles, was Mission Control kann. Sie können darin auch Spaces hinzufügen und zwischen ihnen wechseln. Spaces sind zusätzliche Schreibtische, die seitwärts herein- oder herausgleiten, um Ihren aktuellen Schreibtisch zu ersetzen. Sie könnten beispielsweise einen neuen Schreibtisch nur für Webbrowserfenster anlegen und einen anderen nur für Ihr E-Mail-Programm. Um in Mission Control einen neuen Space anzulegen, bewegen Sie den Mauszeiger in die rechte obere Ecke des Bildschirms, wo dann ein Plus-Symbol erscheint. Klicken Sie darauf, um einen neuen Space anzulegen. Sie können zwischen den Spaces wechseln, indem Sie bei aktiver Mission Control auf deren kleine Vorschaubilder klicken oder indem Sie die Kontrolltaste ctrl gedrückt halten und die Pfeiltasten nach links oder rechts drücken. Sie können auch auf einem Multi-Touch-Trackpad mit drei Fingern nach links oder rechts wischen, um die Spaces zu wechseln.

Mission Control erlaubt auch den schnellen Zugriff auf das Dashboard, das einen gesonderten Space ausschließlich für Widgets darstellt – das sind kleine Programme mit besonderen Funktionen, die zum Beispiel das Wetter anzeigen. Um auf das Dashboard zuzugreifen, aktivieren Sie zunächst Mission Control und klicken danach auf die kleine Vorschau von Dashboard ganz links oben im Bildschirm.

Siehe Tipp 25, *Werden Sie ein Power-User: Mission Control*, auf Seite 41.

Um das ursprüngliche Symbol wiederherzustellen, wiederholen Sie den Schritt, das Dateiinformationsfenster zu öffnen, und wählen erneut das Symbol aus, damit es hervorgehoben wird. Doch dieses Mal drücken Sie die ⌫-Taste.

Symbole anderer Dateien verwenden

Sie können auch Symbole von einer Datei zur andern kopieren und einfügen. Öffnen Sie dazu einfach das Infofenster beider Dateien, wie oben beschrieben, und klicken Sie auf das Symbol der ersten Datei, um es hervorzuheben. Drücken Sie ⌘+C, um das Symbol zu kopieren. Klicken Sie das Symbol, das Sie ersetzen möchten, im anderen Infofenster an, und drücken Sie danach ⌘+V.

Mit diesem Tipp können Sie die gesamte Oberfläche von OS X persönlicher gestalten. Im Internet finden Sie andere Symbole an vielen Stellen.[1] Für gewöhnlich können solche anderen Symbole einfach in die Symbolvorschau links oben im Infofenster gezogen und abgelegt werden; es ist nicht nötig, sie zuerst in *Vorschau* zu öffnen und zu kopieren.

20 | Finden Sie die Versionsnummern von Programmen

Wenn Sie die Version eines Programms überprüfen möchten, können Sie das Programm starten und in seinem Anwendungsmenü auf *Über* klicken. Eine andere, schnellere Möglichkeit besteht darin, das Programm in der Programmliste im Finder auszuwählen und ⌘+I zu drücken, um das Infofenster zu öffnen. Die Versionsnummer wird unter der Überschrift *Allgemein* aufgeführt.

21 | Dashboard-Widgets auf dem Schreibtisch verwenden

Anders als Microsoft Windows verwendet OS X den Dashboard-Space, um dem Anwender diese Applets zu präsentieren (die in Mac-Kreisen *Widgets* genannt werden). Doch mit einem kleinen Eingriff können Sie Widgets auch auf dem Schreibtisch anzeigen. Das ist dann nicht

---

1 http://interfacelift.com/icons beispielsweise

genauso wie bei Windows, denn die Widgets bleiben stets im Vordergrund vor allen anderen Fenstern statt nur vor dem Schreibtischhintergrund, doch für alle Benutzer mit großen Bildschirmen ist es ein hervorragender Weg, die nützlichen Widgets wie die für die Zeit und das Datum jederzeit im Blick zu haben.

Einrichtung

Um die Dashboard-Widgets auf Ihren Schreibtisch zu bekommen, ist es zuallererst notwendig, die Verwaltung des Dashboards durch Mission Control abzustellen. Um das zu erreichen, öffnen Sie die Systemeinstellungen (*Apfelmenü* → *Systemeinstellungen*) und klicken auf das Symbol von Mission Control. Entfernen Sie den Haken vor *Dashboard als Space anzeigen*. Beachten Sie, dass Sie zukünftig – sofern Ihre Tastatur eine besitzt – die zugehörige Sonderfunktionstaste verwenden oder F12 drücken müssen, um das Dashboard aufzurufen. (Drücken Sie Fn + F12, wenn Sie einen mobilen Mac oder eine Mac-Aluminiumtastatur verwenden.)

Um Schreibtisch-Widgets zu aktivieren, öffnen Sie ein Terminalfenster (*Finder* → *Programme* → *Dienstprogramme* → *Terminal*) und geben Folgendes an der Eingabeaufforderung ein:

```
defaults write com.apple.dashboard devmode -bool TRUE;killall Dock
```

Das Dock wird vorübergehend aus der Sicht gleiten, und der Schreibtischhintergrund kann für eine Sekunde oder zwei verschwinden. Aber machen Sie sich keine Sorgen, sie erscheinen innerhalb von Sekunden wieder.

Schreibtisch-Widgets verwenden

Um ein Dashboard-Widget auf dem Schreibtisch anzuzeigen, rufen Sie das Dashboard auf, indem Sie die Sonderfunktionstaste oder F12 drücken (Fn + F12 auf tragbaren Macs oder Mac-Aluminiumtastaturen) und das Widget anklicken und angeklickt halten, das Sie auf dem Schreibtisch anzeigen möchten. Während Sie die Maustaste gedrückt halten, tippen Sie nun erneut F12 (oder Fn + F12), und – Simsalabim! – schon haben Sie ein Dashboard-Symbol auf dem Schreibtisch.

Um das Widget wieder ins Dashboard zurückzubekommen, wiederholen Sie das Verfahren einfach in umgekehrter Reihenfolge: Klicken und halten Sie das Widget auf dem Schreibtisch, drücken Sie F12 (oder Fn + F12), um das Dashboard zu starten, und lassen Sie dann die Maustaste wieder los.

Deaktivieren

Um die Schreibtisch-Widgets zu einem späteren Zeitpunkt wieder zu deaktivieren, schalten Sie entweder die Verwaltung des Dashboards durch Mission Control wieder ein, wie zuvor beschrieben, oder Sie öffnen ein Terminalfenster und geben Folgendes ein:

```
defaults delete com.apple.dashboard devmode;killall Dock
```

Beachten Sie, dass nach dieser Änderung alle Widgets, die noch auf Ihrem Schreibtisch liegen, dort verbleiben, bis Sie sie so, wie oben beschrieben, manuell zurück ins Dashboard befördern. Doch es wird nicht mehr möglich sein, neue Widgets auf den Schreibtisch zu bewegen.

22 Ergänzen Sie Ordner mit Schreibtischhintergrundbildern

Kopieren Sie Ihre heruntergeladenen Schreibtischhintergrundbilder an ihrem ständigen Speicherort auf Ihrem Rechner (also beispielsweise in Ihrem *Dokumente*-Ordner), und öffnen Sie die Systemeinstellungen (*Apfelmenü → Systemeinstellungen*) und das Einstellungsfeld *Schreibtisch & Bildschirmschoner*. Wählen Sie den Reiter *Schreibtisch*, klicken Sie auf den Ordner, und ziehen Sie ihn in die linke Spalte des Einstellungsfensters unter die Überschrift *iPhoto*. Dadurch werden die Dateien sofort zur Liste der erhältlichen Schreibtischhintergründe hinzugefügt; das können Sie mit jedem Ordner machen, der Bilder enthält.

Um einen Ordner zu einem späteren Zeitpunkt wieder zu entfernen, öffnen Sie erneut das Einstellungsfenster *Schreibtisch & Bildschirmschoner*, wählen den Ordner in der Liste aus und klicken auf den Knopf mit dem Minuszeichen.

23 Speichern Sie eine Bildschirmkopie in der Zwischenablage statt in einer Datei

Das Mac-Betriebssystem hat ein hoch entwickeltes, eingebautes Bildschirmkopie-Programm (siehe Tipp 131, *Nehmen Sie ein Bildschirmfoto auf*, auf Seite 158), das eine Datei auf dem Schreibtisch erzeugt. Um eine Bildschirmkopie in der Zwischenablage zu speichern, anstatt eine Datei zu erzeugen, damit Sie den Schnappschuss in Ihr eigenes Dokument oder Bild einfügen können, halten Sie ctrl zusätzlich zu den üblichen Bildschirmkopie-Tastaturkurzbefehlen gedrückt. ⇧+ctrl+⌘+3 kopiert die gesamte Bildschirmanzeige in die Zwischenablage. Mit ⇧+ctrl+⌘+4 können Sie klicken und über einen Bereich der Bildschirmanzeige ziehen, um diesen Bereich in die Zwischenablage zu speichern.

24 Versetzen Sie Ihr MacBook in den Tiefschlaf, um Energie zu sparen

Um den Deckel geschlossen zu halten, haben Mac-Notebooks statt der üblichen Haken einen magnetischen Schließmechanismus. Dadurch lassen sie sich sehr angenehm öffnen, doch das bedeutet auch, dass sie sich manchmal selbst öffnen, beispielsweise in einer Reisetasche. Sobald sie offen sind, können sie sich selbst einschalten und so ihre Batterieladung vergeuden. Möglicherweise können sie sogar eine Gefahr darstellen, wenn sie auf einem Flug ihre WLAN-Antenne aktivieren.

Wenn das für Sie ein Problem darstellt, können Sie Ihr MacBook so einstellen, dass es, sobald der Deckel geschlossen ist, in den Tiefschlaf fällt, also seinen Zustand auf die Festplatte speichert und nicht nur in den Ruhezustand übergeht. Dadurch wird der Rechner vollkommen abgeschaltet, anstatt den Speicher durch einen wenn auch geringen Stromfluss aktiv zu halten.

Einrichtung

Da dieser Tipp eine Firmware-Einstellung verändert, die sich auf den gesamten Rechner auswirkt, betrifft sie auch alle Benutzer.

Öffnen Sie ein Terminalfenster, und geben Sie Folgendes ein:

```
sudo pmset -a hibernatemode 25
```

Sie müssen dann Ihr Anmeldekennwort eingeben, sobald Sie dazu aufgefordert werden. Die Änderungen sollten sich sofort auswirken.

Einschlafen lassen und aufwecken

Probieren Sie Ihr Glück, indem Sie den Deckel schließen und eine oder zwei Minuten warten, bis der Rechner im Tiefschlaf ist. Wecken Sie Ihren Rechner dann wieder auf (denken Sie daran, dass Sie dazu ab jetzt immer den Einschaltknopf drücken müssen). Einen Rechner aus dem Tiefschlaf zu wecken, dauert ein paar Sekunden länger, da die RAM-Inhalte von der Festplatte gelesen werden, doch es ist immer noch schnell genug für den täglichen Gebrauch.

Desktop-Macs schlafen legen

Übrigens können nicht nur mobile Macs in Tiefschlaf versetzt werden – Desktop-Macs können das auch. Sobald Sie die oben beschriebenen Einstellungen geändert haben, klicken Sie auf *Apfelmenü → Ruhezustand*, um den Mac in Tiefschlaf zu versetzen. Nach ungefähr einer Minute wird der Rechner ganz ausgeschaltet. Um den Rechner aus dem Tiefschlaf zu wecken, drücken Sie wie üblich den Einschaltknopf.

Bei Desktop-Macs, die lange brauchen, um hochzufahren, kann der Tiefschlaf bei jedem Einschalten ein paar Sekunden einsparen.

Die ursprüngliche Einstellung wiederherstellen

Um zu einem späteren Zeitpunkt wieder zum normalen Ruhezustand zurückzukehren, öffnen Sie ein Terminalfenster und geben Folgendes ein:

```
sudo pmset -a hibernatemode 3
```

25 Werden Sie ein Power-User: Mission Control

Mission Control ist die Mac-Funktion, die unter anderem kleine Vorschaubilder aller offenen Programmfenster zeigt (siehe *OS X erforschen: Mission Control* auf Seite 36). Obwohl Mission Control grundsätzlich ganz einfach funktioniert, gibt es ein paar nützliche Tricks, die es zum Zentrum des Mac-Universums machen können, wie ich gleich ausführen werde.

Übersichtsfenster verwenden

Übersicht (*Quick Look*) funktioniert auch in Mission Control. In diesem Fall vergrößert *Übersicht* ein Fenster so, dass es möglich ist, all seine Inhalte zu betrachten. Fahren Sie mit dem Mauszeiger einfach über das Vorschaufenster, das Sie interessiert, und drücken Sie die `Leertaste`. Drücken Sie die `Leertaste` noch einmal, wird *Übersicht* die Vorschaufenster wieder verkleinern.

Alle Fenster auf einmal bewegen

Fenster können von einem Space zum anderen bewegt werden, indem sie auf die kleinen Vorschaubilder der Schreibtische im oberen Bereich des Bildschirms gezogen werden. Sie können alle Fenster eines Programms auf einen neuen Space bewegen, indem Sie das Programmsymbol anklicken und auf diesen anderen Space ziehen. Das Symbol erscheint unter den Fenstervorschaubildern.

Mit der Tastatur auf leichte Weise navigieren

Ich aktiviere Mission Control am liebsten, indem ich ctrl gedrückt halte und die ↑-Taste drücke. Wenn ich die ctrl-Taste gedrückt halte, kann ich die linke und rechte Pfeiltaste verwenden, um zwischen Spaces innerhalb von Mission Control zu wechseln. (Übrigens: ctrl gedrückt halten und dabei ← mit → zu drücken, während Mission Control nicht aktiv ist, schaltet ebenfalls zwischen Spaces um.)

Wenn Sie zu Mission Control wechseln und ⌥ gedrückt halten, während Sie das kleine Vorschaubild eines anderen Schreibtischs mit der Maus anklicken, wird zu diesem Schreibtisch umgeschaltet, sodass Sie seine Programme sehen können. Dieser Space wird jedoch nicht aktiviert.

Indem Sie die ersten Buchstaben eines jeden Fensternamens tippen, also das erste im Titelbalken des Fensters, können Sie die Auswahlhervorhebung dorthin bewegen. Tippen Sie beispielsweise *Apple*, wird zu einem Webbrowser umgeschaltet und http://apple.com aufgerufen. Tippen Sie *Trackpad*, wird zu den Systemeinstellungen umgeschaltet, wenn das Trackpad-Einstellungsfenster offen ist. Doch in meinen Tests war es schwierig, das durchzuführen, und es hat auch nicht immer geklappt.

Im App-Exposé-Modus zwischen Programmen wechseln

Mission Control enthält auch einen Modus namens *App-Exposé*. Dieser Modus wirkt, als hätten Sie Mission Control so angepasst, dass es nur die offenen Programmfenster einer einzelnen Anwendung und – in manchen Programmen – die kleinen Vorschaubilder kürzlich geöffneter Dokumente am unteren Bildschirmrand anzeigt.

Sobald Mission Control aktiv ist, können Sie ´ drücken (das ist die Taste für den Akzent Akut; sie liegt rechts oben neben der Zahlenreihe, gleich rechts neben ß), um im App-Exposé-Modus durch die offenen Programme zu wechseln. Tippen Sie erneut, um zwischen den offenen

Programmen zu wechseln. Bedenken Sie dabei, dass Sie nur einen leeren Bildschirm sehen, wenn ein Programm zwar geöffnet ist, aber keine offenen Dokumente hat; das kann ein wenig verwirrend sein.

Drücken Sie die Taste ⇥, wird in der entgegengesetzten Richtung durch die Programme gewechselt, aber nur, wenn zuvor die Taste mit dem Akzent Akut gedrückt wurde, um App-Exposé zu aktivieren.

⌘+⇥ zeigt den üblichen Programmumschalter an, obwohl Sie sich noch immer in Mission Control befinden; wenn Sie allerdings ein Programm in der Umschalterliste auswählen, werden dessen Programmfenster wieder im App-Exposé-Modus angezeigt.

Beachten Sie, dass wenn Sie im App-Exposé-Modus sind, die Pfeiltasten nach links und nach rechts die Hervorhebung zwischen den zuletzt geöffneten Dokumentvorschaufenstern am unteren Bildschirmrand verschieben (falls es welche gibt). Ein Tastendruck auf ↵ öffnet die hervorgehobene Datei zur Bearbeitung oder Ansicht.

Programmfensterstapel auflösen

Wenn Sie mit dem Mauszeiger über einen Stapel von Programmfenstern fahren und auf einem Multi-Touch-Trackpad oder einer Magic Mouse schwungvoll nach oben scrollen (oder mit dem Scrollrad anderer Mäuse nach oben scrollen), bringen Sie den Stapel dazu, dass er sich auffächert und so mehr Einzelheiten der Fenster sichtbar werden, die hinter dem Hauptfenster liegen.

Dieser Trick kann mit einer kleinen Optimierung an einer verborgenen Systemeinstellung verbessert werden. Um gestapelte Fenster auf ihre volle Größe zu erweitern (ähnlich wie bei Quick Look, siehe oben), anstatt sie nur ein wenig größer zu machen, als sie bereits sind, öffnen Sie ein Terminalfenster (*Finder → Programme → Dienstprogramme → Terminal*) und geben Folgendes ein:

```
defaults write com.apple.dock expose-cluster-scale -float 1;killall Dock
```

Die Änderungen werden sofort übernommen. Sie können bei dieser Optimierung auch einen Wert von 0.6 statt 1 in die obige Zeile eingeben. Das bewirkt, dass das Fenster größer wird als die Standardeinstellung, aber kleiner als 100 Prozent seiner normalen Ausmaße.

Um die Optimierung zu einem späteren Zeitpunkt zurückzunehmen, öffnen Sie ein Terminalfenster und geben Folgendes ein:

```
defaults delete com.apple.dock expose-cluster-scale;killall Dock
```

26 Wie Sie einen zu langsamen Startvorgang beschleunigen

Wenn Sie merken, dass zwischen dem ersten Einblenden des Schreibtischs bis zu dem Zeitpunkt, an dem der Rechner benutzbar wird, viel Zeit vergeht, versuchen Sie, Ihren Schreibtisch aufzuräumen, indem Sie so viele Dateien, Ordner und Aliasdateien wie möglich entfernen, ohne Ihren gewohnten Arbeitsablauf zu beeinträchtigen. Zu diesem Zweck legen Sie entweder Ordner an und ziehen alle Dateien in diese hinein, oder Sie legen die Dateien gleich an ihren endgültigen Platz in den Ordnern Dokumente, Filme und so weiter. Versuchen Sie, so wenige Symbole wie möglich auf Ihrem Schreibtisch liegen zu haben, und versuchen Sie unbedingt, die Art von Dateien zu vermeiden, die automatisch in kleine Vorschaubilder umgewandelt werden, wie Filme und Bilder, da dies den Arbeitsaufwand für OS X vergrößert, wenn es bereits damit beschäftigt ist, das System beim Hochfahren zu laden.

Sie können verhindern, dass für Symbole eine kleine Vorschau erstellt wird, indem Sie auf dem Schreibtisch an einer freien Stelle einen Sekundärklick ausführen und den Eintrag *Darstellungsoptionen einblenden* auswählen. In dem Dialogfenster, das daraufhin erscheint, entfernen Sie den Haken vor *Symbolvorschau einblenden*. Schließen Sie das Dialogfenster. Die Änderungen werden sofort übernommen.

Sie sollten auch erwägen, die Anzahl der Programme zu kürzen, die Sie beim Hochfahren automatisch starten – siehe Tipp 44, *Kontrollieren Sie, welche Programme starten, wenn Ihr Mac hochfährt*, auf Seite 63.

27 Wie Sie wissen können, wo genau Sie im Finder sind

Der Finder kann Ihnen den Pfad zu dem aktuell angezeigten Ordner zeigen (also beispielsweise *Lion → Benutzer → John → Musik → MP3-Sammlung*). Klicken Sie einfach auf *Darstellung → Pfadleiste einblenden*. Doch es gibt da ein kleines Problem: Der Pfad wird vom Wurzelverzeichnis (engl. *root*) der Festplatte bis hinauf zum aktuellen Verzeichnis aufgelistet. Wenn Sie stets nur zu Ihrem Benutzerordner springen möchten, dann ist diese Information nicht besonders nützlich, und die Anzeige wird sehr schnell zusammengestaucht. Glücklicherweise gibt es eine verborgene Einstellung, mit der Sie die Pfadleiste dazu bringen können, alle Pfade relativ zu Ihrem Benutzerordner darzustellen. Mit anderen Worten: Wenn Sie Ihren Bilderordner durchsuchen, zeigt die Pfadleiste dann etwas wie *John → Bilder* anstatt *Lion → Benutzer → John → Bilder*.

Öffnen Sie ein Terminal-Fenster (*Finder → Programme → Dienstprogramme → Terminal*), und geben Sie Folgendes ein:

`defaults write com.apple.finder PathBarRootAtHome -bool TRUE;killall Finder`

Die Änderungen werden sofort übernommen (siehe Abbildung 7). Wenn Sie zu einem späteren Zeitpunkt zur üblichen Pfadleiste zurückkehren wollen, öffnen Sie ein Terminalfenster und geben Folgendes ein:

`defaults delete com.apple.finder PathBarRootAtHome;killall Finder`

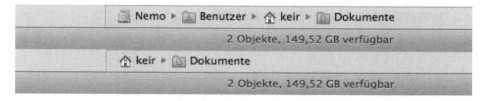

Abbildung 7: Finder-Pfadleiste verbessern: vorher und nachher

Zusatztipp: Sie können Dateien auf jeden der Einträge in der Pfadleiste ziehen und loslassen, um sie an diesen Ort zu verschieben (halten Sie ⌥ gedrückt, bevor Sie die Maustaste loslassen, um die Dateien stattdessen zu kopieren).

Zu Einzelheiten darüber, wie Sie den Pfad in der Titelleiste der Finder-Fenster einblenden, was für Power-User nützlich sein kann, siehe Tipp 64.

28 | Optimieren Sie die optischen Launchpad-Effekte

Nun erwarten Sie einige Optimierungen für das Launchpad.

Den Hintergrundeffekt ändern

Launchpad verwendet für seinen Hintergrund den Schreibtischhintergrund, den es ein wenig unscharf darstellt. Wenn Sie Launchpad aktivieren und ⌘+B drücken, können Sie durch verschiedene Hintergrundeffekte wechseln – eine Schwarz-Weiß-Version des Schreibtischhintergrunds, eine unscharfe Schwarz-Weiß-Version des Schreibtischhintergrunds und eine Version ganz ohne Unschärfe, bei der Sie also einfach den Schreibtischhintergrund in seiner Originalfarbe sehen. Drücken Sie erneut ⌘+B, um den ursprünglichen unscharfen Effekt wiederherzustellen.

Einen weiteren Übergangseffekt hinzufügen

Wenn Sie ⌘+M drücken, können Sie einen skurrilen Bewegungsunschärfeeffekt aktivieren, der erscheint, wenn Sie zwischen den verschiedenen Seiten von Launchpad wechseln. Sie können ihn abstellen, indem Sie erneut ⌘+M drücken.

Die Hintergrundunschärfe verändern

Sie können auch verändern, in welchem Maß der Hintergrund unscharf wird. Damit kann eine verbesserte Wirkung erzielt werden als mit der Standardeinstellung. Öffnen Sie dazu ein Terminal-Fenster (*Finder → Programme → Dienstprogramme → Terminal*), und geben Sie Folgendes ein, wobei Sie diesmal das X durch eine beliebige Zahl zwischen 0 und 255 ersetzen (0 bedeutet keine Unschärfe, 255 bedeutet maximale Unschärfe):

```
defaults write com.apple.dock springboard-blur-radius -int 150;killall Dock
```

Experimentieren Sie ein wenig mit verschiedenen Einstellungen. Im Allgemeinen erzeugen Werte zwischen 1 und 10 die beste Wirkung. Um irgendwann zum voreingestellten Grad der Unschärfe zurückzukehren, öffnen Sie ein Terminalfenster und geben Folgendes ein:

```
defaults delete com.apple.dock springboard-blur-radius;killall Dock
```

29 | Verlängern Sie die Batterieleistung von MacBooks

Hier sind ein paar Tipps, wie Sie Ihr MacBook, MacBook Pro oder MacBook Air am längsten funktionsfähig halten können.

Die Bildschirmhelligkeit herunterregeln

Moderne MacBooks verwenden LED-Displays. Obwohl das besser ist als die alte Kaltkathodentechnik, was die Akkuleistung angeht, saugt ein auf volle Helligkeit aufgedrehter Bildschirm noch immer in Kürze die Batterie leer. Sobald ich mein MacBook Pro verwende, drehe ich die Bildschirmhelligkeit so weit wie möglich herunter, wobei ich die Umgebungsbedingungen berücksichtige.

Obwohl das nicht streng wissenschaftlich funktioniert, habe ich das kostenlos erhältliche Dienstprogramm *coconutBattery* verwendet, um herauszufinden, wie viel Strom mein MacBook Pro mit verschiedenen Helligkeitseinstellungen verbraucht.[2] Bei maximaler Helligkeit betrug die Leistungsaufnahme aus der Batterie 16,1 Watt. Wurden nur drei Balken auf der Helligkeitsskala auf dem Bildschirm eingeblendet – was wohl die niedrigste Einstellung ist, bei der ein Bildschirm bei Tageslicht noch benutzbar ist – sank dieser Wert auf nur 11,5 Watt. Das stellt eine Verringerung des Stromverbrauchs um ungefähr ein Drittel dar.

Tastaturbeleuchtung abschalten

Selbstverständlich ist es auch eine gute Idee, die Tastaturbeleuchtung abzuschalten, wenn Ihr MacBook mit dieser Funktion ausgestattet ist. Sie können das mit den Funktionstasten erreichen – für gewöhnlich die Tasten F5 und F6.

Wi-Fi abschalten

Wenn Sie Wi-Fi oder Bluetooth gerade nicht benötigen, können Sie sie auch abstellen, um Batteriestrom zu sparen. Um Wi-Fi auszuschalten, klicken Sie auf sein Symbol rechts oben am Bildschirm und wählen *Wi-Fi deaktivieren*.

Möchten Sie es später wieder aktivieren, wiederholen Sie den Schritt und wählen diesmal *Wi-Fi aktivieren*. Um Bluetooth auszuschalten, öffnen Sie die Systemeinstellungen (*Apfelmenü → Systemeinstellungen*), klicken auf das Bluetooth-Symbol und entfernen den Haken vor *Aktiviert*. Um Bluetooth später wieder einzuschalten, wiederholen Sie den Schritt und setzen wieder den Haken vor *Aktiviert*.

---

2   http://www.coconut-flavour.com/coconutbattery

30 | Wenden Sie qualitativ hochwertige Spezialeffekte auf Bilder an

Laden Sie die kostenlose Entwickler-Werkzeugsammlung Xcode über den App Store herunter (siehe Tipp 315, *Setzen Sie Ihr Mac-Abenteuer fort: Einige Programme, die Sie unbedingt haben müssen*, auf Seite 310), wechseln Sie danach zum Finder, und drücken Sie ⇧+⌘+G. In das Dialogfenster, das daraufhin erscheint, geben Sie /Developer/Applications/Graphics Tools/ ein. Klicken Sie dann doppelt auf Core Image Fun House. Das ist ein kleines Programm, das dazu gedacht ist, Programmierern die in OS X eingebauten optischen Effekte zu demonstrieren, doch damit kann auch jeder diese Effekte auf Bilder anwenden. Es verhält sich so ähnlich wie die Optionen, die für gewöhnlich im Filter- oder Effektmenü bekannter Bildverarbeitungsprogramme angeboten werden.

Wenn dieses Programm läuft, werden Sie aufgefordert, ein Bild zu öffnen. Sobald Sie dem nachkommen, können Sie aus einem über dem Bild schwebenden Palettenfenster Effekte zur Anwendung auswählen (wenn die Palette nicht sichtbar ist, klicken Sie im Menü auf *Window → Effect Stack*). Klicken Sie einfach auf den Plus-Knopf, der auf der Höhe der Image-Checkbox liegt, um eine Liste der Effekte anzuzeigen, die Sie auf das Bild anwenden können. Es werden die meisten Effekte, die man für gewöhnlich in Bildverarbeitungsprogrammen findet, angeboten, und sobald sie angewandt wurden, wird das Programm auch eine Reihe von Schiebereglern anzeigen, mit denen Sie die Intensität oder Art des Effekts anpassen.

Wenn Sie keine weiteren Effekte anwenden möchten, klicken Sie auf *Ablage → Sichern unter* und benennen die veränderte Bilddatei.

31 | Erstellen Sie „verrückte" E-Mails

Dies ist ein lustiger Trick, der dazu verwendet werden kann, um unterhaltsame E-Mails zu besonderen Gelegenheiten wie Geburtstagen zu verschicken.

Öffnen Sie ein Finder-Fenster, drücken Sie ⇧+ctrl+G, und geben Sie daraufhin /Library/Scripts/Mail Scripts/Crazy Message Text.scpt ein. Öffnen Sie die Datei, die in dem Finder-Fenster ausgewählt ist, mit einem Doppelklick.

Damit wird der AppleScript-Editor geöffnet, doch Sie müssen ihn nicht weiter beachten, sondern lediglich den Knopf *Ausführen* in der Symbolleiste des AppleScript-Editors drücken. Danach befolgen Sie die Anweisungen in den Dialogfenstern, die eingeblendet werden. Zuletzt sollten Sie etwas erhalten, das Abbildung 8 ähnelt.

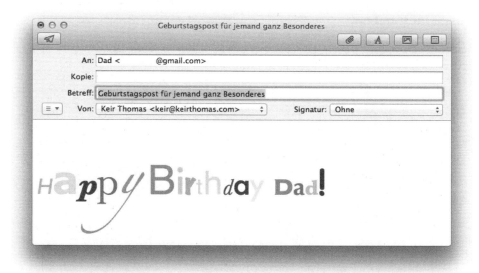

Abbildung 8: E-Mails mit „verrücktem Text" erstellen

Sie können den AppleScript-Editor beenden, sobald das Skriptprogramm abgelaufen ist. Schauen Sie sich unbedingt auch die anderen Scripts in dem Ordner /Library/Scripts/Mail Scripts an. Obwohl sie in erster Linie dazu gedacht sind, zu zeigen, wie AppleScript in das Programm *Mail* integriert werden kann, sind viele davon auch für sich allein gesehen sehr nützlich. Sie können alle auf dieselbe Weise verwenden – öffnen Sie sie mit einem Doppelklick, und drücken Sie den Knopf *Ausführen* in dem AppleScript-Editorfenster, das dann erscheint.

32 Bestimmen Sie, welche Musik erklingt – über einen Bildschirmschoner

Der Bildschirmschoner *iTunes-Cover* ist in OS X eingebaut und kann über das Einstellungsfeld *Schreibtisch & Bildschirmschoner* in den Systemeinstellungen (*Apfelmenü → Systemeinstellungen*) ausgewählt werden. Doch er besitzt eine Eigenschaft, die ihn zu mehr macht als nur zu einer Cover-Anzeige – wenn Sie mit dem Mauszeiger über ein einzelnes Cover fahren, wird ein Abspielknopf eingeblendet, der es Ihnen ermöglicht, dieses Album abzuspielen (oder das Stück, wenn das Bild für ein einzelnes Lied steht). Es spielt keine Rolle, ob iTunes bereits läuft – ein Klick auf den Abspielknopf wird iTunes im Hintergrund starten. Wenn iTunes bereits Musik abspielt, wird zu dem Titel gewechselt, den Sie ausgewählt haben.

Um den Bildschirmschoner zu beenden, klicken Sie auf den Aus-Knopf ganz rechts unten oder drücken eine beliebige Taste.

OS X erforschen: Spotlight

Spotlight ist das Sofortsuchwerkzeug von OS X, doch es erstreckt sich auf weit mehr als nur auf Dateien. Es indiziert beispielsweise E-Mails, die Sie erhalten, und Webseiten, die Sie vor Kurzem besucht haben. Online-Chats werden katalogisiert. Es ist tatsächlich Spotlights Ziel, alle Informationen zu indizieren, mit denen Sie auf Ihrem Mac umgehen. Wenn Sie sehen möchten, was alles indiziert wird, klicken Sie auf das Spotlight-Symbol in den Systemeinstellungen (*Apfelmenü → Systemeinstellungen*) und wählen den Reiter *Suchergebnisse* aus. Dort können Sie Spotlight auch so einstellen, dass es bestimmte Dateiarten nicht indiziert, indem Sie den Haken vor dem jeweiligen Listeneintrag entfernen.

Spotlight indiziert auch die Inhalte von Dokumenten und ebenso alle anderen Informationen über sie. Das bedeutet, dass Sie nach Dokumenten suchen können, die einen bestimmten Begriff enthalten, zum Beispiel den Namen eines Projekts, an dem Sie gerade arbeiten. Alle Dokumente, die Text enthalten, werden indiziert – Textverarbeitungsdokumente, Tabellenkalkulationen und so weiter.

Um auf Spotlight zuzugreifen, klicken Sie auf das Vergrößerungsglassymbol in der rechten oberen Ecke des Bildschirms oder drücken ⌘+`Leertaste`. Geben Sie den Suchauftrag ein, und sehen Sie die Einblendliste mit den Ergebnissen nach dem Gesuchten durch.

Sobald Sie einen Eintrag in der Liste hervorheben, erscheint seitlich ein Übersichtsfenster, das eine Vorschau des Dokuments anzeigt.

Um ein Dokument aus der Liste zu öffnen, wählen Sie es aus und drücken ↵.

> **33** Legen Sie einen völlig sicheren Ort für persönliche Dateien an

Wenn Sie einen mobilen Mac verwenden, ist es eine gute Idee, die Daten zu verschlüsseln, denn das bedeutet, dass selbst dann, wenn ein Dieb oder Hacker in den Besitz der Daten kommt, er oder sie überhaupt nichts damit anfangen kann. Die von OS X angebotene Verschlüsselung kann zumindest theoretisch nicht geknackt werden.

FileVault verwenden

Die vielleicht umfassendste Lösung hierfür besteht darin, die FileVault-Festplattenverschlüsselung im Einstellungsfeld *Sicherheit* der Systemeinstellungen (*Apfelmenü → Systemeinstellungen*) zu aktivieren. Damit wird sichergestellt, dass alle Daten auf Ihrer Festplatte verschlüsselt sind. Das kann allerdings zur Folge haben, dass der Festplattenzugriff im Vergleich zu einer unverschlüsselten Platte ungefähr 10 Prozent langsamer wird – das ist nicht so viel, dass man es im täglichen Gebrauch bemerken würde, doch es wird die Phasen betreffen, in denen längere Zeit auf die Festplatte zugegriffen wird, beispielsweise wenn Sie den Rechner hochfahren.

Verschlüsselte Archive

Als Alternative zu FileVault können Sie auch ein verschlüsseltes Archiv anlegen. Das ist so etwas wie eine Containerdatei, in der Sie Dateien speichern können – wie ein kleiner USB-Stick, nur dass es lediglich eine Datei ist. Sie können diese Datei wie ein Laufwerk *mounten* und *unmounten*, wann immer Sie Dateien zu ihr hinzufügen, aus ihr entfernen oder in ihr betrachten wollen. Sie mounten die Datei ganz einfach, indem Sie auf sie doppelklicken und der Aufforderung nachkommen, das Kennwort einzugeben. Um sie wieder zu unmounten, klicken Sie einfach auf die Auswurftaste neben ihrem Listeneintrag in der Seitenleiste des Finder-Fensters – genau so wie Sie einen USB-Stick auswerfen, wenn Sie ihn nicht mehr benötigen.

Da es nur eine Datei ist, kann das verschlüsselte Archiv auf einen USB-Stick übertragen werden und sollte mit anderen Mac-Rechnern kompatibel sein (das umfasst alle, auf denen aktuelle Versionen von OS X wie Lion und Snow Leopard laufen). Sobald das verschlüsselte Archiv angelegt ist, können Sie sich entspannt in dem Wissen zurücklehnen, dass – ohne das Kennwort – absolut niemand Zugriff auf die darin gespeicherten Dateien bekommen kann.

Ein verschlüsseltes Archiv anlegen: Schritt für Schritt

Dies sind die nötigen Schritte, um ein kennwortgeschütztes Archiv anzulegen:

1. Starten Sie das *Festplatten-Dienstprogramm*, das im Ordner *Dienstprogramme* innerhalb des *Programme*-Ordners im Finder liegt.

2. In der Symbolleiste des Festplatten-Dienstprogramms klicken Sie auf den Knopf *Neues Image*.

3. In dem Einblendfenster geben Sie in das Feld *Sichern unter* einen Dateinamen für das Archiv ein, und darunter wählen Sie einen Ort, an den Sie das Archiv sichern wollen. Geben Sie denselben Namen im Feld *Name* darunter ein – er wird dann im Finder erscheinen, wann immer Sie Ihr neues Archiv mounten.

4. In der Ausklappliste *Format* wählen Sie *MS-DOS (FAT)*. Damit haben Sie die Möglichkeit, kleinere Archivcontainer zu erstellen, als wenn Sie Mac-Festplattenformate verwenden. Es muss Sie nicht beunruhigen, dass das nicht so ganz perfekt klingt – FAT ist dasselbe Format, das auf USB-Speichersticks und Fotospeicherkarten verwendet wird. Ihr Mac ist dazu hundertprozentig kompatibel.

5. In der Aufklappliste *Größe* wählen Sie eine Archivgröße aus. OS-X-Archive haben immer dieselbe Größe, auch wenn sie leer sind. Mit anderen Worten: Ein 2,5-MB-Archiv wird immer 2,5 MB groß sein, selbst wenn nur eine winzige 10-KB-Datei darin liegt, und diese Archive werden nicht größer oder kleiner, um sich ihrem Inhalt anzupassen. Wählen Sie eine passende Größe.

6. In der Aufklappliste *Verschlüsselung* wählen Sie *256-Bit-AES-Verschlüsselung* aus. Das ist eine äußerst sichere Form der Verschlüsselung, die so stark und unzerbrechlich ist, wie Sie es nur wünschen können. Sie ist ein wenig langsamer, wenn Sie große Dateien in Archive sichern. Beabsichtigen Sie, riesige Videodateien zu verschlüsseln und sind Sie gleichzeitig ein ungeduldiger Mensch, dann sollten Sie daher eher die 128-Bit-AES-Verschlüsselung wählen. Diese Möglichkeit ist auch sehr sicher.

33: Legen Sie einen völlig sicheren Ort für persönliche Dateien an ◀ 53

7. Lassen Sie die anderen Felder unverändert, und klicken Sie den *Erstellen*-Knopf an, um das Archiv anzulegen.

8. Kurz danach werden Sie aufgefordert, ein Kennwort für dieses Archiv einzugeben. Sie müssen es zweimal eingeben. Vergessen Sie dieses Kennwort nicht! Wenn Sie es vergessen, werden Sie nie wieder auf die Inhalte zugreifen können. Die Verschlüsselungsart, die von OS X verwendet wird, kann nicht geknackt werden.

9. Indem Sie den Haken vor *Kennwort im Schlüsselbund sichern* setzen, vermeiden Sie es, jedes Mal, wenn Sie das Archiv mounten, nach dem Kennwort gefragt zu werden. Das bedeutet jedoch, dass jeder, der auf Ihren Rechner Zugriff hat (beispielsweise jemand, der vorbeikommt), ebenfalls das Archiv mounten kann, ohne nach einem Kennwort gefragt zu werden. Wenn Sie das erledigt haben, klicken Sie auf den Knopf *OK*.

10. Das Archiv wird nun erstellt. Um es zu testen, führen Sie einen Doppelklick auf die Archiv-Image-Datei aus und geben das Kennwort ein, wenn Sie dazu aufgefordert werden. Sie wird als ein Laufwerk im Finder erscheinen und wird unter der Überschrift *Geräte* genau so aufgelistet, als hätten Sie einen Speicherstick oder eine Digitalkamera angeschlossen. Nun können Sie Dateien über Drag & Drop auf die Archiv-Image Datei ziehen.

Vergessen Sie nicht, die Image-Datei auszuwerfen, wenn Sie sie nicht mehr benötigen. Dazu klicken Sie das Auswerfen-Symbol neben seinem Listeneintrag im Finder an.

Aliasdateien anlegen

Für beliebige Dateien, die sich in dem Archiv befinden, können Sie Aliasdateien anlegen, die nach einem Doppelklick das Archiv mounten, Sie nach dem Kennwort fragen (wenn es nicht im Schlüsselbund gespeichert ist) und die Datei laden. Wenn Sie das machen möchten, ziehen Sie eine Datei aus dem Archiv auf den Schreibtisch, doch bevor Sie die Maustaste loslassen, halten Sie ⌥+⌘ gedrückt. Sobald Sie die Maustaste loslassen, wird eine Aliasdatei für die Datei erstellt. Doch vergessen Sie nicht, das Archiv auszuwerfen, wenn Sie mit der Arbeit an der Datei fertig sind!

34 So erhalten Sie eine Übersicht über alle WLAN-Details

Sobald Sie Ihren Mac mit einem Drahtlosnetzwerk verbunden haben, halten Sie die Taste ⌥ gedrückt und klicken auf das WLAN-Symbol rechts oben in der Menüleiste. Neben den üblichen Möglichkeiten, das Netzwerk zu wechseln, wird Ihnen eine Liste interessanter technischer Details über die Verbindung angezeigt.

Signalstärke prüfen

Für Informationen über die Signalstärke achten Sie insbesondere auf die Zeile, die mit *RSSI* (Received Signal Strength Indication: Anzeige der empfangenen Signalstärke) beginnt, ungefähr in der Mitte der Liste. Sie zeigt wahrscheinlich eine negative Zahl wie -40 oder -73 an. Je näher diese Zahl an 0 ist, desto stärker ist das Signal. Also ist -30 besser als -50. Die Skala geht von -100 bis 0. Meiner Erfahrung nach kann mit Netzwerken jenseits von -80 keine Verbindung aufgebaut werden, doch das kann bei Ihnen anders sein (siehe Abbildung 9).

Abbildung 9: Hier sehen Sie die technischen Details einer WLAN-Verbindung.

Datenübertragungsgeschwindigkeit prüfen

Es lohnt sich auch, den Wert der Übertragungsrate zu beachten. Er zeigt Ihnen an, welche maximale Übertragungsgeschwindigkeit über die Verbindung möglich ist. So liegt der Wert der Übertragungsrate meines MacBook Pro gerade bei 54 und zeigt damit eine Verbindungsgeschwindigkeit von 54 Mbit/s an. Darüber hinaus wird angezeigt, dass ich mit der WLAN-Basisstation über 802.11g verbunden bin – das ist ein schon etwas älterer, aber noch immer weit verbreiteter WLAN-Standard. Verwendet man einen moderneren 802.11n-Router über eine gute Verbindung, kann der Wert der Übertragungsrate bis auf 300 steigen, also Geschwindigkeiten bis zu 300 Mbit/s anzeigen.

WLAN-Diagnose durchführen

An anderer Stelle in OS X gibt es ein verstecktes WLAN-Diagnosewerkzeug, mit dem Sie unter anderem die Verbindungsleistung kontrollieren können. Es ist jedoch in erster Linie für diejenigen gedacht, die die technischen Details dessen verstehen, wie WLAN funktioniert. Um darauf zuzugreifen, öffnen Sie ein Finder-Fenster, drücken ⇧+⌘+G und geben /System/Library/CoreServices ein. Danach öffnen Sie mit einem Doppelklick den Eintrag *Wi-Fi-Diagnose* in der Dateiliste. Klicken Sie auf den Knopf *Weitere Informationen* unten im Fenster, und entdecken Sie, was die verfügbaren Optionen des Programms ermöglichen. So ist es beispielsweise möglich, die Signalstärke und den Rauschpegel zu überwachen, indem man die Option *Leistung überwachen* verwendet, oder Ereignisse aufzuzeichnen.

35 Wechseln Sie schnell zwischen Audioeingabe und -ausgabe

Die kleineren MacBooks besitzen eine 3,5-mm-Klinkenbuchse mit der doppelten Funktion als Audioeingang und Kopfhörerbuchse zugleich. Sie können über das Einstellungsfeld *Ton* in den Systemeinstellungen (*Apfelmenü → Systemeinstellungen*) zwischen den zwei Betriebsarten wechseln: Wählen Sie den gewünschten Eintrag aus dem Aufklappmenü neben *Toneffekte abspielen über*. Schneller wechseln Sie allerdings, indem Sie die Taste ⌥ gedrückt halten und rechts oben im Bildschirm das Symbol für die Lautstärkenregelung anklicken. Danach wählen Sie aus dem Aufklappmenü entweder *Ausgabe* oder *Eingabe*.

Beachten Sie, dass Sie die Betriebsart nur wechseln können, wenn zu dem Zeitpunkt nichts in der Buchse eingesteckt ist, beispielsweise Kopfhörer.

> **36** Machen Sie das Launchpad zu einem persönlich gestalteten Programmstarter

Launchpad ist das Programm, das eine Liste aller auf Ihrem System installierten Programme auf dem ganzen Bildschirm anzeigt. Alle neuen Programme, die Sie installieren, werden dort hinzugefügt. Launchpad soll die Erfahrung, die Sie beim Gebrauch eines iPad oder iPhone machen, auf den Mac übertragen.

Bitte lesen Sie auch dann weiter, wenn Sie von Launchpad nicht begeistert sind, denn eine kleine Optimierung an einer Systemdatei kann daraus etwas vollkommen anderes machen – einen absolut persönlich gestalteten Vollbildschirm-Programmstarter, der nur die Programme enthält, die Sie nutzen wollen, und nichts anderes.

Einrichtung

Um das zu erreichen, müssen wir eine Systemdatenbankdatei grundlegend bearbeiten. Die Änderung betrifft nur Ihren Benutzeraccount, doch dieser Tipp ist nicht ganz ungefährlich. Legen Sie daher ein Backup mit Time Machine an, bevor Sie beginnen.

Um die Änderung vorzunehmen, öffnen Sie ein Terminal-Fenster (*Finder → Programme → Dienstprogramme → Terminal*) und geben Folgendes ein, wobei Sie sicherstellen müssen, dass Sie die Zeilen exakt wie abgedruckt eingeben. Da die Seitenbreite begrenzt ist, wird der erste Befehl, der auf einer Zeile eingegeben werden muss, hier im Buch in zwei Zeilen umbrochen. Geben Sie den Text der zweiten Zeile einfach direkt hinter dem der ersten ein.

```
sqlite3 ~/Library/Application\ Support/Dock/*.db "DELETE from apps; DELETE
        from groups WHERE title<>''; DELETE from items WHERE rowid>2;"
killall Dock
```

Das neue Launchpad füllen

Wenn Sie nun Launchpad aktivieren, sollten Sie es leer vorfinden. Sie können nun das Launchpad mit Ihrer eigenen Programmauswahl füllen, indem Sie sie aus dem *Programme*-Ordner im Finder auf das Launchpad-Symbol im Dock ziehen. (Die Symbole aus dem Dock lassen sich nicht aufs Launchpad-Symbol ziehen.)

Bedenken Sie auch, dass alle neuen Programme, die Sie über den App Store herunterladen, weiterhin zu Ihrem neuen Launchpad hinzugefügt werden. Daran führt leider kein Weg vorbei.

Zum ursprünglichen Launchpad zurückkehren

Sollten Sie später irgendwann zur ursprünglichen Launchpad-Einstellung, die all Ihre Programme zeigt, zurückkehren wollen, öffnen Sie einfach ein Terminal-Fenster und geben Folgendes ein, um das Launchpad wieder von Grund auf neu anzulegen:

```
defaults write com.apple.dock ResetLaunchPad -bool TRUE;killall Dock
```

Möglicherweise müssen Sie dem System ein paar Sekunden Zeit lassen, um die Programmliste neu aufzubauen, doch in diesem Fall werden Sie eine Fortschrittsanzeige sehen, wenn Sie Launchpad aktivieren. Anders als bei anderen Standardeinstellungsbefehlen in diesem Buch müssen Sie diesmal nichts zurücknehmen oder diese Einstellungsoptimierung zurücknehmen – das wird automatisch erledigt, wenn das Launchpad zurückgesetzt wird.

37 | Statten Sie TextEdit mit einer Wortzählung aus

TextEdit ist für die meisten einfachen Textverarbeitungsaufgaben gut geeignet, doch ihm fehlt eine wesentliche Funktion, die besonders Journalisten vermissen werden: eine Wortzählung.

Eine Wortzählungsfunktion hinzufügen

Diese Funktion kann über ein kleines AppleScript wie folgt hinzugefügt werden (vielen Dank für diesen Tipp an Mike Riley, Autor des Buches *Programming Your Home*, erschienen bei Pragmatic Bookshelf):

1. Starten Sie den AppleScript-Editor, der im Ordner *Dienstprogramme* innerhalb des *Programme*-Ordners im Finder liegt.

2. Geben Sie den folgenden Programmcode in den Hauptbereich des AppleScript-Editors ein:

```
tell application "TextEdit"
set wc to count words of document 1
if wc is equal to 1 then
set txt to " Wort."
else
```

```
            set txt to " Wörter."
        end if
        set result to (wc as string) & txt
        display dialog result with title "Wortzählung" buttons {"OK"} default
            button "OK"
    end tell
```

3. Klicken Sie auf den Knopf *Übersetzen*, um den Programmcode zu überprüfen. Wenn eine Fehlermeldung kommt, stellen Sie sicher, dass Sie alles korrekt eingegeben haben.

4. Klicken Sie auf *Ablage* → *Sichern unter*, und im Dialogfenster *Sichern unter* drücken Sie ⇧+⌘+G, geben danach ~/Library/Scripts/ ein und bestätigen mit der Eingabetaste oder klicken auf den Knopf *Öffnen*.

5. Geben Sie dem Script den Dateinamen *Wortzählung*. Danach klicken Sie auf den Knopf *Sichern*.

6. Stellen Sie sicher, dass das Programmfenster im AppleScript-Editor noch aktiv ist. Klicken Sie auf das Programm-Menü, und wählen Sie den Eintrag *Einstellungen*. In dem daraufhin erscheinenden Dialogfenster prüfen Sie, dass der Reiter *Allgemein* ausgewählt ist, und setzen einen Haken vor *Skriptmenü in der Menüleiste anzeigen*. Dadurch wird der rechten Hälfte der Menüleiste ein neues Symbol hinzugefügt. Die Anzahl der Wörter wird in einem Dialogfenster erscheinen.

7. Beenden Sie den AppleScript-Editor.

Die Wortzählungsfunktion verwenden

Wenn Sie TextEdit dazu verwenden möchten, eine Wortzählung für ein Dokument durchzuführen, klicken Sie auf das neue *Scripts*-Symbol oben rechts in der Menüleiste und klicken auf den Eintrag *Wortzählung*, der sich wahrscheinlich am Ende der Liste befindet.

Die Wortzählungsfunktion entfernen

Um die Wortzählungsfunktion zu entfernen, öffnen Sie ein Finder-Fenster, drücken ⇧+⌘+G, geben ~/Library/Scripts/ ein und drücken die Eingabetaste. Dann löschen Sie die Datei Wortzählung.

Öffnen Sie erneut den AppleScript-Editor und sein Einstellungsfenster, und entfernen Sie den Haken vor *Skriptmenü in der Menüleiste anzeigen*.

38 | Sonderfunktionstasten beim Aufruf von Mission Control drücken und gedrückt halten

Ich habe noch einen coolen Trick für Sie, der nützlich sein könnte, wenn Sie Sonderfunktionstasten oder Tastaturkurzbefehle verwenden, um Mission Control, das Dashboard oder das Launchpad aufzurufen.

Wahrscheinlich sind Sie daran gewöhnt, eine Sonderfunktionstaste einmal zu drücken, um diese Funktion aufzurufen, und sie erneut zu drücken, um sie zu deaktivieren. Doch wenn Sie eine Sonderfunktionstaste drücken und gedrückt halten, wird diese angesteuerte Funktion nur so lange aktiv bleiben, wie Sie die Taste gedrückt halten. Halten Sie beispielsweise die Sonderfunktionstaste für Mission Control/Exposé gedrückt, und Mission Control wird verschwinden, sobald Sie Ihren Finger von der Taste nehmen. Probieren Sie es aus!

39 | Öffnen Sie ein Spotlight-Ergebnis im Programm Ihrer Wahl

Jeder Eintrag in einer Spotlight-Ergebnisliste kann angeklickt und auf ein Docksymbol gezogen werden, um es in diesem bestimmten Programm zu öffnen. Zum Beispiel könnten Sie ein Textverarbeitungsdokument aus der Ergebnisliste auf das TextEdit-Symbol im Dock ziehen, um zu vermeiden, dass es automatisch in Microsoft Word geöffnet wird.

Sie können Einträge auch aus der Spotlight-Ergebnisliste auf den Schreibtisch oder in ein beliebiges Finder-Fenster ziehen, um sofort eine Kopie dieser Datei zu erstellen. Wenn Sie dabei ⌥+⌘ gedrückt halten, erstellen Sie stattdessen ein Alias der Originaldatei.

40 | Werfen Sie einen schnellen Blick auf den Kalender

Obwohl OS X mit iCal ein Kalenderprogramm mitliefert, merke ich bisweilen, dass ich einfach eine Kalenderansicht der nächsten Monate brauche, damit ich sehen kann, auf welchen Tag ein bestimmtes Datum fällt. Unter OS X gibt es zwei Möglichkeiten, das zu erreichen.

Das Dashboard verwenden

Wenn Sie das Dashboard aufrufen, können Sie das iCal-Widget verwenden, um den aktuellen Monat anzuzeigen. Das ist ein Standard-Widget, das bereits angezeigt werden sollte, doch es kann auch aus der Widget-Leiste ausgewählt werden – klicken Sie auf den Plus-Knopf auf der linken Seite, und klicken und ziehen Sie dann das Widget in das Dashboard.

An der Kommandozeile erstellen

Ich verwende dazu auch ein altes Unix-Kommandozeilen-Werkzeug namens cal, das zum Standardumfang von OS X gehört. Öffnen Sie ein Terminalfenster (*Finder → Programme → Dienstprogramme → Terminal*), und geben Sie einfach cal am Prompt ein, um den aktuellen Monat in einer Kalenderansicht zu sehen. Um einen anderen Monat zu sehen, geben Sie die Abkürzung seines Namens zusammen mit dem Jahr an. Um beispielsweise den Juni 2012 zu sehen, würde ich cal jun 2012 eingeben. Um ein ganzes Jahr zu sehen, geben Sie lediglich cal 2013 ein.

41 Wo befinden sich Dateien, die Spotlight findet?

Ein klein wenig ärgerlich ist es, dass man bei der Dateisuche mit Spotlight nirgendwo gezeigt bekommt, wo diese Dateien auf der Festplatte liegen. Doch wenn Sie ⌥+⌘ ein paar Sekunden gedrückt halten, nachdem die Dateivorschau erschienen ist, wird der Speicherort der Datei am Fuß des Vorschaufensters erscheinen.

Halten Sie ⌘ allein gedrückt, sehen Sie entweder das letzte Änderungsdatum der Datei, wenn es eine Datei ist, die OS X nicht auf Anhieb erkennt, oder einen sehr kurzen Auszug der Datei, der den Suchbegriff im Kontext anzeigt, wenn die Datei zu denen gehört, die von Spotlight erkannt und indiziert werden. Warten Sie noch eine Sekunde länger, und Sie bekommen den Pfad zu der Datei angezeigt.

42 Geben Sie mit Leichtigkeit diakritische Zeichen ein

Nun zeige ich Ihnen mehrere Möglichkeiten, wie Sie die gelegentlich vorkommenden fremdsprachlichen Zeichen oder Symbole in den meisten Textverarbeitungsprogrammen und Texteditoren eingeben können. Beachten Sie, dass dieser Tipp die deutsche Tastaturbelegung voraussetzt.

Die Zeichenpalette verwenden

In den meisten Textverarbeitungsprogrammen können Sie auf *Bearbeiten → Sonderzeichen* klicken, um die Zeichenpalette einzublenden, von der aus Sie fremdsprachige Zeichen oder Symbole einfügen (in Microsoft Word klicken Sie *Einfügen → Symbol* oder *Einfügen → Symbol → Symbolbrowser in Word 2011*). Ein Doppelklick auf das Zeichen fügt es in den Text ein.

Drücken und gedrückt halten

Eine weitere Technik, die bei manchen mitgelieferten Mac-Programmen wie TextEdit und Mail funktioniert, ist die, einfach eine Buchstabentaste für ein paar Sekunden gedrückt zu halten. Wenn Sie das tun, erscheint ein Menü mit akzentuierten Versionen dieses Buchstabens, und Sie können die Pfeiltasten nach links und rechts verwenden, um die Auswahl zu treffen, und ⏎ oder die Taste Pfeil nach unten drücken, um die gewünschte Auswahl einzufügen. Um beispielsweise é einzugeben, drücken und halten Sie E gedrückt und wählen é aus dem dann erscheinenden Menü aus. Für die Großbuchstaben halten Sie einfach ⇧ und die fragliche Taste gedrückt.

Von Hand eingeben

Doch Sie können die gebräuchlicheren fremdsprachlichen Zeichen auf gewöhnlichen Mac-Tastaturen auch wie folgt eingeben (das Folgende sollte eigentlich in allen Mac-Programmen funktionieren):

- *Die Akzente Akut und Gravis*: Drücken Sie die Akzenttaste ´ (sie liegt zwischen der Taste ß und der Löschtaste) und danach den Buchstaben. Das fügt den Akut ein. Dasselbe gilt für den Gravis, wenn Sie ⇧ gedrückt halten, bevor Sie die Akzenttaste drücken. Zum Beispiel geben Sie für *déjà* Folgendes ein: d, ´, e, j, ⇧+´, a. Halten Sie ⇧ bei der Eingabe des akzenttragenden Zeichens gedrückt, um den Akzent einem Großbuchstaben beizuordnen.

- *Cedille*: ⌥+c. Zum Beispiel geben Sie für *façade* Folgendes ein: f, a, ⌥+c, a, d, e. Für den Großbuchstaben halten Sie zuvor ⇧ gedrückt.

- *Gebräuchliche Ligaturen*: Für œ geben Sie ⌥+ö ein. Für æ geben Sie ⌥+ä ein. In beiden Fällen halten Sie ⇧ für den Großbuchstaben gedrückt. Um beispielsweise *œuvre* zu schreiben, geben Sie ⌥+ö, u, v, r, e ein.

- *Zirkumflex*: ⌥, gefolgt von dem Buchstaben. Zum Beispiel geben Sie für das Wort *rôle* Folgendes ein: r, ⌥, o, l, e. Halten Sie ⇧ bei der Eingabe des akzentuierenden Zeichens gedrückt, um den Akzent einem Großbuchstaben beizuordnen.

- Umgekehrte Interpunktion: Für ein auf dem Kopf stehendes Fragezeichen drücken Sie ⌥+ß. Für ein auf dem Kopf stehendes Ausrufezeichen drücken Sie ⌥+1.

- *A mit Kreis*: Für *å* drücken Sie ⌥+a. Halten Sie ⇧ für den Großbuchstaben gedrückt.

- *Durchgestrichenes O*: ⌥+o. Zum Beispiel geben Sie für den Namen *Jørgensen* Folgendes ein: J, ⌥+o, r, g, e, n, s, e, n. Halten Sie ⇧ für den Großbuchstaben gedrückt.

- *Tilde*: ⌥+n, gefolgt von dem Buchstaben. Zum Beispiel geben Sie für *España* Folgendes ein: E, s, p, a, ⌥+n, n, a. Halten Sie ⇧ bei der Eingabe des akzentuierenden Zeichens gedrückt, um den Akzent einem Großbuchstaben beizuordnen.

43 Erstellen Sie automatisch Links in Dokumenten

Wenn Sie von TextEdit, der einfachen Textverarbeitung, die mit dem Mac geliefert wird, begeistert sind, interessiert Sie vielleicht eine verborgene Funktion, die automatisch Web- und E-Mail-Adressen in Hyperlinks verwandelt, die, wenn sie später angeklickt werden, den Link im voreingestellten Webbrowser oder E-Mail-Programm öffnen. (Das funktioniert auch, wenn die Datei als Office-kompatibles Dokument gesichert wurde und der Link von einem Windows-Anwender geöffnet wird.)

Es war schon immer möglich, einen Link einzufügen, indem man einen beliebigen Text auswählte und *Bearbeiten → Link hinzufügen* drückte, doch diese neue Methode wird Links automatisch erstellen, sobald Sie sie eingeben.

Um die Funktion zu aktivieren, wählen Sie *Einstellungen* aus dem Anwendungsmenü, und unten in dem erscheinenden Dialogfenster setzen Sie den Haken vor *Intelligente Links*. Schließen Sie das Dialogfenster; danach schließen Sie TextEdit und starten es erneut, damit die Änderungen wirksam werden.

44 Kontrollieren Sie, welche Programme starten, wenn Ihr Mac hochfährt

Wenn Sie von Windows auf den Mac umgestiegen sind, sind Sie vielleicht daran gewöhnt, regelmäßig die Liste der Programme zu kürzen, die bei der Anmeldung starten, indem Sie den Ordner *Autostart* im Startmenü bearbeiten. Sie finden die entsprechende Funktion auf dem Mac, indem Sie das Einstellungsfeld *Benutzer & Gruppen* der Systemeinstellungen öffnen (*Apfelmenü → Systemeinstellungen*). Entsperren Sie die Systemeinstellungen falls notwendig, indem Sie auf das Vorhängeschloss-Symbol unten links klicken (beachten Sie, dass Anmeldeobjekte nur in Administratorkonten geändert werden können). Wählen Sie danach Ihren Account in der Liste auf der linken Seite. Klicken Sie dann den Reiter *Anmeldeobjekte* auf der rechten Seite an. Um ein Programm aus der Liste zu entfernen, wählen Sie es aus und klicken auf den Minusknopf unter der Liste.

Beachten Sie, dass ein Haken vor einem Eintrag in der Liste keinen Einfluss darauf hat, ob das Programm beim Anmelden gestartet wird oder nicht. Damit wird lediglich bestimmt, ob das Programm versteckt startet, also ob das Programm mit seinem Fenster unsichtbar startet (dem entspricht das Minimieren unter Windows).

Es gibt verschiedene Möglichkeiten, der Liste ein Programm hinzuzufügen, damit es startet, wenn Sie sich anmelden:

- Klicken Sie auf den Plus-Knopf im Einstellungsfenster *Anmeldeobjekte*, und navigieren Sie über den *Datei-öffnen*-Dialog zu dem Programm.

- Ziehen Sie Symbole aus der Programmliste im Finder auf die Programmliste des Einstellungsfensters *Anmeldeobjekte*.

- Führen Sie einen Sekundärklick auf das Docksymbol des Programms aus, und klicken Sie auf *Optionen → Bei der Anmeldung öffnen*.

45 | Behalten Sie die Prozessorauslastung und -aktivität im Blick

Um ein kleines, schwebendes Fenster einzublenden, das die aktuelle Prozessoraktivität anzeigt, starten Sie die Aktivitätsanzeige (*Finder* → *Programme* → *Dienstprogramme* → *Aktivitätsanzeige*) und klicken das Menü *Fenster* an. Dort klicken Sie auf *CPU-Fenster immer im Vordergrund halten* und wählen unter *Balken für CPU-Auslastung* entweder die horizontale oder die vertikale Anzeige aus. Das schwebende Fenster wird unten links auf dem Bildschirm erscheinen, und Sie können es anklicken und ziehen, um es zu bewegen.

Auf den meisten modernen Macs werden Sie dort zwei bis vier Skalen sehen, die jeden der Kerne im Prozessor anzeigen. Wenn Sie ein hochleistungsfähiges Mac-Pro-System verwenden, können Sie bis zu sechzehn Prozessorkerne und daher bis zu sechzehn Skalen sehen!

Um die Skalen wieder auszublenden, wählen Sie *Nicht anzeigen* aus dem Menü *Balken für CPU-Auslastung*.

Um eine grafische Darstellung der Prozessorauslastung über einen längeren Zeitraum zu sehen, wählen Sie den Eintrag *Verlauf der CPU-Auslastung* aus dem Menü *Fenster*. Um es wieder auszublenden, klicken Sie auf den Schließknopf des Fensters.

Beispiele der verschiedenen Darstellungsarten der Prozessorauslastung sehen Sie in Abbildung 10.

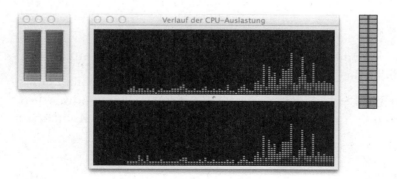

Abbildung 10: Die Prozessorauslastung grafisch darstellen

46 Erstellen Sie Dokumentvorlagen und Textbausteine

Nehmen wir einmal an, Sie haben einen Formbrief erstellt, den Sie regelmäßig an verschiedene Leute senden, wobei Sie nur den Namen und die Adressdaten ändern. Manche Textverarbeitungsprogramme ermöglichen Ihnen die Erstellung von Dokumentvorlagen. Das sind Stammdateien, die beim Öffnen eine neue Datei mit dem Inhalt des Dokuments erstellen. Wussten Sie schon, dass diese Funktion in Ihren Mac eingebaut ist und dass Sie sie mit jeder Art von Datei verwenden können?

Es ist auch möglich, über die Textersetzungsfunktion von OS X automatisch Textbausteine (das sind Standardtexte) in ein Dokument oder eine neue E-Mail einzufügen.

Eine Vorlage erstellen und verwenden

Um eine Vorlage zu erstellen, legen Sie einfach ein neues Dokument an, sichern und speichern es, oder Sie verwenden ein bereits bestehendes Dokument. Suchen Sie die Datei im Finder, und wählen Sie sie aus, bevor Sie ⌘+I drücken, um das Dateiinformationsfenster aufzurufen. Setzen Sie dann einen Haken vor *Formularblock* unter der Überschrift *Allgemein* im oberen Bereich des Dialogfensters.

Von nun an wird jedes Mal, wenn jemand auf diese Datei doppelklickt, um sie zu öffnen, automatisch eine Kopie der Datei erstellt und zur Bearbeitung geöffnet (für gewöhnlich mit dem Dateinamen des Originals plus dem daran angehängten Wort Kopie).

Um zu einem beliebigen Zeitpunkt das Original zur Bearbeitung zu öffnen, klicken Sie es an und ziehen es direkt auf das Docksymbol eines Programms oder öffnen es über das Menü *Ablage* → *Öffnen* in einem Programm.

Um die Datei wieder in eine normale Datei ohne Vorlagenfunktion umzuwandeln, wiederholen Sie die obigen Schritte, entfernen aber den Haken vor *Formularblock*.

Textersetzungseinträge erstellen und verwenden

OS X verfügt über die Fähigkeit, falsch geschriebene Ausdrücke automatisch zu korrigieren. Geben Sie beispielsweise „dsa" ein, wird es zu „das" korrigiert. Diese Funktion wird *Textersetzung* genannt, und sie kann so umfunktioniert werden, dass Sie damit jedes Wort, jeden Satz oder Absatz eingeben können – sogar eine ganze Reihe von Absätzen –, sobald Sie ein bestimmtes Schlüsselwort tippen. So richten Sie die Textersetzung ein:

1. Öffnen Sie die Systemeinstellungen (*Apfelmenü* → *Systemeinstellungen*), und klicken Sie auf das Symbol *Sprache & Text*.

2. Klicken Sie den Reiter *Text* an, und danach klicken Sie in der Liste der Textersetzungen links unten auf den Plus-Knopf.

3. In das Feld *Ersetzen* tippen Sie das Schlüsselwort ein, mit dem Sie die Ersetzung auslösen möchten. Wenn Sie zum Beispiel als Textbaustein einen Absatz in Juristendeutsch einfügen möchten, könnten Sie jurtb tippen. Es ist wichtig, dass Sie ein Schlüsselwort wählen, das Sie im täglichen Gebrauch nicht verwenden.

4. Drücken Sie ⇥, um die Eingabemarke zum Feld *Durch* zu bewegen. Dort hinein schreiben Sie das Wort, den Satz oder den Absatz bzw. die Absätze (oder fügen sie über die Zwischenablage ein), die erscheinen sollen, sobald das Schlüsselwort getippt wurde. (Drücken Sie dabei ⌥+↵ für einen Zeilenumbruch und ⌥+⇥, um den Text einzurücken.) Sorgen Sie sich nicht, wenn der Text, den Sie schreiben, anscheinend nicht in das kleine Feld passt – alles wird gespeichert. Drücken Sie die Eingabetaste, wenn Sie fertig sind.

Wiederholen Sie die Schritte so oft wie nötig, um alle Textbausteine zu speichern, die Sie benötigen.

In dem Programm, in dem Sie die Ersetzungen vornehmen möchten, müssen Sie die Option *Text ersetzen* im Menü *Bearbeiten* → *Ersetzungen* auswählen, sodass sie mit einem Haken versehen ist. Sie müssen das nur einmal tun. (Entfernen Sie den Haken vor dem Menüeintrag, um die Ersetzung für dieses Programm auszuschalten.)

Beachten Sie, dass die Ersetzungen erst erscheinen, wenn Sie die ⎵Leertaste⎵ drücken, nachdem Sie das Schlüsselwort eingegeben haben.

In *Mail* sollten Sie zuerst innerhalb des Textfeldes der E-Mail klicken, die Sie gerade erstellen, bevor Sie versuchen, die Ersetzung zu aktivieren. Die Felder *An* und *Betreff* in einem *Neue-E-Mail*-Fenster können unabhängig voneinander und unabhängig vom Haupttextfeld die Textersetzung aktiviert haben.

Um ein Ersetzungspaar zu löschen, öffnen Sie erneut die Systemeinstellungen und navigieren zum Reiter *Text* im Einstellungsfeld *Sprache & Text*. Wählen Sie den Eintrag in der Liste aus, und klicken Sie auf den Minus-Knopf. Um eine Ersetzung nur vorübergehend zu deaktivieren, entfernen Sie einfach den Haken daneben.

47 | Halten Sie Ihren Mac hellwach

Wenn Sie Ihren Mac eine Weile unbeaufsichtigt lassen müssen, dabei aber wollen, dass er vorübergehend nicht in den Ruhezustand wechselt, öffnen Sie ein Terminalfenster und geben Folgendes ein:

```
pmset noidle
```

Solange das Terminalfenster geöffnet bleibt und der Befehl noch gültig ist, wird der Rechner nicht einschlafen. Um die Schlaflosigkeit zu beenden, drücken Sie entweder `ctrl`+`C` oder schließen einfach das Terminalfenster.

48 | Testen Sie die Speicherbausteine Ihres Mac

Probleme mit dem eingebauten RAM Ihres Rechners können sich darin äußern, dass Ihr Rechner ohne Anlass einfriert oder dass häufig Programme abstürzen, besonders wenn viele Programme geöffnet sind.

Auf der Programminstallations-DVD, die möglicherweise mit Ihrem Mac geliefert wurde, ist ein Speichertestprogramm enthalten, auf das Sie zugreifen können, indem Sie die DVD einlegen und nach einem Neustart die Taste D gedrückt halten; doch viele halten das für unangemessen. Stattdessen können Sie ein Programm von einem Drittenhersteller verwenden, das *MemTest86* heißt. Um den Test durchzuführen, müssen Sie die Software auf eine leere CD-R- oder CD-RW-Disk brennen und von ihr wie folgt hochfahren (ganz offensichtlich müssen alle, die einen neueren Mac Mini oder ein MacBook Air verwenden, ein externes CD-R/RW-Laufwerk dazu verwenden):

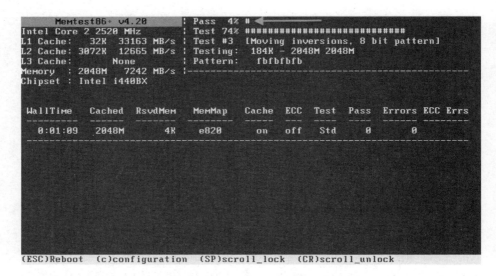

Abbildung 11: Den Speicher eines Mac testen

1. Gehen Sie auf http://www.memtest.org, und laden Sie eine vorbereitete ISO-Datei herunter. Als ich diese Zeilen schrieb, trug sie die Bezeichnung *Pre-Compiled Bootable ISO*. Für gewöhnlich ist die ISO als ZIP-Datei komprimiert, also führen Sie darauf einen Doppelklick aus, um sie zu entpacken.

2. Öffnen Sie das Festplatten-Dienstprogramm (*Finder → Programme → Dienstprogramme → Festplatten-Dienstprogramm*), und wählen Sie aus dem Menü *Images → Brennen*. Im Dateiauswahlfenster wählen Sie das ISO-Image aus, das Sie heruntergeladen haben (es liegt wahrscheinlich in Ihrem *Downloads*-Ordner), und klicken auf den Knopf *Brennen*.

3. Legen Sie eine leere CD-R- oder CD-RW-Disk ein, sobald Sie dazu aufgefordert werden, und klicken Sie in dem Dialogfenster auf den Knopf *Brennen*.

4. Sobald der Brennvorgang abgeschlossen ist (das dauert weniger als eine Minute), legen Sie die Disk wieder ein und starten den Rechner neu (*Apfelmenü → Neustart*).

5. Halten Sie [C] gedrückt, bevor das Apple-Logo erscheint. Das zwingt den Rechner dazu, von der CD anstatt von der Festplatte zu starten.

6. Den einfachen Speichertest, der sich für fast alle bis auf gewisse spezielle Fälle eignet, führt MemTest86 völlig selbstständig durch und beginnt damit automatisch nach ein paar Sekunden. Sie müssen einfach nur warten, und das kann einige Stunden dauern.

Behalten Sie die PASS-Zahl am oberen Bildschirmrand im Auge – Details sehen Sie in Abbildung 11. Sie wird langsam von 0 Prozent auf 100 Prozent steigen. Beachten Sie, dass der Test, sobald er 100 Prozent erreicht hat, automatisch neu startet und das auch weiterhin tun wird, bis Sie MemTest86 beenden. Das ermöglicht die Durchführung von Einbrenntests, womit Bauteile über einen langen Zeitraum unter Last geprüft werden können. Sobald jedoch ein Testdurchlauf abgeschlossen ist, wird das Programm die Nachricht „Pass complete" am unteren Bildschirmrand anzeigen.

7. Behalten Sie die Spalte *Errors* während des Tests im Auge, Sie finden sie in der Reihe, die mitten auf dem Bildschirm angezeigt wird. Sie zeigt die Gesamtzahl aller gefundenen Fehler an. Fehler werden auch in der unteren Hälfte des Bildschirms ausgegeben und dabei rot hervorgehoben, zusammen mit Einzelheiten über den genauen Fehler. Jedes andere Ergebnis außer null Fehler am Ende des Tests bedeutet, dass der Speicher defekt ist. Moderne Rechner sind sehr gut darin, kleinere RAM-Fehler zu tolerieren, und es ist möglich, dass Sie damit sogar jahrelang ungehindert am Rechner arbeiten können, doch im Idealfall sollten Sie erwägen, das RAM so bald wie möglich zu ersetzen.

8. Um den Rechner jederzeit oder nach Abschluss des Tests neu zu starten, drücken Sie `esc` (oben links auf der Tastatur). Wenn das nicht funktioniert, halten Sie den Einschaltknopf am Rechner für fünf Sekunden gedrückt, um das Ausschalten des Rechners zu erzwingen. Drücken Sie wie üblich den Einschaltknopf erneut, um den Rechner einzuschalten. Wenn Sie dabei sofort die Maustaste drücken und gedrückt halten, wird die Disk ausgeworfen, bevor der Rechner hochfährt.

49 | Erstellen Sie eine Installations-DVD bzw. einen bootfähigen USB-Stick für OS X

OS X Lion ist das erste große Release von OS X, das vor allem über den direkten Download von Apple via App Store vertrieben wird. Obgleich es möglich ist, Lion auf einem USB-Speicherstick von Apple zu kaufen,[3] ist diese Möglichkeit nur für atypische Situationen gedacht und daher recht teuer. Wie auch immer: Sie können Ihre eigene Installations-DVD erstellen, indem Sie eine bestimmte versteckte Datei finden und sie auf eine Disk brennen.

Sie können sie auch auf einen USB-Speicherstick sichern und von ihm booten, doch der Stick muss 4 GB oder mehr Speicherplatz bieten.

---

[3] http://store.apple.com/de/product/MD256Z/A

Beachten Sie Tipp 112, *Reparieren Sie Ihren Mac – selbst wenn die Festplatte defekt zu sein scheint*, auf Seite 141, der erklärt, wie man einen Wiederherstellungs-USB-Stick erstellt, mit dem man OS X neu installieren kann; doch in diesem Fall werden die notwendigen Dateien automatisch heruntergeladen, wenn es an die Neuinstallation von OS X geht. Mit dem vorliegenden Tipp erstellen Sie eine Installations-DVD oder einen Installations-Speicherstick, der selbst dann funktioniert, wenn es keine Internetverbindung gibt.

OS X erforschen: AirDrop

Mit AirDrop können Sie Dateien schnell an andere Mac-Anwender in Ihrer Nähe weitergeben. Nur ganz bestimmte neuere Mac-Modelle sind kompatibel,[4] und sie müssen außerdem unter Mac OS X Lion laufen.

AirDrop benötigt keine Einstellung und kein Passwort, und es funktioniert sogar, wenn Sie nicht mit einem Drahtlosnetzwerk verbunden sind. Damit AirDrop funktioniert, muss jedoch WLAN an Ihrem Rechner aktiviert sein. Das erreichen Sie, indem Sie das WLAN-Symbol rechts oben in der Menüleiste anklicken und *Wi-Fi aktivieren* wählen.

Es funktioniert ganz einfach. Wenn Sie im Finder zu AirDrop wechseln (entweder über einen Klick auf den Eintrag in der Seitenleiste oder indem Sie aus dem Menü *Gehe zu→ AirDrop* wählen), wird sich Ihr Benutzerkonto mit dem AirDrop-Netzwerk verbinden und für andere sichtbar sein, die ebenfalls mit AirDrop auf ihren Macs verbunden sind. Sobald Sie AirDrop verlassen, ist Ihr Rechner nicht mehr sichtbar.

Alle anderen Mac-Anwender, die in der Umgebung AirDrop aktiviert haben, werden auf Ihrem „Radar" erscheinen (und Sie auf ihren), und sie werden durch ihren Benutzernamen samt ihrem persönlichen Anmeldebild erkennbar gemacht. Sie können Dateien oder Ordner auf einen anderen Mac übertragen, indem Sie sie auf das Symbol des anderen Mac ziehen und loslassen. Die Empfänger werden aufgefordert zu bestätigen, dass sie Dateien empfangen möchten. Die anderen Anwender können dasselbe tun, um Dateien an Sie zu übertragen.

Erhaltene Dateien erscheinen im Ordner *Downloads*.

---

[4] http://support.apple.com/kb/HT4783?viewlocale=de_DE

Die Datei finden

Suchen Sie im Finder im *Programme*-Ordner nach dem Eintrag *Mac OS X Lion Installation*, der dort erschien, als Sie Lion im App Store gekauft haben. Führen Sie einen Sekundärklick darauf aus, und wählen Sie *Paketinhalt zeigen*. Wenn Sie zum Ordner SharedSupport navigieren, werden Sie eine Datei namens InstallESD.dmb sehen. Diese 3,74 GB große Datei ist die gesamte Lion-Installation – Sie können alle übrigen Dateien in dem Paket ignorieren. Halten Sie ⌥ gedrückt, und ziehen Sie diese Datei auf den Schreibtisch, um eine Kopie zu erstellen.

Eine Disk brennen

Wenn Sie eine startfähige DVD erstellen möchten, starten Sie das Festplatten-Dienstprogramm (*Finder → Programme → Dienstprogramme → Festplatten-Dienstprogramm*) und klicken im Programmfenster des Festplatten-Dienstprogramms auf den Knopf *Brennen* in der Symbolleiste. Suchen Sie die Datei InstallESD.dmg mithilfe des Dialogfensters, das eingeblendet wird, klicken Sie auf den Knopf *Brennen*, legen Sie danach eine unbeschriebene DVD/DVD-R-Disk ein, wenn Sie dazu aufgefordert werden, und klicken Sie auf *Brennen*. Die Disk wird nun erstellt.

Auf einen USB-Speicherstick sichern

Um die Datei auf einen USB-Speicherstick zu sichern, ist ein wenig mehr nötig, wie Sie im Folgenden sehen werden (beachten Sie, dass der Speicherstick bei diesem Verfahren gelöscht wird):

1. Öffnen Sie das Festplatten-Dienstprogramm (*Finder → Programme → Dienstprogramme → Festplatten-Dienstprogramm*), schließen Sie den Speicherstick an, und wählen Sie seinen Eintrag in der Laufwerksliste auf der linken Seite des Fensters aus. Prüfen Sie, dass Sie den Eintrag für den Stick selbst ausgewählt haben – der für gewöhnlich durch seine Größe und Einzelheiten zum Modell gekennzeichnet ist – und nicht seine Partition, die eingerückt darunter steht.

2. Klicken Sie auf den Reiter *Löschen*, und wählen Sie dann *Mac OS Extended (Journaled)* aus der *Format*-Aufklappliste. Lassen Sie den Namen *Ohne Titel* unverändert. Klicken Sie auf den Knopf *Löschen* und dann auf den Knopf *Löschen* in dem Dialogfenster, das daraufhin eingeblendet wird.

3. Sobald der Löschvorgang abgeschlossen ist, klicken Sie auf den Reiter *Wiederherstellen*. Ziehen Sie die Datei InstallESD.dmg vom Schreibtisch auf das Feld *Quelle* im Festplatten-Dienstprogramm. Danach ziehen Sie den Eintrag *Ohne Titel* unter dem Haupteintrag des USB-Sticks auf das Feld *Zielmedium*. Klicken Sie auf den Knopf *Wiederherstellen*, klicken Sie in dem eingeblendeten Dialogfenster auf *Löschen*, und geben Sie Ihr Kennwort ein, wenn Sie dazu aufgefordert werden.

Ein Beispiel dafür, das ich auf meinem Testrechner aufgenommen habe, sehen Sie in Abbildung 12.

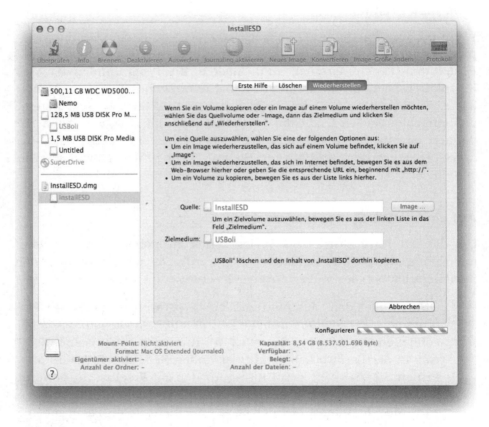

Abbildung 12: Einen startfähigen Lion-Installations-USB-Stick erstellen

Es wird fünf bis zehn Minuten dauern, bis alles auf Ihrem USB-Speicherstick gespeichert ist. Beobachten Sie die Fortschrittsanzeige unten rechts auf dem Bildschirm. Schließen Sie das Festplatten-Dienstprogramm, sobald das Speichern beendet ist.

OS X Lion installieren

Zur Installation entweder von einer DVD oder von einem Speicherstick, legen Sie die DVD ein oder verbinden den Stick mit dem neuen Rechner; danach leiten Sie einen Neustart ein.

- Um von einem USB-Speicherstick zu installieren, halten Sie die Taste ⌥ gedrückt, wenn der Rechner hochfährt. Dann wählen Sie mit den Pfeiltasten nach links/rechts den USB-Stick aus dem Menü, das eingeblendet wird (drücken Sie ↵, damit der Rechner startet). Folgen Sie den Installationsanweisungen auf dem Bildschirm.

- Um von einer DVD zu installieren, halten Sie beim Neustart des Rechners die Taste C gedrückt, bis das Apple-Logo und die Fortschrittsanzeige für den Startvorgang (die drehende Kreisfläche) erscheinen. Folgen Sie daraufhin den Installationsanweisungen auf dem Bildschirm. Falls Ihnen der Startvorgang zu lang vorkommt: Auf meinem Testsystem benötigte die Installations-Disk zwischen fünf und zehn Minuten zum Hochfahren.

Wenn Sie eine DVD oder einen USB-Stick verwenden, können Sie eine „saubere Installation" von OS X vornehmen, ohne von einer vorhergehenden Version ein Upgrade durchführen zu müssen.

50 Schnelle Hilfe, wenn das System abstürzt oder einfriert

Seit 2003 arbeite ich mit Macs, und ich hatte nur einen einzigen Systemabsturz, bei dem der Rechner überhaupt nicht mehr reagierte. Alles, was ich tun musste, war, den Einschaltknopf für fünf Sekunden gedrückt zu halten. Das zwingt den Rechner zum Ausschalten.

Für den Fall, dass ein Programm nicht mehr reagiert (also wenn der drehende Mauszeiger – alias *Strandball des Todes* – eingeblendet wird, der anzeigt, dass der Rechner beschäftigt ist), aber der Rest des Systems gut zu funktionieren scheint, berichten viele Anwender, dass schon allein der Start des Programms *Aktivitätsanzeige* die Schwierigkeiten irgendwie beseitigt habe. Um die Aktivitätsanzeige zu starten, öffnen Sie ein Finder-Fenster und wählen dann *Programme → Dienst-*

programme → *Aktivitätsanzeige*. Manche Anwender mit anfälligen Systemen behalten die Aktivitätsanzeige für genau solche Eventualitäten als Symbol im Dock.

51 Teilen Sie Ihr Adressbuch mit anderen

Macs nutzen vCard-Dateien, um Kontaktdaten zu speichern, obwohl die Endanwender das nicht merken, weil die Dateien vom *Adressbuch*-Programm unsichtbar verwaltet werden. Das vCard-System nimmt all die einzelnen Daten über einen bestimmten Kontakt in einer einzigen Datei auf, und es ist ein offenes Dateiformat, das von vielen Betriebssystemen einschließlich Windows (und Microsoft Outlook) erkannt wird.

Einen einzelnen Kontakt exportieren

Wenn Sie einen Kontakt exportieren möchten, um ihn jemandem weiterzuleiten, öffnen Sie das Programm *Adressbuch* (*Finder* → *Programme* → *Adressbuch*) und suchen in der Liste Ihren Kontakt. Klicken Sie den Kontakt einfach an, und ziehen Sie ihn aus der Hauptliste in ein neues E-Mail-Fenster, oder Sie klicken und ziehen ihn auf den Schreibtisch, wenn Sie ihn manuell in eine Datei zum Versenden umwandeln möchten.

In der Regel müssen die Empfänger lediglich auf die vCard-Datei (.vcf) doppelklicken, um die Daten zu importieren, doch für ihr E-Mail- oder Chat-Programm müssen sie möglicherweise eine besondere Importfunktion verwenden. Sie sollten in diesem Fall ihre Programmdokumentationen einsehen und die Anweisungen befolgen.

Sie können eine .vcf-Datei genau wie jede andere Datei mit *Übersicht* (*Quick Look*) betrachten – wählen Sie sie aus, und drücken Sie die `Leertaste`, um ihre Inhalte zu betrachten.

Mehrere Kontakte exportieren

Sie können viele oder sogar alle Ihre Kontakte auf einen Streich exportieren, indem Sie sie entweder einzeln anklicken (halten Sie `⌘` bei der Auswahl gedrückt) oder alle auswählen, indem Sie einen anklicken und `⌘`+`A` drücken. Klicken und ziehen Sie sie dann wie gewöhnlich in eine E-Mail oder auf den Schreibtisch. Alle einzelnen Daten werden in einer einzigen .vcf-Datei enthalten sein. Beachten Sie, dass Microsoft Outlook nicht mit mehreren Kontakten in einer einzelnen Datei umgehen kann, doch andere Macs können diese Daten gut importieren.

52 Ändern Sie die Zeichensätze, die im Finder verwendet werden

Dies ist ein Personalisierungstipp mit einer beigemengten Prise Produktivitätsnützlichkeit. Wie alle Mac-Programme verwendet auch der Finder den Zeichensatz *Lucida Grande*. Doch Sie können sowohl den Zeichensatz der Titelzeile ändern als auch den Zeichensatz, der an den anderen Stellen im Programmfenster verwendet wird, wie bei der Darstellung von Datei- und Ordnernamen. Durch diese Änderung kann es leichter werden, Finder-Fenster-Inhalte schon mit einem flüchtigen Blick zu erfassen.

Den Hauptzeichensatz des Finders ändern

Um die Zeichensätze zu ändern, die überall im Finder verwendet werden (mit Ausnahme der Symbolansicht), öffnen Sie ein Terminalfenster (*Finder → Programme → Dienstprogramme → Terminal*) und geben Folgendes ein:

```
defaults write com.apple.finder NSSystemFont -string AmericanTypewriter;
    killall Finder
```

Ich habe hier den Zeichensatz *American Typewriter* angegeben, doch es geht eigentlich nur darum, den ganzen Namen des Fonts einzugeben, wie er in Programmen wie TextEdit aufgelistet wird, doch ohne die Leerzeichen zwischen den Wörtern im Fontnamen. So wird aus dem Zeichensatz American Typewriter also AmericanTypewriter.

Den Zeichensatz der Titelzeile ändern

Um insbesondere den Zeichensatz der Titelzeile zu ändern, geben Sie Folgendes in ein Terminalfenster ein:

```
defaults write com.apple.finder NSTitleBarFont -string ArialBlack;killall
    Finder
```

Nun habe ich den Zeichensatz *Arial Black* angegeben und dabei wieder die Leerzeichen zwischen den Wörtern des Zeichensatznamens weggelassen.

Vielleicht möchten Sie den Zeichensatz der Titelzeile ja auch vergrößern. Verwenden Sie folgenden Terminalbefehl, um den Font auf 16 Punkt zu vergrößern:

```
defaults write com.apple.finder NSTitleBarFontSize 16;killall Finder
```

Zu den Standardeinstellungen zurückkehren

Um die Zeichensatzauswahl im Finder zurückzunehmen und zum voreingestellten Zeichensatz Lucida Grande zurückzukehren, öffnen Sie ein Terminalfenster und geben folgende vier Zeilen ein:

```
defaults delete com.apple.finder NSSystemFont
defaults delete com.apple.finder NSTitleBarFont
defaults delete com.apple.finder NSTitleBarFontSize
killall Finder
```

53 Unterziehen Sie Ihren Mac einem Stresstest, um Fehler aufzudecken

Wenn Ihr Mac immer wieder abstürzt, möchten Sie vielleicht einen Prozessorstresstest durchführen. Dieser wird den Prozessor zu 100 Prozent auslasten, und Sie werden daher bestimmen können, ob er fehlerhaft ist oder, was wahrscheinlicher ist, ob der Fehler beim Kühlsystem liegt.

Testen

Es gibt verschiedene Arten, einen Stresstest auf dem Mac auszuführen, doch der leichteste funktioniert wie folgt. Prüfen Sie vor dem Hochfahren, dass alle offenen Dateien gesichert sind, und schließen Sie alle Programme, die Sie nicht benötigen. Wenn Sie einen mobilen Mac verwenden, schließen Sie das Stromkabel an.

Bevor Sie beginnen, finden Sie bitte heraus, wie viele Prozessorkerne Ihr Mac hat. Wenn Sie kein Mac Pro Desktop-System verwenden, lautet die Antwort entweder zwei oder vier. Wenn Sie einen Trick sehen wollen, wie man die Prozessoranzahl im System schnell anzeigen lassen kann, schauen Sie sich Tipp 45 an, *Behalten Sie die Prozessorauslastung und -aktivität im Blick*, auf Seite 64 – schauen Sie sich nur die Anzahl der Balken in der grafischen Darstellung der Prozessorauslastung an; jeder steht für einen Kern Ihres Prozessors.

Öffnen Sie ein Terminalfenster (*Finder → Programme → Dienstprogramme → Terminal*), und geben Sie an der Eingabeaufforderung Folgendes ein:

```
yes > /dev/null
```

Dann drücken Sie ⌘+T, um einen neuen Tab im Terminalfenster zu öffnen, und geben den Befehl noch einmal ein. Wenn Sie einen Prozessor mit vier Kernen haben, wiederholen Sie diesen Schritt noch zweimal, sodass vier Tabs offen sind, in denen dieser Befehl läuft.

Der Befehl yes produziert nur einen Zeichenstrom, doch das macht er, so schnell er nur kann, und zwar in einem solchen Maße, dass er in Kürze alle verfügbare Prozessorleistung aufbraucht. Die Elemente hinter dem Befehl leiten die Ausgabe des Befehls yes nach /dev/null um. Das ist so etwas wie ein schwarzes Loch im System, das alle Daten aufsaugt, die dorthin geleitet werden.

Den Test beenden

Warten Sie ein paar Minuten. Sie werden wahrscheinlich hören, wie sich der Lüfter Ihres Rechners einschaltet. Das ist immer so, wenn der Rechner heiß wird. Möglicherweise werden Sie auch den Eindruck haben, dass der Rechner ein wenig träger wird, wenn er auf Ihre Eingaben reagieren muss.

Wenn der Rechner nicht nach fünf Minuten abgestürzt ist, beenden Sie den Text, indem Sie das Terminalfenster schließen. (Sorgen Sie sich nicht um irgendwelche Warnungen, dass dies laufende Programme beenden wird.) Wenn Ihr Mac abstürzt oder einfriert, bevor Sie den Test beenden, ist es sehr wahrscheinlich, dass Ihr Rechner einen Defekt hat, der repariert werden muss.

54 Taggen Sie Dateien, um sie schneller zu finden

Jede einzelne Mac-Datei kann mit einer Markierung, einem sogenannten Tag, versehen werden, das Spotlight dabei hilft, die Dateien nach Prioritäten zu ordnen, wenn Sie sie einmal suchen. Tags sind einfach nur einprägsame Wörter, die an die Datei angehängt werden. Nehmen wir zum Beispiel an, ein paar Freunde senden Ihnen ein Digitalfoto zu, auf dem sie abgebildet sind. Sie können die Datei mit den Namen Ihrer Freunde taggen, damit Sie später einfach nur ihre Namen als Suchbegriff in Spotlight eingeben können, anstatt sich an den Dateinamen des Fotos erinnern zu müssen.

Auch Ordner können mit Tags versehen werden, doch das ist nicht rekursiv – wenn ein Ordner ein Tag zugewiesen bekommt, wird dieses Tag nicht den Dateien zugewiesen, die der Ordner enthält.

Einzelne Dateien und Ordner taggen

Um eine Datei oder einen Ordner zu taggen, wählen Sie ihn zuerst aus und drücken dann ⌘+I, um das Infofenster zu öffnen. Geben Sie in das Feld *Kommentare mit Spotlight suchen* so viele Tags ein wie nötig, wobei Sie nach jedem Wort oder jedem Ausdruck ein Komma setzen. Sagen wir zum Beispiel, ich habe ein Foto von John Smith und Jill Jones aus ihrem Wassersporturlaub auf Aruba erhalten. Ich könnte also Folgendes eingeben: John Smith, Jill Jones, Wassersport, Schwimmen, Schnorcheln, Atemgerät, Urlaub, Aruba.

Sobald Sie fertig sind, schließen Sie einfach das Infofenster. Sie können die Tags sofort testen, indem Sie sie als Suchbegriffe in Spotlight verwenden. Wählen Sie einen Eintrag in der Ergebnisliste aus, und wenn das Übersichtsfenster erscheint, halten Sie ⌘ gedrückt, um die Tags zu sehen, die unter dem Vorschaufenster aufgelistet werden.

Sie können jede Datei auf diese Weise taggen, auch Geschäftsdokumente. Die einzige Einschränkung besteht darin, wie viel Zeit Sie mit Taggen verbringen wollen. Ordner können auch mit Tags versehen werden, was Ihnen die Mühe spart, jede einzelne Datei darin zu taggen. Denken Sie aber an Folgendes: Wenn Dateien aus dem Ordner herausbewegt werden, haften ihnen die Tags nicht länger an.

Mehrere Dateien taggen

Es gibt keine schnelle und einfache Methode, um mehrere Dateien zu taggen, doch vielleicht möchten Sie gerne folgenden Tipp ausprobieren, der *Automator* verwendet (siehe *OS X erforschen: Automator*, auf Seite 253).

1. Starten Sie das Programm *Automator*. Es befindet sich unter den ersten Programmen, die im *Programme*-Ordner aufgelistet werden, und hat einen Roboter als Symbol.

2. Im *Art*-Auswahldialog, der eingeblendet wird, klicken Sie auf das Symbol für *Programm* (das Symbol ist ebenfalls ein Roboter) und dann auf den Knopf *Auswählen*.

3. Das Programmfenster von Automator sieht etwas einschüchternd aus, doch Sie müssen den größten Teil davon gar nicht beachten. Geben Sie Spotlight-Kommentare in das Suchfeld ein. Das sollte die Liste der Aktionen so weit ausdünnen, dass nur noch eine Aktion angezeigt wird. Ziehen Sie diese Aktion nach rechts in den Bereich, in dem steht: *Aktionen oder Dateien hierhin bewegen, um Ihren Arbeitsablauf zu erstellen.*

4. Schreiben Sie nichts in das Feld *Neue Spotlight Kommentare.* Aber klicken Sie auf den Knopf *Optionen,* und setzen Sie einen Haken vor *Diese Aktion beim Ausführen des Arbeitsablaufs anzeigen.*

5. Wählen Sie *Ablage → Sichern,* um Ihr neues Automator-Programm zu speichern. Speichern Sie es auf dem Schreibtisch, und nennen Sie es zum Beispiel *Mehrfachtagger.*

6. Schließen Sie Automator. Ab jetzt ziehen Sie die Dateien, die Sie taggen möchten, auf Ihr neues Programm. Ein Dialogfenster wird sich öffnen und fragen, welche Tags Sie vergeben möchten. Geben Sie sie der Aufforderung gemäß ein, und sobald Sie auf *Fortfahren* klicken, werden die Dateien unverzüglich und unsichtbar mit Tags versehen.

Wenn Sie grundsätzlich Tags zur Vergabe „vorschlagen" möchten, die allen Dateien angehängt werden sollen, schreiben Sie sie in das Feld *Neue Spotlight Kommentare* (anstatt dieses Feld wie in dem geschilderten Ablauf zu ignorieren). Diese Kommentare werden dann in dem Einblendfenster erscheinen, und die Anwender können sie entweder verwenden oder mit ihren eigenen Tags überschreiben.

55 | Holen Sie sich Ihren Library-Ordner zurück!

Diejenigen, die den Mac seit geraumer Zeit verwenden, werden bemerkt haben, dass mit dem Erscheinen von OS X Lion der Ordner *Library* aus ihrem Benutzerordner verschwunden ist. Er ist natürlich noch immer da. Apple hat sich nur entschieden, dass Sie ihn nicht täglich zu Gesicht bekommen sollen, und deshalb ist er nun verborgen. Im Ordner *Library* werden alle Ihre persönlichen Einstellungen für Programme und OS X gespeichert. Die Dateien, die dort liegen, sollen einzig und allein durch Programme verändert werden, doch oftmals ist es nützlich, sich in die Tiefen dieses Ordners zu begeben und eine fehlerhafte Konfigurationsdatei zu entfernen.

Den Ordner Library schnell einsehen

Um schnell in Ihren Ordner *Library* zu gelangen, öffnen Sie ein Finder-Fenster und klicken auf das Menü *Gehe zu*. Danach halten Sie ⌥ gedrückt. Sie werden sehen, wie ein neuer Eintrag für den Ordner *Library* vorübergehend eingeblendet wird, der wieder verschwindet, wenn Sie die Taste ⌥ loslassen.

Den Zugang dauerhaft wiederherstellen

Um den Ordner *Library* wieder dauerhaft sehen zu können, öffnen Sie ein Terminal-Fenster und geben Folgendes ein:

```
chflags nohidden ~/Library/
```

Dann öffnen Sie ein Finder-Fenster, drücken ⇧+⌘+G und geben ~ (Tilde) in das Einblendfenster ein, bevor Sie auf *Öffnen* klicken. Dadurch wird der Inhalt Ihres Benutzerordners eingeblendet, in dem nun auch der Ordner *Library* aufgelistet wird. Beachten Sie, dass Sie den Befehl chflags wahrscheinlich jedes Mal erneut eingeben müssen, sobald Sie ein größeres Systemupdate für OS X durchführen (also wenn Sie beispielsweise von 10.7.3 auf 10.7.4 updaten).

Sollten Sie irgendwann einmal den Ordner *Library* wieder verbergen wollen, öffnen Sie ein Terminal-Fenster, geben aber diesmal Folgendes ein:

```
chflags hidden ~/Library/
```

56 Wie Sie unverzüglich Schreibtischverknüpfungen zu Dateien erstellen

In der Titelleiste aller Programme, die Dateien bearbeiten können (also eher bei einem Programm wie TextEdit als bei einem wie iTunes), sehen Sie den Namen der Datei, die aktuell in Bearbeitung ist – vorausgesetzt natürlich, Sie haben sie bereits gesichert.

Links davon wird ein Symbol angezeigt, das die Datei repräsentiert. Man nennt es das Proxy- oder Stellvertretersymbol. Klicken Sie darauf, und halten Sie es für ein paar Sekunden gedrückt, ohne die Maus zu bewegen, und dann ziehen Sie das Symbol auf den Schreibtisch oder auf ein Finder-Fenster, wodurch unverzüglich ein Alias für diese Datei erstellt wird. Aliasdateien sind im Grunde Verknüpfungen, die auf eine bestimmte Datei zeigen und die, wenn man auf sie doppelklickt, diese Datei öffnen. Wenn Sie ⌥ gedrückt halten, bevor Sie die Maustaste loslassen, erstellen Sie stattdessen eine Kopie der Datei.

Wenn die Datei geändert und nicht gesichert wurde, kann es sein, dass das Symbol grau dargestellt wird und sich standhaft weigert, angeklickt und gezogen zu werden. Das wird wahrscheinlich bei älteren Programmen vorkommen, die geschrieben wurden, bevor OS X Lion erschienen ist (also vor dem Sommer 2011). Die Lösung dafür ist einfach: Sichern Sie die Datei vor dem Klicken und Ziehen.

Das funktioniert in den meisten Mac-Programmen, allerdings müssen Sie in Microsoft Office ⌥+⌘ gedrückt halten, um ein Alias zu erstellen. Beachten Sie, dass wenn Sie bei einem Finder-Fenster das Symbol anklicken und aus der Titelleiste ziehen, keine Verknüpfung angelegt, sondern der im Fenster aufgerufene Ordner auf den Schreibtisch kopiert wird.

57 | Versehen Sie Dock-Stapel mit einem coolen optischen Effekt

Stapel sind aufspringende Dateilisten, die erscheinen, sobald ein Ordner im Dock angeklickt wird. *Dokumente* und *Downloads* werden standardmäßig auf der rechten Seite des Docks neben dem Papierkorb dargestellt. Sie können ihre eigenen Ordner hinzufügen, indem Sie sie dorthin ziehen (lassen Sie die Maustaste erst los, wenn die anderen Ordner beiseitegeglitten sind), doch denken Sie daran: Sie kopieren nicht etwa die Ordner ins Dock. Vielmehr erstellen Sie dort nur eine Verknüpfung.

Abbildung 13: Hervorhebung eines verborgenen Dock-Stapels aktivieren

Hervorhebung aktivieren

Um den Umgang mit Stapeln noch etwas einfacher zu machen, können Sie Ihren Mac so einrichten, dass er die Symbole hervorhebt, wenn Ihr Mauszeiger über ihnen schwebt (das ist dieselbe Hervorhebung, die erscheint, wenn Sie einen Stack öffnen und mit den Pfeiltasten zu einem Eintrag in der Liste navigieren – ein Beispiel sehen Sie in Abbildung 13. Solch eine Hervorhebung ist auch ein ganz hübscher optischer Effekt.

Um diese verborgene Funktion zu aktivieren, öffnen Sie ein Terminalfenster (*Finder* → *Programme* → *Dienstprogramme* → *Terminal*) und geben Folgendes ein:

```
defaults write com.apple.dock mouse-over-hilite-stack -bool TRUE;killall Dock
```

Das Dock wird für den Bruchteil einer Sekunde verschwinden, aber machen Sie sich keine Sorgen, das ist normal. Testen Sie Ihre neue Einstellung, indem Sie auf einen der Stapel klicken.

Hervorhebung deaktivieren

Möchten Sie den Effekt irgendwann wieder ausschalten, öffnen Sie ein Terminalfenster und geben Folgendes ein:

```
defaults delete com.apple.dock mouse-over-hilite-stack;killall Dock
```

Vorübergehende Hervorhebung

Wenn Sie an der Systemkonfiguration keine Änderungen vornehmen möchten, wie das oben beschrieben wurde, gibt es noch die Möglichkeit, eine vorübergehende Hervorhebung zu aktivieren. Klicken Sie einfach auf das Stapelsymbol, und halten Sie es angeklickt, bis die Liste erscheint. Dann bewegen Sie den Mauszeiger in die Stapelliste, ohne den Finger von der Maustaste zu nehmen. Beachten Sie, dass Sie den Eintrag, über dem Ihr Mauszeiger gerade schwebt, sofort auswählen, wenn Sie die Maustaste loslassen.

58 Sehen Sie ständig Infos über Dateien, die auf dem Schreibtisch liegen

Klicken Sie auf eine leere Stelle auf dem Schreibtisch, und drücken Sie ⌘+J. So wird das Dialogfenster *Darstellungsoptionen* eingeblendet.

Setzen Sie einen Haken vor *Objektinfo einblenden*. Sie werden daraufhin nützliche Infos unter jeder Datei sehen. So wird beispielsweise bei Dokumenten deren Dateigröße eingeblendet. Bei Bildern werden deren Maße angezeigt. MP3-Musikdateien zeigen an, wie lang sie sind. Ordner zeigen an, wie viele Dateien sie enthalten.

Das funktioniert auch innerhalb von Ordnern, vorausgesetzt, die Symbolansicht ist aktiviert (drücken Sie ⌘+1) – öffnen Sie einfach den Ordner im Finder, drücken Sie ⌘+J, und setzen Sie den Haken vor *Objektinfo einblenden*. Jeder Ordner wird seine individuellen Einstellungen beibehalten.

59 | Verkleinern Sie PDF-Dateien

Alle Programme auf dem Mac, die Dokumente oder Bilder verarbeiten, können diese Dateien als PDF ausgeben. Dazu wählen Sie einfach *Ablage → Drucken* aus dem Anwendungsmenü und klicken auf die PDF-Aufklappliste unten links. Dann wählen Sie *Als PDF sichern* und geben wie üblich einen Dateinamen ein. (Vergessen Sie nicht, die Dateierweiterung .pdf hinzuzufügen, wenn die Datei nicht nur auf Macs, sondern auch auf anderen Rechnern lesbar sein soll.)

Allerdings sind PDF-Dateien, die von Macs erstellt werden, oftmals groß. Die Lösung ist einfach: Wiederholen Sie die oben angeführten Schritte, um eine PDF-Datei auszugeben, aber wählen Sie aus der Aufklappliste den Eintrag *PDF in Vorschau öffnen*. Wenn das Programmfenster von *Vorschau* erscheint, wählen Sie *Ablage → Export*. Im *Exportieren-als*-Dialogfenster klicken Sie in der Aufklappliste *Quartz-Filter* auf den Eintrag *Reduce File Size*.

Beachten Sie, dass bei dieser Art der Verkleinerung von PDF-Dateien auch die Qualität der Bilder etwas reduziert wird.

Diese Technik kann auch dazu verwendet werden, große PDF-Dateien zu verkleinern, die Sie vielleicht per E-Mail empfangen haben. Öffnen Sie sie einfach in *Vorschau*, exportieren Sie sie, und wählen Sie die Verkleinerungsoption. Wenn die PDF-Datei allerdings so komplizierte Eigenschaften wie bestimmte Sicherheitsvorgaben hat, kann sie diese Eigenschaften beim Verkleinerungsprozess verlieren.

60 Schalten Sie die Tastenwiederholungsfunktion wieder ein

Mit Lion brach Apple mit einer jahrelangen Computerentwicklungstradition. Um nur ein Beispiel zu nennen: Apple deaktivierte die Tastenwiederholung zugunsten einer Methode, akzentuierte oder fremdsprachliche Zeichen einzugeben (siehe Tipp 42, *Geben Sie mit Leichtigkeit diakritische Zeichen ein*, auf Seite 60).

Diese Technik, fremdsprachliche oder akzentuierte Zeichen einzugeben, funktioniert nur in einer Handvoll von Anwendungen, wozu die von Apple mitgelieferten Programme *Mail*, *Safari* und *TextEdit* zählen. In anderen Programmen bewirkt das Gedrückthalten einer Taste überhaupt nichts.

Wenn Sie diese Eigenschaft ärgerlich finden, kann sie abgeschaltet werden, damit die Eingabe wie üblich wiederholt wird, sobald eine Taste gedrückt wurde. Um das zu erreichen, öffnen Sie ein Terminalfenster (*Finder → Programme → Dienstprogramme → Terminal*) und geben Folgendes ein:

```
defaults write -g ApplePressAndHoldEnabled -bool FALSE
```

Melden Sie sich daraufhin ab und wieder an, damit die Änderungen übernommen werden.

Möchten Sie die Eingabefunktion akzentuierter oder fremdsprachlicher Buchstaben bei gedrückter Taste wiederherstellen, öffnen Sie ein Terminalfenster und geben Folgendes ein:

```
defaults delete -g ApplePressAndHoldEnabled
```

61 Wie Sie Symbole in einer Symbolleiste schnell umordnen

Wenn Sie ein Symbol in der Symbolleiste verschieben möchten – das gilt für die meisten Programme, die eine Umgestaltung der Symbolleiste vorsehen, wie beispielsweise der Finder oder *Vorschau* –, halten Sie ⌘ für ein paar Sekunden gedrückt, klicken dann das Symbol an und ziehen es an eine andere Stelle.

62 | Sichern Sie Textschnipsel zur Wiederverwendung

Dies ist ein schlauer Trick für all diejenigen, die auf ihrem Mac mit Wörtern arbeiten.

Einen Clip erstellen

Wenn Sie Text in einem Programm auswählen und ihn auf einen Ordner oder auf den Schreibtisch ziehen, wird der Text in eine Datei umgewandelt. Diese Dateien heißen Textclips, und ihr Dateiname enthält die ersten paar Wörter des Exzerpts. Wenn der Text irgendwie formatiert wurde, wird auch die Formatierung gesichert. Dies ist eine hervorragender Möglichkeit, um etwas abzulegen, das Sie aus einem Dokument herauskürzen mussten, aber für andere Zwecke behalten möchten.

Clips anschauen und in Dokumente einfügen

Um die Inhalte eines Clips zu betrachten, führen Sie einfach einen Doppelklick darauf aus, oder Sie wählen den Clip aus und drücken die `Leertaste`, um die Übersicht aufzurufen. Beachten Sie, dass Sie die Datei nicht bearbeiten können. Um jedoch den Text wieder in ein Dokument einzufügen, ziehen Sie die Clipdatei auf das Programmfenster, nachdem Sie den Mauszeiger an die Stelle gesetzt haben, wo Sie den Clip einfügen möchten.

OS X erforschen: Mac-Server

Wer sich dafür interessiert, OS X als Server zu verwenden, der kann sich das Server-Upgrade über den Mac App Store kaufen. Das Server-Upgrade fügt der Standard-OS-X-Installation nicht nur Server-Anwendungen aller Art hinzu, einschließlich Kalender und Wiki, es ergänzt auch verschiedene GUI-Anwendermanagement- und -systemmonitorwerkzeuge. Es ergänzt auch die Unterstützung für das Xsan-Cluster-Dateisystem.

Apple stellte im Jahr 2010 die Produktion der dedizierten Mac-Server-Hardware ein und empfiehlt derzeit denjenigen, die Server-Hardware benötigen, entweder den Mac Pro oder leistungsfähige Mac-mini-Desktop-Systeme.

63 | Verstecken Sie Dateien

Es gibt zwei Möglichkeiten, wie Sie Dateien auf Ihrem Mac unsichtbar machen können. Keine der beiden ist wirklich sicher, und jeder, der sich auskennt, könnte sie in Sekunden wieder sichtbar machen. Doch um in aller Stille eine oder zwei Dateien für kurze Zeit verschwinden zu lassen, lohnt es sich, diese Möglichkeiten etwas näher anzuschauen. Wenn Sie Dateien vor neugierigen Augen schützen müssen, werfen Sie einen Blick auf Tipp 33, *Legen Sie einen völlig sicheren Ort für persönliche Dateien an*, auf Seite 51, und Tipp 110, *Erstellen Sie verschlüsselte Archive für alle Rechner*, auf Seite 136.

Dateien mithilfe von Unix verstecken

Das Betriebssystem Ihres Mac, OS X, ist genau genommen eine Version von Unix. In Unix können Sie eine Datei unsichtbar machen, indem Sie einen Punkt (.) vor ihren Namen setzen, und das funktioniert auch auf Macs. Das bedeutet, dass die Datei in Finder-Fenstern, in *Datei-öffnen*-Dialogfenstern oder auf dem Schreibtisch nicht erscheint. Auch wer über die Kommandozeile die Dateien durchforstet, kann sie nicht sehen, solange er nicht ausdrücklich angibt, dass er verborgene Dateien sehen will (also ls -a eingibt).

Wenn Sie beispielsweise den Dateinamen .Dokument.docx beim Sichern einer Datei eingeben, wird sie dadurch unsichtbar gemacht. Sie werden wahrscheinlich gewarnt, dass ein Punkt vor einem Dateinamen für Systemdateien reserviert ist. Das ist die Art von Dateien, die durch diese Technik normalerweise versteckt werden, doch Sie können die Datei trotzdem sichern.

Dateien so verstecken, dass Mac-Programme sie nicht sehen können

Den Befehl chflags können Sie dazu verwenden, Dateien so zu verstecken, dass sie in Programmen mit grafischer Benutzerschnittstelle, kurz GUI (*Graphical User Interface*), nicht angezeigt werden. Doch sie werden noch immer sichtbar sein, wenn jemand Dateien mit einem Terminalfenster durchforstet.

Um Dateien so zu verstecken, öffnen Sie ein Terminalfenster (*Finder → Programme → Dienstprogramme → Terminal*) und verwenden den Befehl chflags hidden, wobei Sie die Datei oder den Ordner unmittelbar danach nennen. Um beispielsweise die Datei geheim.doc zu verstecken, geben Sie Folgendes ein:

```
chflags hidden geheim.doc
```

Um die Datei wieder für GUI-Software sichtbar zu machen, verwenden Sie den Befehl chflags nohidden:

```
chflags nohidden geheim.doc
```

Versteckte Dateien anschauen

Wenn nun eine Datei versteckt ist, wie können Sie sie sehen, um sie erneut zu öffnen? In erweiterten *Datei-öffnen/sichern*-Dialogfenstern drücken Sie ⇧+⌘+. (Punkt), um versteckte Einträge in der Dateiliste anzuzeigen. Drücken Sie die Tastenkombination erneut, um sie wieder zu verstecken. Sie sollten allerdings darauf gefasst sein, dass Sie plötzlich eine Menge Systemdateien sehen werden, die auf diese Weise versteckt wurden. (Halten Sie sich von diesen Systemdateien fern – öffnen oder löschen Sie sie nicht.)

Der einzige Weg, versteckte Dateien in Finder-Fenstern zu sehen, führt über die Aktivierung einer geheimen Einstellung, die sie gemeinsam mit den anderen Dateien anzeigt. Das hat zur Folge, dass sie immer in Finder-Fenstern und auf dem Schreibtisch sichtbar sind, wenngleich versteckte Dateien ein wenig blasser dargestellt werden, um ihren Status anzuzeigen. Öffnen Sie ein Terminalfenster (*Finder → Programme → Dienstprogramme → Terminal*), und geben Sie Folgendes ein:

```
defaults write com.apple.finder AppleShowAllFiles -bool TRUE;killall Finder
```

Auch nach dieser Änderung müssen Sie in *Datei-öffnen/sichern*-Dialogfenstern noch immer ⇧+⌘+. drücken, um versteckte Dateien zu sehen.

Wenn versteckte Dateien im Finder wieder versteckt sein sollen, geben Sie Folgendes ein:

```
defaults delete com.apple.finder AppleShowAllFiles;killall Finder
```

64 | Zeigen Sie in der Titelleiste von Finder-Fenstern vollständige Pfade an

In der Grundeinstellung zeigt jedes Finder-Fenster den Namen des aktuellen Ordners, den Sie gerade betrachten, oder seinen derzeitigen Modus (wenn Sie beispielsweise AirDrop verwenden). Wenn Sie die Anzeige auf den vollen Pfad des Verzeichnisses umschalten möchten (also auf /Users/keir/Documents statt nur Dokumente), öffnen Sie ein Terminalfenster (*Finder* → *Programme* → *Dienstprogramme* → *Terminal*) und geben Folgendes ein:

```
defaults write com.apple.finder _FXShowPosixPathInTitle -bool TRUE; killall Finder
```

Wenn Sie im Finder zur Ansicht *Alle meine Dateien* wechseln, sehen Sie einen langen Pfad, der auf /System/Library/CoreServices/Finder.app weist. Das ist einfach nur der Ort, an dem die Funktion *Alle meine Dateien* gespeichert ist.

Um wieder nur den Ordnernamen anzuzeigen, öffnen Sie ein Terminalfenster und geben Folgendes ein:

```
defaults delete com.apple.finder _FXShowPosixPathInTitle;killall Finder
```

65 | Kontrollieren Sie verborgene Bildschirmfoto-Einstellungen

Macs bieten ab Werk sehr leistungsfähige Möglichkeiten, Bildschirmfotos zu erstellen, mit denen Sie einen Schnappschuss von dem machen können, was sich zurzeit auf einem oder mehreren Ihrer Bildschirme befindet (siehe Tipp 131, *Nehmen Sie ein Bildschirmfoto auf*, auf Seite 158). Nun erfahren Sie, wie Sie ein paar Dinge im Zusammenhang mit Bildschirmfotos verändern können: die Dateiart, wo die Dateien gesichert werden und ob ein Schatteneffekt auf sie angewendet wird oder nicht.

Das Dateiformat ändern

Die Dateien werden im PNG-Format gespeichert (*Portable Network Graphics*; .png). Das ist so gut wie jedes andere Dateiformat, doch vielleicht bitten die Leute, mit denen Sie arbeiten, um JPEG- oder GIF-

65: Kontrollieren Sie verborgene Bildschirmfoto-Einstellungen

Dateien. Um das Standarddateiformat zu ändern, suchen Sie zuerst das Format, das Sie benötigen, in der linken Spalte der Tabelle unten, öffnen dann ein Terminalfenster (*Finder → Programme → Dienstprogramme → Terminal*) und geben es am Ende des folgenden Befehls ein:

`defaults write com.apple.screencapture type -string`

Dies sind die Formatoptionen:

- BMP
  Windows Bitmap; für jede Art von Bild ideal, produziert aber große Dateien. Kann nicht online verwendet werden.

- GIF
  Graphics Interchange Format; wird vor allem für grafische Darstellungen verwendet. Kann online verwendet werden.

- JPEG
  Joint Photographics Expert Group; am besten für Fotos geeignet. Kann online verwendet werden.

- PDF
  Portable Document Format; kann für jede Art von Bilddatei verwendet werden. Die meisten modernen Webbrowser unterstützen PDF.

- PNG
  Portable Network Graphics; kann sowohl für Fotos als auch für grafische Darstellungen verwendet werden. Kann auch online verwendet werden.

- TIFF
  Tagged Image File Format; ideal für jede Art von Abbildung, produziert aber große Dateien. Ist in der Druckindustrie beliebt, kann aber nicht online verwendet werden.

Wenn Sie das voreingestellte Bildschirmfotoformat beispielsweise in GIF ändern wollen, können Sie Folgendes eingeben:

`defaults write com.apple.screencapture type -string GIF`

Melden Sie sich daraufhin ab und wieder an.

Um wieder zum PNG-Format der Grundeinstellung zu wechseln, öffnen Sie ein Terminalfenster und geben Folgendes ein:

`defaults delete com.apple.screencapture type`

Vergessen Sie nicht, sich danach ab- und wieder anzumelden.

Den Dateispeicherort ändern

Sie können auch den voreingestellten Speicherort ändern, an dem Ihr Mac die erstellten Bildschirmfotos ablegt. In der Grundeinstellung ist das der Schreibtisch, doch der folgende Befehl beispielsweise wird die Fotos in den Ordner *Dokumente* speichern (ersetzen Sie BENUTZERNAME durch Ihren Benutzernamen):

```
defaults write com.apple.screencapture location /Users/BENUTZERNAME/Documents/
```

Sie müssen sich ab- und wieder anmelden, damit die Änderungen übernommen werden. Um wieder den ursprünglichen Speicherort (also den Schreibtisch) einzustellen, öffnen Sie ein Terminalfenster und geben Folgendes ein (danach melden Sie sich ab und wieder an):

```
defaults delete com.apple.screencapture location
```

Den Schatten loswerden

Bildschirmfotos werden immer mit einem Schatteneffekt versehen. Sie können ihn ausschalten, indem Sie eine geheime Einstellung verändern. Öffnen Sie ein Terminalfenster (*Finder → Programme → Dienstprogramme → Terminal*), und geben Sie Folgendes ein:

```
defaults write com.apple.screencapture disable-shadow -bool TRUE
```

Melden Sie sich ab und wieder an, damit die Änderung übernommen wird.

Um die Bildschirmfotos wieder mit den Schatten zu versehen, öffnen Sie erneut ein Terminalfenster und tippen das Folgende ein, melden sich ab und wieder an, damit die Änderungen übernommen werden:

```
defaults delete com.apple.screencapture disable-shadow
```

66 Erstellen Sie ein cleveres Farbauswahl-Programm

Dieser Tipp ist in erster Linie für Webentwickler und Grafiker gedacht.

Viele Mac-Programme bieten Zugriff auf das in OS X eingebaute Farbauswahlwerkzeug. In TextEdit beispielsweise zeigt ein Klick auf das Farbwahlsymbol in der Symbolleiste und ein weiterer Klick auf den Knopf *Farben einblenden* in dem Einblendmenü das Werkzeug an. Es ist ein Fenster, das stets im Vordergrund bleibt und ein Farbrad zeigt, obgleich Sie auch zu vordefinierten Paletten wechseln können, indem Sie den entsprechenden Symbolknopf dieses Fensters anklicken.

Ein einfaches Programm erstellen

Die Farbauswahl ist nicht als eigenständiges Programm verfügbar, doch es ist leicht, sie mit einem kleinen AppleScript in eines einzubinden. Auf diese Weise kann sie immer dann verwendet werden, wenn Sie eine Farbe wählen und die RGB- oder CMYK-Werte dafür herausfinden müssen.

Öffnen Sie den AppleScript-Editor – er liegt in *Finder* → *Programme* → *Dienstprogramme*. Im Haupteingabefeld geben Sie Folgendes ein:

```
choose color default color {65535, 65535, 65535}
```

Abbildung 14: Ein eigenes Farbauswahl-Programm erstellen

Klicken Sie *Ablage* → *Sichern unter*; geben Sie Ihrem neuen Programm einen Namen, zum Beispiel *Farbauswahl*, und wählen Sie einen Speicherort (Sie können es wie alle Ihre anderen Anwendungen im Ordner *Programme* speichern, wenn Sie möchten). In der Aufklappliste *Dateiformat* wählen Sie *Programm*. Danach klicken Sie auf *Sichern*.

Ihre neue Anwendung ist nun einsatzbereit. Wenn sie läuft, können Sie sie durch einen Klick auf die Knöpfe *Abbrechen* oder *OK* schließen; das Ergebnis ist dasselbe.

Um die RGB- oder CMYK-Werte einer Farbe zu sehen, klicken Sie auf das Farbreglersymbol in der Symbolleiste der Farbauswahl und wählen die RGB- oder CMYK-Regler aus der Aufklappliste (siehe Abbildung 14). Wenn Sie Farben, die irgendwo auf dem Bildschirm angezeigt werden, prüfen möchten, um mithilfe des Farbermittlungswerkzeugs[5] ihre RGB- oder ungefähren CMYK-Werte zu erhalten, klicken Sie auf das Vergrößerungsglassymbol und danach in den zu untersuchenden Bereich. (Beachten Sie, dass es bereits ein Programm gibt, um Farben auf dem Bildschirm zu ermitteln; es liegt im Ordner *Dienstprogramme* im *Programme*-Ordner – *DigitalColor Meter* [sic].)

Ein anspruchsvolleres Programm erstellen

Nur ein paar weitere Zeilen Code können unser neues Werkzeug wesentlich verbessern und es zum Traum eines Webentwicklers werden lassen. Das folgende AppleScript wird, sobald es wie oben beschrieben als Programm gesichert wurde, den ausgewählten Farbwert als Hexadezimalwert in die Zwischenablage schreiben (also etwas wie #6BACFF). Dieser Wert kann daraufhin beispielsweise in HTML-Code eingefügt werden.

```
set chosencolor to choose color default color {65535, 65535, 65535}
set the formattedColor to my hex(chosencolor)
on hex(chosencolor)
set the hex_list to {"0", "1", "2", "3", "4", "5", "6", "7", "8", "9", "A",
        "B", "C", "D", "E", "F"}
set the the hex_value to ""
repeat with i from 1 to the count of the chosencolor
set this_value to (item i of the chosencolor) div 256
if this_value is 256 then set this_value to 255
set x to item ((this_value div 16) + 1) of the hex_list
set y to item (((this_value / 16 mod 1) * 16) + 1) of the hex_list
set the hex_value to (the hex_value&x&y)as string
end repeat
return ("#" & the hex_value)
end hex
set the clipboard to formattedColor
```

Sobald Sie den Code eingegeben haben, klicken Sie auf den Knopf *Übersetzen*, um zu prüfen, ob der Code korrekt ist. Sichern Sie das Skript dann als Programm, und schon ist es einsatzbereit. Wählen Sie einfach eine Farbe, und klicken Sie auf den Knopf *OK*. Der RGB-Wert wird dann unsichtbar in die Zwischenablage geschrieben und kann anderswo eingefügt werden.

---

5   CMYK hat im Vergleich zu RGB eine kleinere Farbskala, deshalb werden alle vom Color-Picker zurückgegebenen Werte lediglich annäherungsweise zutreffen.

Ein eigenes Symbol zuweisen

Es gibt da zum Schluss noch etwas, das Sie tun können, um Ihr neues Programm zu perfektionieren – weisen Sie ihm ein passendes Symbol zu. Wenn Sie nachlesen möchten, wie man das Symbol eines Programms ändert, sehen Sie nach bei Tipp 19, *Gestalten Sie jedes Symbol persönlicher*, auf Seite 35.

Ein ideales Bild dafür finden Sie unter /System/Library/ColorPickers/NSColorPickerWheel.colorPicker/Resources/NSColorWheelImage.tiff. Um diese Datei zu öffnen, starten Sie *Vorschau*, wählen *Ablage* → *Öffnen* und drücken dann ⇧+⌘+G. Geben Sie nun den oben genannten Pfad ein, und öffnen Sie die Datei zur Ansicht und zur Umwandlung in ein Symbol, wie es in dem oben erwähnten Tipp beschrieben wird.

67 Erstellen Sie ein Time-Machine-Backup ohne angeschlossene Festplatte

Wenn Time Machine auf einem mobilen Mac wie dem MacBook Air verwendet wird, ist OS X clever genug, um damit zu rechnen, dass es Zeiten gibt, in denen der Rechner nicht an die Time-Machine-Festplatte angeschlossen ist (oder sich nicht in Reichweite der Time Capsule befindet). Daher sichert es sogenannte *Snapshots* auf die Festplatte des Rechners.

Bei Desktop-Macs wie dem iMac ist diese Funktion nicht aktiviert, da vorausgesetzt wird, dass die Time-Machine-Festplatte ständig an den Rechner angeschlossen ist oder dass sich der Rechner immer in Reichweite der Time Capsule befindet. Doch das muss nicht immer der Fall sein. Vielleicht stecken Sie Ihre Time-Machine-Festplatte manchmal aus, weil Sie zum Beispiel die USB-Buchse vorübergehend für andere Zwecke benötigen.

Lokale Snapshots ermöglichen

Wenn Ihr Desktop-Rechner nicht immer angeschlossen ist, können Sie dasselbe Backup auf die interne Platte ermöglichen, die auch mobile Macs verwenden. Öffnen Sie ein Terminalfenster, und geben Sie Folgendes ein:

```
sudo tmutil enablelocal
```

Sie müssen Ihr Kennwort eingeben, sobald Sie dazu aufgefordert werden. Ein neuer Snapshot wird innerhalb einer Stunde erstellt werden, doch wenn Sie ungeduldig sind, können Sie einen erzwingen, indem Sie Folgendes in ein Terminalfenster eingeben:

```
tmutil snapshot
```

Beachten Sie, dass Sie keinen Hinweis darauf erhalten, wenn ein Snapshot erstellt wird. Wenn Sie Time Machine öffnen, sind Snapshots in der Zeitleiste auf der rechten Seite des Bildschirms durch graue Balken gekennzeichnet. Normale Backups sind violett gefärbt.

Lokale Snapshots abstellen

Um die lokale Backup-Funktion zu deaktivieren, geben Sie Folgendes ein:

```
sudo tmutil disablelocal
```

Die gesamten lokalen Backup-Daten werden daraufhin gelöscht (das kann eine Weile dauern, doch es findet im Hintergrund statt); stellen Sie zuvor sicher, dass Sie ein neues externes Backup des Systems erstellen, indem Sie die Time-Machine-Festplatte anschließen und aus dem Time-Machine-Menü die Option *Backup jetzt erstellen* wählen.

68 | Machen Sie das Dock ganz, ganz klein

Sie können das Dock verkleinern und vergrößern, indem Sie den „Zebrastreifen", der die Programmsymbole von den Stapeln im Dock trennt, anklicken und ziehen. Sie können stattdessen auch die Systemeinstellungen öffnen, das Einstellungsfeld *Dock* auswählen und den Schieberegler *Größe* anklicken und ziehen.

Doch Ihr Mac lässt Sie das Dock nur bis zu einer bestimmten Größe verkleinern. Diese Einstellung ist schon ziemlich klein, doch es geht noch kleiner.

Das Dock verkleinern

Um das Dock noch weiter zu verkleinern, als es normalerweise erlaubt ist, öffnen Sie ein Terminalfenster (*Finder → Programme → Dienstprogramme → Terminal*) und geben Folgendes ein:

```
defaults write com.apple.dock tilesize -int 8;killall Dock
```

Dies wird das Dock auf die Hälfte der vorgesehenen kleinsten Größe verkleinern – ein Beispiel sehen Sie in Abbildung 15. Die Zahl am Ende des Befehls kann zwischen 1 (zu klein, um noch verwendet zu werden) und 16 liegen, was die kleinste Größe ist, die man durch das Verkleinern mithilfe von Klicken und Ziehen erreicht. Sie können die Werte auch höher als das einstellen, doch dazu können Sie auch die eingebauten Mac-Werkzeuge wie beispielsweise das in den Systemeinstellungen verwenden.

Abbildung 15: Das Dock auf eine ganz winzige Größe verkleinern

Im Zusammenspiel mit der Dock-Vergrößerung (die Sie ebenfalls im *Dock*-Einstellungsfeld der Systemeinstellungen einstellen können), ist es durchaus möglich, eine winzige Dock-Größe zu verwenden, besonders wenn die Bildschirmfläche sehr begrenzt ist.

Die normale Größe wieder einstellen

Der beste Weg, das Dock wieder normal groß zu machen, führt über das Einstellungsfeld *Dock* in den Systemeinstellungen (klicken und ziehen Sie einfach den Schieberegler *Größe*), doch Sie können das Dock auch auf die ursprüngliche Größe zurückstellen, indem Sie ein Terminalfenster öffnen und Folgendes eingeben:

```
defaults delete com.apple.dock tilesize;killall Dock
```

69 Verwenden Sie einen versteckten Listenmodus für Stapel

Stapel sind die Anzeigen, die aus dem Dock herausspringen, wenn ein Ordner im Dock angeklickt wird, wie beispielsweise der Ordner *Dokumente*. Es gibt drei Ansichtsmodi, die Sie wählen können, indem Sie einen Sekundärklick auf den Ordner ausführen: *Fächer*, *Gitter* und *Liste*.

Eine bessere Liste erhalten

Wie der Name andeutet, präsentiert der Listenmodus die Dateien und Ordner in einer ziemlich langweiligen Liste, die Sie scrollen können, indem Sie den Mauszeiger an den oberen oder unteren Rand der Liste bewegen. Um die Listenansicht in eine ästhetisch gefälligere Ansicht zu verwandeln, die durch einen Rollbalken vervollständigt wird, den Sie klicken und ziehen können, öffnen Sie ein Terminalfenster (*Finder → Programme → Dienstprogramme → Terminal*) und geben Folgendes ein:

```
defaults write com.apple.dock use-new-list-stack -bool TRUE;killall Dock
```

Das Dock wird für den Bruchteil einer Sekunde verschwinden, aber machen Sie sich keine Sorgen: Das ist gut so. Sie sollten die Änderungen nun sofort ausprobieren können.

Die Größe optimieren

Sie können die Größe der Symbole in der neuen Ansicht herauf- oder herunterregeln, indem Sie den Stapel aktivieren, dann die Taste ⌘ gedrückt halten und die Plus- oder die Bindestrich-Taste drücken.

Zum normalen Listenmodus zurückkehren

Um irgendwann zur ursprünglichen Listenansicht zurückzukehren, öffnen Sie ein Terminalfenster und geben Folgendes ein:

```
defaults delete com.apple.dock use-new-list-stack;killall Dock
```

70 Öffnen Sie schnell Dateien, die Sie in der Übersicht betrachten

Wenn Sie gerade eine Datei mithilfe der *Übersicht* (*Quick Look*) betrachten, öffnet ein Doppelklick die Datei im voreingestellten Programm. Führen Sie beispielsweise einen Doppelklick auf ein Übersichtsfenster aus, während Sie darin eine Videodatei betrachten, wird die Datei im QuickTime Player geöffnet.

Sie können natürlich auch den Knopf oben rechts drücken. Wenn Sie diesen Knopf anklicken und gedrückt halten, wird eine Liste anderer Anwendungen eingeblendet, die ebenfalls die Datei öffnen können – wählen Sie einfach eine aus der Liste, um die Datei in dieser Anwendung zu öffnen.

71 | So verstecken Sie alle Fenster

Um alle Programmfenster, die geöffnet sind, ins Dock zu schicken – abgesehen von dem, in dem Sie gerade arbeiten –, drücken Sie ⌥+⌘+H. Um die Programmfenster wieder auf den Schirm zu zurückzubefördern, müssen Sie deren einzelne Docksymbole anklicken.

Halten Sie ⌥+⌘ gedrückt, und klicken Sie auf eine leere Stelle auf dem Schreibtisch (zum Beispiel auf den Raum rechts und links neben dem Dock), um sofort alle Fenster außer den Finder-Fenstern zu verstecken und so den Schreibtisch freizulegen. Klicken Sie auf das Docksymbol jedes Programms, um sie wieder einzublenden.

72 | Verbessern Sie Ihre Arbeit mit der Spaltenansicht im Finder

Die Spaltenansicht im Finder ist mir am liebsten, um Dateilisten zu durchsuchen. Um darauf zuzugreifen, öffnen Sie ein Finder-Fenster und klicken auf *Darstellung → Als Spalten*, oder Sie drücken ⌘+3.

Das einzige Problem, das ich dabei manchmal habe, ist, dass lange Dateinamen wegen der schmalen Spaltenbreite abgekürzt werden. Um das zu vermeiden, führe ich einen Doppelklick auf den kleinen mit zwei Strichen versehenen Greifer unten rechts in der Spalte unter dem Rollbalken (ein genau bezeichnetes Beispiel sehen Sie in Abbildung 16). Dieser Greifer kann auch gezogen werden, um die Größe der Spalte anzupassen. Wenn Sie beim Anpassen die Taste ⌥ gedrückt halten, werden *alle* Spalten proportional zum Finder-Fenster angepasst und der Finder wird dazu gebracht, sich beim nächsten Mal, wenn Sie ein Finder-Fenster öffnen, die Größenänderung zu merken, anstatt die Spaltengröße zurückzusetzen. Ein Doppelklick auf den Greifer stellt die Spalte wieder auf ihre voreinstellte Größe, wenn sie zuvor manuell durch Klicken und Ziehen verändert worden ist.

Kapitel 3: Die Tipps

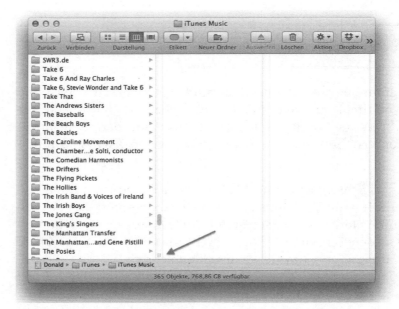

Abbildung 16: Spaltengrößen im Finder verändern

73 | Zeigen Sie die Speicherorte von Dateien in Spotlight und im Dock an

Mit Spotlight finden Sie Dateien im Nu und können sie zum Bearbeiten oder Betrachten öffnen. Doch was ist, wenn Sie sich zwar an einen Dateinamen erinnern, aber nicht an die übrigen Dateinamen, von denen Sie wissen, dass sie im selben Ordner liegen, und wenn diese anderen Dateien diejenigen sind, die Sie suchen? Wäre es nicht nützlich, wenn Sie einfach sofort den Ordner öffnen könnten, der die Datei enthält?

Das können Sie! Halten Sie ⌘ gedrückt, wenn Sie auf einen Eintrag in der von Spotlight ausgegebenen Liste klicken. Dadurch öffnet sich ein Finder-Fenster, in dem der Ort der Datei oder des Ordners angezeigt wird, und die Datei wird hervorgehoben. Sie können auch einen Eintrag in der Liste mit den Pfeiltasten hervorheben und ⌘+R drücken, um die Datei im Finder anzuzeigen.

Wenn Sie ⌘ gedrückt halten und irgendein Symbol im Dock anklicken, hat das denselben Effekt – ein Finder-Fenster wird geöffnet und zeigt dessen Ort an. Das kann sehr nützlich sein, wenn Sie schnell ein Finder-Fenster öffnen wollen, das Dokumente oder Downloads anzeigt – halten Sie einfach ⌘ gedrückt, und klicken Sie auf den Stapel Documents oder Downloads.

74 Machen Sie den Finder zum Mittelpunkt Ihrer Produktivität

Die Finder-Fenster sind viel flexibler, als Ihnen vielleicht klar ist. Ihre Symbolleisten und Seitenleisten bieten enormes Potenzial, um Ihre Produktivität zu erhöhen.

Erstellen Sie eine Dock-Kopie

Sie können praktisch alles auf die Symbolleiste oder Seitenleiste eines Finder-Fensters ziehen, um eine Verknüpfung für den schnellen Zugriff zu erstellen. Sie können beispielsweise ein Programmsymbol dorthin ziehen, und es wird sich wie ein Docksymbol verhalten; Sie können es also anklicken, um ein Programm zu starten, und zum Öffnen Dateien darauf ziehen. Sie können sogar Ihre Docksymbole dorthin kopieren oder auch die wichtigsten Programme, die Sie täglich verwenden, wenn genug Platz vorhanden ist.

Dateien und Speichergeräte finden

Sie können auch Dateien in die Symbolleiste ziehen, die sich sofort öffnen, sobald Sie darauf klicken. Wechselspeichergeräte wie USB-Speichersticks können auch dorthin gezogen werden – klicken Sie einfach darauf, und ziehen Sie deren Eintrag von ihrem Platz unter der Geräteliste in der Seitenleiste des Finder-Fensters dorthin.

Mit Leichtigkeit drucken

Sie können zur Symbolleiste der Finder-Fenster auch eine Verknüpfung zu Ihrem Drucker (auch zu mehreren) hinzufügen. Wenn Sie dann Dateien auf diese Verknüpfung ziehen, werden sie unverzüglich gedruckt. Mit einem Klick auf das Symbol können Sie auch die Drucker-Warteliste einsehen. Öffnen Sie einfach die Systemeinstellungen (*Apfelmenü → Systemeinstellungen*), klicken Sie auf Drucken & Scannen, und danach ziehen Sie einen oder mehrere Drucker aus der Liste in die Symbolleiste oder Seitenleiste eines offenen Finder-Fensters.

Verknüpfungen zu Systemeinstellungen hinzufügen

Es ist auch möglich, der Symbolleiste oder der Seitenleiste der Finder-Fenster Einträge aus den Systemeinstellungen hinzuzufügen. Befolgen Sie die Anweisungen in Tipp 139. Doch anstatt die Dateien mit der Endung .pref ins Dock zu ziehen, ziehen Sie sie stattdessen in die Symbolleiste oder Seitenleiste eines Finder-Fensters.

Einen Symbolleisteneintrag entfernen

Um ein Symbol, das Sie hinzugefügt haben, wieder zu entfernen, halten Sie ⌘ gedrückt und ziehen bei Symbolleistensymbolen das Symbol nach oben aus der Symbolleiste heraus. Im Fall von Seitenleistensymbolen ziehen Sie es nach links weg vom Finder-Fenster. Das Symbol wird sich in Rauch auflösen. (Das ist wörtlich zu nehmen, doch sorgen Sie sich nicht – nur die Verknüpfung wird gelöscht.)

Sie können auf diese Weise auch Symbolleisteneinträge entfernen, die zur Grundeinstellung gehören, wie das Suchfeld, das eine Menge Platz für Ihre eigenen Symbole freigibt.

Um irgendwann den Standardsatz der Symbole in der Symbolleiste der Finder-Fenster wiederherzustellen, führen Sie einen Sekundärklick im Bereich der Symbolleiste aus und klicken danach in dem Einblendmenü auf *Symbolleiste anpassen*. Aus dem eingeblendeten Dialogfenster ziehen Sie den Standardsatz in die Symbolleiste auf die bereits vorhandenen Symbole.

75 Legen Sie Drucker zum schnellen Drucken zusammen

Dieser Tipp ist für alle gedacht, die einen Mac im Netzwerk einsetzen und auf Netzwerkdruckern ausdrucken oder vielleicht mehrere Drucker über USB an den Mac angeschlossen haben.

Eine der größten Hürden bei der Verwendung eines Druckers, auf den mehrere Anwender zugreifen, besteht darin, dass er gerade von jemand anderem verwendet wird oder einfach ausgeschaltet ist. Um diese Hürden zu überwinden, können Sie am Mac einen Drucker-Pool anlegen. Sobald ein Pool angelegt ist, können Sie beim Drucken den Pool auswählen, und Ihr Mac wird den Druckauftrag an den ersten Drucker schicken, von dem er feststellt, dass er weder bereits in Verwendung noch offline ist.

Doch leider sind Drucker-Pools nicht perfekt. Sie bekommen keinen Hinweis darauf, welcher Drucker den Druckauftrag übernommen hat. Wenn Sie einen Pool anlegen, zu dem beispielsweise Drucker auf verschiedenen Stockwerken eines Gebäudes gehören, dann müssen Sie jeden aufsuchen, bis Sie Ihren Ausdruck gefunden haben!

Einen Pool anlegen

Um einen Drucker-Pool anzulegen, öffnen Sie die das Einstellungsfeld *Drucken & Scannen* in den Systemeinstellungen. In der Liste der Drucker auf der linken Seite wählen Sie die Drucker aus, die Sie mit aufnehmen möchten, indem Sie die Tasten ⇧ oder ⌘ bei der Auswahl gedrückt halten (so wie Sie auch Dateien auswählen). Auf der rechten Seite des Einstellungsfelds wird ein neuer Knopf erscheinen: *Drucker-Pool erstellen*. Mit einem Klick darauf wird der Pool erstellt, und als letzten Schritt geben Sie ihm einen Namen. Wenn Sie damit fertig sind, erscheint der Drucker-Pool in der Druckerliste auf der linken Seite.

Zukünftig müssen Sie nach dem Aufruf des Dialogfensters aus dem Menü *Ablage → Drucken* nur noch den Drucker-Pool auswählen, den Sie erstellt haben. Drucker-Pools haben ihre eigene Warteliste, deren Symbol im Dock erscheint, wenn Sie etwas ausdrucken.

Einen Drucker-Pool löschen

Sie löschen einen Pool wie jeden anderen Drucker auch: Öffnen Sie die Systemeinstellungen, wählen Sie *Drucken & Scannen*, wählen Sie den Drucker-Pool in der Liste zur Linken, und klicken Sie dann auf den Minus-Knopf unter der Liste. Danach klicken Sie in dem eingeblendeten Dialogfenster auf *Drucker löschen*.

76 | Wie Sie sofort Ihren Mac herunterfahren, neu starten oder in den Ruhezustand versetzen

Ein paar Tastaturkurzbefehle können dazu verwendet werden, Ihren Mac sofort herunterzufahren, neu zu starten oder in den Ruhezustand zu versetzen.

Herunterfahren

Um den Rechner sofort herunterzufahren, drücken Sie [ctrl]+[⌥]+[⌘] und die Auswurftaste (sie befindet sich in der rechten oberen Ecke der Tastatur oder auf erweiterten Tastaturen in der rechten oberen Ecke des Haupttastenblocks). Sie werden gegebenenfalls aufgefordert, in Ihren Programmen zuvor alle offenen Dateien zu speichern.

Das Dialogfenster Ausschalten anzeigen

Um das Dialogfenster *Ausschalten* schnell anzuzeigen, das die Möglichkeiten zum Neustart, Schlafen oder Herunterfahren anbietet, drücken Sie [ctrl] und die Auswurftaste.

Neu starten

Um den Rechner sofort neu zu starten, halten Sie einfach [ctrl] und [⌘] gedrückt, bevor Sie die Auswurftaste drücken. Sie werden gegebenenfalls aufgefordert, in Ihren Programmen zuvor alle offenen Dateien zu speichern.

Schlafen legen

Um einen Mac sofort in den Ruhezustand zu versetzen – was nützlich ist, wenn Sie ihn für kurze Zeit verlassen und vor neugierigen Blicken schützen möchten –, halten Sie [⌥] und [⌘] gedrückt und drücken die Auswurftaste. Es ist leicht, den Rechner wieder aufzuwecken – drücken Sie einfach eine Taste. Falls es sich um ein Notebook mit geschlossenem Deckel handelt, öffnen Sie einfach den Deckel.

77 Zeigen Sie alle verborgenen Informationen eines Fotos oder Films an

Wenn Sie ein Bild in *Vorschau* oder einen Film im *QuickTime Player* öffnen, können Sie das Informationsfenster aufrufen, indem Sie [⌘]+[I] drücken. Dieses Fenster offenbart jedes Detail technischer Daten und Metainformationen über die Datei, einschließlich der EXIF-Daten, wenn es ein Bild ist. Drücken Sie erneut [⌘]+[I], um das Infofenster wieder zu schließen.

Obwohl es derselbe Tastaturkurzbefehl ist, sind die Informationen, die Sie hier erhalten, sehr viel detaillierter als die des üblichen Dateiinformationsfensters, das erscheint, wenn Sie eine Datei auswählen und ⌘+I drücken.

78 | Drucken mithilfe von Drag & Drop

Wäre es nicht nützlich, wenn man eine Datei sofort drucken könnte, ohne sie zuerst öffnen und dann *Ablage → Drucken* wählen zu müssen?

Ihre Erwartung wird nicht enttäuscht: Ihr Mac kann das. Öffnen Sie die Systemeinstellungen (*Apfelmenü → Systemeinstellungen*), und klicken Sie danach auf das Einstellungsfeld *Drucken & Scannen*. In der Druckerliste, die zur Linken erscheint, wählen Sie einfach einen Drucker aus und ziehen ihn auf den Schreibtisch. Dadurch wird eine Verknüpfung zu diesem Drucker erstellt, die wahrscheinlich ein Fotosymbol Ihres aktuellen Druckers zeigt.

Um eine Datei sofort auszudrucken, ziehen Sie sie einfach auf diese neue Verknüpfung.

Nach einem Doppelklick auf das neue Symbol sehen Sie die Warteliste.

79 | Verwenden Sie Spotlight wie ein Profi

Spotlight ordnet seine Suchergebnisse unter Abschnittsüberschriften, doch Sie können es auch dazu bringen, nur nach bestimmten Dateiarten zu suchen oder nach Dateien mit einem bestimmten Profil.

Suchen Sie nach Dateiarten

Um Spotlight dazu zu bringen, nur nach einer bestimmten Dateiart zu suchen, auf die der Suchbegriff zutrifft, zum Beispiel Bilder, geben Sie art: und dann die Dateiart ein, nach der Sie suchen. Um beispielsweise nur nach Audiodateien zu suchen, die das Wort rock enthalten, würde ich Folgendes eingeben:

```
art:musik rock
```

Um nach Dokumenten zu suchen, die das Wort Bericht enthalten, tippen Sie:

art:dokumente Bericht

In der folgenden Tabelle sehen Sie eine ganze Liste von Wörtern, die Sie verwenden können. Denken Sie daran, dass im Finder in der rechten oberen Ecke eines jeden Dateifensters ein Spotlight-Suchfeld angezeigt wird, und diese Technik funktioniert dort auch.

art:schlagwort	Beschreibung
art:alias	Zeigt nur Aliasdateien an.
art:app	Zeigt nur Programme in der Spotlight-Ergebnisliste an.
art:lesezeichen	Zeigt nur Safari-Lesezeichen an (nicht die anderer Webbrowser, die Sie vielleicht installiert haben).
art:kontakt	Zeigt Einträge aus dem Programm Adressbuch an.
art:dokument	Zeigt Dokumente an, allerdings ist das ein weiter Begriff, der sich auf jede Datei erstreckt, die Text enthält, nicht nur auf Office-Dokumente. Sie können art:word verwenden, um nur Dokumente von Microsoft Word anzeigen zu lassen, und art:pages, um nur Dokumente von iWork Pages zu erhalten.
art:e-mail	Zeigt nur E-Mail-Nachrichten an (art:mail-nachricht kann auch verwendet werden).
art:ereignis	Zeigt Kalendereinträge aus iCal an.
art:exe	Zeigt nur Entwicklerdateien an (zum Beispiel Dateien, die von Xcode erstellt wurden).
art:ordner	Zeigt nur Ordner an.
art:schrift	Zeigt nur die im System installierten Zeichensätze an.
art:film	Zeigt nur Filme, also Dateien mit der Endung .mov oder .avi, oder heruntergeladene iTunes-Filme an. Um nur QuickTime-Filme anzuzeigen, verwenden Sie art:quicktime.
art:musik	Zeigt nur Audiodateien wie MP3 oder heruntergeladene iTunes-Songs an (art:audio kann auch verwendet werden).
art:pdf	Zeigt nur PDF-Dateien an.
art:bild	Zeigt nur Bilder wie JPEG- oder TIFF-Dateien an – verwenden Sie art:jpeg, um nur JPG-Bilder zu sehen, und art:tif, um nur TIFF-Bilder anzuzeigen.
art:einstellungen	Zeigt nur Systemeinstellungsfelder an.
art:präsentation	Zeigt nur Präsentationen an (also Dateien von Microsoft PowerPoint oder iWork Keynote) – verwenden Sie art:powerpoint, um nur PowerPoint-Dateien zu erhalten, und art:keynote, um nur Keynote-Dateien anzuzeigen.
art:tabelle	Zeigt nur Tabellenkalkulationen an (also Dateien von Microsoft Excel oder iWork Numbers) – verwenden Sie art:excel, um nur Excel-Dateien zu erhalten, und art:numbers, um nur iWork-Numbers-Dateien anzuzeigen.

Nach dem Etikett suchen

Sie können auch etikett: verwenden, um nach Dateien mit zugeordneten Farbetiketten zu suchen (also Dateien, denen Sie eine Farbe zugeordnet haben, indem Sie einen Sekundärklick darauf ausgeführt und eine Farbe unter der Überschrift Etikett ausgewählt haben – siehe Tipp 90, *Verwalten Sie Projektdateien mit Farbetiketten*, auf Seite 114). Auf etikett: muss der Name der Farbe folgen. Wenn Sie Spotlight dazu verwenden möchten, Dateien mit beispielsweise rotem Etikett zu suchen, geben Sie etikett:rot ein. Zur Auswahl stehen Rot, Orange, Gelb, Grün, Blau, Violett und Grau.

Nach dem Autor suchen

Wenn Sie das Schlüsselwort autor: verwenden, können Sie den Autor des Dokuments bestimmen – zum Beispiel die Person, die Ihnen die E-Mail geschickt hat, oder die Person, die in einem Microsoft-Office-Dokument als Autor angeführt wird. Setzen Sie den Namen in Anführungsstriche, wenn Sie mehr als ein Wort suchen möchten: So zeigt zum Beispiel autor:"keir thomas" alle Dokumente und E-Mails an, die von Keir Thomas erstellt wurden.

Spotlight-Ergebnisse auf bestimmte Tage begrenzen

Sie können Spotlight so einstellen, dass es nur Ergebnisse für einen bestimmten Tag anzeigt. Das erreichen Sie, indem Sie date: gefolgt von today oder yesterday in das Suchfeld eingeben, um nur Dateien zu sehen, die heute oder gestern erstellt oder verändert wurden. Sie können auch ein Datum angeben: So zeigt beispielsweise date:3.10.2011 Dateien an, die am 3. Oktober 2011 erstellt oder verändert wurden.

Sie können auch Zeiträume bestimmen: So zeigt beispielsweise date:1.8.2011-31.8.2011 Dateien an, die im Monat August 2011 erstellt oder geändert wurden.

Wörter bestimmen, nach denen NICHT gesucht werden soll

Nehmen wir an, Sie verwenden das Suchwerkzeug Spotlight, um E-Mails zu finden, in denen erwähnt wird, dass Sie ein iPad als Geschenk für Ihren Freund John besorgen möchten. Sie führen eine Suche mit den Schlüsselwörtern „ipad" und „john" durch und sehen, dass außer den E-Mails, nach denen Sie suchen, auch E-Mails von Frank darunter sind, der davon schreibt, wie cool das iPad ist. Die wollen Sie nicht sehen.

Um ein bestimmtes Wort aus den Spotlight-Ergebnissen auszuschließen, können Sie ein Minuszeichen davor ergänzen.

Um bei dem obigen Beispiel zu bleiben, würde das Folgende Ergebnisse zeigen, die ausdrücklich jede Erwähnung von Frank vermeiden:

```
john ipad -frank
```

Ein anderer Weg, um Suchanfragen zu verfeinern, führt über den Gebrauch von AND, OR und NOT (sie sind als boolesche Ausdrücke bekannt). Um beispielsweise eine Nachricht zu suchen, die die Wörter „ipad" oder „tablet" enthält, könnten Sie Folgendes eingeben:

```
ipad AND tablet
```

Es ist wichtig, dass AND, OR und NOT in Großbuchstaben geschrieben werden, da Spotlight sie sonst als Teil des Suchstrings ansieht.

80 Springen Sie zwischen den Ansichten der Finder-Fenster hin und her

Der Finder bietet vier verschiedene Arten an, wie Sie Ihre Dateien und Ordner betrachten können: als Symbole, als Liste, als Spalten und als Cover Flow. Sie können zwischen ihnen umschalten, indem Sie die Symbole in der Symbolleiste der Finder-Fenster verwenden (direkt über dem Anzeigebereich), doch schneller geht es, indem Sie ⌘ gedrückt halten und 1, 2, 3 oder 4 drücken, um dementsprechend die Ansichten *Symbole*, *Liste*, *Spalten* und *Cover Flow* zu aktivieren.

81 Setzen Sie die Hardware-Einstellungen Ihres Mac zurück

Es kann bisweilen vorkommen, dass die Hardware Ihres Mac anfängt, sich seltsam zu verhalten. Wenn Sie Hardware-Probleme haben, könnten Sie eine oder zwei Methoden ausprobieren, um verschiedene Hardware-Einstellungen zurückzusetzen.

Den System Management Controller zurücksetzen

Der *System Management Controller* (SMC) kontrolliert die Hardware für die Energieverwaltung und für die Lichter am Mac. Wenn Ihr Mac Probleme hat – dass zum Beispiel seine Lüfter auf Hochtouren laufen und sich auch nicht ausschalten, wenn Sie (an einem mobilen Mac) den Deckel schließen – oder wenn er sich sonderbar verhält, was die LED-

Lichter angeht (besonders diejenigen, die die Batterieladung anzeigen), dann sollten Sie versuchen, den SMC zurückzusetzen.

Auf einem mobilen Mac, der über eine Batterie verfügt, die nicht herausgenommen werden kann, fahren Sie den Rechner herunter und versichern sich, dass das Stromkabel angeschlossen ist. Dann halten Sie `⇧`+`ctrl`+`⌥` gedrückt und drücken den Einschaltknopf. Lassen Sie wieder los, und starten Sie dann Ihren Rechner ganz normal.

Auf einem Mac mit einer herausnehmbaren Batterie fahren Sie den Rechner herunter und entfernen die Batterie. Ziehen Sie das Stromkabel ab, und halten Sie danach den Einschaltknopf fünf Sekunden lang gedrückt. Nun schließen Sie alles wieder an und starten ihn wie gewöhnlich.

Wenn Sie einen iMac oder Mac Pro besitzen, fahren Sie den Rechner einfach herunter und ziehen das Stromkabel für mindestens fünfzehn Sekunden ab. Dann stecken Sie es wieder ein und fahren den Rechner wie gewöhnlich hoch.

Das Parameter-RAM zurücksetzen

Das Parameter-RAM (PRAM) enthält Hardware-Einstellungen, die vom Anwender vorgenommen wurden und die über Neustarts hinweg gespeichert werden, wie die Lautstärke oder die Tastenwiederholungsrate. Wenn Sie Probleme haben – dass zum Beispiel Ihr Rechner ein Fragezeichen bei jedem Hochfahren zeigt, dass externe Monitore nicht so funktionieren, wie sie sollten, oder dass der Rechner sich nach jedem Startvorgang nicht mehr an die Lautstärkeeinstellungen erinnern kann –, dann sollten Sie versuchen, das PRAM zurückzusetzen. Das geht so: Starten Sie neu, und halten Sie – noch bevor das Apple-Logo erscheint und Sie den Startklang hören – die Tasten `⌘` und `⌥` gedrückt, und drücken Sie gleichzeitig `P` und `R`. Das System wird neu starten. Lassen Sie alle Tasten los, und lassen Sie den Rechner hochfahren wie sonst auch.

82 Finden Sie heraus, wie viel Festplattenspeicherplatz frei ist

Sie können herausfinden, wie viel Festplattenspeicherplatz frei ist, indem Sie einen Sekundärklick auf das Symbol in der Titelleiste eines beliebigen Finder-Fensters ausführen (das links vom Namen des Ordners) und den letzten Eintrag in der Liste auswählen, der wahrscheinleich den Namen Ihres Rechners zeigt.

Danach führen Sie einen Rechtsklick auf das Festplattensymbol Ihres Mac im Finder-Fenster aus und wählen den Eintrag *Informationen*. Sehen Sie sich in dem daraufhin erscheinenden Dialogfenster den Eintrag *Frei* an.

Um diese Information ständig verfügbar zu halten, öffnen Sie ein Finder-Fenster und wählen *Darstellung → Statusleiste einblenden*. Dann schauen Sie zum unteren Rand des Finder-Fensters; dort sehen Sie die Angabe. Sie können auch ⌘+⇧+7 drücken, um die Statusleiste ein- und auszublenden, wenn Sie sie nicht immer angezeigt bekommen möchten.

OS X erforschen: iCloud

iCloud synchronisiert über das Internet nahtlos die Daten all Ihrer Mac-Rechner und iPads, iPhones und kompatiblen iPods. Es stellt zum Beispiel sicher, dass auf allen Geräten dieselben Adressbuchdaten verwendet werden, und es synchronisiert Ihre Kalender und Safari-Lesezeichen. Vorausgesetzt, dass die betreffenden Programme damit kompatibel sind (das heißt, dass sie entweder mindestens für OS X Lion programmiert wurden oder ein Update bekommen haben), können Sie auch Office-Dokumente und Fotos synchronisieren. Zu den Beispielen für kompatible Apps zählen die neuesten Updates für die Programmpakete iWork und iLife von Apple.

iCloud enthält den Dienst *Meinen Mac suchen*, über den Sie den ungefähren Standort eines verlorenen oder gestohlenen Mac ausfindig machen und den Bildschirm sperren oder eine Nachricht an denjenigen senden können, der den Rechner verwendet. Ebenfalls ein Teil von iCloud ist der Dienst *Zugang zu meinem Mac*, der Ihnen erlaubt, den Bildschirminhalt Ihres Mac über das Internet freizugeben und die Dateien auf Ihrem Mac von einem entfernten Standort abzurufen.

Sie richten iCloud ein, indem Sie das iCloud-Einstellungsfeld in den Systemeinstellungen (*Apfelmenü → Systemeinstellungen*) auswählen. Sie benötigen dazu eine Apple ID.[6] An dieser Stelle können Sie auch wählen, was mit iCloud synchronisiert werden soll, indem Sie die Haken vor den Listeneinträgen setzen, und Sie können zu den kostenlosen 5 GB, die alle Anwender von OS X Lion zur Verfügung gestellt bekommen, mehr Speicher hinzukaufen.

---

6 https://appleid.apple.com

83 | Schlagen Sie vergessene Kennwörter nach

Oftmals werden Sie von Ihrem Mac gefragt, ob er sich an Ihre Anmeldedaten für Websites und Anwendungen wie Yahoo! Messenger erinnern soll.

Ich mache so oft von dieser Funktion Gebrauch, dass ich oft vergesse, wie das Kennwort oder in manchen Fällen sogar der Kontenname lautete. Doch mit dem Mac ist es leicht, solche Informationen wiederzuerlangen.

Alle Kennwörter werden in einer sicheren Schlüsselbunddatei gespeichert, und Sie können das Programm *Schlüsselbundverwaltung* dazu verwenden, sie aufzurufen. Es liegt im Ordner *Dienstprogramme* im *Programme*-Ordner des Finders. Wenn das Programm startet, vergewissern Sie sich, dass unter der Überschrift *Kategorie* der erste Eintrag *Alle Objekte* ausgewählt ist, dann geben Sie einfach den Namen der Website oder Anwendung in das Suchfeld in der rechten oberen Ecke des Programmfensters ein. Danach führen Sie einen Doppelklick auf den Eintrag in der Ergebnisliste aus, der Sie interessiert.

In dem Dialogfenster, das daraufhin erscheint, setzen Sie einen Haken vor *Kennwort einblenden*. Sie werden Ihr Anmeldekennwort eingeben müssen, um die Anzeige zu genehmigen, doch sobald Sie das getan haben, wird es in Klartext erscheinen (selbstverständlich sollten Sie sicherstellen, dass zu diesem Zeitpunkt niemand außer Ihnen Ihren Bildschirm einsehen kann). Ihr Anmeldename wird oben im Textfeld *Account* angezeigt.

84 | Verschaffen Sie sich Einblick in Druckaufträge

Sie können sehen, welche Dateien darauf warten, gedruckt zu werden, indem Sie die Systemeinstellungen öffnen (*Apfelmenü → Systemeinstellungen*), das Einstellungsfeld *Drucken & Scannen* anklicken, den Drucker in der Liste zur Linken auswählen und den Knopf *Drucker-Warteliste öffnen* anklicken.

Doch was ist, wenn mehrere Druckaufträge warten und Sie wissen wollen, worum es sich dabei handelt? Wählen Sie einfach einen Eintrag in der Liste aus, und drücken Sie `Leertaste`, um die Übersicht aufzurufen, wie Sie es auch mit Finder-Dateien machen. Ein Beispiel sehen Sie in Abbildung 17.

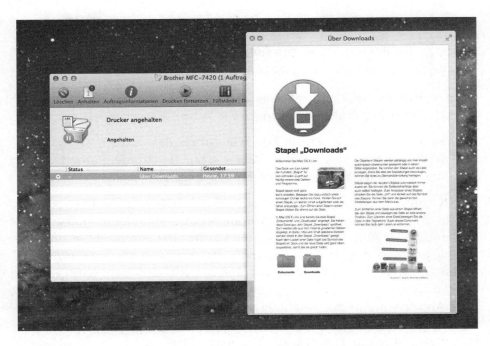

Abbildung 17: Die Übersicht (Quick Look) für einen Eintrag der Drucker-Warteliste aufrufen

85 | Bringen Sie ein Programm dazu, ein Dokument zu öffnen

Sie können Dateien auf jedes Docksymbol ziehen, um sie zu öffnen, aber nur, wenn das Programm meint, dass es diese bestimmte Dateiart erkennen kann (zum Beispiel werden .doc-Dateien von Microsoft Word erkannt).

Leider ist manchen Programmen nicht klar, dass sie gewisse Dateiarten lesen können, obwohl sie diese Fähigkeit tatsächlich besitzen.

Ein Programm dazu bringen, eine Datei zu öffnen

Um eine Anwendung im Dock dazu zu bringen, wenigstens zu versuchen, eine Datei zu öffnen, von der sie meint, sie könne sie nicht öffnen, halten Sie ⌥+⌘ gedrückt, bevor Sie die Datei auf das Docksymbol ziehen. Wenn die Anwendung die Datei wirklich nicht öffnen kann, geschieht entweder gar nichts, oder Sie bekommen eine Fehlermeldung angezeigt.

Die Erfolgschance vergrößern

Um eine höhere Erfolgswahrscheinlichkeit zu erzielen, wenn Sie wie oben beschrieben eine Datei auf das Docksymbol ziehen, können Sie auch versuchen, die Dateierweiterung von der Datei zu entfernen, bevor Sie sie wie beschrieben öffnen (das ist der Teil nach dem Punkt in einem Dateinamen, wie beispielsweise .jpg). Wählen Sie dazu die Datei aus, und drücken Sie ⌘+I. Im Feld *Name & Suffix* des Dialogfensters, das daraufhin erscheint, entfernen Sie die Erweiterung.

Beachten Sie, dass je nach den Einstellungen Ihres Systems das Entfernen der Erweiterung durch einfaches Umbenennen möglicherweise nicht funktioniert: Die Datei wird die Erweiterung behalten und nur so aussehen, als wäre sie weg.

Vergessen Sie nicht, die Dateierweiterung wiederherzustellen, nachdem Sie versucht haben, die Datei zu öffnen!

86 | Sichern Sie Spotlight-Suchaufträge zur Wiederverwendung

Spotlight befindet sich in der rechten oberen Ecke des Schreibtischs; Sie können darauf zugreifen, indem Sie das Lupensymbol anklicken (oder ⌘+Leertaste drücken).

Suchaufträge sichern

Um eine Suche zur späteren Wiederverwendung zu sichern, klicken Sie auf den Eintrag *Alle im Finder zeigen*, ganz oben in den Suchergebnissen von Spotlight. Dadurch wird ein Findersuchfenster geöffnet. Direkt unter dem Suchfeld ganz oben rechts wird ein Suchknopf eingeblendet, der, sobald Sie darauf klicken, die Suche als Intelligenten Ordner speichert. Das ist ein Pseudoordner, der Links zu den mit dem Suchbegriff gefundenen Dateien enthält. Er wird im Ordner *Saved Searches* im *Library*-Ordner Ihres Benutzerordners gesichert, doch wenn Sie einen Haken vor *Zur Seitenleiste hinzufügen* setzen, wird der Intelligente Ordner stets in der linken Spalte jedes Finder-Fensters sichtbar sein. Sie können einfach auf den gesicherten Suchauftrag klicken, um ihn erneut zu starten.

Gesicherte Suchaufträge ansehen und verwenden

Wenn Sie von Hand durch den Ordner *Saved Searches* navigieren (öffnen Sie ein Finder-Fenster, drücken Sie [⇧]+[⌘]+[G], und geben Sie ~/Library/Saved Searches/ ein), können Sie auf die Suchaufträge doppelklicken, um sie zu starten, oder Aliasdateien auf dem Schreibtisch erstellen, um sie sehr schnell starten zu können. (Um eine Aliasdatei zu erstellen, halten Sie [⌥] und [⌘] gleichzeitig gedrückt und ziehen den gesicherten Suchauftrag dorthin, wo die Aliasdatei liegen soll.)

87 Rufen Sie eine Karte von der Adresse auf, die Ihnen geschickt wurde

Geben Sie eine Kontaktadresse in eines der mit dem Mac mitgelieferten Programme ein oder wählen Sie eine Adresse auf einer Website aus, markieren Sie die Adresse und führen Sie einen Sekundärklick auf der Auswahl aus. Danach klicken Sie auf den Eintrag *Adresse anzeigen in: Google Maps*. Wie Sie sich schon denken werden, führt das zu einer sofort ausgeführten Suche nach der Adresse in Google Maps.[7]

Wenn Sie eine Adresse in einer E-Mail-Nachricht sehen, fahren Sie mit dem Mauszeiger darüber. Dann sollte ein Pfeilsymbol eingeblendet werden, das auf einen Klick ein Menü mit der Option *Adresse anzeigen in: Google Maps* anzeigt.

88 Rechnen Sie blitzschnell

Das Suchwerkzeug *Spotlight* enthält auch einen einfachen Rechner. Aktivieren Sie einfach die Spotlight-Suche mit einem Klick auf das Symbol ganz oben rechts im Bildschirm, oder drücken Sie [⌘]+[Leertaste], und geben Sie den mathematischen Ausdruck ein (zum Beispiel: *2+2* oder *15-4*). Sie werden die Antwort sofort darunter in Form eines Suchergebnisses sehen. Für die Multiplikation und Division verwenden Sie * und / in dieser Reihenfolge.

Konstanten wie Pi werden erkannt (schreiben Sie einfach pi), und für Quadratwurzeln schreiben Sie sqrt gefolgt von der Zahl in Klammern, zum Beispiel sqrt(9). cos, sin und tan funktionieren ebenfalls wie erwartet (geben Sie beispielsweise cos(31) ein).

---

[7] http://maps.google.de

Wenn Ihr Mauszeiger über dem Ergebnis schwebt, sodass es hervorgehoben wird, können Sie das Ergebnis in die Zwischenablage kopieren, indem Sie ⌘+C drücken und dann in eine beliebige Anwendung mit ⌘+V einfügen (oder Sie wählen *Bearbeiten* → *Einfügen* aus dem Menü der Anwendung).

Die Mathematik-Funktion von Spotlight ist tatsächlich eine Erweiterung der mathematischen Fähigkeiten, die in die Kommandozeile von OS X eingebaut sind. Um mehr über die Befehle zu lernen, die Sie verwenden können, öffnen Sie ein Terminalfenster (*Finder* → *Programme* → *Dienstprogramme* → *Terminal*), geben man math ein und schauen dann unter der Überschrift *List of Functions* nach.

89 So erhalten Sie die Gesamtgröße mehrerer Dateien

Vielleicht kennen Sie bereits das Datei-Infofenster, das Sie öffnen können, indem Sie ⌘+I drücken. Es zeigt Informationen über die Datei, wie ihre Größe, von wo sie heruntergeladen wurde (wenn das zutrifft) und so weiter.

Wenn Sie mehrere Dateien gleichzeitig hervorheben und danach ⌘+I drücken, passiert nicht, was Sie vielleicht erwarten würden. Anstatt ein zusammengefasstes Infofenster zu zeigen, wird jeweils ein individuelles Infofenster für jede einzelne Datei geöffnet, die Sie ausgewählt haben.

Um das zu ändern, wählen Sie, die fraglichen Dateien aus und drücken stattdessen ⌥+⌘+I. Dadurch wird das weniger bekannte Dialogfenster *Zusammengefasste Infos* geöffnet, das die Gesamtgröße der Dateien anzeigt. (Das ist nützlich, wenn Sie vorhaben, sie beispielsweise auf CD oder DVD zu brennen.)

Das Dialogfenster *Zusammengefasste Infos* ist dynamisch, das heißt, Sie können weitere Dateien auswählen, während es geöffnet ist, und es wird diese Infos mitberücksichtigen, einschließlich der einzelnen Dateien, die Sie auswählen.

90 | Verwalten Sie Projektdateien mit Farbetiketten

Sie können Dateien und Ordnern Farbetiketten zuordnen, das heißt, Sie können sie mit Farben versehen, sodass ihre Dateinamen und Symbole in Dateilisten rot, blau, grün und so weiter hervorgehoben werden. Dazu führen Sie einen Sekundärklick auf die Datei oder den Ordner aus und wählen in dem Einblendmenü die Farbe unter der Überschrift *Etikett*.

Die Absicht dahinter ist, den Anwendern zu helfen, Dateien zu verwalten. Sie könnten zum Beispiel alle Dateien für ein bestimmtes Projekt in derselben Farbe etikettieren, sodass sie leicht zu erkennen sind.

Etikettenfarben können auch mit gesicherten Suchaufträgen verwendet werden, und zwar als eine Methode, um sofort alle Dateien eines Projekts zu sehen, ganz gleich, wo sie auf Ihrer Festplatte gespeichert sind.

Einrichtung

So richten Sie das ein:

1. Stellen Sie sicher, dass Dateien und Ordner, die Sie für das fragliche Projekt anlegen, stets dasselbe Farbetikett zugewiesen bekommen. Weisen Sie das Farbetikett allen vorliegenden Dateien zu. Dateien können auch en gros etikettiert werden, indem Sie alle auswählen und das Dialogfenster *Zusammengefasste Infos* aufrufen (siehe Tipp 89, *So erhalten Sie die Gesamtgröße mehrerer Dateien*, auf Seite 113). Damit dieser Trick funktioniert, dürfen Sie selbstverständlich dieses Farbetikett keiner Datei zuordnen, die nicht zum Projekt gehört!

2. Öffnen Sie die Spotlight-Suche (drücken Sie ⌘+Leertaste), und geben Sie dann etikett: ein, gefolgt von der Farbe. Wenn die Projektdateien also blau gefärbt sein sollen, geben Sie etikett:blau ein.

3. Nun sollten alle Projektdateien darunter aufgelistet werden. Der erste Eintrag in der Ergebnisliste in Spotlight lautet: *Alle im Finder zeigen*. Klicken Sie darauf.

4. In dem Finder-Fenster, das daraufhin erscheint, klicken Sie auf den Knopf *Sichern* fast ganz oben rechts, und in dem Einblendfenster geben Sie dem gesicherten Suchauftrag einen Namen – vielleicht einen, der sich auf das Projekt bezieht. Versichern Sie sich, dass der Haken vor *Zur Seitenleiste hinzufügen* gesetzt ist. Danach klicken Sie auf den Knopf *Sichern*.

Auf den gesicherten Suchauftrag zugreifen

Von nun an werden Sie den gesicherten Suchauftrag links im Finder-Fenster in der Favoritenliste sehen. Ein Klick darauf wird alle Projektdateien zeigen, ganz gleich, wo Sie sie gesichert haben oder von welcher Dateiart sie sind. Um eine Aliasdatei des Suchauftrags an anderer Stelle wie beispielsweise auf dem Schreibtisch zu erstellen, führen Sie einen Sekundärklick auf die Suche aus und wählen *Übergeordneten Ordner* öffnen. In dem Finder-Fenster, das daraufhin erscheint, ziehen Sie den gesicherten Suchauftrag dorthin, wo die Aliasdatei liegen soll, doch bevor Sie die Maustaste loslassen, halten Sie ⌥+⌘ gedrückt. Danach wird ein Doppelklick auf die Aliasdatei den Suchauftrag öffnen.

91 | Nehmen Sie Filme, Screencasts und Podcasts auf

Trotz seines Namens „Player" kann Ihnen der *QuickTime Player* eine Hilfe sein, wenn Sie einen Film von sich selbst mithilfe der im Mac eingebauten Kamera aufnehmen oder einen Screencast erstellen wollen. (Das ist ein Film von dem, was Sie gerade am Bildschirm tun.) Sie können mit dem QuickTime Player auch Audio-Podcasts erstellen (doch siehe auch Tipp 187, *Erstellen Sie auf Ihrem Mac Podcasts wie ein Profi*, auf Seite 211).

Eine Aufnahme erstellen

Starten Sie einfach das Programm (*Finder → Programme → QuickTime Player*) und wählen Sie *Ablage → Neue Video-Aufnahme, Neue Audio-Aufnahme* oder *Neue Bildschirmaufnahme*, je nachdem, was Sie machen möchten.

In dem Fenster, das daraufhin erscheint, drücken Sie den roten Aufnahmeknopf, um die Aufnahme zu beginnen; drücken Sie ihn erneut, um sie anzuhalten. Bei der Aufnahme von Screencasts gibt es die Wahlmöglichkeit, den gesamten Bildschirm oder nur einen Bereich der Bildschirmfläche aufzunehmen, den Sie durch Klicken und Ziehen definieren. Beachten Sie, dass die Abspiel- und Aufnahmekontrollen beim Aufnehmen des Bildschirminhalts sichtbar sind, aber im Film selbst nicht erscheinen.

Alle Dateien werden im Ordner *Filme* in Ihrem Benutzerordner gespeichert, selbst wenn es nur Audiodateien sind.

Eingabequellen ändern

Wenn Sie ändern möchten, welche Kamera oder welcher Toneingang verwendet wird, klicken Sie auf die kleine, nach unten weisende Pfeilspitze rechts von den Aufnahme-/Abspielkontrollen, bevor Sie den Aufnahmeknopf drücken. Beachten Sie, dass beim Aufnehmen von Screencasts keine Audiosignale aufgenommen werden, wenn Sie nicht ausdrücklich das eingebaute Mikrofon Ihres Mac als Eingangsquelle angeben – das können Sie tun, indem Sie die nach unten weisende Pfeilspitze rechts von den QuickTime-Transportkontrollen anklicken und einen Eintrag unter der Überschrift *Mikrofon* wählen (siehe Abbildung 18).

Abbildung 18: Eine Klangquelle bei der Aufnahme eines Screencasts auswählen

Ihr Werk exportieren

Sobald eine Bildschirm- oder Video-Aufnahme beendet wurde, können Sie sie sofort verkleinern, um sie online zu verwenden oder per E-Mail zu verschicken, indem Sie *Ablage → Exportieren* wählen. Wenn Sie *Ablage → Für das Internet exportieren* wählen, wird der QuickTime Player sogar eine HTML-Datei (*iFrame.html*) sichern, die Sie mit einem Doppelklick öffnen können, um besondere Anweisungen zu erhalten, wie Sie Videodateien online verwenden können.

Sie können auch einen Eintrag im Menü *Bereitstellen* wählen, um die Datei automatisch zu verkleinern und auf Social-Network-Sites wie YouTube oder Facebook hochzuladen.

Wenn Sie lernen möchten, wie Sie Ihre selbst aufgenommenen Filme mit dem QuickTime Player schneiden können, lesen Sie Tipp 127, *Bearbeiten Sie Filme im QuickTime Player*, auf Seite 155.

92 Drucken Sie vom Finder aus

Dieser Tipp ist total offensichtlich, aber nur wenig bekannt: Wenn Sie eine Datei im Finder auswählen und dann *Ablage* → *Drucken* im Menü wählen, wird die Datei automatisch im voreingestellten Programm geöffnet (das heißt, ein Foto wird in *Vorschau* geöffnet und so weiter) und automatisch gedruckt, bevor die Datei wieder geschlossen wird (wobei das von der verwendeten Anwendung abhängt – manche Apps lassen die Datei geöffnet).

Der einzige Nachteil besteht darin, dass die Anwendung danach nicht beendet wird.

93 Fügen Sie eine Auswurftaste hinzu

Das Auswerfen von CDs und DVDs kann ein bisschen beschwerlich sein, wenn Sie keine Mac-Tastatur verwenden und daher keine Auswurftaste vorhanden ist. Ein Klick auf das Auswerfen-Symbol neben dem CD/DVD-Eintrag in der Seitenleiste des Finders ist vielleicht die beste Methode, doch noch schneller geht es, wenn Sie der Menüleiste oder im Finder eine Auswurftaste hinzufügen. Im Folgenden steht, wie Sie das einrichten können.

Der Menüleiste ein Auswerfen-Symbol hinzufügen

Öffnen Sie den Finder, drücken Sie ⇧+⌘+G, und geben Sie /System/Library/CoreServices/Menu Extras ein. Danach führen Sie einen Doppelklick auf Eject.menu aus. Der neue Knopf wird sofort oben rechts in der Menüleiste neben der Uhr erscheinen und dort auch nach Neustarts bleiben. Ein Klick darauf zeigt ein Menü an, das Ihnen erlaubt, Disks aus dem CD/DVD-Laufwerk auszuwerfen.

Wenn Sie ⌥ gedrückt halten, während Sie auf das Symbol klicken, wird das CD/DVD-Laufwerk gezwungen, die Disk auszuwerfen, selbst wenn es meint, es habe gar keine Disk geladen – das ist nützlich, wenn Disks „stecken bleiben" (siehe auch Tipp 128, *Werfen Sie eine stecken gebliebene Disk aus dem CD/DVD-Laufwerk aus*, auf Seite 157).

Um das neue Symbol irgendwann wieder loszuwerden, halten Sie ⌘ gedrückt und ziehen es aus dem Menü. Sobald Sie die Maustaste loslassen, verschwindet es sofort.

Dem Finder ein Auswerfen-Symbol hinzufügen

Führen Sie einen Sekundärklick auf die Symbolleiste eines Finder-Fensters aus, und wählen Sie die Option *Symbolleiste anpassen*. In dem Einblendfenster ziehen Sie das Auswurfsymbol an eine freie Stelle im Bereich der Symbolleiste (das Auswurfsymbol befindet sich in der oberen Symbolreihe des Dialogfensters).

Um das neue Symbol später wieder zu entfernen, halten Sie ⌘ gedrückt und ziehen es aus dem Finder-Fenster. Wenn Sie die Maustaste loslassen, verschwindet es in einer Rauchwolke.

94 Greifen Sie auf versteckte Menüoptionen zu

Wenn Sie ⇧, crtl oder ⌥ gedrückt halten, während Sie eigentlich jedes Programm- oder Systemmenü betrachten, wird es etliche Alternativen zu den voreingestellten Menüeinträgen anzeigen. Wenn Sie zum Beispiel ⌥ gedrückt halten, während Sie auf das Menü *Ablage* des Finders zugreifen, ändert sich die Option *Öffnen* zu *In neuem Fenster öffnen und schließen*, was die ausgewählte Datei öffnet und dann das Finder-Fenster unmittelbar danach schließt.

Probieren Sie einmal aus, ⇧ zusätzlich zu ⌥ gedrückt zu halten – es werden Ihnen darüber hinaus weitere Optionen enthüllt.

Wie viele alternative Optionen angezeigt werden, hängt von der Unterstützung der Anwendung ab, wobei die mit dem Mac gelieferten Programme besonders gut ausgestattet sind.

In einigen anderen Menüs bemerken Sie vielleicht, dass das Gedrückthalten von ⌥ die Ellipse (das sind die drei Punkte) nach einem Eintrag ausblendet. Das bedeutet, dass ein Klick auf diese Menüoption sie sofort ganz ohne Bestätigung oder Fragen aktiviert. Wenn Sie beispielsweise auf das Apfelmenü klicken und bei gedrückter ⌥-Taste den Eintrag *Ausschalten* wählen, wird der Mac versuchen, sofort herunterzufahren, ohne dass ein Dialogfenster zur Bestätigung eingeblendet wird (obgleich Sie gegebenenfalls noch aufgefordert werden, offene Dateien zu sichern).

95 | Suchen Sie unverzüglich in Google

Wählen Sie in einem beliebigen Programm Text aus, und ziehen Sie ihn auf das Safari-Symbol im Dock. Sofort wird eine Google-Suche mit dem Text als Suchauftrag gestartet.

96 | Bringen Sie Ihr Anmeldebild mit optischen Effekten zur Geltung

Auf Macs mit eingebauter Kamera gibt es die Möglichkeit, dass Sie schnell einen Schnappschuss von sich machen können. Dieses Foto erscheint dann im Anmeldefenster bei Ihrem Anwendernamen. Doch das Bild kann einfach mit Effekten versehen werden, und das geht folgendermaßen:

1. Öffnen Sie das Adressbuch (*Finder* → *Programme* → *Adressbuch*), und wählen Sie Ihren eigenen Eintrag in der Kontaktliste aus. Wenn es mehr als einen Eintrag gibt, suchen Sie denjenigen, bei dem das Wort (*Ich*) unten in der kleinen Vorschau des Anmeldebilds steht.

2. Führen Sie einen Doppelklick auf das kleine Vorschaubild in dem Einblendfenster aus, und klicken Sie auf den runden Knopf rechts vom Kameraknopf.

3. Dadurch öffnet sich die gleiche Effektepalette wie die in Photo Booth, und ein Klick auf eines der Vorschaubilder wird den Effekt unverzüglich auf Ihr Bild anwenden (siehe Abbildung 19).

4. Wenn Sie ⌥ gedrückt halten und das Bild nach der Anwendung eines Effekts ziehen, können Sie es auch drehen. (Halten Sie dazu ⇧ gedrückt, damit das Bild an den Punkten des eingeblendeten, kompassartigen Kreises „einrastet".) Einfaches Ziehen ohne gedrückte ⌥-Taste lässt Sie das Bild innerhalb des Rahmens neu positionieren.

5. Sobald Sie fertig sind, klicken Sie auf den OK-Knopf oben rechts im Fenster. Beachten Sie, dass Sie diese Schritte zu einem späteren Zeitpunkt wiederholen können und dass Sie erneut den Original-Schnappschuss von *iSight* oder *FaceTime HD* angezeigt bekommen, ohne Effekte, die Sie hinzugefügt haben, damit Sie einen anderen Effekt darauf anwenden können.

120 ▶ Kapitel 3: Die Tipps

Abbildung 19: Optische Effekte auf ein Anmeldebild anwenden

Sie können auch das Kamerasymbol in dem *Effekte*-Einblendfenster anklicken, um ein völlig neues Foto als Anmeldebild aufzunehmen.

97 Betrachten Sie iCal-Ereignisse in Cover Flow

Dieser Tipp kann für jene nützlich sein, die *iCal* verwenden, das mitgelieferte Kalender- und Organizer-Programm. Wenn Sie die Spotlight-Suchfunktion des Finders clever einsetzen, können Sie all Ihre Termine in einer Cover-Flow-Ansicht präsentieren und sie auf die darin übliche Weise durchblättern, wie Sie es auch mit einer Dateiliste oder einer Fotosammlung machen würden, und das geht so:

1. Öffnen Sie ein Finder-Fenster. In das Suchfeld oben rechts geben Sie art:ical ein. Danach überprüfen Sie, dass neben der Überschrift *Durchsuchen* die Option *Dieser Mac* ausgewählt ist.

2. Wechseln Sie in den Modus *Cover Flow*, wenn Sie es nicht schon getan haben (ganz schnell geht das mit ⌘+4).

3. Leider gibt es keine Möglichkeit, die Einträge im Finder nach ihren Fälligkeitsdaten zu sortieren (der Finder sieht die iCal-Ereignisse als eine Reihe von Dateien). Doch um diesen Tipp noch

ein klein wenig nützlicher zu gestalten, führen Sie einen Sekundärklick auf die Spaltenüberschrift *Zul. geöffnet* in der Finder-Dateiliste aus und wählen *Erstellungsdatum* aus der Einblendliste. Wählen Sie diese Spaltenüberschrift aus, sobald sie erscheint. Dann werden die Einträge nach dem Datum geordnet, an dem sie erstellt wurden, was ein klein wenig logischer ist, als sie beispielsweise nach ihren Dateinamen zu sortieren.

Wenn Sie nur Termine mit beispielsweise John Smith sehen möchten, dann ergänzen Sie einfach den Suchbegriff entsprechend: art:ical John Smith.

98 | Vergrößern Sie den Mauszeiger

Ehemalige Windows-Anwender, die auf den Mac umgestiegen sind, erinnern sich vielleicht, dass sie in der Microsoft-Software die Art und Größe des Mauszeigers verändern konnten. Apple erlaubt seinen Anwendern nicht, das Design des Mauszeigers zu verändern, doch Sie können ihn vergrößern. Ursprünglich war das für diejenigen gedacht, deren Sehfähigkeit eingeschränkt ist, doch es kann für alle anderen auch nützlich sein! Sie finden die Einstellung im Einstellungsfeld *Bedienungshilfen* der Systemeinstellungen (*Apfelmenü → Systemeinstellungen*). Klicken Sie auf den Reiter *Maus & Trackpad*, und verschieben Sie danach den Schieberegler *Cursor-Größe* durch Anklicken und Ziehen. Die Änderungen werden sofort übernommen; wählen Sie daher eine Größe, mit der Sie zufrieden sind. Leider ist das nicht perfekt – die vorhandenen kleinen Mauszeiger werden einfach nur skaliert, um sie größer zu machen, weshalb sie recht hässlich aussehen, wenn sie vergrößert sind.

Um zur voreingestellten Größe zurückzukehren, klicken und ziehen Sie einfach den Schieberegler *Cursor-Größe* ganz nach links.

99 | Werden Sie ein Power-User: Programmumschalter

Wenn Sie ⌘ gedrückt halten und ⇥ antippen, können Sie zwischen offenen Programmen umschalten (das entspricht Alt+⇥ unter Windows). Wie Sie das meiste aus diesem nützlichen Werkzeug herausholen, erfahren Sie nun.

Die Grundlagen

Halten Sie ⌘ gedrückt, und tippen Sie ⇥, bis das Programm, zu dem Sie umschalten wollen, in der Programmliste hervorgehoben wird.

Solange Sie ⌘ gedrückt halten, können Sie auch die Pfeiltasten nach links und nach rechts verwenden, um die Auswahl nach rechts oder links zu verschieben.

Sobald das gewünschte Programm hervorgehoben wird, lassen Sie die Taste ⌘ los. Damit wird dieses Programm in den Vordergrund geholt und kann verwendet werden.

Vorschau auf Programmfenster darstellen

Um eine Vorschau auf ein Programmfenster (oder auf mehrere, wenn mehr als eine Datei in diesem Programm geöffnet ist) darzustellen, während Sie die Programme wechseln, halten Sie ⌘ gedrückt und tippen die Pfeiltaste nach oben oder unten (Sie können auch die 1 drücken). Das wird Mission Control im Modus *App-Exposé* aktivieren, das nur die offenen Fenster für das aktuelle Programm zeigt. Zu diesem Zeitpunkt können Sie die Taste ⌘ loslassen und ein Programmfenster mit der Maus auswählen.

Wenn ein Programm aktiv ist (das heißt, wenn an seinem Docksymbol ein Lämpchen brennt), aber keine offenen Fenster hat, werden Sie beim Wechsel zu App-Exposé nichts weiter sehen als einen leeren Bildschirm. Sie können weiter durch die Programme wechseln, indem Sie erneut ⌘ gedrückt halten und ⇥ tippen.

Verkleinerte Programmfenster wiederherstellen

Es klingt kompliziert, doch es ist ziemlich nützlich, wenn Sie es beherrschen.

Wenn Sie mit dem Programmumschalter zu einem verkleinerten Programmfenster wechseln, wird es nicht wieder vergrößert, was irgendwie kontraintuitiv ist! Doch mit einem einfachen Trick umgehen Sie diese Begrenzung. Allerdings wird er nur das letzte verkleinerte Fenster vergrößern, nicht alle Programmfenster.

Sobald das Programm mit dem verkleinerten Fenster in der Programmumschalter-Symbolliste hervorgehoben ist, halten Sie ⌥ gedrückt und lassen ⌘ los. Das letzte verkleinerte Programmfenster wird nun aus dem Dock wiederhergestellt. Es ist seltsam, aber es funktioniert!

Wenn das Fenster des Programms nicht verkleinert wurde, sondern das Programm geöffnet ist und einfach kein Dokument in Bearbeitung hat, wird das Gedrückthalten von ⌥ auf diese Weise ein neues Dokument öffnen – das entspricht dem Öffnen des Programms und der Auswahl von *Ablage → Neu*.

Programme beenden oder ausblenden

Um ein Programm zu beenden, wählen Sie es in der Liste aus, indem Sie ⇥ tippen, und dann tippen Sie Q, während Sie ⌘ gedrückt halten. Das ist ein hervorragender und schneller Weg, um alle Programme aus dem Speicher zu verbannen, die Sie nicht länger benötigen. Drücken Sie stattdessen H, wird das ausgewählte Programm ausgeblendet. Wenn das Programm bereits ausgeblendet ist, wird H es wieder einblenden.

100 Korrigieren Sie das Wörterbuch Ihres Mac

Ihr Mac führt für den Text, den Sie eingeben, eine Rechtschreibkorrektur aus, doch vielleicht haben Sie einmal irrtümlicherweise ein Wort zum „Lernen" angeklickt, das falsch geschrieben war. Normalerweise macht man das mit einem Sekundärklick auf ein als falsch hervorgehobenes Wort und wählt den Eintrag *Schreibweise lernen* aus dem Einblendmenü. Das führt dazu, dass das Wort nicht mehr als falsch geschrieben hervorgehoben wird und bei weiteren Durchgängen mit der Rechtschreibkorrektur von dieser ignoriert wird.

Um den Fehler wiedergutzumachen, öffnen Sie den Finder und drücken ⇧+⌘+G. Dann geben Sie ~/Library/Spelling in das Dialogfenster ein, das den Ordner öffnen wird, in dem Ihr persönliches Wörterbuch gespeichert ist.

Sobald Sie dort angekommen sind, öffnen Sie die Datei LocalDictionary mit einem Doppelklick. Sie wird in TextEdit geöffnet, und Sie werden eine Liste der Wörter sehen, die Sie dem Wörterbuch hinzugefügt haben. Finden Sie das falsch geschriebene Wort, und löschen Sie es samt dem Zeilenumbruch (damit es weiterhin eine lückenlose Liste ohne Leerzeilen ist). Sichern Sie danach die Datei. Die Änderungen sollten sofort übernommen werden, doch wenn nicht, sollten Sie sich ab- und wieder anmelden.

101 | Stellen Sie die Lautstärke ultraleise

Wenn Ihr Mac eingebaute Lautsprecher hat, wissen Sie, wie man die Lautstärke über die Tastaturkurzbefehle verändert (normalerweise über die Tasten `F11` und `F12`). Was Sie vielleicht nicht wissen: Es gibt eine geheime ultraleise Lautstärkeneinstellung.

Um darauf zuzugreifen, drücken Sie die Taste *Lautstärke verringern*, bis der Ton stumm geschaltet ist (das heißt, das Lautsprechersymbol auf dem Bildschirm ist durchgestrichen). Nun drücken Sie die normale Stummtaste (normalerweise `F10`). Sie sehen nun, dass die Lautstärke ohne Balken dargestellt wird. Doch der Ton ist nicht stumm gestellt. Tatsächlich ist er noch ein kleines bisschen leiser als die leiseste Einstellung normalerweise ermöglicht – genug, um in einem sehr ruhigen Raum noch etwas zu hören.

102 | Rufen Sie die Übersicht für Stapeleinträge auf

Wie schon in einigen anderen Tipps angedeutet wurde, funktioniert *Übersicht* (*Quick Look*) fast überall in OS X. Sie können sie beispielsweise dazu verwenden, Einträge in einem Dockstapel anzuschauen. Fahren Sie einfach mit der Maus über einen Eintrag, und drücken Sie `Leertaste`, um die Übersicht aufzurufen. Ein Einblendfenster erscheint, das dem ähnelt, das neben der Spotlight-Ergebnisliste eingeblendet wird. Sie können auch den Eintrag mit den Pfeiltasten nach oben bzw. nach unten auswählen, sobald der Stapel aufgefächert wurde und bevor Sie `Leertaste` drücken, um die Übersicht aufzurufen.

Wenn Sie wissen möchten, wie Sie leichter erkennen können, welchen Eintrag die Maus tatsächlich hervorhebt, bevor Sie die Übersicht aufrufen, lesen Sie in Tipp 57 nach, *Versehen Sie Dock-Stapel mit einem coolen optischen Effekt*, auf Seite 81.

103: Sehen Sie sich Programmsymbole aus nächster Nähe an

Dies ist nicht der nützlichste Tipp der Welt, doch er ist einen Versuch wert, wenn Sie vom Design Ihres Mac begeistert sind und es näher erforschen möchten. Lernen Sie verschiedene Möglichkeiten kennen, um die meisten der Mac-Symbole zu betrachten, die oftmals qualitativ hochwertige Kunstwerke sind.

Vorschau verwenden

Öffnen Sie im Finder den Ordner *Programme*, klicken Sie auf das Programmsymbol, das Sie untersuchen möchten, und drücken Sie ⌘+C, um es in die Zwischenablage zu kopieren. Starten Sie die Vorschau (*Finder → Programme → Vorschau*), und drücken Sie ⌘+N, um eine neue Datei mit dem Inhalt der Zwischenablage zu erstellen. Simsalabim! Sie sollten nun das Programmsymbol in fabelhaft hoher Auflösung sehen (und sogar sichern) können. Einige unterschiedliche Größen sind verfügbar, die in der Seitenleiste angezeigt werden.

In Pakete hineinschauen

Sie können auch in die einzelnen Programmpakete hineinschauen, um das Symbol zu finden – neben den vielen anderen Symbolen, die das Programm verwendet. Öffnen Sie ein Finder-Fenster, und klicken Sie auf den Link *Programme*. Dann führen Sie einen Sekundärklick auf ein Programm aus, das Sie interessiert, und wählen *Paketinhalt zeigen*. In dem neuen Finder-Fenster navigieren Sie zum Ordner *Contents/Resources/* und führen dann einen Doppelklick auf irgendeine .icns-Datei aus, um das Symbol (oder mehrere) des Programms in *Vorschau* zu öffnen.

Achten Sie sehr genau darauf, keine Datei zu verändern oder zu löschen.

Den Grundbestand der Symbole anschauen

Wenn Sie einen Blick auf den Grundbestand der OS-X-Symbole werfen möchten, öffnen Sie ein Finder-Fenster, drücken ⇧+⌘+G und geben diesen Pfad ein: */System/Library/CoreServices/CoreTypes.bundle/Contents/Resources*. Dann führen Sie einen Doppelklick auf irgendeine .icns-Datei aus, um sie zu betrachten (ein Beispiel sehen Sie in Abbildung 20).

Hüten Sie sich davor, etwas in diesem Ordner zu verändern! Ihr System könnte dadurch beschädigt werden.

Abbildung 20: Symbole von OS X in voller Auflösung betrachten

> **104** Schützen Sie Dateien, um Änderungen oder das Löschen zu verhindern

Sie können jede Datei auf Ihrem Mac manuell schützen, sodass Bearbeitung oder Löschung verhindert wird, bis der Schutz der Datei ausdrücklich aufgehoben wird. Das kann nützlich sein, wenn Sie beispielsweise eine Vorlagendatei haben, die in jedem Fall unverändert bleiben soll. Auch Ordner können geschützt werden, was sowohl den Ordner als auch seine Inhalte vor Bearbeitung oder Löschung schützt.

Wenn Sie versuchen, eine geschützte Datei zu bearbeiten, werden Sie gewarnt und müssen sich ausdrücklich dafür entscheiden, den Dateischutz aufzuheben.

Dateien mithilfe der Dateiinfo schützen

Es gibt mehrere Möglichkeiten, um eine Datei oder einen Ordner zu schützen. Die einfachste ist, die Datei oder den Ordner in einem Finder-Fenster oder auf dem Schreibtisch auszuwählen und ⌘+I zu drücken, um das Dialog-Fenster *Dateiinfo* zu öffnen. Dann setzen Sie unter der Überschrift *Allgemein* einen Haken vor *Geschützt*.

Um den Schutz einer Datei oder eines Ordners später wieder aufzuheben, wiederholen Sie einfach diese Schritte und entfernen den Haken.

Dateien mithilfe von Programmen schützen

Bestimmte Programme, zu denen auch die mit OS X mitgelieferten wie TextEdit zählen, unterstützen den Dateischutz aus dem Programm heraus. Klicken Sie in der Titelleiste des Fensters auf den Dateinamen, und wählen Sie *Schützen* aus dem Einblendfenster, das daraufhin erscheint. Ein Beispiel sehen Sie in Abbildung 21. Sie können bei einer geschützten Datei auch *Schutz aufheben* wählen, und Sie können bereits erstellte Versionen durchsuchen (siehe *OS X erforschen: Automatische Sicherung und Versionen*, auf Seite 178).

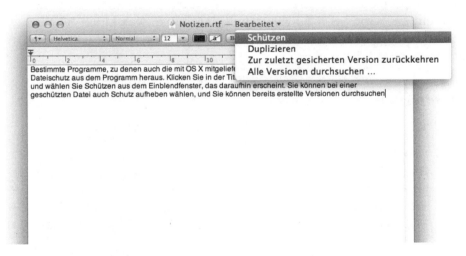

Abbildung 21: Eine Datei aus einem Programm heraus schützen

Automatischer Dateischutz

Dateien werden automatisch geschützt, wenn sie nicht innerhalb von zwei Wochen verändert werden. Sie können diesen Zeitraum verändern, indem Sie das Einstellungsfeld *Time Machine* in den Systemeinstellungen öffnen (*Apfelmenü → Systemeinstellungen*) und den Knopf *Optionen* anklicken. Danach können Sie in der Zeile *Dokumente sperren* die Anzeige im Einblendmenü ändern.

> **105** Ersetzen Sie die Hintergründe von Dashboard und Mission Control

Dieser Kniff modifiziert Systemdateien und betrifft daher alle Anwender des Rechners. Er ist mit einem Risiko verbunden, und Sie sollten ihn nicht anwenden, wenn Sie kein aktuelles Time-Machine-Backup haben.

Die Hintergundbilder, die Sie in Dashboard und Mission Control sehen, können leicht ersetzt werden. Genau genommen sind es eher Bildmuster als große Bilder, und sie werden von links nach rechts und von oben nach unten über den gesamten Bildschirm wiederholt. Um sie zu ersetzen, benötigen Sie ein ähnliches kleines Musterbild, das so entworfen wurde, dass es wiederholt werden kann, wenn es als Schreibtischhintergrund verwendet wird, oder Sie können Bilddateien auswählen, die exakt so groß sind wie Ihre Monitorauflösung. (Achtung: Wenn ein Bild zu klein ist, wird OS X es wiederholt darstellen, was einen hässlichen Effekt erzielt.) Sie werden bei einer Suche über Google viele Hintergrundmusterbilder finden.

Die großen Hintergrundbilder ersetzen

Mit den folgenden Schritten ersetzen Sie die Hintergrundbilder:

1. Sobald Sie Ihre Muster gefunden haben, müssen Sie sie in PNG-Bilder konvertieren, wenn sie nicht bereits als .png-Dateien vorliegen. Das geht so: Öffnen Sie sie mit einem Doppelklick in *Vorschau*, dann klicken Sie auf *Ablage → Exportieren als*. Wählen Sie *PNG* aus der *Format*-Aufklappliste. Danach klicken Sie auf *Sichern*.

2. Benennen Sie die Datei um, mit der Sie das Hintergrundbild von Mission Control ersetzen möchten, und zwar in defaultdesktop.png. Die Datei, die Sie für als Dashboard-Hintergrundbild verwenden möchten, benennen Sie in pirelli.png um.

3. Dann öffnen Sie ein Finder-Fenster, drücken ⇧+⌘+G und geben Folgendes in das Einblendfenster ein: /System/Library/CoreServices/.

4. Suchen Sie nach der Dockdatei. Führen Sie einen Sekundärklick darauf aus, und wählen Sie aus dem Menü, das daraufhin erscheint, *Paketinhalt zeigen*.

5. In dem neuen Finder-Fenster gehen Sie zum Ordner *Contents/ Resources*. Dann suchen Sie die bisherigen Dateien defaultdesktop.png und pirelli.png in diesem Ordner und ziehen sie an einen sicheren Ort auf Ihrer Festplatte (zum Beispiel in Ihren Ordner *Dokumente*). Bewahren Sie diese Sicherungen gut auf!

6. Nun ziehen Sie Ihre neuen Dateien defaultdesktop.png und pirelli.png auf das Finder-Fenster, das /System/Library/CoreServices anzeigt.

7. Klicken Sie auf den Knopf *Authentifizieren* in dem Warndialog, der daraufhin erscheint, und danach klicken Sie auf den Knopf *Ersetzen* in dem Dialogfenster, das davor warnt, dass an dem Ort bereits solche Dateien liegen. Geben Sie Ihr Kennwort ein, wenn Sie dazu aufgefordert werden.

8. Das ist alles! Melden Sie sich daraufhin ab und wieder an, damit die Änderungen übernommen werden.

Das kleine Dashboard-Vorschaubild ersetzen

Der einzige Nachteil an diesem Tipp ist, dass das kleine Vorschaubild von Dashboard in Mission Control noch immer den alten Dashboard-Hintergrund anzeigt. Das Bild, das für diesen Minihintergrund verwendet wird, heißt mini_pirelli.png und liegt wie die oben erwähnten Bilder im Dock-Programmpaket.

Das kleine Vorschaubild des Dashboards mini_pirelli.png hat immer 10 Prozent der Bildschirmauflösung – auf dem 1280 x 800 Pixel großen Bildschirm meines MacBook ist das Vorschaubild also 128 x 80 Pixel groß, doch auf meinem externen Monitor mit 1920 x 1080 Pixel ist das Vorschaubild 192 x 108 Pixel groß. Das erleichtert es, einen Ersatzhintergrund für das Dashboard-Vorschaubild zu erstellen – fertigen Sie einfach eine Kopie des Bildes defaultdesktop.png an, das Sie oben verwendet haben, und verkleinern Sie es auf 10 Prozent. Wenn Sie das in *Vorschau* machen möchten, öffnen Sie das Bild, wählen *Werkzeuge → Größenkorrektur* und ändern die Ausklappliste *Pixel* in *Prozent*. Danach geben Sie den Wert 10 in die Felder *Breite* und *Höhe* ein und klicken auf *OK*. Nun klicken Sie auf *Ablage → Exportieren als* und sichern das Bild als mini_pirelli.png. Ersetzen Sie die ursprüngliche Version der Datei im Dock-Programmpaket, wie zuvor beschrieben, wobei Sie zuerst das Original sichern müssen.

Die ursprünglichen Hintergrundbilder wiederherstellen

Um die ursprünglichen Hintergrundbilder später wiederherzustellen, öffnen Sie ein Finder-Fenster, drücken ⇧+⌘+G und geben den Pfad /System/Library/CoreServices/ ein. Führen Sie wieder einen Sekundärklick auf die Dockdatei aus, wählen Sie *Paketinhalt zeigen*, und gehen Sie zum Ordner *Resources*. Danach suchen Sie die Backups, die Sie von den zwei (oder drei) Originaldateien gemacht haben, und ziehen sie auf dieses Finder-Fenster. Wieder werden Sie auf den Knopf *Authentifizieren* klicken müssen und auf den Knopf *Ersetzen* in dem Dialogfenster, das eingeblendet wird. Geben Sie Ihr Kennwort ein, wenn Sie dazu aufgefordert werden. Danach melden Sie sich ab und wieder an, damit die Änderungen übernommen werden.

106 Verwenden Sie einen Bildschirmschoner als Schreibtischhintergrund

Dieser Eingriff macht Spaß und lässt Sie jeden Bildschirmschoner als Schreibtischhintergrund statt des üblichen Hintergrundbildes verwenden. Wenn Sie Ihre Augen unbedingt überanstrengen wollen, können Sie einen der bunten, animierten Bildschirmschoner Ihres Mac verwenden, doch es ist wahrscheinlich vernünftiger, einen der Einträge unter der Überschrift *Bilder* zu wählen. Hierdurch werden die Bilder sanft ineinander überblendet.

Einrichtung

Wenn Sie das ausprobieren möchten, befolgen Sie diese schrittweise Anleitung:

1. Drücken Sie im Finder ⇧+⌘+G und geben Sie /System/Library/Screen Savers in das Einblendfenster ein. Dort sind die Bildschirmschoner Ihres Mac gespeichert. Suchen Sie nach den Dateinamen der Bildschirmschoner (das sind die Dateien, die mit der Erweiterung .qtz oder .slideSaver enden).

2. Wählen Sie einen Bildschirmschoner aus, den Sie verwenden möchten, und notieren Sie sich seinen Dateinamen einschließlich Großschreibung (wenn vorhanden) Ignorieren Sie jedoch die Endung .qtz oder .slideSaver. Im Einstellungsfeld *Schreibtisch & Bildschirmschoner* der Systemeinstellungen (*Apfelmenü → Systemeinstellungen*) können Sie nachsehen, was die einzelnen Bildschirmschoner machen.

3. Öffnen Sie ein Terminalfenster (*Finder → Programme → Dienstprogramme → Terminal*), und geben Sie sorgfältig die folgende Codezeile ein, wobei Sie *XX* durch dem Namen des Bildschirmschoners ersetzen, den Sie zuvor notiert haben:

   ```
   nohup /System/Library/Frameworks/ScreenSaver.framework/Resources/
       ScreenSaverEngine.app/Contents/MacOS/ScreenSaverEngine -module XX
       -background
   ```

   Sie werden sehen, wie der Bildschirmschoner im Hintergrund startet.

4. Sie können das Terminalfenster nun schließen, und der Bildschirmschoner wird weiterhin im Hintergrund laufen. Ignorieren Sie die eingeblendete Warnung über das Beenden eines Programms.

5. Wenn der Bildschirmschoner langweilig wird, öffnen Sie ein Terminalfenster und geben Folgendes ein:

   ```
   killall ScreenSaverEngine
   ```

Beachten Sie, dass dieser Tipp nicht für längeren Gebrauch auf mobilen Macs taugt, denn er belastet die Batterie zusätzlich. Doch Desktop-Macs oder mobile Macs, die an eine Stromquelle angeschlossen sind, sollten dabei keine Nachteile erleiden.

Dauerhafte Einrichtung

Der Bildschirmschoner-Schreibtischhintergrund wird Neustarts nicht überdauern. Sie müssen ihn nach jedem Hochfahren neu aufrufen.

Wenn Sie möchten, dass der Bildschirmschoner-Schreibtischhintergrund jedes Mal startet, wenn Sie Ihren Rechner hochfahren, befolgen Sie diese Anleitung:

1. Öffnen Sie den AppleScript-Editor (*Finder → Programme → Dienstprogramme → AppleScript Editor*), klicken Sie auf *Ablage → Neu*, und geben Sie Folgendes in das Haupttextfeld ein:

   ```
   do shell script "nohup /System/Library/Frameworks/
   ScreenSaver.framework/ Resources/ScreenSaverEngine.app/Contents/
   MacOS/ScreenSaverEngine -module XX -background"
   ```

   Ersetzen Sie wie oben wieder *XX* durch den Namen des Bildschirmschoners.

2. Klicken Sie auf *Ablage* → *Sichern unter*, und in dem Einblendfenster ändern Sie das Einblendmenü *Dateiformat* so, dass es *Programm* anzeigt. Danach sichern Sie Ihr neues Skript an einem sicheren Ort, wie beispielsweise in Ihrem Ordner *Dokumente*. Nennen Sie es Bildschirmschoner bei Anmeldung aufrufen oder so ähnlich.

3. Beenden Sie den AppleScript-Editor, und öffnen Sie die Systemeinstellungen (*Apfelmenü* → *Systemeinstellungen*). Klicken Sie auf das Einstellungsfeld *Benutzer & Gruppen* und danach auf das Symbol mit dem Vorhängeschloss unten links im Systemeinstellungsfenster. Geben Sie Ihr Kennwort ein, wenn Sie dazu aufgefordert werden.

4. Klicken Sie den Reiter *Anmeldeobjekte* an, und verwenden Sie den Finder, um Ihr neues Skript zu suchen. Ziehen Sie es auf die Liste der Anmeldeobjekte im Systemeinstellungsfenster. Daraufhin wird es der Liste hinzugefügt. Setzen Sie vor dem Skript den Haken in der Spalte *Ausblenden*.

Und das war's schon! Sie können sich ab- und wieder anmelden, um den Bildschirmschoner automatisch starten zu sehen. Es gibt nur einen Nachteil dabei: Das AppleScript, das Sie erstellt haben, zeigt ein Docksymbol, das Sie bei jedem Hochfahren von Hand entfernen müssen – führen Sie einen Sekundärklick darauf aus, und wählen Sie *Sofort beenden*.

Um Ihren Bildschirmschoner-Schreibtischhintergrund nicht mehr beim Hochfahren zu starten, wiederholen Sie die oben genannten Schritte und öffnen die Systemeinstellungen. Doch dieses Mal wählen Sie den Eintrag in der Liste der Anmeldeobjekte aus und klicken auf den Minus-Knopf darunter.

Sie können einen Bildschirmschoner-Schreibtischhintergrund beim Anmelden noch besser mit einem persönlichen launchctl-Dienst starten. Wer Erfahrung mit launchctl hat, kann eine .plist-Datei von http://mackungfubook.com/screensaver.plist herunterladen. Öffnen Sie die Datei in einem Texteditor, ersetzen Sie alle großgeschriebenen Wörter durch Ihre eigenen Angaben, und legen Sie sie dann in ~/Library/LaunchAgents ab.

107 Zeigen Sie technische Infos auf dem Mac-Anmeldebildschirm an

Die meisten Mac-Anwender kennen den Anmeldebildschirm, der bei jedem Hochfahren oder Neustarten Ihres Mac angezeigt wird. Oben rechts im Bildschirm ist ein kleines Anzeigefeld, das die Zeit anzeigt und ein paar Infos über die WLAN-Verbindung sowie bei einem mobilen Mac die Batterieladung. Beachten Sie, dass diejenigen, die FileVault verwenden, diese Info nicht sehen werden, weil für den Anmeldebildschirm eine andere Technik verwendet wird.

Durch die Änderung einer geheimen Einstellung können Sie ein paar Extrafunktionen hinzufügen. Wenn Sie dann die Zeitanzeige anklicken, zeigt das Anzeigefeld die IP-Adresse des Rechners an, dann den Namen des Rechners und danach die Build-Versionsnummer des Betriebssystems.

Einrichtung

Um diese Änderung vorzunehmen, die alle Anwender des Systems betrifft, öffnen Sie ein Terminalfenster (*Finder → Programme → Dienstprogramme → Terminal*) und geben den unten gezeigten Befehl ein. (Beachten Sie, dass ein Leerzeichen zwischen AdminHostInfo und 1 steht.) Sie werden danach aufgefordert werden, Ihr Anmeldekennwort einzugeben, also tun Sie das:

```
sudo defaults write /Library/Preferences/com.apple.loginwindow AdminHostInfo 1
```

Danach melden Sie sich ab, um die neue Anzeige auszuprobieren. Klicken Sie auf die Zeitanzeige, um durch die Infoanzeigen zu blättern.

Zur ursprünglichen Einstellung zurückkehren

Um zur ursprünglichen Anzeige zurückzukehren, die nur die Zeit anzeigt, öffnen Sie ein Terminalfenster und geben Folgendes ein:

```
sudo defaults delete /Library/Preferences/com.apple.loginwindow AdminHostInfo
```

108 | Zeigen Sie das Startmenü mit einer Apple Remote-Fernbedienung an

Wenn Sie die Bootcamp-Funktion Ihres Mac verwenden, um außer OS X auch Windows zu installieren, kennen Sie vielleicht schon das Menü, das Sie beim Hochfahren zwischen den Betriebssystemen oder dem Reparatursystem auswählen lässt. Halten Sie beim Hochfahren ⌥ gedrückt, bevor das Apple-Logo erscheint, dann sollte das Menü erscheinen.

Doch es gibt noch eine andere Möglichkeit, um diese Auswahl anzuzeigen: Halten Sie die Taste *Menu* auf einer Apple Remote-Fernbedienung gedrückt, wenn der Rechner hochfährt.

109 | Verhindern Sie, dass Programme beim Neustart automatisch Dateien öffnen

Wenn Sie ein Programm starten, versucht OS X Lion, alle Dateien zu öffnen, die geöffnet waren, als Sie das Programm beim letzten Mal beendet hatten. Das ist entweder sehr nützlich oder extrem ärgerlich, je nach Ihrer persönlichen Vorliebe, doch lesen Sie im Folgenden, wie Sie diese Funktion kontrollieren können.

Dateiwiederherstellung dauerhaft systemweit deaktivieren

Sie können diese Funktion in den Systemeinstellungen (*Apfelmenü → Systemeinstellungen*) dauerhaft deaktivieren. Klicken Sie auf das Einstellungsfeld *Allgemein*, und entfernen Sie den Haken vor *Fenster beim Beenden und erneuten Öffnen von Programmen wiederherstellen*.

Vorübergehend für ein einzelnes Programm deaktivieren

Wenn Sie jedoch nur vorübergehend die automatische Dateiwiederherstellung für ein bestimmtes Programm deaktivieren wollen, während Sie es beenden (damit es beim nächsten Mal „leer" geöffnet wird), beenden Sie das Programm mit dem Tastaturkurzbefehl ⌥+⌘+Q statt mit dem üblichen ⌘+Q. Sie können auch ⌥ gedrückt halten, bevor Sie den Eintrag *Beenden* aus dem Anwendungsmenü wählen – Sie werden sehen, dass sich der Eintrag in *Beenden und alle Fenster schließen* ändert.

> **OS X erforschen: FileVault**
>
> Mit FileVault können Sie die Startfestplatte Ihres Mac auf eine Weise verschlüsseln, die keine Auswirkung auf die Art hat, wie Sie Ihren Rechner verwenden. Sie werden noch nicht einmal merken, dass die Festplatte verschlüsselt ist. Der einzige Unterschied wird sein, dass Sie Ihr Anmeldekennwort unmittelbar nach dem Einschalten oder Neustarten eingeben müssen statt im Anmeldebildschirm eine Minute oder zwei, nachdem der Rechner gestartet wurde.
>
> Der Schutz, den FileVault in OS X Lion bietet – genauer gesagt handelt es sich um FileVault 2 – taugt für professionelle Zwecke: Es ist eine XTS-AES-128-Verschlüsselung. Wer Ihren Mac stiehlt, wird ohne Ihr Kennwort nicht fähig sein, den Rechner hochzufahren oder auf irgendeinen der Festplatteninhalte zuzugreifen, indem er die Platte aus dem Rechner ausbaut und an einen anderen Rechner anschließt (sogenannte forensische Analyse).
>
> Aktivieren Sie FileVault, indem Sie die Systemeinstellungen öffnen, dann das Einstellungsfeld *Sicherheit* anklicken und den Reiter *FileVault* auswählen. Die Festplatte muss vollständig verschlüsselt werden, was einige Stunden dauern wird, doch das geschieht im Hintergrund. Kehren Sie immer wieder einmal zum Einstellungsfeld *Sicherheit* in den Systemeinstellungen zurück, um den Fortschritt zu beobachten.

Dauerhaft für ein bestimmtes Programm deaktivieren

Es ist auch möglich, diese Funktion dauerhaft für einzelne Programme zu deaktivieren. Sie können sie beispielsweise für TextEdit ausschalten, während Sie sie für alle anderen Programme aktiviert lassen. Folgende Schritte sind nötig:

1. Sie müssen den Namen der *Einstellungsdomain* für das fragliche Programm finden. Das ist der Name der Datei, die seine Konfigurationseinstellungen enthält. Öffnen Sie den Finder, drücken Sie ⇧+⌘+G und geben Sie ~/Library/Preferences ein.

2. In der Liste der Einstellungsdateien suchen Sie den Eintrag, der zu dem Programm gehört, das Sie interessiert. Alle beginnen mit com., gefolgt vom Namen des Entwicklers (also beispielsweise adobe oder apple), und dahinter folgt der Name des Programms. Mit OS X gelieferte Anwendungen beginnen stets mit com.apple. – die Einstellungsdatei von TextEdit heißt zum Beispiel com.apple.TextEdit.plist.

3. Sie können die Erweiterung .plist ignorieren, und Sie sollten sich zuletzt den Namen merken, zum Beispiel com.apple.TextEdit.

4. Beenden Sie die fragliche Anwendung, wenn sie gerade läuft. Danach öffnen Sie ein Terminalfenster (*Finder → Programme → Dienstprogramme → Terminal*) und tippen defaults write ein, gefolgt von der Einstellungsdomain, die Sie entdeckt haben. Dahinter schreiben Sie NSQuitAlwaysKeepsWindows -bool FALSE. Die Zeile für TextEdit sähe beispielsweise so aus:

```
defaults write com.apple.TextEdit NSQuitAlwaysKeepsWindows -bool FALSE
```

5. Starten Sie das Programm neu. Die Änderungen werden sofort übernommen. Beachten Sie, dass bei manchen Programmen die Fenster beim ersten Start noch einmal wiederhergestellt werden. Doch nach einem erneuten Neustart wird das aufhören.

Sollten Sie die Fensterwiederherstellung für das Programm wieder aktivieren wollen, beenden Sie das Programm und öffnen ein Terminalfenster. Dann geben Sie Folgendes ein, wobei Sie erneut die korrekte Einstellungsdomain ersetzen (das Folgende wird die Fensterwiederherstellung für TextEdit wieder aktivieren):

```
defaults delete com.apple.TextEdit NSQuitAlwaysKeepsWindows -bool TRUE
```

Beenden Sie das Programm, und starten Sie es neu, um die Änderungen zu übernehmen. Wieder kann es sein, dass Sie das Programm noch ein weiteres Mal beenden und neu starten müssen, damit die Änderungen wirklich übernommen werden. Sie können es auch mit Ab- und Anmelden versuchen.

110 Erstellen Sie verschlüsselte Archive für alle Rechner

An anderer Stelle habe ich erklärt, wie Sie verschlüsselte Archive für den Gebrauch unter OS X erstellen (siehe Tipp 33, *Legen Sie einen völlig sicheren Ort für persönliche Dateien an*, auf Seite 51). Doch wenn Sie auch einen Windows- oder Linux-Rechner besitzen, möchten Sie vielleicht plattformübergreifend verschlüsselte Archive erstellen, die Sie beispielsweise auf einen USB-Stick kopieren und bei sich führen können.

Glücklicherweise bietet ein Programm namens *TrueCrypt*, das Open-Source (und kostenlos) ist, diese Funktion an. TrueCrypt funktioniert so, dass es einen verschlüsselten Dateispeicher anlegt. Diese einzelne Datei wird dann vom Betriebssystem gemountet, und es greift darauf als virtuelles Laufwerk in ähnlicher Weise zu, als würden Sie einen USB-Stick anschließen.

Wenn Sie damit fertig sind, unmounten Sie sie wieder und schließen den Speicher damit ab, sodass niemand darauf zugreifen kann, ohne das Kennwort einzugeben.

Einrichtung und Installation

Zu Beginn laden Sie *TrueCrypt* von http://www.truecrypt.com herunter. Wählen Sie die Version Mac OS X „.dmg package". Sie können auch die Versionen für andere Betriebssysteme herunterladen, auf denen Sie Ihren neuen Dateispeicher verwenden wollen.

Sobald der Download abgeschlossen ist, installieren Sie die Software mit einem Doppelklick auf die .dmg-Datei und einem weiteren Doppelklick auf die .mpkg-Installationsdatei.

Wenn Sie merken, dass TrueCrypt überhaupt nicht so funktioniert, wie in der folgenden Anleitung beschrieben, müssen Sie wahrscheinlich zusätzlich eine aktuelle Version des MacFuse-Subsystems herunterladen, auf dem TrueCrypt basiert. Dieses Programm finden Sie unter http://mackungfubook.com/MacFUSE-Tuxera-2.2.dmg.

Ein verschlüsseltes Archiv anlegen

Starten Sie das Programm (Sie finden es im Ordner *Programme*). Die folgenden Anweisungen erklären Ihnen, wie Sie einen vollständig verschlüsselten Dateispeicher anlegen:

1. Verschlüsselte Dateispeicher werden Volumes genannt. Also klicken Sie auf den Knopf Create Volume. Ein Assistent (Wizard) wird eingeblendet. Stellen Sie sicher, dass Create an encrypted file container ausgewählt ist, und klicken Sie auf Next. (Beachten Sie, dass die zweite Option, Create a volume within a partition/drive, zwar so aussieht, als wäre sie das Richtige für Sie, doch wenn Sie eine Containerdatei erstellen, können Sie den verschlüsselten Dateispeicher leicht von einem USB-Stick auf einen anderen übertragen, wenn das nötig sein sollte; daher ist die erste genannte Option hier die beste Wahl.)

2. Als Nächstes wählen Sie aus, welche Art von Volume Sie erstellen möchten. Die voreingestellte Auswahl Standard TrueCrypt volume ist gut. Sie möchten bestimmt irgendwann die Option Hidden TrueCrypt volume ausprobieren, doch sie hat einen besonderen Zweck und bringt einige Komplikationen mit sich. Wenn Sie fertig sind, klicken Sie auf Next.

3. Auf der Fensterseite Volume Location klicken Sie auf Select File, um einen Dateinamen einzugeben und einen Speicherort für das neue Archiv zu wählen. TrueCrypt benötigt in der Voreinstellung keine Dateierweiterung, doch es ist sinnvoll, der Datei eine zu spendieren, also ergänzen Sie die Erweiterung .tc. Dadurch können Sie auf den Dateispeicher doppelklicken, wenn Sie ihn unter Windows öffnen möchten. Wenn Sie fertig sind, klicken Sie auf den Knopf Next, um zur nächsten Seite zu gelangen.

4. Sie erhalten nun die Möglichkeit, den Verschlüsselungsalgorithmus auszuwählen, den Sie verwenden möchten. Sie können jeden in der Liste auswählen und sehen dann unter der Liste eine Beschreibung mit den Vor- und Nachteilen jeder Auswahl. AES ist für die meisten Zwecke eine gute Wahl. Sie können auch den Hash-Algorithmus ändern, wenn Sie wollen, doch das ist in der Regel nicht nötig. Wenn Sie fertig sind, klicken Sie auf Next.

5. Nun werden Sie aufgefordert, die Größe des Dateispeichers einzugeben. Wenn Sie sich dafür entschieden hatten, den Dateispeicher auf einem USB-Stick anzulegen, sehen Sie eingeblendet, wie viel freier Speicherplatz darauf verfügbar ist. Sie können nur ganze GB/MB-Zahlen angeben; möchten Sie also beispielsweise 1,9 GB anlegen, müssten Sie MB aus der Aufklappliste auswählen und 1946 in das Textfeld *Volume Size* eingeben. (Denken Sie daran, dass 1 GB 1024 MB umfasst, deshalb sind 1,9 GB 1,9 x 1024 = 1945,6 MB.) Wenn Sie fertig sind, klicken Sie auf Next.

6. Nun werden Sie gebeten, ein Kennwort für das Archiv zu wählen. Ein gutes Kennwort beinhaltet wie immer sowohl Klein- als auch Großbuchstaben und sollte so lang sein, wie Sie es sich nur merken können. Vermeiden Sie bekannte Redewendungen und alles andere, was leicht erraten werden kann. Klicken Sie auf Next, wenn Sie fertig sind.

7. Sie werden nun gebeten, das Dateisystem für den Dateispeicher auszuwählen. FAT ist die beste Wahl, da es von Windows, Mac OS X und Linux erkannt wird. Klicken Sie auf Next, wenn Sie Ihre Wahl getroffen haben.

8. Als Nächstes kommen Sie zur Seite Volume Format. Zuerst müssen Sie jedoch einige Zufallsdaten für den Verschlüsselungsprozess generieren. Auch wenn es komisch klingen mag, das geschieht, indem Sie mit dem Mauszeiger im TrueCrypt-Programmfenster umherfahren. Also fahren Sie mit dem Mauszeiger ein paar Sekunden herum, und klicken Sie dann auf den Knopf Format. Danach wird der Dateispeicher erstellt. Das kann bei größeren Archiven eine Weile dauern. Sobald das erledigt ist, klicken Sie auf Exit.

Auf den Dateispeicher zugreifen

Nachdem Sie den Dateispeicher erstellt haben, müssen Sie ihn mounten, damit Sie darauf zugreifen können. Befolgen Sie die folgenden Schritte – die Anweisungen sind im Wesentlichen dieselben für alle TrueCrypt-Versionen, die auf anderen Betriebssystemen laufen.

1. Starten Sie TrueCrypt wie zuvor beschrieben, wenn es nicht bereits läuft. Im Hauptdialogfenster unter der Überschrift Slot wählen Sie 1.

2. Klicken Sie auf den Knopf Select File. Navigieren Sie zu Ihrem neuen Dateispeicher über das Dateiauswahlfenster, und klicken Sie auf den Knopf Open. Zurück im TrueCrypt-Fenster klicken Sie auf den Knopf Mount. Sie werden sofort nach dem Kennwort gefragt, also geben Sie es ein. Danach sollte ein neues Laufwerkssymbol in der Geräteliste der Seitenleiste des Finder-Fensters erscheinen. Es gewährt den Zugriff auf den verschlüsselten Dateispeicher, als wäre eine neue Festplatte ans System angeschlossen worden. Es trägt wahrscheinlich den Namen NO NAME. Sie können Dateien darauf ziehen, genau wie auf jedes andere Wechselspeichergerät auch.

3. Beachten Sie, dass das Programm TrueCrypt laufen muss, während Sie die Archivdatei verwenden. Doch Sie können das Programmfenster schließen; dann läuft TrueCrypt im Dock weiter. Es ist auch möglich, TrueCrypt so einzustellen, dass es beendet wird, ohne das Archiv zu unmounten: Im Menü wählen Sie *TrueCrypt → Preferences*, prüfen, dass der Reiter *Security* ausgewählt ist, und entfernen den Haken vor TrueCrypt quits.

4. Wenn Sie den Dateispeicher nicht mehr benötigen, können Sie ihn auf die übliche Weise auswerfen: Öffnen Sie ein Finder-Fenster, und klicken Sie auf das Auswurfsymbol neben dem Eintrag des Dateispeichers in der Geräteliste. Sie können auch TrueCrypt erneut starten, den Archiveintrag in der Liste auswählen und den Knopf Dismount drücken.

Ein nützlicher Tipp, während der Dateispeicher gemountet ist: Wählen Sie *Favorites → Add Selected Volume to Favorites*. Von da an können Sie den Dateispeicher schnell mounten, indem Sie seinen Eintrag im Favoritenmenü auswählen, sobald Sie TrueCrypt gestartet haben. Es sollte Ihnen auch möglich sein, einen Sekundärklick auf das TrueCrypt-Docksymbol auszuführen, solange das Programm läuft, und den Eintrag dort auszuwählen, um ihn automatisch zu mounten.

111 So schlagen Sie Wörter sofort nach

Eine meiner liebsten Anwendungen auf meinem Mac ist das Programm *Lexikon*, das es Ihnen (ebenso wie seine staubigen, im Regal stehenden Gefährten) erlaubt, die Definitionen von Wörtern nachzuschlagen.

Um jedoch Definitionen nachzuschlagen, ist es ist nicht nötig, dass Sie erst umständlich das Programm öffnen. Es kann auf verschiedene Weisen aus anderen Anwendungen heraus aufgerufen werden.

Spotlight verwenden

Sobald Sie beispielsweise ein Wort oder eine Wendung in Spotlight eingeben, wird eine Definition zurückgegeben; allerdings wird sie unter all den Dateien und Ordnern erscheinen, die zu dem Suchbegriff passen. Sie können den Lexikoneintrag in den Suchergebnissen anklicken, um das Lexikon zu öffnen, oder nur mit der Maus über dem Sucheintrag schweben, um die vollständige Definition in einem Übersichtsfenster anzuzeigen, das daneben aufspringt.

Sekundärklick für Definitionen

In manchen Programmen können Sie auch ein Wort hervorheben und das Anwendungsmenü öffnen, und danach klicken Sie auf *Dienste → Im Lexikon nachschlagen*.

Tastaturkurzbefehle verwenden

In manchen Anwendungen können Sie den Mauszeiger über einem Wort schweben lassen und dann [ctrl]+[⌘]+[D] drücken, um ein Einblendfenster mit der Definition des Wortes aufzurufen (siehe Abbildung 22). Das funktioniert im Wesentlichen in mitgelieferten Programmen wie Safari.

Abbildung 22: Ein Wort sofort nachschlagen

Eine Geste zum Nachschlagen von Wörtern

Wenn Sie ein Multi-Touch-Trackpad verwenden, können Sie auch den Mauszeiger über einem Wort schweben lassen und mit drei aneinandergelegten Fingern doppeltippen. Dadurch wird ein Einblendfenster mit der Definition erscheinen. Um es wieder loszuwerden, klicken Sie einfach außerhalb des Einblendfensters. Wörter auf diese Weise nachzuschlagen, benötigt ein wenig Übung, doch es kann ungeheuer nützlich sein!

112 Reparieren Sie Ihren Mac – selbst wenn die Festplatte defekt zu sein scheint

OS X Lion installiert einen kleinen Satz Werkzeuge auf Ihrer Festplatte, den Sie aktivieren können, wenn etwas schiefgeht. Halten Sie beim Hochfahren Ihres Rechners einfach die Taste ⌥ gedrückt, bevor Sie den Startakkord hören und bevor das Apple-Logo erscheint. Danach verwenden Sie die Pfeiltasten nach links/rechts, um aus den dargebotenen Möglichkeiten die Wiederherstellungsoption auszuwählen, und drücken die Taste ⏎, um sie zu starten.

Sobald das Wiederherstellungssystem läuft, können Sie auf das Festplatten-Dienstprogramm zugreifen, um die Festplatte nach Fehlern zu durchsuchen, ein Backup von Time Machine wiederherstellen und Zugriff auf ein Terminalfenster bekommen, um andere Reparaturen auszuführen. Sie können sogar OS X von Grund auf neu installieren.

Sie können auch das Wiederherstellungswerkzeugset auf einen USB-Stick kopieren, von dem aus Sie den Rechner booten können, um ihn wieder zum Laufen zu bringen, falls Sie merken, dass noch nicht einmal die Festplatte hochgefahren werden kann. Dafür benötigen Sie einen mindestens 1 GB großen USB-Speicherstick, den Sie diesem Zweck widmen können.

Apple hat ein Dienstprogramm herausgebracht, das verwendet werden kann, um automatisch einen Wiederherstellungs-USB-Stick zu erstellen. Sie können es unter http://support.apple.com/kb/DL1433 herunterladen. Schließen Sie einfach den USB-Stick an, lassen Sie das Programm laufen, und folgen Sie den Schritt-für-Schritt-Anleitungen. Sie müssen dann Ihr Anmeldekennwort eingeben, sobald Sie dazu aufgefordert werden.

113 Stellen Sie die Dateidownload-„Quarantäne" ab

Jedes Mal, wenn Sie eine Datei mit einem Webbrowser herunterladen, warnt Ihr Mac Sie beim ersten Öffnen, dass sie gefährlich sein könnte. Er wird Ihnen anzeigen, wann Sie sie heruntergeladen haben und von wo. Das nennt man *unter Quarantäne stellen*, und es kann nach einiger Zeit sehr nervtötend werden, besonders wenn Sie wissen, dass Sie die Dateien von sicheren Quellen heruntergeladen haben.

Um diesen Warnhinweis dauerhaft abzuschalten, öffnen Sie ein Terminalfenster (*Finder → Programme → Dienstprogramme → Terminal*) und geben Folgendes ein:

```
defaults write com.apple.LaunchServices LSQuarantine -bool FALSE
```

Melden Sie sich daraufhin ab und wieder an, damit die Änderungen übernommen werden. Wenn Sie später irgendwann den Warnhinweis wiederherstellen möchten, geben Sie Folgendes ein:

```
defaults delete com.apple.LaunchServices LSQuarantine
```

Sie müssen sich ab- und wieder anmelden, damit die Änderungen übernommen werden.

114 So sehen Sie den Speicherort der von Ihnen bearbeiteten Dateien

Manchmal öffne ich eine Datei zur Bearbeitung, vielleicht eine aus dem Anhang einer E-Mail, und ich habe keine Ahnung, wo auf meinem Rechner sie gespeichert ist. Eine Möglichkeit, um das herauszufinden, ist der Klick auf *Ablage* → *Sichern*, um diese Information im *Sichern-unter*-Dialogfenster zu erhalten, doch eine viel einfachere Lösung besteht darin, einen Sekundärklick auf den Dateinamen in der Titelleiste des Programmfensters auszuführen. Dadurch wird eine hierarchische Ordneranzeige eingeblendet. Der oberste Ordner unter dem Dateisymbol ist der Ordner, in dem die Datei gespeichert ist. Der zweite von oben ist der, in dem dieser Ordner gespeichert ist, und so geht es weiter zurück bis zum Namen der Festplatte und dem Namen Ihres Rechners, der der letzte Eintrag in der Liste sein sollte.

Wenn Sie einen Eintrag in der Liste auswählen, wird dieser Ordner (oder der Datenträger) im Finder zur Bearbeitung geöffnet.

Siehe auch Tipp 56, *Wie Sie unverzüglich Schreibtischverknüpfungen zu Dateien erstellen*, auf Seite 80.

115 Mit Tastaturkurzbefehlen Dateien ausschneiden statt kopieren

Dies ist ein spitzfindiger, aber nützlicher Tipp. Wenn Sie Tastaturkurzbefehle verwenden, um Dateien über Copy & Paste von einem Ort zum anderen zu kopieren, werden Sie wissen, dass es nicht möglich ist, Dateien zu verschieben. Den Tastaturkurzbefehl für das Ausschneiden, ⌘+X, zu drücken, funktioniert einfach nicht, und die Option *Ausschneiden* im Menü *Arbeiten bei aktiviertem Finder* ist grau dargestellt und damit deaktiviert.

Sie können eine Datei aber dennoch verschieben, indem Sie Tastaturkurzbefehle verwenden, auch wenn das wenig nachvollziehbar ist. Drücken Sie ⌘+C, um die Datei zu kopieren, aber drücken Sie ⌘+⌥+V beim Einfügen in einen neuen Ordner – und nicht ⌘+V. Dadurch wird die Datei vom bisherigen Speicherort zum neuen verschoben.

Wenn Sie das Menü *Bearbeiten* verwenden möchten, um Dateien zu verschieben, halten Sie die Taste ⌥ gedrückt, während Sie darauf zugreifen (nachdem Sie die Datei zuerst auf die übliche Weise kopiert haben). Sie werden sehen, wie die Option *Objekt hierher bewegen* eingeblendet wird, was exakt denselben Effekt hat, als würden Sie ⌘+⌥+V drücken.

116 Vermeiden Sie die Wartezeit bei aufspringenden Ordnern

Wenn Sie eine Datei ziehen und (in Finder-Fenstern und auf dem Schreibtisch) lange genug über einem Ordnersymbol schweben lassen, wird ein neues Finder-Fenster aufspringen, in dem Sie die Inhalte sehen und die Datei ablegen können. Diese Funktion nennt man *aufspringende Ordner*, und Sie können die Verzögerung, bis das neue Finder-Fenster eingeblendet wird, verändern, indem Sie die Einstellung in den Findervoreinstellungen ändern (*Anwendungsmenü → Voreinstellungen*; vergewissern Sie sich, dass der Reiter *Allgemein* ausgewählt ist).

Doch wenn Sie es eilig haben, ziehen Sie einfach die Datei wie beschrieben und lassen sie über dem Ordner schweben. Dabei drücken Sie die Leertaste, um das neue Finder-Fenster aufspringen zu lassen.

117 Bewegen Sie die Einfügemarke beim seitenweisen Blättern mit Tasten

Nun geht es um eine nervige Falle, in die Sie möglicherweise beim Verarbeiten von Text geraten.

Wenn Sie einen Desktop-Mac (oder eine erweiterte Tastatur an Ihrem mobilen Mac angeschlossen) haben, verwenden Sie vielleicht die Tasten ⇞/⇟, um in Dokumenten schnell zu navigieren. Doch vielleicht kennen Sie auch dieses Problem: Obwohl sich der Text auf- und abwärts bewegt, bleibt die Einfügemarke dort, wo sie zuletzt verwendet wurde. Wenn Sie zu tippen beginnen, scrollt das Dokument sofort zu seiner vorherigen Position zurück. Grrr!

Glücklicherweise lässt sich das umgehen. Halten Sie ⌥ gedrückt, während Sie die Tasten ⇞/⇟ drücken. Dadurch scrollt der Text eine Seite auf- oder abwärts, und die Einfügemarke springt in die Mitte der Seite. Sie können sie dann dorthin bewegen, wo Sie mit der Bearbeitung beginnen möchten.

Nebenbei bemerkt: MacBook-Anwender (und diejenigen mit Apple Wireless Keyboards) können die Fn-Taste gedrückt halten, während sie die Pfeiltasten nach oben/unten drücken, um die Tasten ⇞/⇟ zu simulieren.

118 Springen Sie in Öffnen/Sichern-Dialogfenstern schnell an verschiedene Orte

Wenn Sie neue Dateien sichern, wird für gewöhnlich der voreingestellte Sicherungsort des Programms eingeblendet oder der Ort, an den Sie eine Datei beim letzten Mal gesichert haben. Möchten Sie die Datei anderswo sichern, kann es etwas beschwerlich sein, dorthin zu kommen.

Aber wenn Sie bereits ein Finder-Fenster mit dem Ort geöffnet haben, an den Sie sichern wollen, dann ziehen Sie einfach das Proxysymbol (Stellvertretersymbol) auf das *Sichern-unter*-Dialogfenster. Das Proxysymbol ist das kleine Symbol in der Titelleiste des Finder-Fensters, links vom Namen des Ordners, den Sie gerade geöffnet haben. Sie müssen es eine Sekunde lang geklickt halten, bevor es sich löst und Sie es wegziehen können.

Die Ansicht schaltet sofort zu diesem Ort um. Wenn Sie das Symbol stattdessen in das Dateinamenfeld fallen lassen, wird ein *Gehe-zu*-Dialogfenster eingeblendet, das Sie fragt, ob Sie diesen Ordner öffnen wollen. Klicken Sie einfach auf den Knopf *Öffnen*.

Dieser Trick funktioniert auch in *Datei-öffnen*-Dialogfenstern.

> **119** So kriegen Sie einen abgestürzten Mac wieder in den Griff

Sehr selten kann es vorkommen, dass ein Programm so sehr abstürzt, dass es so scheint, als wäre Ihr Mac eingefroren. Sie sehen dann möglicherweise den „Strandball des Todes", diesen drehenden Farbkreis, der anzeigt, dass Ihr Mac zu beschäftigt ist, um Ihnen zu antworten.

Sofort beenden

Wenn das Programm abgestürzt ist, zeigt ein Sekundärklick auf sein Docksymbol wahrscheinlich den Eintrag *Sofort beenden* an. Klicken Sie darauf, um das Programm sofort zu beenden. Wenn es diesen Eintrag *Sofort beenden* nicht gibt, halten Sie die Taste ⌥ gedrückt, dann wird er eingeblendet.

Sie können auch ⌥+⌘ gedrückt halten und `esc` tippen, um das Dialogfenster *Programme sofort beenden* aufzurufen. Darin können Sie das Programm auswählen und den Knopf *Sofort beenden* drücken.

Einen Tastaturkurzbefehl verwenden

Folgendes funktioniert vielleicht, wenn das Programm einfach nicht beendet werden kann. Aber bedenken Sie, dass das Programm dabei beendet wird, ohne die Möglichkeit zu bieten, Daten zu sichern: Klicken Sie auf das Docksymbol des Programms, und halten Sie dann drei Sekunden lang ⇧+⌥+⌘+`esc` gedrückt. Sie werden sofort merken, ob es funktioniert hat, denn das Programm wird verschwinden.

Neustart des Rechners erzwingen

Wenn das nicht funktioniert und der Rechner einfach nicht mehr reagiert, besteht möglicherweise die einzige Lösung darin, den Rechner neu zu starten. Halten Sie `ctrl` und ⌘ gedrückt, und drücken Sie den Einschaltknopf, dann wird Ihr Rechner zum Ausschalten gezwungen. Doch beachten Sie, dass Sie keine Möglichkeit bekommen, Daten zu sichern, obwohl OS X im Übrigen korrekt herunterfährt, wobei es vermeidet, dass Systemdateien beschädigt werden. Drücken Sie den Einschaltknopf nach dem Ausschalten erneut, um neu zu starten.

Wenn das nicht funktioniert, halten Sie den Einschaltknopf fünf Sekunden lang gedrückt. Das schaltet den Rechner sofort aus, daher werden Sie wieder keine Möglichkeit bekommen, offene Dateien zu sichern. Wegen dem zwar geringen, aber doch vorhandenen Risiko, dass dabei Systemdateien beschädigt werden, sollte diese Methode nur als letzter Ausweg betrachtet werden, wenn nichts anderes funktioniert.

120 Wandeln Sie ein Bild in der Zwischenablage in eine Datei um

Wenn Sie ein Bild von einer Webseite oder aus einem Dokument kopiert haben und es in eine Datei umwandeln wollen, öffnen Sie einfach *Vorschau* (*Finder* → *Programme* → *Vorschau*) und wählen danach *Ablage* → *Neu* aus der Zwischenablage. Damit wird eine neue Datei aus dem Bild erstellt. Wählen Sie *Ablage* → *Sichern*, um die Datei im gewünschten Format zu sichern: Wählen Sie das Format aus der Aufklappliste *Format* im *Sichern-unter*-Dialogfenster.

121 Springen Sie mithilfe der Tastatur auf dem Schreibtisch umher

Während Sie am Rechner arbeiten, kann der Griff zur Maus die Konzentration stören. Glücklicherweise ist es meistens möglich, sich mithilfe der Tastatur auf dem Schreibtisch zu bewegen.

Das Hauptmenü aktivieren

Um das Menü zu aktivieren, drücken Sie [ctrl]+[F2] (auf mobilen Macs oder Macs mit Apple Wireless Keyboard müssen Sie [Fn]+[ctrl]+[F2] drücken). Sie können dann von Menü zu Menü gelangen, indem Sie die Pfeiltasten nach links/rechts verwenden, und Sie können ein Menü mit der Pfeiltaste nach unten öffnen. Mit [↵] wählen Sie einen Eintrag aus.

Das Dock aktivieren

[ctrl]+[F3] (oder [Fn]+[ctrl]+[F3]) bewirkt dasselbe für das Dock. Verwenden Sie die Pfeiltasten nach links/rechts, um die Auswahl zu ver-

schieben, die Eingabetaste, um ein Programm zu starten oder zu einem umzuschalten, und drücken Sie die Pfeiltaste nach oben, um das Kontextmenü zu öffnen (das Sie auch sehen, wenn Sie einen Sekundärklick auf das Dock ausführen).

122 Erstellen Sie E-Mail-Verknüpfungen

Dieser feine Trick ist für alle, die derselben Person häufig E-Mails schreiben und gerne eine Verknüpfung auf dem Schreibtisch hätten, die per Doppelklick sofort eine neue Nachricht erstellt, die an diese Person adressiert ist.

Die Verknüpfung muss nicht auf dem Schreibtisch liegen. Sie könnten einen Ordner anlegen, der voll von diesen E-Mail-Verknüpfungen ist, und über den Finder auf ihn zugreifen. Oder Sie könnten sie in die Symbolleiste oder in die Seitenleiste eines Finder-Fensters ziehen, um eine Ein-Klick-Verbindung zu erstellen.

Eine Verknüpfung mithilfe des Adressbuches erstellen

Wenn die Adresse im Programm *Adressbuch* (*Finder → Programme → Addressbuch*) oder in einem Web- oder Textdokument steht, wählen Sie sie einfach aus und ziehen sie auf den Schreibtisch. Dadurch wird eine Mail-to-Datei erstellt. Unglücklicherweise ist es nicht möglich, solche Adressen aus den E-Mail-Headern aus *Mail* herauszuziehen, obgleich die Methode bei jeder Adresse, die im Haupttext einer Mail erwähnt wird, per Anklicken und Herausziehen funktioniert.

Eine Verknüpfung mithilfe von TextEdit erstellen

Wenn Sie die E-Mail-Adresse im Adressbuch oder online nicht finden können, öffnen Sie einfach ein leeres Dokument in TextEdit (*Finder → Programme → TextEdit*), schreiben die Adresse in eine neue Zeile, wählen sie danach aus und ziehen sie auf den Schreibtisch. Das sollte dann auf dieselbe Weise funktionieren wie bei den anderen beschriebenen Verknüpfungsmethoden.

123: Überprüfen Sie die Garantie Ihres Mac

Sie können die Regelungen für Service und Reparatur Ihres Mac und all Ihrer übrigen Apple-Hardware ganz leicht auf der Website von Apple überprüfen.

Den eingebauten Garantieprüfer verwenden

Um die Einzelheiten der Garantie für Ihren Mac zu überprüfen, klicken Sie das Apfelmenü an und wählen dann *Über diesen Mac*. In dem Dialogfenster, das daraufhin erscheint, klicken Sie auf den Knopf *Weitere Informationen*, und in dem eingeblendeten Programmfenster klicken Sie auf den Reiter *Service*. Klicken Sie danach auf den Link *Meinen Anspruch auf Service- und Support prüfen*.

Die Details anderer Apple-Hardware überprüfen

Sie können auch die Garantiedetails anderer Apple-Hardware wie iPhones, iPads und iPods überprüfen. Zuerst müssen Sie die Seriennummer der Hardware finden. Das funktioniert unterschiedlich, doch die folgende Webseite erklärt das Vorgehen ausführlich: http://support.apple.com/kb/HT1349.

Öffnen Sie dann einen Webbrowser, und besuchen Sie https://selfsolve.apple.com/GetWarranty.do. In das Texteingabefeld *Hardwareseriennummer* geben Sie die Seriennummer Ihres Geräts ein. Prüfen Sie, dass die Aufklappliste *Land* Ihren Aufenthaltsort zeigt, dann klicken Sie auf den Knopf *Weiter*.

Auf der Seite, die daraufhin erscheint, klicken Sie auf den Link *Service- und Support-Anspruch anzeigen*.

124: Sperren Sie zur Sicherheit den Bildschirm

Sie können Ihren Mac so einstellen, dass er auf Anforderung einen leeren Bildschirm zeigt oder den Bildschirmschoner startet. Wenn Sie auch eine Kennwortabfrage einblenden lassen, sobald die Maus bewegt oder eine Taste gedrückt wird, verhindern Sie auf effektive Weise, dass der Rechner bis zu Ihrer Rückkehr verwendet wird. Zusätzlich wird niemand im Vorübergehen Ihre Bildschirminhalte sehen können.

Kennwortgeschützten Ruhezustand einrichten

Damit die Bildschirmsperrung wirksam werden kann, müssen Sie zuerst den Kennwortschutz aktivieren: Öffnen Sie die Systemeinstellungen (*Apfelmenü → Systemeinstellungen*), und klicken Sie auf das Einstellungsfeld *Sicherheit*. Prüfen Sie, dass der Reiter *Allgemein* ausgewählt ist. Dann setzen Sie den Haken vor *Kennwort erforderlich sofort nach Beginn des Ruhezustands oder Bildschirmschoners*.

Mit einem Tastaturkurzbefehl sperren

Um den Bildschirm schnell mithilfe der Tastatur zu sperren, halten Sie ⇧ und ⌃ gedrückt und drücken die Auswurftaste (oben rechts auf der Tastatur oder oben rechts im Haupttastenfeld auf erweiterten Tastaturen).

Über ein Menüsymbol sperren

Eine wenig bekannte Möglichkeit, den Bildschirm zu sperren, ist die Verwendung einer Funktion des Programms *Schlüsselbundverwaltung* auf Ihrem Mac, das für gewöhnlich Kennwörter und Sicherheitszertifikate für Ihren Mac verwaltet. Starten Sie das Programm (*Finder → Programme → Dienstprogramme → Schlüsselbundverwaltung*), und wählen Sie *Einstellungen* aus dem Anwendungsmenü. Nachdem Sie geprüft haben, dass der Reiter *Allgemein* ausgewählt ist, setzen Sie einen Haken vor *Schlüsselbundstatus in der Menüleiste anzeigen*.

Nun sehen Sie ein Vorhängeschloss-Symbol oben rechts auf dem Bildschirm in der Nähe der Zeitanzeige. (Sie können die Schlüsselbundverwaltung jetzt beenden, denn wir brauchen sie nicht mehr.) Ein Klick auf das Vorhängeschloss blendet ein Menü ein, das den Eintrag *Bildschirm schützen* enthält.

Um das Vorhängeschloss-Symbol irgendwann wieder zu entfernen, halten Sie ⌘ gedrückt und ziehen das Symbol einfach auf den Schreibtisch. Sobald Sie die Maustaste loslassen, wird es verschwinden.

Über eine Bildschirmecke sperren

Sie können Ihren Mac auch so einstellen, dass, wenn Sie den Mauszeiger in eine bestimmte Bildschirmecke ziehen, entweder der Ruhezustand eingeleitet wird, der die Sperrung des Bildschirms bewirkt, oder dass der Bildschirmschoner gestartet wird. Öffnen Sie die Systemeinstellungen (*Apfelmenü → Systemeinstellungen*), und klicken Sie auf das Einstellungsfeld *Mission Control*. Danach klicken Sie auf den Knopf *Aktive Ecken*. Klicken Sie auf die Aufklappliste neben der Ecke, die Sie verwenden möchten, und wählen Sie entweder *Ruhezustand für Monitor* oder *Bildschirmschoner ein*. Danach klicken Sie auf den Knopf *OK*.

125 Öffnen Sie eine Datei, an der Sie arbeiten, in einem anderen Programm

Angenommen, Sie optimieren gerade ein Foto in *Vorschau* und entscheiden, nun doch die volle Leistung von Adobe Photoshop nutzen zu wollen.

Werfen Sie einen Blick auf die Titelleiste von *Vorschau*. Sie sehen den Namen der Datei, an der Sie gerade arbeiten. Links davon befindet sich ein kleines Symbol, das die Datei repräsentiert. Man nennt es das Proxy- oder Stellvertretersymbol. Klicken Sie es an, und halten Sie es ein paar Sekunden geklickt. Dann ziehen Sie das Symbol auf das Photoshop-Symbol in Ihrem Dock oder auf das Photoshop-Symbol im Ordner *Programme*. Die aktuellste Version der Datei wird in Photoshop geöffnet. (Mehr über Versionen erfahren Sie in *OS X Lion erforschen: Automatische Sicherung und Versionen*, auf Seite 178.)

Sie tun gut daran, *Vorschau* zu schließen. Ansonsten wird der Versuch, die Datei in Photoshop zu schließen, die Fehlermeldung hervorrufen, dass die Datei gerade verwendet wird.

Anstatt das Proxysymbol auf das Docksymbol zu ziehen, können Sie auch ⌘+⇥ drücken, um den Programmumschalter aufzurufen, und das Proxysymbol auf das Programmsymbol in der Anzeige des Programmumschalters ziehen.

Beachten Sie, dass Sie bei einigen älteren Programmen, die vor dem Erscheinen von OS X Lion erstellt wurden (also vor Mitte 2011) vor dem Ziehen erst die Datei sichern müssen, sonst funktioniert es nicht.

Mac für Linux/Unix-Anwender

Mac OS X ist eine Version von Unix und ein POSIX-konformes Betriebssystem. Das Herz von Mac OS X einschließlich des Kernels wird *Darwin* genannt und wurde aus der *Berkeley Software Distribution* (BSD) entwickelt.

Im Ordner *Dienstprogramme* des *Programme*-Ordners finden Sie ein Terminalprogramm, das Ihnen eine BASH-Kommandozeile zur Verfügung stellt, obgleich verschiedene andere Shells verfügbar sind, wie sch, ksh, zsh und so weiter. Jede kann wie üblich über ihren Namen aufgerufen werden. Anwender können ihre Standardshell ändern, indem sie die *Systemeinstellungen* öffnen, *Benutzer & Gruppen* öffnen, das Schloss der Systemeinstellungen öffnen, einen Sekundärklick auf ihren Anwendernamen in der Liste auf der linken Seite ausführen und dann *Erweiterte Optionen* auswählen. Sie können nun aus der Aufklappliste *Anmelde-Shell* auswählen.

Viele aktuelle Linux/Unix-Open-Source-Technologien sind in der Standardinstallation von Mac OS X enthalten. So sind beispielsweise die Programmiersprachen Python, Ruby und Perl vorhanden, ebenso wie die Webserver-Software Apache. Das X-Window-System, das für die meisten Unix/Linux-GUI-Programme benötigt wird, ist in OS X eingebaut. Sie können es auf die übliche Weise starten, indem Sie den Befehl startx eingeben oder indem Sie auf seinen Eintrag im Ordner *Dienstprogramme* doppelklicken, den Sie über den Finder im *Programme*-Ordner finden..

Eine Standardinstallation von Mac OS X kann zu einer vollständigeren Unix-Implementation über MacPorts oder Fink erweitert werden.[8] Der Befehl chflags kann dazu verwendet werden, im Finder die normalerweise verborgene Unix-Dateisystemhierarchie anzuzeigen: Öffnen Sie ein Terminalfenster, und geben Sie Folgendes ein: sudo chflags -h nohidden /*.

126 So bekommen Sie PDFs in den Griff

Vorschau ist das überaus fähige Bildbetrachtungsprogramm des Mac, und es stellt auch PDFs dar. Sie finden es in der Liste der Programme im Finder. Doch das ist erst der Anfang dessen, was es kann, wenn es um PDF-Dateien geht.

---

[8] http://www.macports.org und http://www.finkproject.org, in dieser Reihenfolge

PDFs mit Anmerkungen versehen

In *Vorschau* sind recht hoch entwickelte Anmerkungsfunktionen eingebaut, die Sie verwenden können, um zu einer PDF-Datei Notizen oder Markierungen hinzuzufügen. Werfen Sie einen Blick in das Menü *Werkzeuge* → *Anmerken*. Sobald Sie eine Auswahl getroffen haben, klicken und ziehen Sie irgendwo auf der Seite, um die Anmerkung hinzuzufügen.

Sie können die Anmerkungsleiste einblenden, indem Sie auf das Stiftsymbol in der normalen Symbolleiste klicken. Die Anmerkungsleiste bietet schnelleren Zugang zu Anmerkungsfunktionen und außerdem Zugriff auf einige Funktionen, die nicht im Menü aufgeführt sind – siehe Tipp 262, *Fügen Sie mithilfe von Vorschau Dokumenten Ihre Unterschrift hinzu*, auf Seite 273.

PDFs zusammenfügen

Um zwei oder mehr PDFs zusammenzufügen, öffnen Sie die erste PDF-Datei in *Vorschau* und vergewissern sich, dass die Miniaturleiste sichtbar ist (*Darstellung* → *Miniaturen*). Suchen Sie im Finder die zweite PDF-Datei, die Sie mit der ersten zusammenfügen möchten, und ziehen Sie sie auf die Miniaturleiste der ersten PDF-Datei in der Seitenleiste von *Vorschau*. Ein Beispiel sehen Sie in Abbildung 23. Sie können das neue Dokument irgendwo in die Seitenfolge der ersten Datei einfügen – die bestehenden Seiten werden zur Seite gleiten und eine Lücke für Sie bereitstellen, in die Sie die neue Datei ziehen können.

Sobald die beiden Dokumente verbunden sind, können Sie beliebige Seiten neu anordnen – alte und neue gleichermaßen –, indem Sie sie in der Seitenleiste anklicken und ziehen. Wenn Sie ein Multi-Touch-Trackpad haben, können Sie die Seiten drehen, indem Sie die übliche Geste zum Bilderdrehen verwenden – platzieren Sie den Mauszeiger zuvor unbedingt über der fraglichen Seite oder über der Miniatur dieser Seite.

Beachten Sie, dass Sie noch weitere PDFs per Drag & Drop zur Miniaturleiste hinzufügen können – das Zusammenfügen ist nicht auf zwei Dateien beschränkt.

Wenn Sie fertig sind, klicken Sie auf *Ablage* → *Export* und geben dem zusammengefügten Dokument einen neuen Namen. Geben Sie acht: Ein einfaches Sichern der Datei überschreibt die Original-PDF-Datei, die Sie zum Zusammenfügen ausgewählt haben.

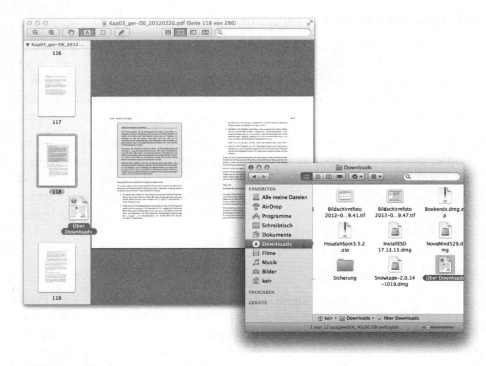

Abbildung 23: Eine PDF-Datei mit einer anderen zusammenfügen

Bilder zu PDFs hinzufügen

Sie können einem Dokument auch Bilder hinzufügen; wiederum ziehen Sie sie einfach auf die Miniaturleiste (*Darstellung → Miniaturen*), genauso wie oben beschrieben. Jedem Bild wird eine neue Seite zugewiesen. Es ist mit *Vorschau* nicht möglich, Bilder in eine bereits bestehende Seite einzufügen, auch wenn die Unterschriften-Funktion inoffiziell dazu verwendet werden kann, handgemalte Zeichnungen einzufügen – siehe Tipp 202, *Fügen Sie PDF-Dateien handgemalte Zeichnungen hinzu*, auf Seite 224.

Wenn Sie wissen möchten, wie man aus Bildern eine neue PDF-Datei erstellt, lesen Sie Tipp 219, *Konvertieren Sie eine Reihe von Bildern in eine PDF-Datei*, auf Seite 234.

Eine PDF-Datei mit einem Kennwort schützen

Sie können eine PDF-Datei so verschlüsseln, dass ein Kennwort benötigt wird, um sie zu öffnen. Dazu öffnen Sie die PDF-Datei in *Vorschau* und wählen *Ablage → Exportieren*. Vergewissern Sie sich, dass in dem

Einblendfenster in der Aufklappliste *Format* der Eintrag *PDF* ausgewählt ist. Danach setzen Sie einen Haken vor *Verschlüsseln* und geben darunter ein Kennwort ein (schreiben Sie es zur Bestätigung erneut ins Feld *Bestätigen*).

Beachten Sie, dass der Schutz sehr einfach ist, verglichen mit dem, was Sie vielleicht von Programmen wie Adobe Acrobat[9] gewöhnt sind – es gibt keine Möglichkeit, PDFs so zu schützen, dass beispielsweise das Kopieren von Text oder Bildern verboten ist. Der Kennwortschutz schützt das Dokument lediglich davor, geöffnet zu werden. Sobald es offen ist, kann der Anwender mit der Datei tun, was immer er oder sie möchte. Dazu gehört auch, eine unverschlüsselte Kopie zu sichern.

127 Bearbeiten Sie Filme im QuickTime Player

Der *QuickTime Player* ist das mit dem Mac gelieferte Filmabspielprogramm – Sie finden es im Ordner *Programme* im Finder.

Filme trimmen

Der QuickTime Player ist genau genommen eine abgespeckte Version des (nicht kostenlosen) *QuickTime Pro*, doch er ist für sich selbst genommen schon sehr leistungsfähig. So können Sie beispielsweise Filme im QuickTime Player bearbeiten – zumindest auf ganz einfache Weise, und zwar wie folgt:

1. Öffnen Sie den Film im QuickTime Player, und wählen Sie *Bearbeiten → Trimmen*. Die Zeitleiste verändert sich nun zu einer Rahmenansicht des Films, umgeben von einem gelben Rahmen – siehe Abbildung 24.

2. Klicken Sie diesen Rahmen an, und ziehen Sie ihn auf der rechten und linken Seite, um Material am Anfang und am Ende abzuschneiden. (Leider ist es nicht möglich, Abschnitte mitten im Film wegzuschneiden. Zu diesem Zweck benötigen Sie ein höher entwickeltes Bearbeitungsprogramm wie iMovie.[10] Allerdings können Sie Filmclips zusammenfügen – siehe den folgenden Abschnitt.)

---

9 http://www.adobe.com/products/acrobat.html
10 http://www.apple.com/ilife/imovie

3. Möchten Sie die Audiospur der Datei sehen, wählen Sie *Darstellung* → *Audiospur* einblenden. Dadurch schaltet die Frame-Ansicht auf eine Ansicht um, die die Audiowellen grafisch anzeigt, sodass Sie die Datei vielleicht auf der Basis von leisen oder lauten Abschnitten bearbeiten können.

4. Sobald Sie fertig sind, klicken Sie den Knopf *Trimmen*.

Abbildung 24: Eine Filmdatei trimmen

Zwei oder mehr Filme zusammenfügen

Sie können zwei oder mehr Filme zu einer Datei zusammenfügen. Dazu öffnen Sie den ersten Film im QuickTime Player, suchen den nächsten im Finder und befördern ihn per Drag & Drop auf das QuickTime-Player-Fenster. Er wird unten in der Zeitleistenansicht als separater Clip erscheinen, und Sie können ihn an den Anfang oder an das Ende der bestehenden Filmdatei ziehen. Sie können weitere Clips auf dieselbe Weise hinzufügen und sie durch Ziehen neu positionieren. Wenn Sie fertig sind, klicken Sie auf den Knopf *Fertig*. Danach schließen Sie die Datei, damit das Dialogfenster *Sichern* eingeblendet wird.

Einen bearbeiteten Film sichern

Wenn Sie mit dem Trimmen oder Zusammenfügen der Filmdateien fertig sind, wählen Sie *Ablage → Schließen*. Daraufhin erscheint ein Dialogfenster mit der Frage, ob Sie die Datei sichern wollen. Leider ist es nicht möglich, die Datei einfach in ihrem ursprünglichen Dateiformat zu sichern. Stattdessen muss sie in ein Apple-kompatibles Format exportiert werden. Am sichersten ist es, wenn Sie in dem Dialogfenster die Option *720p* aus der Aufklappliste *Format* wählen – es sei denn, Sie wissen, dass der Film kleinere Frames hat. Die Option *720p* wird die vorhandene Auflösung des Films beibehalten, vorausgesetzt, der Frame ist nicht größer als 1280 x 720 Pixel, doch sie rechnet einen Film mit 1080p herunter. (Um einen Film mit 1080p zu bearbeiten, benötigen Sie eine professionellere Lösung wie iMovie, wie bereits oben erklärt.)

128 Werfen Sie eine stecken gebliebene Disk aus dem CD/DVD-Laufwerk aus

Die meisten Macs haben keine eingebaute Auswurftaste am DVD-Laufwerk. Stattdessen müssen die Anwender die Auswurftaste auf der Tastatur drücken, die sich für gewöhnlich oben rechts befindet.

Aus verschiedenen Gründen vergessen Macs manchmal, dass sie eine Disk im Laufwerk haben, und in diesen Fällen funktioniert die Auswurftaste nicht. Eine Lösung besteht darin, den Mac neu zu starten und die Maus- oder Trackpadtaste zu drücken, noch bevor das Apple-Logo eingeblendet wird oder der Startakkord ertönt. Innerhalb von Sekunden wird die Disk ausgespien, und Sie können die Maustaste loslassen. Der Startvorgang wird danach normal fortgeführt.

Sie können auch versuchen, das Auswerfen zu erzwingen, während OS X läuft, indem Sie das *Auswerfen*-Menüsymbol verwenden – siehe Tipp 93, *Fügen Sie eine Auswurftaste hinzu*, auf Seite 117.

129 Bringen Sie widerspenstige zweite Monitore zum Laufen

Ihr Mac kann angeschlossene Monitore automatisch erkennen und konfigurieren. Doch manchmal kann es vorkommen, dass Ihr Mac den zweiten Monitor nicht erkennt. Das merken Sie daran, dass der neu angeschlossene Bildschirm nichts anzeigt.

Um den Mac dazu zu bringen, alle angeschlossenen Bildschirme zu erkennen, öffnen Sie die Systemeinstellungen (*Apfelmenü → Systemeinstellungen*) und klicken auf das Einstellungsfeld *Monitore*. Danach klicken Sie auf den Knopf *Monitore erkennen* unten rechts.

Wenn das nicht funktioniert, versuchen Sie, die Hardware-Einstellungen Ihres Mac zurückzusetzen – siehe Tipp 81, *Setzen Sie die Hardware-Einstellungen Ihres Mac zurück*, auf Seite 106.

130 Verwenden Sie mit einem Trackpad den schnellen Vor- oder Rücklauf in Filmen

Haben Sie einen Mac mit Multi-Touch-Trackpad? Möchten Sie in Filmen einen schnellen Rück- oder Vorlauf verwenden? „Scrollen" Sie einfach nach links oder rechts, während der Mauszeiger auf dem Filmfenster platziert ist, um den schnellen Rück- und Vorlauf zu aktivieren. (Legen Sie dazu zwei Finger aneinander, und ziehen Sie sie auf dem Trackpad nach links oder rechts.) Sie werden oben links eine Anzeige eingeblendet sehen, die die Wiedergabegeschwindigkeit anzeigt. Um wieder zur normalen Wiedergabegeschwindigkeit zurückzukehren, heben Sie einfach Ihre Finger vom Trackpad ab.

131 Nehmen Sie ein Bildschirmfoto auf

Ihr Mac verfügt über eine sehr leistungsfähige Bildschirmaufzeichnungsfunktion, auf die Sie auf verschiedene Weise zugreifen können.

Tastaturkurzbefehle verwenden

Ein Bildschirmfoto nehmen Sie am einfachsten auf, indem Sie ⇧+⌘+3 drücken. Dabei wird ein Bild auf dem Schreibtisch abgelegt. Spielen Sie allerdings gerade einen DVD-Film ab, müssen Sie damit rechnen, dass das DVD-Film-Fenster leer sein wird, weil Filme urheberrechtlich geschützt sind.

Wenn Sie einen bestimmten Bereich des Bildschirms aufnehmen möchten, drücken Sie stattdessen ⇧+⌘+4. Der Mauszeiger wird zu einem Fadenkreuz, und Sie können durch Klicken und Ziehen einen Bereich definieren, von dem ein Bildschirmfoto aufgenommen und auf dem Schreibtisch abgelegt wird. Wenn Sie beim Ziehen die `Leertaste` gedrückt halten, ohne die Maustaste loszulassen, können Sie den Bildschirmfotorahmen neu positionieren. Drücken Sie `esc`, um die Aufnahme abzubrechen.

Um ein bestimmtes Programmfenster aufzunehmen, drücken Sie einmal die Leertaste nach dem Tastaturkurzbefehl. Nach `⇧`+`⌘`+`4` drücken Sie also `Leertaste`. Klicken Sie dann das Fenster an, das Sie aufnehmen möchten. Es spielt keine Rolle, falls es sich hinter einem anderen Fenster befindet – es wird trotzdem in seiner unverhüllten Ganzheit aufgenommen.

Lesen Sie hierzu auch Tipp 23, *Speichern Sie eine Bildschirmkopie in der Zwischenablage statt in einer Datei*, auf Seite 39, und Tipp 65, *Kontrollieren Sie verborgene Bildschirmfoto-Einstellungen*, auf Seite 88.

Das Bildschirmfoto-Programm verwenden

Wenn Ihnen die Tastaturkurzbefehle zu verwirrend sind, können Sie das Programm *Bildschirmfoto* verwenden, das im Ordner *Dienstprogramme* des *Programme*-Ordners im Finder liegt. Sobald das Programm läuft, wählen Sie den gewünschten Eintrag aus dem Menü *Foto*. Das Programm *Bildschirmfoto* eröffnet Ihnen auch die Möglichkeit, ein Bildschirmfoto erst aufzunehmen, nachdem zehn Sekunden verstrichen sind – wählen Sie einfach die Option *Selbstauslöser* im Menü *Foto*.

Außerdem können Sie nach einem Klick auf das Anwendungsmenü und den Eintrag *Einstellungen* wählen, ob Sie eines der verschiedenen Mauszeiger-Bilder auf dem Bildschirmfoto einblenden möchten (normalerweise werden Mauszeiger ausgeblendet). Wählen Sie einfach den Mauszeiger, der Sie interessiert, schließen Sie das Dialogfenster *Einstellungen*, und nehmen Sie danach ein Bildschirmfoto mit einer der Menüoptionen auf, wie zuvor beschrieben. Während der Aufnahme wird sich der Mauszeiger zu dem verändern, den Sie ausgewählt haben.

Das Programm *Bildschirmfoto* kann nur Bilder im TIFF-Format aufnehmen.

Vorschau verwenden

In den Allzweckbildbetrachter des Mac, *Vorschau*, sind ebenfalls Bildschirmfotofunktionen eingebaut. Der Vorteil bei der Verwendung von *Vorschau* besteht darin, dass Sie das Bild nach der Aufnahme beschneiden, bearbeiten oder mit Anmerkungen versehen können. Sie können Bilder aus *Vorschau* heraus auch in einer Vielzahl von Formaten sichern.

Starten Sie einfach das Programm *Vorschau* (*Finder → Programme → Vorschau*). Danach klicken Sie das Menü *Ablage → Bildschirmfoto aufnehmen* an und wählen aus den Optionen. Das aufgenommene Bild wird in *Vorschau* erscheinen, als wäre es eine Bilddatei, die Sie gerade mit einem Doppelklick geöffnet haben. Sie können es mit Anmerkungen versehen, indem Sie *Werkzeuge → Anmerken* wählen. Um es zu sichern, wählen Sie *Ablage → Sichern*. Wählen Sie das Bildformat, das Sie verwenden möchten, in dem Einblendfenster aus der Aufklappliste *Format* aus.

132 Wie Sie ein Software-Update dauerhaft ignorieren

Meiner Erfahrung nach gibt es ungefähr alle paar Monate ein neues Update für meinen Mac. Oft handelt es sich dabei um ein iTunes-Update, und auf einem meiner Rechner verwende ich diese Software einfach gar nicht. Deshalb ist es sinnlos, Zeit auf den Download eines Updates dafür zu verwenden.

Um zu vermeiden, dass ich immer wieder wegen des Updates genervt werde, wähle ich es einfach aus der Liste der Software-Updates aus und drücke die Löschtaste. Dadurch wird es aus der Liste entfernt.

Sollten Sie irgendwann Ihre Meinung ändern, klicken Sie einfach das Anwendungsmenü an und wählen *Ignorierte Updates zurücksetzen*.

Beachten Sie, dass Sie Sicherheits- oder größere Betriebssystem-Updates nicht ausblenden sollten. Diese sollten immer installiert werden, ganz egal, wie lange es dauert. Um zu erfahren, wie man Update-Dateien zur manuellen Installation auf mehr als einem Rechner herunterladen kann, was Zeit sparen kann, wenn Sie mehr als einen Mac haben, lesen Sie Tipp 166, *Laden Sie Software-Updates herunter, und behalten Sie die Dateien*, auf Seite 190.

133 | Erstellen Sie ein Schriftmusterdokument

Wenn Sie viele Zeichensätze im System installiert haben, kann es eine Hilfe sein, ein Schriftmusterdokument zu erstellen, das sie alle zeigt. Viele professionelle Grafiker sind auf ganze Ordner voll solcher gedruckter Schriftmuster angewiesen.

Mit ein paar AppleScripts können Sie das erledigen. Beginnen Sie, indem Sie das Programm *Schriftsammlung* öffnen, das auf dem Mac die Zeichensätze verwaltet (*Finder → Programme → Schriftsammlung*). Wählen Sie irgendeinen oder alle Zeichensätze aus, die in dem Schriftmusterdokument enthalten sein sollen. Danach öffnen Sie ein Finder-Fenster, drücken ⇧+⌘+G und tippen /Library/Scripts/Font Book. Doppelklicken Sie auf *Create Font Sample.scpt*. Dadurch öffnet sich das Skript im AppleScript-Editor, doch keine Sorge: Sie müssen lediglich auf den grünen Knopf *Ausführen* in der Systemleiste des Programms drücken. Daraufhin öffnet sich ein TextEdit-Dokument, und langsam, aber sicher wird es mit Schriftmustern eines jeden Zeichensatzes gefüllt, den Sie ausgewählt haben. Sobald das beendet ist, beenden Sie den AppleScript-Editor und sichern und/oder drucken dann das neue TextEdit-Dokument ganz nach Ihren Erfordernissen.

134 | Sehen Sie unverzüglich die Handbuchseite eines Befehls ein

Um im Terminal die Handbuchseite (*man page*) eines beliebigen Befehls an der Eingabeaufforderung zu sehen, führen Sie einen Sekundärklick auf den Befehl aus und wählen *man-Seite öffnen* aus dem Menü, das daraufhin erscheint.

135 | Vervollständigen Sie Wörter automatisch

Hatten Sie auch schon einmal so einen Tag, an dem Sie einfach nicht richtig schreiben konnten? Nun, in diesem Fall müssen Sie nur die ersten paar Buchstaben eines Wortes eingeben und die Taste esc drücken. Daraufhin wird ein Aufklappmenü eingeblendet, das eine ganze

Menge Vorschläge bereithält – siehe Abbildung 25. Dann verwenden Sie die Pfeiltasten, um das korrekte Wort auszuwählen, und drücken ⏎, um es einzusetzen. Drücken Sie erneut esc, um die Liste zu schließen, wenn Sie keine der Optionen auswählen möchten.

Abbildung 25: Die Autovervollständigung von OS X verwenden

Dieser Tipp funktioniert in den meisten der mit OS X gelieferten Programmen, wie TextEdit oder Safari, aber nicht in Microsoft Office.

Beachten Sie, dass Sie in manchen Programmen, in denen esc wie im Suchfeld von Safari bereits einer Funktion zugeordnet ist, entweder F5 (fn + F5 auf MacBooks und auf dem Apple Wireless Keyboard) oder ⌥ + esc drücken müssen, damit die Wortliste erscheint.

> **136** Stellen Sie das Dock so ein, dass es nur laufende Programme zeigt

Das Dock ist dazu gedacht, als Startprogramm für Anwendungen zu dienen, doch es kann auch in einen anderen Modus geschaltet werden,

136: Stellen Sie das Dock so ein, dass es nur laufende Programme zeigt ◀

der nur die Programme anzeigt, die momentan laufen. Das kann das Mac-Erlebnis für manche Benutzer erheblich vereinfachen.

In den einfachen Modus schalten

Um das Dock in den einfachen Modus zu schalten, öffnen Sie ein Terminalfenster (*Finder → Programme → Dienstprogramme → Terminal*) und geben die folgende Zeile ein:

```
defaults write com.apple.dock static-only -bool TRUE;killall Dock
```

Die Änderungen werden sofort übernommen. Beachten Sie, dass der Finder im Dock immer angezeigt wird. Der Finder läuft ständig im Hintergrund, und unter normalen Umständen kann er nicht beendet werden.

Programmstarter auf dem Schreibtisch erstellen

Sobald das eingerichtet ist, müssen Sie freilich einen anderen Weg finden, um Programme zu starten, wenn Sie nicht jedes Mal den Finder öffnen und Ihre Programmliste durchsehen wollen. Eine Möglichkeit, das zu tun, ist die Erstellung von Aliasdateien Ihrer wichtigsten Programme auf dem Schreibtisch; so arbeiten in der Regel die Windows-Anwender: Ziehen Sie einfach ein Symbol aus der Programmliste auf den Schreibtisch, und halten Sie dabei ⌥+⌘ gedrückt, bevor Sie die Maustaste loslassen.

Sie können auch Programmverknüpfungen in Finder-Fenstern ergänzen – siehe Tipp 74, *Machen Sie den Finder zum Mittelpunkt Ihrer Produktivität*, auf Seite 99.

Zum ursprünglichen Dock zurückkehren

Um wieder zur Dock-Standardeinstellung zurückzukehren, öffnen Sie ein Terminalfenster und geben folgende Zeile ein:

```
defaults delete com.apple.dock static-only;killall Dock
```

Nun sollten Sie feststellen können, dass Ihr Mac nicht vergessen hat, welche Symbole zuvor im Dock waren.

137 | Fügen Sie dem Dock einen Benutzte-Objekte-Stapel hinzu

Macs merken sich, welche Programme und Dokumente zuletzt geöffnet waren (klicken Sie auf das Apfelmenü, dann auf *Benutzte Objekte*). Sie können diese Liste auch dem Dock als Stapel neben den anderen Stapeln auf der rechten Seite nahe dem Papierkorb hinzufügen. Das erlaubt ultraschnellen Zugriff.

Einrichtung

Dazu öffnen Sie ein Terminalfenster (*Finder → Programme → Dienstprogramme → Terminal*) und geben folgende einzelne Zeile ein, wobei Sie sicherstellen müssen, alles genau so wie beschrieben einzugeben:

```
defaults write com.apple.dock persistent-others -array-add '{ "tile-data" =
        { "list-type" = 1; }; "tile-type" = "recents-tile";}';killall Dock
```

Der neue Stapel wird neben dem Papierkorb erscheinen. In der Grundeinstellung zeigt er die Programme, auf die zuletzt zugegriffen wurde. Doch Sie können das auf die zuletzt benutzten Dokumente oder Server umschalten, indem Sie einen Sekundärklick auf den Stapel ausführen und aus der Liste auswählen.

Mehr Stapel hinzufügen und optimieren

Wenn Sie jeweils einen Stapel haben möchten – einen für benutzte Programme, einen für benutzte Dokumente und einen für benutzte Server beispielsweise –, dann geben Sie den obigen Befehl noch zweimal ein und wählen die Darstellungsoption durch Sekundärklick und Auswahl entsprechend aus dem Menü.

Um die Zahl der Einträge zu erhöhen bzw. zu verringern, die in dem Benutzte-Objekte-Stapel (oder in mehreren) vorhanden sind, ändern Sie die Einstellungen unter *Benutzte Objekte merken* im Einstellungsfenster *Allgemein* der Systemeinstellungen (*Apfelmenü → Systemeinstellungen*).

Die neuen Stapel entfernen

Um einen der neuen Stapel wieder zu entfernen, ziehen Sie sie einfach aus dem Dock heraus. Dann verschwinden sie in einer Rauchwolke.

138: Passen Sie die Auswahlfarbe für Mission Control an

Dies ist ein tiefer Eingriff, der Systemdateien verändert und daher alle Anwender des Systems betrifft. Wenn Sie die Anweisungen exakt befolgen, sollte es keine Probleme geben, doch Sie sollten sicherheitshalber zunächst ein Backup mit Time Machine durchführen.

In der Grundeinstellung zeigt Ihr Mac einen blauen Rahmen um jede Fenstervorschau an, über die Sie im Modus *Mission Control* mit Ihrer Maus schweben. Wenn Sie eine leuchtendere Farbe wie beispielsweise Gelb einstellen, können Sie die Auswahl leichter sehen, was besonders nützlich sein kann, wenn der Bildschirm nicht so hell eingestellt ist. Um die Auswahlfarbe für Mission Control zu ändern, folgen Sie diesen Anweisungen:

1. Öffnen Sie ein Finder-Fenster, drücken Sie ⇧+⌘+G und geben Sie das Folgende ein, bevor Sie den Knopf *Öffnen* anklicken: /System/Library/CoreServices.

2. Scrollen Sie nach unten, bis Sie ein Programm namens *Dock* sehen. Führen Sie einen Sekundärklick darauf aus, und wählen Sie *Paketinhalt zeigen*. Dadurch öffnen Sie ein neues Finder-Fenster, das die Dateien innerhalb des Programms *Dock* anzeigt.

3. Öffnen Sie in dem neuen Finder-Fenster den Ordner *Contents* und danach den Ordner *Resources*. Suchen Sie zwei Dateien: expose-window-selection-small.png und expose-window-selection-big.png. Ziehen Sie die beiden Dateien an einen sicheren Ort, wie beispielsweise Ihren Ordner *Dokumente*, um Kopien davon zu erstellen. Sie werden Ihnen als Backups der Originaldateien dienen, die Sie wiederherstellen können, falls Sie das wollen.

4. Zurück im Finder-Fenster, das die Inhalte des Dock-Pakets anzeigt, ziehen Sie die beiden Dateien auf den Schreibtisch. Dann öffnen Sie sie im Bildbearbeitungsprogramm Ihrer Wahl. Wenn Sie kein geeignetes Bildbearbeitungsprogramm haben, erklären die folgenden Schritte, wie Sie die Bilder in *Vorschau* öffnen. Lesen Sie sie durch, auch wenn Sie nicht *Vorschau* verwenden, um die Bilder anders einzufärben.

5. Führen Sie einen Doppelklick auf die Datei expose-window-selection-big.png aus, die sich in *Vorschau* öffnen wird. Wählen Sie im Programmfenster von *Vorschau Werkzeuge* → *Farbkorrektur*. In dem Fenster, das daraufhin erscheint, ziehen Sie die Schieberegler *Exposure*, *Kontrast*, *Sättigung*, *Temperatur*, *Färbung* und *Sepia*, bis Sie eine Farbe erhalten, mit der Sie zufrieden sind. Das ist keine exakte Wissenschaft – experimentieren Sie einfach, um zu sehen, was Sie erreichen können. Verändern Sie keinen der anderen Schieberegler!

6. Wenn Sie eine Veränderung vornehmen, sehen Sie wahrscheinlich eine Warnung, dass die Datei entsperrt werden muss. Das ist in Ordnung. Also klicken Sie, wenn Sie dazu aufgefordert werden, auf den Knopf *Schutz aufheben*. Sobald Sie Ihre Bearbeitung abgeschlossen haben, wählen Sie *Ablage* → *Eine Version sichern*, um die Datei zu sichern. Verändern Sie nicht den Dateinamen oder die Dateiart.

7. Wiederholen Sie die obigen Schritte mit der Datei expose-window-selection-small.png, und verändern Sie vor dem Sichern ihre Farbe, bis sie Ihnen gefällt. Wenn es Ihnen hilft, öffnen Sie die andere Datei, um denselben Farbton zu treffen.

8. Sobald Sie mit der Bearbeitung der Bilder fertig sind, suchen Sie die bearbeiteten Dateien auf dem Schreibtisch und ziehen sie auf das Finder-Fenster, das die Inhalte des Dock-Programmpakets anzeigt. Sie werden sofort von einem Dialogfenster darüber informiert, dass die Objekte nicht verschoben werden können, doch ein Klick auf den Knopf *Authentifizieren* wird das aufheben. Sie müssen allerdings Ihr Kennwort eingeben, wenn Sie dazu aufgefordert werden. Sie werden außerdem darüber informiert, dass Sie die bereits vorhandenen Dateien überschreiben, doch das ist ebenfalls in Ordnung. Also klicken Sie auf den Knopf *Ersetzen*.

9. Melden Sie sich daraufhin ab und wieder an, damit die Änderungen übernommen werden.

Um alles wieder so wie vorher einzurichten (also zu den ursprünglichen blauen Hervorhebungen in Mission Control zurückzukehren), wiederholen Sie die Anweisungen in den Schritten 1 bis 3, um die Inhalte des Ordners *Resources* im Dock-Programmpaket zu sehen, und ziehen die Backups der Originaldateien, die Sie in Schritt 3 erstellt haben, in das Finder-Fenster, das die Inhalte der Dock-Programmpakete anzeigt. Wieder müssen Sie sich durch die Eingabe Ihres Kennworts identifizieren. Melden Sie sich daraufhin ab und wieder an, damit die Änderungen übernommen werden.

> **139** So bekommen Sie schnell Zugriff auf die Werkzeuge der Systemeinstellungen

Dies ist eine Möglichkeit, schnell auf die Werkzeuge zuzugreifen, mit denen Sie die Systemkonfiguration verändern können.

Sekundärklick auf das Docksymbol

Wenn Sie die Systemeinstellungen im Dock haben, führen Sie einfach einen Sekundärklick darauf aus und wählen die Einstellung, die Sie suchen, aus der Einblendliste. Daraufhin werden die Systemeinstellungen gestartet, und diese bestimmte Einstellung wird geöffnet.

Wenn das Systemeinstellungsfenster bereits geöffnet ist, können Sie auch den Knopf *Alle einblenden* gedrückt halten, um diese Liste zu sehen und einen Eintrag auszuwählen.

Spotlight verwenden

Wenn Sie sich an den Namen der einzelnen Systemeinstellungsfenster erinnern (*Schreibtisch & Bildschirmschoner*, *Energie sparen*, *Netzwerk* usw.), können Sie ultraschnell über Spotlight auf sie zugreifen. Drücken Sie einfach ⌘+`Leertaste`, um das Texteingabefeld von Spotlight zu öffnen. Danach geben Sie den Namen ein, den Sie suchen. Bevor Sie mit dem Tippen fertig sind, sollten Sie das Gesuchte weit oben in der Ergebnisliste finden, wenn nicht sogar ganz oben. Wählen Sie es einfach aus, um die Systemeinstellungen mit diesem bestimmten Einstellungsfenster zu öffnen.

Funktionstasten verwenden

Wenn die Tastatur Ihres Mac ganz oben Funktionstasten hat, um die Lautstärke oder Helligkeit zu verändern oder um Mission Control zu aktivieren, können Sie auf das damit verbundene Einstellungsfeld der Systemeinstellungen schnell zugreifen, wenn Sie die Taste `⌥` gedrückt halten, bevor Sie die Kurztaste drücken.

Wenn Sie beispielsweise `⌥` gedrückt halten und den Lauter-Knopf drücken, öffnet sich in den Systemeinstellungen das Einstellungsfeld *Ton*. Halten Sie `⌥` gedrückt und drücken die Taste für Mission Control, öffnet sich das Einstellungsfeld *Mission Control* in den Systemeinstellungen. Drücken Sie `⌥` und eine der Tasten für die Tastaturbeleuchtung, öffnet sich das Einstellungsfeld *Tastatur*.

Besondere Systemeinstellungssymbole zum Dock hinzufügen

Wenn Sie merken, dass Sie ein bestimmtes Einstellungsfenster sehr oft verwenden, können Sie es auf der Seite vom Dock aufnehmen, die den Papierkorb enthält; Sie dürfen es nicht der anderen Seite vom Dock zuordnen, wo die Programmsymbole sind.

Dazu öffnen Sie ein Finder-Fenster, drücken ⇧+⌘+G und geben /System/Library/PreferencePanes ein. Dann klicken Sie auf *Öffnen*. In der Dateiliste, die daraufhin erscheint, ziehen Sie die Datei mit der Endung .prefPane, die Sie interessiert, direkt auf die rechte Seite des Docks.

Ein Klick auf das Symbol im Dock aktiviert nun die Systemeinstellungen, die dann gleich beim Start zu dem Einstellungsfeld springen.

Um das Docksymbol zu entfernen, ziehen Sie es einfach aus dem Dock. Dann verschwindet es.

140 Schalten Sie den Schreibtisch ab

Wenn Sie Ihren Mac dazu verwenden, eine Präsentation abzuhalten, möchten Sie möglicherweise nicht, dass jeder Ihren unaufgeräumten Schreibtisch sieht! In diesem Fall können Sie einen schnellen Befehl ausführen, der die Symbole auf Ihrem Schreibtisch versteckt.

Den Schreibtisch verstecken

Um den Schreibtisch vorübergehend auszuschalten, öffnen Sie ein Terminalfenster (*Finder → Programme → Dienstprogramme → Terminal*) und geben die folgende Zeile ein:

```
defaults write com.apple.finder CreateDesktop -bool FALSE;killall Finder
```

Beachten Sie, dass Sie dadurch nicht länger einen Sekundärklick auf dem Schreibtisch ausführen oder Dateien dorthin ziehen können. Die Dateien dort werden weiterhin zugänglich sein, indem Sie in einem Finder-Fenster zu Ihrem *Schreibtisch*-Ordner navigieren.

Um nach Ihrer Präsentation alles wieder zu normalisieren, öffnen Sie erneut ein Terminalfenster. Doch diesmal geben Sie Folgendes ein:

```
defaults delete com.apple.finder CreateDesktop;killall Finder
```

Simsalabim! Alles sollte wieder normal sein. Wenn nicht, melden Sie sich ab und wieder an.

Erstellen Sie ein Programm, das den Schreibtisch ausblendet

Mithilfe eines schnellen Skripts kann dieser Terminalbefehl sogar in ein eigenständiges Programm verwandelt werden, das Sie vor jeder Präsentation laufen lassen, wodurch Sie sich die Mühe mit der Kommandozeile sparen können.

Öffnen Sie den AppleScript-Editor (*Finder → Programme → Dienstprogramme → AppleScript-Editor*), und geben Sie den folgenden Code ein (oder fügen Sie ihn über Kopieren/Einsetzen ein, wenn Sie die E-Book-Version dieses Buches lesen; achten Sie aber sorgfältig darauf, die Zeilenumbrüche zu entfernen):

```
display dialog „Schreibtischsymbole einblenden oder ausblenden?"
        buttons {„Anzeigen", „Ausblenden"} with icon 2 with title
        „In den Präsentationsmodus schalten"
        default button 1

set switch to button returned of result
if switch is „Ausblenden" then
tell application "Terminal"
do shell script "defaults write com.apple.finder CreateDesktop -bool FALSE;
    killall Finder"
end tell
else
tell application "Terminal"
do shell script "defaults delete com.apple.finder CreateDesktop;killall
        Finder"
end tell
end if
```

Klicken Sie in der Symbolleiste auf den Knopf *Ausführen*, um Ihr Skript zu testen. Sie sollten ein Dialogfenster mit zwei Knöpfen eingeblendet sehen: *Einblenden* und *Ausblenden*. Um sicherzustellen, dass das Programm gut funktioniert, klicken Sie auf den Knopf *Ausblenden*, um die Symbole auszublenden. Dann führen Sie das Programm erneut aus und klicken auf *Einblenden*, um sie wieder anzuzeigen.

Um das Skript als Programm zu sichern, wählen Sie *Ablage → Sichern unter*. Geben Sie einen Dateinamen ein, und wählen Sie in der Aufklappliste *Dateiformat* den Eintrag *Programm*. Sichern Sie die Datei, aber nicht auf Ihrem Schreibtisch – wenn die Symbole ausgeblendet werden, können Sie nicht mehr darauf zugreifen, um sie wieder einzublenden, es sei denn, Sie verwenden ein Finder-Fenster.

141 Reparieren Sie zerbrochene Kennwörter

Ihr Mac bietet Ihnen an, sich die Anmeldedaten für Programme und Webseiten zu merken (siehe Tipp 83, *Schlagen Sie vergessene Kennwörter nach*, auf Seite 109). Doch es kann geschehen, dass Kennwörter nicht mehr automatisch erscheinen, wenn Sie sich an Webseiten anmelden, oder dass die Kennwörter irgendwie fehlerhaft geworden sind, sodass sie nicht mehr angenommen werden. Erfahren Sie nun, wie Sie versuchen können, das zu reparieren.

Den Schlüsselbund reparieren

Öffnen Sie das Dienstprogramm *Schlüsselbundverwaltung* (*Finder → Programme → Dienstprogramme → Schlüsselbundverwaltung*), und wählen Sie im Anwendungsmenü den Eintrag *Schlüsselbund – Erste Hilfe*.

In dem eingeblendeten Dialogfenster wählen Sie den runden Knopf *Überprüfen* aus, geben Ihr Anmeldekennwort in das entsprechende Feld ein und klicken auf *Start*. Es kann ein paar Sekunden dauern, bis die Überprüfung beendet ist. Wird ein Fehler gemeldet, klicken Sie auf den runden Knopf *Reparieren* und klicken erneut auf *Start*. Sobald das abgeschlossen ist, schließen Sie das Programm *Schlüsselbundverwaltung*, melden sich ab und wieder an und besuchen die fraglichen Webseiten, um zu überprüfen, ob das Problem behoben wurde.

Den Eintrag löschen

Wenn das Problem weiterhin besteht, versuchen Sie erneut, die Schlüsselbundverwaltung zu öffnen. Diesmal löschen Sie den Eintrag für die Webseite oder das Programm aus der Liste im Programm *Schlüsselbundverwaltung*. Die Einträge sind rechts im Programmfenster aufgelistet, doch Sie können auch den Namen des Programms oder der Webseite in das Suchfeld oben rechts im Fenster eingeben.

Wenn Sie den Eintrag löschen, werden Sie das nächste Mal beim Zugang zu der Webseite oder dem Starten des Programms aufgefordert, die Anmeldedaten erneut einzugeben, wobei diese auch für künftiges Nachschlagen neu aufgenommen werden.

142 Verkleinern Sie Fenster zu Docksymbolen

In früheren OS-X-Versionen schrumpften verkleinerte Programme zu ihren Docksymbolen zusammen. In den neueren Versionen von OS X erscheinen verkleinerte Programme auf der rechten Seite des Docks, nahe dem Papierkorb.

Diese Änderung kann dazu führen, dass das Dock erheblich erweitert wird und damit schwieriger zu handhaben ist. Um zur alten Arbeitsweise zurückzukehren, öffnen Sie die Systemeinstellungen (*Apfelmenü → Systemeinstellungen*) und klicken auf das Einstellungsfeld *Dock*. Setzen Sie daraufhin den Haken vor *Fenster hinter Programmsymbol im Dock ablegen*. Die Änderungen werden sofort übernommen.

Sollten Sie wieder zur Grundeinstellung der Verkleinerungsmethode von OS X Lion zurückkehren wollen, wiederholen Sie einfach die Schritte und entfernen den Haken wieder.

143 Schalten Sie die Dockvergrößerung vorübergehend ein (oder aus)

Wenn Sie die Dockvergrößerung eingeschaltet haben (also wenn die Docksymbole vergrößert werden, sobald Sie den Mauszeiger über sie ziehen), halten Sie ⇧+ctrl gedrückt, um sie klein bleiben zu lassen. Wenn Sie andererseits die Dockvergrößerung *nicht* eingeschaltet haben, bewirkt dieselbe Tastenkombination, dass die Symbole vergrößert werden! Das kann nützlich sein, um Passanten mit den coolen optischen Effekten Ihres Mac zu beeindrucken, selbst wenn Sie normalerweise kein Fan der Dockvergrößerung sind.

144 Entfernen Sie Einstellungsfelder in den Systemeinstellungen

So räumen Sie auf und kürzen die Liste der Optionen in den Systemeinstellungen.

Einstellungsfelder anderer Hersteller entfernen

Manche Programme installieren ihre eigenen Einstellungsfelder im Systemeinstellungsfenster unter der Überschrift *Sonstige*.

Der Haken daran ist, dass dieselben Programme diese Einstellungsfelder zurücklassen, wenn sie deinstalliert werden. Um ein Einstellungsfeld manuell zu entfernen, führen Sie einen Sekundärklick darauf aus und wählen *Systemeinstellung entfernen*.

Beachten Sie, dass wenn das Programm noch installiert ist, das einfache Entfernen des Einstellungsfeldes wahrscheinlich nicht den Rest des Programms entfernt. Um das zu erreichen, müssen Sie das Programmsymbol aus dem Ordner *Programme* auf den Papierkorb ziehen. Wenn das Programm keinen Eintrag in der Finder-Programmliste hat, sollten Sie die Website des Software-Entwicklers aufsuchen, um herauszubekommen, wie man das Programm manuell entfernt.

Standard-Einstellungsfelder aus der Liste entfernen

Um eines der Standard-Einstellungsfelder aus den Systemeinstellungen zu entfernen, halten Sie den Knopf *Alle einblenden* (oben links im Programmfenster) gedrückt, bis die Liste der Einstellungsfelder erscheint. Dann scrollen Sie – wobei Ihr Finger auf der Maustaste bleibt – bis zum Ende der Liste und wählen *Anpassen*. Entfernen Sie danach die Haken neben den Einstellungsfeldern, die Sie entfernen möchten (siehe Abbildung 26). Klicken Sie oben links auf den Knopf *Fertig*, wenn Sie die betreffenden Haken entfernt haben.

Beachten Sie, dass Sie noch immer auf die Funktion zugreifen können, obwohl das Einstellungsfeld entfernt zu sein scheint, indem Sie den Knopf *Alle einblenden* gedrückt halten und den Eintrag aus der Liste auswählen.

Um die Anzeige der Einstellungsfelder wiederherzustellen, wiederholen Sie das Obige und setzen den Haken vor alle Einstellungsfelder, die Sie entfernt hatten.

Abbildung 26: Eingebaute Systemeinstellungsfelder entfernen

145 Machen Sie PDF-Dateien schneller

Manchmal schickt Ihnen vielleicht jemand eine PDF-Datei, die sehr langsam ist, wenn Sie sie in *Vorschau* betrachten – das Scrollen beispielsweise dauert lange, und die Seiten bauen sich auch nur langsam auf. Es ist nicht immer ersichtlich, warum das geschieht, doch es mag mit der Anzahl der Ebenen in dem Dokument zu tun haben.

Eine schnelle und einfache Lösung besteht darin, mit *Vorschau* eine Kopie der Datei zu sichern (*Ablage → Exportieren*, und danach einen neuen Dateinamen vergeben). Öffnen Sie die Kopie. Nun sollten Sie darin viel schneller blättern können.

146 Fügen Sie über ein Bildverarbeitungsprogramm ein Bild in eine Datei ein

Wenn Sie ein Bild bearbeiten, das Sie in einem Dokument verwenden möchten, können Sie ein paar Sekunden sparen. Und das geht so: Öffnen Sie das Textverarbeitungs- oder Layout-Programm, in das Sie das Bild einfügen möchten, und laden Sie das betreffende Dokument. Im Bildverarbeitungsprogramm sichern Sie die Datei, wenn Sie das nicht bereits getan haben. Danach schauen Sie sich die Titelleiste des Programms an. Sie sehen dort den Namen der Datei, an der Sie gerade arbeiten. Links davon befindet sich ein kleines Symbol, das die Datei repräsentiert. Man nennt es das *Proxy-* oder *Stellvertretersymbol*. Halten Sie es für ein paar Sekunden angeklickt, ohne die Maus zu bewegen, und dann ziehen Sie das Symbol auf das Textverarbeitungs- oder Layout-Programmfenster. Das Bild wird sofort eingefügt.

147 So bekommen Sie die Datenkompression in den Griff

Macs können .zip-komprimierte Archive lesen und schreiben. Zip ist dasjenige komprimierte Dateiformat, das unter Windows am häufigsten verwendendet wird. Erwartungsgemäß läuft das Lesen und Schreiben von Zip-Archiven automatisch, doch nun kommen ein paar Tricks, die Sie einsetzen können.

Archive entpacken und erstellen

Um ein Archiv zu entpacken, führen Sie einfach einen Doppelklick darauf aus. Die Inhalte werden automatisch in denselben Ordner wie die Archivdatei extrahiert. Um ein Archiv zu erstellen, führen Sie einen Sekundärklick auf eine Datei oder einen Ordner aus und wählen die Option *komprimieren*.

Archiv-Voreinstellungen anpassen

Sie können den Speicherort ändern, an den alle ZIP-Dateien extrahiert werden, und Sie können Ihren Mac anweisen, die Original-ZIP-Dateien nach dem Entpacken zu löschen, indem Sie die Einstellungen des Archivierungsprogramms anpassen, das Ihr Mac im Hintergrund verwendet, um die ZIP-Aktionen durchzuführen. Sie finden es in /System/Library/Core-Services: Öffnen Sie ein Finder-Fenster, drücken Sie ⇧+⌘+G und geben Sie den Pfad ein, bevor Sie *Öffnen* anklicken. Führen Sie einen Doppelklick auf das Programm aus, doch beachten Sie, dass es kein Programmfenster besitzt. Stattdessen klicken Sie in seinem Anwendungsmenü auf den Eintrag *Einstellungen*. Treffen Sie danach Ihre Auswahl aus den Aufklappmenüs des Dialogfensters, das daraufhin erscheint.

Sie können auch bestimmen, was geschieht, wenn ein Archiv angelegt wird (also wenn Sie einen Sekundärklick auf eine Datei oder einen Ordner ausführen und die Option *komprimieren* wählen) – wählen Sie unter *Archiv sichern*, *Archiv-Format* und *Nach dem Archivieren* das, was Sie möchten. Schließen Sie das Programm, wenn Sie damit fertig sind.

Eine Systemeinstellungsoption für komprimierte Dateien hinzufügen

Wenn Sie diese Optionen gerne schnell bei der Hand haben möchten, um sie leicht ändern zu können, führen Sie einen Sekundärklick auf das Symbol des Archivierungsprogramms aus, das in /System/Library/CoreServices liegt, wie zuvor angemerkt, und wählen Sie *Paketinhalt zeigen*. Danach navigieren Sie zum Ordner Contents/Resources/ und führen einen Doppelklick auf die Datei Archives.prefPane aus. Nun klicken Sie auf den Knopf *Installieren*. Dadurch wird den Systemeinstellungen dauerhaft ein Einstellungsfeld hinzugefügt, in dem Sie die Archiv-Voreinstellungen anpassen können.

An ausgewählte Zielorte extrahieren

Sie können einen Eintrag zum Kontextmenü hinzufügen, der bewirkt, dass die entpackten Daten auf dem Schreibtisch abgelegt werden, unabhängig davon, welche Einstellungsänderungen Sie zuvor durchgeführt haben. Einen weiterer Eintrag, den Sie hinzufügen können, bewirkt, dass ein Dateiauswahlfenster eingeblendet wird und nach einem Bestimmungsort fragt, an den Sie die Dateien entpacken wollen.

Um beides umzusetzen, öffnen Sie die Systemeinstellungen (*Apfelmenü → Systemeinstellungen*) und klicken dann das Einstellungsfeld *Tastatur* an. Klicken Sie den Reiter *Tastaturkurzbefehle* an, wählen Sie in der Liste links die Dienste aus, und scrollen Sie in der Liste rechts ganz nach unten, wo Sie zwei Optionen finden, die *Unarchive to Desktop* und *Unarchive To* heißen. Setzen Sie die Haken vor beiden Diensten.

Die Änderung wird sofort übernommen. Immer wenn Sie nun einen Sekundärklick auf eine Archivdatei ausführen – ganz gleich, wo sie sich befindet –, wird die Auswahl Unarchive to Desktop die Inhalte auf Ihren Schreibtisch entpacken. Die Auswahl *Unarchive To* öffnet ein Dateiauswahlfenster, in dem Sie einen Zielort bestimmen können.

Um die Kontextmenüeinträge später zu entfernen, wiederholen Sie die oben angeführten Schritte und entfernen einfach die Haken in der Diensteliste der Systemeinstellungen.

148 Gewinnen Sie mehr Kontrolle bei der Aufnahme von Bildern

Hier sind einige schnelle Tipps, um *Photo Booth* besser zu beherrschen, das Mac-Programm, das die iSight- oder FaceTime-HD-Kamera verwendet, um Bilder von Anwendern aufzunehmen.

Den Blitz ausschalten

Wenn Sie Photo Booth verwenden, blitzt der Mac-Bildschirm weiß auf, um einen Moment, bevor das Bild aufgenommen wird, die Person anzuleuchten.

Doch manchmal möchten Sie vielleicht nur das Umgebungslicht nutzen. Um das Auslösen des Blitzes zu vermeiden, halten Sie einfach die Taste ⇧ gedrückt, wenn Sie den Kameraknopf anklicken. Es ist nicht nötig, ihn gedrückt zu halten, während das Foto aufgenommen wird.

Den Countdown ausschalten

Um einen Countdown zu vermeiden, bevor das Bild aufgenommen wird (also um eine Aufnahme zu erstellen, sobald Sie klicken), halten Sie die Taste ⌥ gedrückt, bevor Sie den Aufnahmeknopf drücken. Sie können das mit der Taste ⇧ kombinieren, um die Blitzauslösung zu unterdrücken.

149 Wählen Sie Text wie ein Profi aus

In einigen mit dem Mac gelieferten Programmen wie TextEdit, aber auch in Microsoft Office und Mozilla Firefox, ist es möglich, Text auf verschiedene Weisen jenseits von einfachem Klicken und Ziehen auszuwählen.

Nicht zusammenhängende Bereiche auswählen

Wenn Sie beim Klicken und Ziehen ⌘ gedrückt halten, können Sie unzusammenhängende Textabschnitte auswählen. Sie könnten beispielsweise einen Satz am Anfang eines Absatzes auswählen, und während Sie ⌘ gedrückt halten, einen anderen Satz am Ende des Absatzes auswählen. Drücken Sie danach ⌘+C, werden beide Sätze in die Zwischenablage kopiert. Wenn Sie ⌘+V zum Einfügen drücken, werden die beiden Sätze jeweils in eine eigene Zeile eingefügt.

Quadratische oder rechteckige Textblöcke auswählen

Wenn Sie ⌥ gedrückt halten, können Sie rechteckige Textblöcke in einem Absatz auswählen. Das ist schwer zu beschreiben, deshalb probieren Sie es aus, indem Sie ⌥ gedrückt halten und in einem Textabsatz klicken und ziehen (halten Sie in Microsoft Word ⌥+⌘ gedrückt). Drücken Sie wieder ⌘+C, wird die Auswahl kopiert, und mit ⌘+V wird sie eingefügt. Es ist schwer vorstellbar, dass das einmal nützlich werden könnte, doch vielleicht finden Sie ja Verwendung dafür!

Auswählen ohne Ziehen

Wenn Sie am Anfang des Bereiches, den Sie auswählen möchten, klicken, dann ⇧ gedrückt halten und am Ende des Bereiches klicken, wählen Sie alles dazwischen aus.

Wenn Sie bereits eine Textauswahl vorgenommen haben, können Sie ⇧ gedrückt halten und auf jeder Seite davon klicken, um Text zur Auswahl hinzuzufügen. Ein Klick in der Auswahl, während Sie ⇧ gedrückt halten, lässt Sie Zeichen und Wörter von der Auswahl ausschließen.

150 Suchen Sie besser in TextEdit

Wenn Sie ein Wort oder eine Wortfolge in TextEdit suchen, sehen Sie, dass die Dokumentenansicht abgedunkelt wird und jedes Vorkommen des Suchbegriffs in grellem Weiß hervorgehoben ist. Sie können zusätzlich die Pfeile nach links und rechts in der Suchleiste anklicken, um eine gelbe „Fleck"-Hervorhebung durch das Dokument zu bewegen, die die Vorkommen des Suchbegriffs anzeigt.

Das Problem besteht darin, dass dieser gelbe „Fleck" sich über die Grenzen des Wortes oder der Wortfolge hinaus erstreckt und Buchstaben links und rechts davon bedeckt, wodurch es schwierig zu sehen sein kann, ob dieses bestimmte Vorkommen des gefundenen Suchbegriffs dasjenige ist, nach dem Sie suchen.

OS X erforschen: Automatische Sicherung und Versionen

Seit der Computer erfunden wurde, wurden die Anwender damit vertraut, Dateien zu sichern. OS X Lion geht einen mutigen Schritt weg von dieser strikten Vorgabe. In Programmen, die mit den neuen Funktionen *Automatisches Sichern* und *Versionen* kompatibel sind, werden Dateien automatisch auf die Festplatte gesichert, sobald Sie mit der Bearbeitung beginnen – selbst wenn Sie sie noch nicht gesichert oder sie benannt haben. Erstellen Sie beispielsweise in TextEdit eine Datei, und schließen Sie das Programm sofort wieder. Wenn Sie das nächste Mal TextEdit öffnen, wird die ungesicherte Datei dort auf Sie warten.

In denselben Programmen (also denen, die so programmiert wurden oder ein besonderes Update für die neuen Lion-Funktionen bekommen haben) sichert OS X auch regelmäßig Versionen der Dateien, sodass Sie in der Geschichte der Datei rückwärts gehen können, um eine ältere Version wiederherzustellen. Jedes Mal, wenn Sie eine Datei schließen, wird eine neue Version angelegt, und das geschieht ebenfalls jede Stunde, in der das Dokument geöffnet ist. Sie können auch ⌘+S drücken, um eine Version zu sichern, wann immer Sie es wollen, zum Beispiel bevor Sie einen größeren Eingriff vornehmen, obwohl auch das die gesicherte Datei standardmäßig auf den neuesten Stand bringen wird.

Um eine frühere Version wiederherzustellen, klicken Sie einfach im Menü *Ablage → Dokument zurücksetzen* und klicken gegebenenfalls auf den Knopf *Alle Versionen durchsuchen*. Dadurch öffnet sich eine Zeitachsenansicht des Dokuments, die jener ähnlich ist, die von der Backup-Funktion Time Machine angeboten wird. Doch fantastischerweise können Versionen unabhängig von Time Machine arbeiten. Tatsächlich muss Time Machine dafür nicht eingerichtet sein.

Selbst wenn Sie eine ältere Version der Datei wiederherstellen, bleiben die Versionen der Datei, die Sie verwerfen, ebenfalls in der Versionsliste, was es im Grunde unmöglich macht, Daten zu verlieren.

Die Lösung dafür ist, irgendwo im Dokument zu klicken. Das deaktiviert die Abdunklung der Ansicht. Die Suchleiste verschwindet dabei nicht, und wenn Sie weiterhin die Pfeile nach links und rechts verwenden, um den Suchbegriff zu finden, zieht sich der gelbe Fleck eine oder zwei Sekunden, nachdem etwas gefunden wurde, zu einer normalen gelben Hervorhebung des Wortes oder der Wortfolge zusammen. Das ist ein feiner, aber nützlicher Unterschied.

151 Betrachten Sie Anhänge und Webseiten in Mail mit Übersicht (Quick Look)

Wie die meisten Elemente in OS X Lion ermöglicht Mail die Übersicht (Quick Look). Sie können sie verwenden, um E-Mail-Anhänge oder Webseiten zu betrachten, die in E-Mails verlinkt sind. Führen Sie einfach einen Sekundärklick auf einen Anhang aus, und wählen Sie aus dem Kontextmenü *Vorschau des Anhangs* oder *URL-Vorschau*.

Eine weitere Methode, um E-Mail-Anhänge mit *Übersicht* zu betrachten, funktioniert so, dass Sie das Anhangssymbol geklickt halten, bevor Sie die `Leertaste` drücken. Dann lassen Sie die Maustaste los.

Bei Weblinks können Sie auch den Mauszeiger über dem Link schweben lassen, bis ein kleiner Pfeil nach unten eingeblendet wird. Wenn Sie darauf klicken, wird das Übersichtsfenster geöffnet, das die Webseite zeigt. Ein Sekundärklick, und die Auswahl *URL-Vorschau* funktioniert ebenfalls. Beachten Sie, dass diese Methode auch bei Links funktioniert, die Sie über iChat verschickt haben.

152 Wandeln Sie Finderverknüpfungen in Dockstapel um

Fast alles, was unter den Überschriften *Favoriten* und *Geräte* in der Seitenleiste der Finder-Fenster erscheint, kann zum schnellen Zugriff in einen Dockstapel umgewandelt werden. Ziehen Sie einfach das Symbol aus dem Finder-Fenster in den Stapelbereich des Docks (also auf die Seite, auf der der Papierkorb ist). Sie können Programme, den Schreibtisch, Bilder und so weiter dorthin ziehen, einschließlich der Wechselspeichergeräte wie USB-Speichersticks. Programme in einen Stapel umzuwandeln, ist eine schnelle Möglichkeit, sie zu starten, die dem Launchpad ähnelt (siehe Abbildung 27).

Abbildung 27: Die Programmliste in einen Stapel umwandeln

Es gibt zwei Einträge, die nicht in Stapel konvertiert werden können: *AirDrop* und *Alle meine Dateien*. Letzteres kann zwar zum Dock hinzugefügt werden, doch ein Klick darauf öffnet lediglich ein Finder-Fenster mit der Auswahl *Alle meine Dateien*.

Beachten Sie, dass im Fall von Wechselspeichergeräten, die als Stapel hinzugefügt werden, das Docksymbol zu einem Fragezeichen auf einer Festplatte wird, wenn das Gerät nicht am Rechner angeschlossen ist. Das ist nur vorübergehend, und der Stapel wird einwandfrei funktionieren, sobald der Speicherstick wieder angeschlossen ist.

153 Verwenden Sie den Ziffernblock als Sonderfunktionstasten

Wenn Sie den Ziffernblock Ihrer erweiterten Tastatur nie für seinen eigentlichen Zweck verwenden (also um schnell Ziffern einzugeben), können Sie ihn in eine Reihe von Sonderfunktionstasten umwandeln, die verschiedene OS-X-Funktionen aufrufen.

153: Verwenden Sie den Ziffernblock als Sonderfunktionstasten

Das wird dadurch möglich, dass OS X den Ziffernblock als eine separate Tastenreihe betrachtet. Wenn es darauf ankommt, ist ein Druck auf die Taste ③ auf dem Ziffernblock nicht dasselbe wie ein Druck auf die Taste ③ auf der Haupttastatur. Dasselbe gilt für die anderen Ziffern und auch für die Symbole auf dem Ziffernblock.

Eine Sonderfunktionstastenverknüpfung anlegen

Sie können neue Tastenbelegungen definieren und bestehende verändern, indem Sie die Systemeinstellungen öffnen (*Apfelmenü → Systemeinstellungen*), das Einstellungsfeld *Tastatur* auswählen und sich dann vergewissern, dass der Reiter *Tastaturkurzbefehle* ausgewählt ist.

Wählen Sie einfach einen Eintrag in der Liste zur Rechten aus, und danach doppelklicken Sie auf der rechten Seite des Eintrags. Nun drücken Sie den Tastaturkurzbefehl oder die Kombination, die Sie verwenden möchten. Wechseln Sie zwischen den Kategorien mithilfe der Liste auf der linken Seite.

Um eine der Ziffernblocktasten als Sonderfunktionstaste zu verwenden, klicken Sie den Eintrag der Funktion an, die Sie definieren oder umdefinieren möchten, wie oben beschrieben, und drücken die Ziffernblocktaste.

Ein Beispiel: Da meine Tastatur keine Sonderfunktionstaste hat, um das Launchpad einzublenden, habe ich den Eintrag *Launchpad & Dock* links ausgewählt, danach auf den Eintrag *Launchpad einblenden* in der Liste der Systemeinstellungen doppelgeklickt und die Taste ⓪ (Null) auf dem Ziffernblock gedrückt.

Verknüpfungen entfernen

So komisch es auch klingen mag: Es gibt keine Möglichkeit, einzelne Tastaturkurzbefehlkombinationen zu entfernen, sobald Sie sie erstellt haben. Sie können nur die Grundeinstellung der Tastaturkurzbefehle für alle Einträge in dieser bestimmten Tastaturkurzbefehlliste wiederherstellen. Um beispielsweise die Verknüpfung, die ich oben angelegt habe – *Launchpad einblenden* –, wieder rückgängig zu machen, würde ich erneut seinen Eintrag unter dem Reiter *Tastaturkurzbefehle* in den Systemeinstellungen wählen und den Knopf *Zurücksetzen* anklicken. Leider setzt das die ursprünglichen Tastenkombinationen aller Einträge in der Liste *Launchpad & Dock* wieder zurück, doch es gibt keine Möglichkeit, das zu vermeiden. Das ist ein Bereich von OS X, in dem es ganz begrenzte Möglichkeiten gibt, obwohl es ein halb offizielles Add-on zum Download von einem der Mac-OS-X-Entwickler gibt, die bei Apple angestellt sind. *Service Manager* erlaubt die volle Kontrolle über die Kontextmenüs und Tastaturkurzbefehle. Für weitere Informationen besuchen Sie http://macosxautomation.com/services/servicesmanager.

154 Leeren Sie die Cache-Speicher für ungebremsten Lauf

Um die Geschwindigkeit zu erhöhen, werden von den meisten OS-X-Programmen und Systemwerkzeugen Daten, auf die sie wiederholt zugreifen, auf der Festplatte in Cache-Speichern zwischengespeichert. Das funktioniert meistens gut, manchmal jedoch können die Caches fehlerhaft werden, und das kann das Programm oder das gesamte System bremsen. Wenn Sie daher in die Lage geraten, dass ein Programm mysteriöserweise langsam oder vielleicht sogar gar nicht läuft, kann es einen Versuch wert sein, die Caches zu löschen. Keine Sorge – die Caches werden wieder angelegt, wenn das Programm das nächste Mal startet.

Lokale Caches leeren

Beginnen Sie damit, alle geöffneten Programme zu schließen. Öffnen Sie danach ein Finder-Fenster, drücken Sie ⇧+⌘+G, und geben Sie Folgendes ein: ~/Library/Caches. Nun ziehen Sie alle Dateien und Ordner, die Sie sehen, in den Papierkorb. Geben Sie Ihr Anmeldekennwort ein, wenn Sie dazu aufgefordert werden. Starten Sie neu, damit die Änderungen übernommen werden.

Beachten Sie, dass nach dem ersten Neustart das System ein wenig langsamer wirken kann. Das kommt daher, dass die Caches wieder aufgebaut werden.

Programmcaches leeren

Wie oben vergewissern Sie sich nun auch, dass alle Programme geschlossen sind. Danach öffnen Sie ein Finder-Fenster. Drücken Sie ⇧+⌘+G und geben Sie Folgendes ein: /Library/Caches. Ziehen Sie dann alle Ordner und Dateien, die Sie in dem Finder-Fenster sehen, in den Papierkorb, und starten Sie den Rechner neu.

155: Ändern Sie das Hintergrundbild des Anmeldebildschirms

Dieser Tipp ähnelt Tipp 105, *Ersetzen Sie die Hintergründe von Dashboard und Mission Control*, auf Seite 128. Das Ziel dabei ist, das Hintergrundbild, das hinter dem voreingestellten Anmeldebildschirm liegt, zu verändern (nicht den Hintergrund, den Sie sehen, wenn Sie FileVault aktiviert haben; er kann nicht verändert werden). Diese Optimierung ist als solche nichts für Furchtsame, denn dazu müssen Systemdateien bearbeitet werden, weshalb sie alle Anwender des Systems betrifft.

Dem Hintergrundbild eine persönliche Note verleihen

Die Datei, die wir benötigen, heißt NSTexturedFullScreenBackgroundColor.png und liegt unter /System/Library/Frameworks/AppKit.framework/Versions/C/Resources/. Wie die Hintergrundbilder für Mission Control und Dashboard ist das Hintergrundbild des Anmeldebildschirms tatsächlich ein Muster, das von links nach rechts und von oben nach unten wiederholt wird. Sie können es durch ein entsprechendes Muster derselben Größe (256 x 256 Pixel) ersetzen oder ein großes Bild mit exakt derselben Auflösung wie der Ihres Monitors verwenden.

Beachten Sie, dass dunkle Hintergrundbilder etwas besser zur Geltung kommen als helle, da die weiße Schrift und die Grafik des Anmeldebildschirms in einer Ebene über dem Hintergrundbild stehen.

So ersetzen Sie das Hintergrundbild des Anmeldebildschirms:

1. Öffnen Sie in *Vorschau* das Bild, das Sie als Hintergrundbild verwenden möchten, und konvertieren Sie es ins Format PNG, indem Sie *Ablage → Exportieren* wählen. In dem Dialogfenster, das eingeblendet wird, wählen Sie *PNG* aus der Aufklappliste *Format* und ändern den Dateinamen zu NSTexturedFullScreenBackgroundColor.png.

2. Erstellen Sie ein Backup des Originalhintergrundbildes, indem Sie ein Finder-Fenster öffnen, ⇧+⌘+G drücken und Folgendes eingeben: /System/Library/Frameworks/AppKit.framework/Versions/C/Resources/. Kopieren Sie dann die Datei NSTexturedFullScreenBackgroundColor.png an einen sicheren Aufbewahrungsort.

3. Danach ziehen Sie Ihr neues Bild auf das Finder-Fenster, damit es das Originalbild überschreibt. Sie werden gebeten, sich auszuweisen. Also klicken Sie den Knopf in dem Einblendfenster und geben Ihr Anmeldekennwort ein, wenn Sie dazu aufgefordert werden. Ersetzen Sie die Originaldatei, wenn Sie dazu aufgefordert werden.

Mehr ist nicht erforderlich, doch Sie müssen Ihren Rechner neu starten, damit die Änderungen übernommen werden. Ein Beispiel von meinem Rechner sehen Sie in Abbildung 28.

Abbildung 28: Den Hintergrund des Anmeldebildschirms ändern

Sollte das Hintergrundbild verkleinert worden und wiederholt auf dem Anmeldebildschirm dargestellt sein, anstatt ihn auszufüllen, probieren Sie ein anderes Bildverarbeitungsprogramm aus, um ein neues Bild mit derselben Auflösung Ihres Monitors (also zum Beispiel 1280 x 800 Pixel) zu erstellen, und danach öffnen Sie Ihr Hintergrundbild, bevor Sie es in das neue Bild einfügen. Sichern Sie dann das neue Bild unter dem genannten Namen an den oben erwähnten Ort.

Das ursprüngliche Hintergrundbild wiederherstellen

Um zum ursprünglichen Hintergrundbild zurückzukehren, wiederholen Sie die oben genannten Schritte, um zu /System/Library/Frameworks/AppKit.framework/Versions/C/Resources/ zu navigieren, und ziehen Ihr Backup wieder in diesen Ordner.

156 | Blenden Sie den Schreibtisch mit einer Sonderfunktionstaste ein

Obwohl sie eine sehr nützliche Funktion ist, hat die Funktion *Schreibtisch einblenden* keine eigene Sonderfunktionstaste auf Mac-Tastaturen – anders als Mission Control und Dashboard. Sie können zwar `F11` drücken, um sie zu aktivieren (`Fn`+`F11` auf einem mobilen Mac oder einem Mac mit Apple Wireless Keyboard), doch vielleicht interessiert es Sie zu erfahren, dass die Sonderfunktionstaste für Exposé bzw. Mission Control auch als Sonderfunktionstaste für *Schreibtisch einblenden* verwendet werden kann. Halten Sie einfach `⌘` gedrückt, bevor Sie sie drücken.

157 | Verwenden Sie Übersicht an der Eingabeaufforderung

Sie können *Übersicht* (*Quick Look*) in der Kommandozeile verwenden, um eine Vorschau von Dateien anzuzeigen. Sie sehen dabei dasselbe, wie wenn Sie eine Datei im Finder auswählen und die `Leertaste` drücken oder einen Sekundärklick darauf ausführen und *Übersicht* auswählen.

Verwenden Sie einfach den Befehl qlmanage -p, gefolgt vom Dateinamen. Um beispielsweise die Übersicht für die Datei disneyland.jpg von der Kommandozeile aus aufzurufen, würde ich Folgendes eingeben:

```
qlmanage -p disneyland.jpg
```

Sie können die Übersicht für jede Dateiart aufrufen: Bilder, Dokumente, PDF-Dateien und so weiter.

158 | Öffnen Sie ein Terminalfenster am aktuellen Ort

Kommandozeilen-Junkies wird das gefallen: Sie können ein Terminalfenster öffnen, das automatisch zu dem Ordner wechselt, den Sie gerade in einem Finder-Fenster betrachten., Öffnen Sie die Systemeinstellungen (*Apfelmenü → Systemeinstellungen*) und klicken Sie auf das Einstellungsfeld *Tastatur*. Danach wählen Sie den Reiter *Tastaturkurzbefehle*, und in der Liste zur Linken wählen Sie *Dienste* aus. In der rechten Liste scrollen Sie nach unten, bis Sie unter der Überschrift *Dateien und Ordner* den Eintrag *Neues Terminal beim Ordner* finden. Setzen Sie daraufhin einen Haken vor dem Listeneintrag – dadurch wird der Eintrag im Kontextmenü dargestellt, das immer dann eingeblendet wird, wenn Sie einen Sekundärklick auf einen Rechner ausführen. Schließen Sie die Systemeinstellungen, und probieren Sie Ihre neue Errungenschaft in einem Finder-Fenster oder auf dem Schreibtisch aus.

Beachten Sie: Obwohl es theoretisch möglich ist, auch einen Tastaturkurzbefehl einzurichten, um ein Finder-Fenster mit Systemeinstellungen zu öffnen, funktioniert dies in der Praxis wegen der Begrenzungen nicht, die dem Finder in der Zusammenarbeit mit Tastaturkurzbefehlen auferlegt sind.

159 Schalten Sie das Trackpad ab, wenn eine Maus angeschlossen ist

Meiner Erfahrung nach lässt Apple seinen mobilen Macs ein gutes Design angedeihen und positioniert das Trackpad so, dass unbeabsichtigte Berührungen während des Schreibens vermieden werden. Wenn sie jedoch eine externe Maus verwenden, kann es sein, dass Sie gelegentlich merken, wie Sie darüberstreichen und so den Mauszeiger verschieben.

Das lässt sich leicht beheben, doch Apple hat die Einstellung, die Sie verändern müssen, gut versteckt. Öffnen Sie die Systemeinstellungen (*Apfelmenü → Systemeinstellungen*), und klicken Sie das Einstellungsfeld *Bedienungshilfen* an. Klicken Sie auf den Reiter *Maus & Trackpad* und danach unten im Programmfenster auf den Knopf *Trackpad-Optionen*. Sie finden die gesuchte Option in dem Einblendfenster. Setzen Sie einen Haken vor *Integriertes Trackpad ignorieren*, falls die Mausbedienung aktiviert ist.

160 Installieren Sie lediglich Druckertreiber, nicht ihre Zusätze

Wenn Sie Druckertreiber von der Website eines Herstellers herunterladen und installieren, kann es vorkommen, dass gleichzeitig Software enthalten ist, die Sie nicht benötigen, zum Beispiel Programme, die Sie bei niedrigem Tintenstand warnen. Auf dem Mac ist das nicht nötig, da diese Funktion bereits eingebaut ist: Öffnen Sie einfach die Systemeinstellungen, und klicken Sie auf *Drucken & Scannen* und danach auf den Knopf *Optionen & Füllstände* für den Drucker, der Sie interessiert. Wählen Sie den Reiter *Füllstände* in dem Einblendfenster.

Manchmal ist es möglich, im Installationspaket zu graben, das Sie herunterladen, um ausschließlich die Druckertreiber zu installieren, die in einem eigenen Paket liegen können. Manchmal ist das wie das Stochern im Nebel, weil verschiedene Hersteller die Dateien unterschiedlich benennen, doch einen Versuch ist es wert. Die eigentlichen Druckertreiberpakete werden oft durch den Namen der Technologie gekennzeichnet, die sie verwenden: *CUPS* oder *Common Unix Printing System* (allgemeines Unix-Drucksystem). Suchen Sie also in den Dateinamen danach.

Wird das, was Sie von der Hersteller-Website herunterladen, als Image-Datei geliefert, führen Sie darauf wie gewöhnlich einen Doppelklick aus, damit die Datei im Finder geöffnet wird. Danach führen Sie einen Sekundärklick auf die .mpkg- oder .pkg-Datei aus, die das Installationspaket darstellt, und wählen *Paketinhalt zeigen*. In dem Finder-Fenster, das sich daraufhin öffnet, navigieren Sie zum Ordner *Packages*. Wenn es keinen Ordner *Packages* gibt, dann suchen Sie in den anderen Ordnern in dem Paket. Doch die Chancen sind gering, dass Sie etwas finden werden; Sie müssen wohl oder übel das gesamte Paket auf die übliche Weise installieren.

Wenn es einen Ordner namens Packages gibt, suchen Sie nach etwas, das so aussieht, als enthalte es die eigentlichen Treiber. Im Paket für meinen Multifunktionsdrucker von Brother fand ich beispielsweise zwei Pakete, die *Brother_Inkjet* im Namen trugen. Ein Doppelklick zur Installation bescherte mir die Druckertreiber, die ich benötigte, doch nicht die irritierende Software, die beim Hochfahren startet und dazu gedacht ist, beim Scannen zu helfen.

161 Senden Sie jemandem einen Link zu einem Programm

Haben Sie im App Store etwas entdeckt, von dem Sie denken, dass es für einen Freund perfekt wäre? Führen Sie einfach einen Sekundärklick auf das Programmsymbol über dem *Preis/Installieren*-Knopf aus, und wählen Sie *Link Kopieren* aus dem Einblendmenü. Wechseln

Sie danach zu Mail oder iChat, und fügen Sie den Link in eine Nachricht an Ihren Freund ein. Ein Klick auf diesen Link öffnet die Produktseite auf der Website von Apple. Ihr Freund kann dann auf den Knopf *Im Mac App Store ansehen* klicken, um das Programm gleich über den App Store zu installieren.

162 Erhalten Sie einen größeren Suchbereich in Safari

Indem Sie den kleinen Bereich zwischen dem URL-Feld und dem Google-Suchfeld in Safari anklicken und ziehen, können Sie die Größe beider Felder verändern, sodass im Suchbereich mehr Platz für die Eingabe von Suchanfragen ist.

163 Rechenergebnisse kopieren

Jedes Ergebnis, das im *LCD*-Feld des Programms *Rechner* angezeigt wird, kann sofort in die Zwischenablage kopiert werden, um es in ein anderes Programm einzufügen.

Kopieren und Einfügen

Nachdem Sie die Taste mit dem Gleichheitszeichen gedrückt haben, verwenden Sie den üblichen Tastaturkurzbefehl ⌘+C, um das Ergebnis in die Zwischenablage zu kopieren. Danach fügen Sie es auf die übliche Weise in ein anderes Programm ein – entweder über das Menü *Bearbeiten → Einfügen* oder über ⌘+V.

Es funktioniert auch andersherum – wenn Sie eine Zahl aus einem anderen Programm haben, die Sie im Rechner verwenden möchten, kopieren Sie sie einfach in die Zwischenablage. Nachdem Sie sich vergewissert haben, dass das Rechner-Fenster aktiviert ist, drücken Sie ⌘+V, um die Zahl in den Rechner einzugeben. (Beachten Sie, dass dabei alle zuvor angezeigten Zahlen in der LCD-Anzeige gelöscht werden.)

Das Belegfenster verwenden

Wenn Sie eine Reihe komplexer Berechungen durchführen, die Sie gerne in andere Programme kopieren und einfügen möchten, öffnen Sie das Belegfenster, das Sie im Menü *Fenster* finden. Alle Rechnungen und Ergebnisse sind darin festgehalten, selbst wenn Sie die Rechner-Anzeige löschen, und Sie können klicken und ziehen, um die darauf angezeigten Informationen wie üblich auszuwählen, zu kopieren und einzufügen.

164 Erstellen Sie zum schnellen Zugriff Lesezeichen für Bilder und PDFs

Wenn es Bilder oder PDFs gibt, die Sie häufig aufrufen, können Sie dafür in *Vorschau*, dem Bildbetrachter von OS X, Lesezeichen setzen. Das funktioniert genau wie bei den Lesezeichen für einen Webbrowser wie Safari und verwendet denselben Tastaturkurzbefehl: Öffnen Sie einfach das Bild oder die PDF-Datei und drücken Sie ⌘+D. Von da an klicken Sie auf den Eintrag des Bildes oder der PDF-Datei in den *Vorschau*-Lesezeichen, um es sofort zu öffnen.

Wenn Sie eine mehrseitige PDF-Datei mit einem Lesezeichen versehen, verweisen Sie dabei direkt auf die Seite, die Sie zu dem Zeitpunkt lesen, sodass ein späterer Klick auf das Lesezeichen zu dieser Seite führen wird.

Ziemlich clever ist, dass die Lesezeichen aus *Vorschau* noch immer funktionieren, wenn Sie die Originaldatei aus einem Ordner in einen anderen verschieben – selbst wenn sie in den Papierkorb verschoben wurde!

165 Verkleinern Sie Safari-Fenster im Vollbildmodus

Wenn Sie Safari im Vollbildmodus verwenden, stört es Sie vielleicht, dass Webseiten bisweilen hässlich und dürr aussehen, wenn sie über die ganze Bildschirmbreite skaliert werden. Tatsächlich sind viele Webseiten für Bildschirmbreiten von 800 bis 1024 Pixel optimiert.

Es gibt eine einfache Lösung: Bewegen Sie den Mauszeiger im Safari-Space auf dem Bildschirm ganz nach links (oder rechts), dann wird er zu einem Verschiebezeiger. Klicken und ziehen Sie; damit verkleinern Sie den Raum, den die Webseite einnimmt. Es ist schwer zu beschreiben, deshalb probieren Sie es aus!

| 166 | **Laden Sie Software-Updates herunter, und behalten Sie die Dateien** |

Ungefähr alle paar Monate bringt Apple ein Punkt-Update (7.1, 7.2 usw.) für OS X heraus. Es ist in der Regel mehrere Hundert Megabyte groß, und wenn Sie mehr als einen Mac zu Hause haben, kann das Herunterladen des Updates für jeden einzelnen Rechner Ihre Internetverbindung erheblich belasten.

Das Kommandozeilenwerkzeug softwareupdate kann Abhilfe schaffen. Es verschafft Ihnen im Vergleich zu seinem GUI-Verwandten viel mehr Kontrolle über den Update-Vorgang, und es ermöglicht Ihnen, die Update-Pakete herunterzuladen, bevor Sie sie manuell installieren. Auf diese Weise können Sie die Updates herunterladen und per USB-Stick auf die anderen Rechner verteilen.

Updates ansehen und installieren

Öffnen Sie ein Terminalfenster, und beginnen Sie damit, aufzulisten, welche Downloads verfügbar sind, und zwar folgendermaßen (wobei Sie Ihr Anmeldekennwort eingeben, wenn Sie dazu aufgefordert werden):

```
sudo softwareupdate -l
```

Es wird ein paar Minuten dauern, bis die Ergebnisliste erscheint.

In diesem Stadium ist die Installation eines Eintrags, der in der Ergebnisliste steht, ganz einfach: Sie setzen den Namen hinter den Befehl Softwäreupdate -i (geben Sie den Namen neben dem Sternchen in der Liste an – bei manchen Updates kann das einfach eine Reihe von Zahlen sein, wie 041-0846-2.7). Wenn beispielsweise die Liste einen Eintrag namens MacOSXUpd10.7.1-10.7.1 enthält, würde Folgendes die Datei herunterladen und gleich installieren:

```
sudo softwareupdate -i MacOSXUpd10.7.1-10.7.1
```

Updates herunterladen

Um das Update nur herunterzuladen, ohne es zu installieren, verwenden Sie softwareupdate -d. Ziehen wir erneut das obige Beispiel heran, wird dadurch das Update-Paket MacOSXUpd10.7.1-10.7.1 zwar heruntergeladen, aber nicht installiert:

```
sudo softwareupdate -d MacOSXUpd10.7.1-10.7.1
```

Um alle verfügbaren Updates herunterzuladen, aber nicht zu installieren, geben Sie Folgendes ein:

```
sudo softwareupdate -d -a
```

In jedem Fall werden die heruntergeladenen Update-Pakete im Ordner /Library/Updates gespeichert, und wahrscheinlich liegt jedes in einem nummerierten Ordner (von Ihrem Terminalfenster aus können Sie open /Library/Updates eingeben, um diesen Ordner leicht in einem Finder-Fenster einzusehen). Jedes Update-Paket kann ganz einfach mit einem Doppelklick installiert werden. Wenn Sie jedoch auf der Kommandozeile bleiben wollen, geben Sie den Befehl open ein und geben den Paketnamen an (also etwas wie openMacOSXUpd10.7.1Patch.pkg).

167 | Verbinden Sie sich mit Rechnern, die keine Macs sind, um deren Bildschirm einzusehen

Rechner mit OS X Lion können sowohl ihre Bildschirme für Anwender anderer Rechner freigeben als auch sich mit Bildschirmen verbinden, die auf diese Weise freigegeben sind.

Geben Sie Ihren Bildschirm frei

Um Ihren Bildschirm freizugeben, öffnen Sie die Systemeinstellungen (*Apfelmenü → Systemeinstellungen*), klicken auf das Einstellungsfeld *Freigaben* und setzen einen Haken bei *Bildschirmfreigabe*. Andere Mac-Anwender werden Ihren Rechner unter der Überschrift *Freigaben* in der Seitenleiste der Finder-Fenster aufgelistet sehen. Wenn sie ihn auswählen, können sie den Knopf *Bildschirmfreigabe* anklicken, um sich zu verbinden (sie werden einen Anmeldenamen und ein Kennwort für den freizugebenden Rechner eingeben müssen, um sich damit verbinden zu können).

Windows- oder Linux-Anwender müssen sich einen aktuellen VNC-Client wie beispielsweise *RealVNC etwas*[11] herunterladen und die Netzwerkadresse angeben, die in den Systemeinstellungen angegeben war, als die Bildschirmfreigabe aktiviert wurde.

---

11 http://www.realvnc.com

Mit einem Windows- oder Linux-PC verbinden

Bildschirmfreigabe über *Virtual Network Computing* (VNC) ist die Technologie, die hinter der Bildschirmfreigabefunktion von OS X steht. Um Ihren Mac mit einem Windows- oder Linux-Rechner zu verbinden, auf dem ein VNC-Server läuft, öffnen Sie ein Finder-Fenster und wählen *Gehe zu → Mit Server verbinden*. In das daraufhin eingeblendete Dialogfenster geben Sie vnc:// ein, gefolgt von der Adresse. Um die Verbindung mit einem Rechner aufzubauen, der beispielsweise die Adresse 192.168.1.5 hat, würde ich vnc://192.168.1.5 eingeben. Sie können diesen Befehl auch in das URL-Feld von Safari eingeben.

Welche Methode Sie auch wählen, es wird immer das verborgene Bildschirmfreigabeprogramm von OS X aktiviert. Sie finden es im Ordner /System/Library/CoreServices (öffnen Sie ein Finder-Fenster, drücken Sie ⇧+⌘+G und geben Sie die Adresse ein, um zu dem Ordner zu navigieren). Sie können es ins Dock ziehen, um leicht auf das Dienstprogramm zuzugreifen – sobald es läuft, wird es Sie auffordern, eine Netzwerkadresse und danach die Zugangsdaten einzugeben.

Auf dem Mac die Windows-Bildschirmfreigabeunterstützung hinzufügen

Microsoft bietet einen kostenlosen Client an, der es Macs ermöglicht, sich mit Windows-Rechnern zu verbinden, auf denen das *Remote Desktop Protocol* (RDP) läuft, das die Windows-Technologie ist, die für die Bildschirmfreigabe verantwortlich ist. Näheres dazu finden Sie unter http://www.microsoft.com/mac/remote-desktop-client.

168 Fügen Sie Leerräume ins Dock ein

Alle Docksymbole stehen nah beieinander und mit demselben Abstand zueinander, doch es ist möglich, Abstandhalter in das Dock einzufügen, sodass Sie einige der Symbole von den anderen abheben können. Möglicherweise hilft Ihnen das dabei, nicht immer auf das falsche Symbol zu klicken.

Einen Abstandhalter zwischen Programmsymbole einfügen

Um beliebig viele Leerräume auf der Seite des Docks einzufügen, die die Programmsymbole enthält, öffnen Sie ein Terminalfenster (*Finder →*

Programme → *Dienstprogramme* → *Terminal*) und geben die folgenden beiden Zeilen ein:

```
defaults write com.apple.dock persistent-apps -array-add '{tile-data={};
    tile-type="spacer-tile";}';killall Dock
```

Der neue Abstandhalter wird neben den Programmsymbolen eingeblendet. Wiederholen Sie das, um weitere Abstandhalter einzufügen. Sie können jeden Abstandhalter anklicken und dorthin ziehen, wo er stehen soll. Wenn Sie einen davon nicht mehr benötigen, ziehen Sie ihn einfach aus dem Dock. Er wird verschwinden, sobald Sie die Maustaste loslassen.

Einen Abstandhalter neben den Stapeln bzw. dem Papierkorb hinzufügen

Um einen entsprechenden Abstandhalter (oder beliebig viele) auf der Seite des Docks hinzuzufügen, die den Papierkorb und die Stapel enthält, öffnen Sie ein Terminalfenster und geben die folgenden beiden Zeilen ein:

```
defaults write com.apple.dock persistent-others -array-add '{tile-data={};
    tile-type="spacer-tile";}';killall Dock
```

Der neue Abstandhalter wird neben dem Papierkorb eingeblendet, und wieder können Sie ihn dorthin ziehen, wo Sie ihn haben wollen. Klicken und ziehen Sie ihn aus dem Dock heraus, um ihn loszuwerden.

169 Arbeiten Sie mit Fenstern, die sich im Hintergrund befinden

Sie werden oft Informationen von einem Programmfenster in ein anderes übertragen – beispielsweise von einem Browserfenster in einen Texteditor. Hier sind einige Tipps, um das einfacher zu gestalten.

Fenster neu anordnen

Die Programmfenster in so einer Situation neu anzuordnen, kann lästig sein, da jedes ausgewählt und in Position gezogen werden muss, bevor Sie zu dem Fenster zurückkehren können, in dem Sie arbeiten – das ist mit viel Herumklicken verbunden.

Wenn Sie aber ⌘ gedrückt halten und die Titelleiste eines nicht aktiven Fensters anklicken, können Sie dieses Fenster bewegen, ohne dass das Fenster, in dem Sie arbeiten, den Fokus verliert.

Text und Bilder aus einem Hintergrundfenster kopieren

Wenn Sie ⌘ gedrückt halten, bevor Sie im Bearbeitungsbereich eines Hintergrundfensters klicken und ziehen, können Sie Text auswählen. Sie können dann auf den ausgewählten Bereich einen Sekundärklick ausführen, um ihn in die Zwischenablage zu kopieren und in ein anderes Programm einzufügen. (Wählen Sie den Eintrag *Kopieren* aus dem Kontextmenü; leider funktioniert da der Tastaturkurzbefehl ⌘+C nicht.)

Führen Sie einfach einen Sekundärklick auf ein Bild in einem Hintergrundfenster aus, und wählen Sie *Kopieren* aus dem Kontextmenü, um das Bild in die Zwischenablage zu kopieren und in ein anderes Programm einzufügen.

Scrollen

Positionieren Sie die Maus über dem Fenster im Hintergrund, dann können Sie darin wie üblich scrollen – mit einer Multi-Touch-Geste auf einem Trackpad oder durch das Drehen des Maus-Scrollballs.

Links in einem Hintergrundfenster anklicken

Wenn Sie ⌘ gedrückt halten und einen Link in einem Hintergrundfenster anklicken, wird der voreingestellte Webbrowser den Link öffnen (oder wenn Sie einen Link in einem Webbrowser öffnen, wird er einfach zu dieser Adresse springen).

170 Lassen Sie sich nur Dateien anzeigen, die heute oder gestern (usw.) erstellt wurden

Wäre es nicht nützlich, wenn man einen Link im Finder anklicken könnte, der nur die Dateien zeigt, auf die heute, gestern oder letzte Woche zugegriffen wurde oder die zu dieser Zeit erstellt wurden? Das würde es bedeutend leichter machen, Dateien zu finden, die Sie zwar gesichert haben, aber deren Speicherort Sie vergessen haben.

Um das umzusetzen, öffnen Sie ein Finder-Fenster, drücken ⇧+⌘+G und geben in das Einblendfenster /System/Library/CoreServices/Finder.app/Contents/Resources/CannedSearches ein. Dann ziehen Sie die Dateien Heute, Gestern und/oder Letzte Woche in die Seitenleiste des Finder-Fensters.

Ein Klick auf einen dieser Einträge wird nur die entsprechenden Dateien zeigen, wie zuvor besprochen.

Melden Sie sich ab und wieder an. Dann werden auch die Dateiauswahldialogfenster die Verknüpfungen anzeigen.

171 | Laden Sie herunter, was Sie wollen

Wenn Sie etwas von einer Webseite herunterladen wollen, wofür es keinen Download-Link gibt, zum Beispiel eine Filmdatei, bietet Safari einige Möglichkeiten an, es herunterzuladen.

Verwenden Sie das Fenster Aktivität

Das Folgende funktioniert nicht immer, ist aber bestimmt einen Versuch wert. Wenn Sie die Website mit Safari öffnen, wählen Sie *Fenster* → *Aktivität*, und in dem Fenster, das daraufhin erscheint, erweitern Sie den Eintrag der Webseite, die Sie gerade betrachten. Suchen Sie dann nach dem Dateinamen, der zu dem passt, was Sie suchen (oft muss man ein wenig raten – achten Sie auf die Größenangabe in der Spalte rechts; Objekte wie beispielsweise Filmdateien sind für gewöhnlich mehrere Megabyte groß). Ein Beispiel sehen Sie in Abbildung 29.

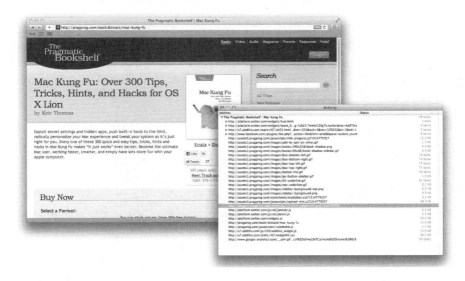

Abbildung 29: Dateien mithilfe von Safaris Fenster *Aktivität* herunterladen

Sobald Sie gefunden haben, wonach Sie suchen, halten Sie ⌥ gedrückt und führen Sie einen Doppelklick auf den Listeneintrag aus. Dadurch wird er entweder in einem separaten Tab von Safari geöffnet, von wo aus Sie ihn im Falle eines Bildes anklicken und auf den Schreibtisch ziehen können, oder die Datei wird auf die übliche Weise heruntergeladen, als hätten Sie auf einen Download-Link geklickt.

Das Download-Fenster verwenden

Mit Safari ist es auch einfach, eine beliebige Datei herunterzuladen, von der Sie die vollständige URL besitzen (also etwas wie http://nureinbeispiel.de/dateiname.txt). Wählen Sie den Linktext aus, und kopieren Sie ihn in die Zwischenablage (⌘+C).

Danach erweitern Sie das Download-Aufklappfenster in Safari, indem Sie den Knopf rechts vom Google-Suchfeld drücken. Nun öffnet sich das Fenster, das den Download-Fortschritt anzeigt, und Sie müssen nur noch ⌘+V drücken, um die Download-Adresse unsichtbar einzufügen. Die Datei wird unverzüglich heruntergeladen.

Wenn Sie das Download-Aufklappfenster nicht sehen können, halten Sie ⌥ gedrückt und klicken auf einen beliebigen Link auf der Website, die Sie geöffnet haben. Dadurch wird die HTML-Datei der Seite heruntergeladen, die Sie gleich wieder löschen können. Doch das Download-Fenster wird nun aktiviert und für den oben beschriebenen Gebrauch bereitstehen.

Diese URL-Einfügetechnik funktioniert bei Bildern, die Sie von einer Website herunterladen möchten – führen Sie einen Sekundärklick darauf aus, wählen Sie *Bildadresse kopieren*, und danach wählen Sie das Download-Fenster aus und drücken ⌘+V.

Ob jedoch eine Datei heruntergeladen werden kann oder nicht, hängt davon ab, wie die Website konfiguriert ist, und das ist etwas, das Sie nicht beeinflussen können. Sie werden merken, wenn das der Fall ist, weil dann das Einfügen einiger Links in das Download-Fenster nur Safari öffnet, sodass die Datei betrachtet werden kann. Manche Websites verwenden diese Methode, um Dateien davor zu schützen, direkt heruntergeladen zu werden.

172 Betrachten Sie Ereignisse der nächsten zwei Wochen in iCal

iCal verfügt über vier Ansichtsmodi, in denen Sie kommende Ereignisse betrachten können: Tag, Woche, Monat und Jahr. Sie können zwischen diesen Modi wechseln, indem Sie die Reiter oben in der Mitte des iCal-Programmfensters anklicken.

Mit diesem kleinen Eingriff können Sie die Wochenansicht dazu bringen, zwei Wochen (oder mehr) anzuzeigen, was nützlich ist, wenn Ihr Arbeitsleben in Zwei-Wochen-Perioden organisiert ist oder wenn Sie einfach ein wenig weiter in die Zukunft blicken wollen.

1. Schließen Sie iCal, wenn es geöffnet ist. Danach öffnen Sie ein Terminalfenster (*Finder → Programme → Dienstprogramme → Terminal*) und geben Folgendes ein:

    ```
    defaults write com.apple.iCal IncludeDebugMenu -int 1
    ```

2. Starten Sie iCal neu, und Sie werden sehen, dass Sie einen neuen Menüeintrag haben: *Debug*. Er ist dazu gedacht, Entwicklern das Testen des Programms zu ermöglichen, also seien Sie sehr vorsichtig, dass Sie keinen anderen Eintrag in diesem Menü anklicken als den einen, der gleich angegeben wird!

3. Klicken Sie auf *Debug → Top Sekret [sic] → Days in Week View*, und treffen Sie Ihre Wahl. Um zwei Wochen in der Wochenansicht zu sehen, klicken Sie auf *14*. Sie können auch *21* (drei Wochen) wählen oder *28* (vier Wochen), doch bedenken Sie, dass die letzteren beiden Optionen das iCal-Programmfenster sehr breit machen und es möglicherweise nicht mehr auf Ihren Bildschirm passt.

4. Schließen Sie iCal. Kehren Sie danach zum Terminalfenster zurück, und geben Sie Folgendes ein, um das *Debug*-Menü wieder zu entfernen, das Sie nicht länger benötigen:

    ```
    defaults delete com.apple.iCal IncludeDebugMenu
    ```

Öffnen Sie iCal erneut. Nun sollten Sie sehen können, dass die Wochenansicht jetzt zwei Ereigniswochen anzeigt und dass das *Debug*-Menü verschwunden ist.

Wenn Sie merken, dass mehr als zwei Wochen sichtbar sind, hängt es wahrscheinlich damit zusammen, dass Sie iCal so eingestellt haben, nur fünf Tage pro Woche anzuzeigen (also die Wochenenden auszublenden). Das können Sie unter dem Reiter *Allgemein* in den Einstellungen von iCal ändern. Sie müssen von der Wochenansicht weg- (zum Beispiel durch einen Klick auf den Reiter *Monat*) und wieder zurückschalten, um die Änderungen zu übernehmen.

Um wieder nur eine Woche in der Wochenansicht anzuzeigen, wiederholen Sie die obigen Schritte, um das *Debug*-Menü zu aktivieren, wählen aber *Default (7)* aus dem Menüeintrag *Days in Week View*. Danach wiederholen Sie die Schritte, um das *Debug*-Menü wieder zu deaktivieren.

173 Werden Sie den Mac-Startakkord los

Macs unterscheiden sich von ihren Rechnerbrüdern durch den melodischen Akkord, den sie beim Hochfahren erklingen lassen. Während PCs, die nicht mehr als einen Piep zustandebringen, neidisch auf den Mac schielen, ist der Startakkord doch nicht immer willkommen – fahren Sie Ihr MacBook beispielsweise in einer Bibliothek hoch, und mehrere genervte Gesichter werden Ihnen gegenüber bereitwillig ihre Missbilligung ausdrücken.

Einen stillen Start ermöglichen

So deaktivieren Sie den Startakkord. Da es keine offizielle Möglichkeit gibt, das durchzuführen (beispielsweise durch einen Gehäuseschalter), liegt die Lösung in einem Eingriff, der so funktioniert, dass die Lautstärke Ihres Rechners beim Herunterfahren stummgeschaltet und nach dem Einloggen nach einem Neustart wieder eingeschaltet wird. Leider funktioniert das nur, wenn Sie FileVault nicht aktiviert haben, da es ein anderes Anmeldeverfahren verwendet.

1. Öffnen Sie das Terminal (*Finder → Programme → Dienstprogramme → Terminal*), und geben Sie *nano* ein, um den Kommandozeilen-Editor *nano* zu öffnen. Danach geben Sie Folgendes in *nano* ein:

   ```
   #!/bin/bash osascript -e 'set volume with output muted'
   ```

2. Wenn Sie mit der Eingabe fertig sind, drücken Sie `ctrl`+`O`, danach geben Sie Folgendes als Dateiname ein: ~/Documents/stumm.sh. Drücken Sie `↵`, um die Datei zu sichern.

3. Schließen Sie das Terminalfenster nicht, sondern verändern Sie die zweite Zeile in nano folgendermaßen (also ändern Sie with zu without):

```
#!/bin/bash
osascript -e 'set volume without output muted'
```

4. Wenn Sie mit der Eingabe fertig sind, drücken Sie `ctrl`+`X`, danach drücken Sie `Y` und geben Folgendes als Dateinamen ein: ~/Documents/laut.sh. Drücken Sie `↵`, um die Datei zu sichern. *nano* wird daraufhin beendet.

5. In dem Terminalfenster geben Sie die folgende Befehlsfolge ein, wobei Sie Ihr Anmeldekennwort eingeben, wenn Sie dazu aufgefordert werden:

```
sudo chmod u+x ~/Documents/stumm.sh
sudo chmod u+x ~/Documents/laut.sh
sudo mv ~/Documents/stumm.sh /Library/Scripts/
sudo mv ~/Documents/laut.sh /Library/Scripts/
sudo defaults write com.apple.loginwindow LogoutHook /Library/Scripts/
    stumm.sh
sudo defaults write com.apple.loginwindow LoginHook /Library/Scripts/
    laut.sh
```

Wenn Sie neu starten, sollte der Startakkord nun stummgeschaltet sein.

Den Startakkord wieder aktivieren

Um später den Startakkord wieder zu aktivieren, öffnen Sie ein Terminalfenster und geben folgende Befehlsfolge ein, wobei Sie wieder Ihr Anmeldekennwort eingeben, wenn Sie dazu aufgefordert werden:

```
sudo defaults delete com.apple.loginwindow LogoutHook
sudo defaults delete com.apple.loginwindow LoginHook
```

174 Zoomen Sie den Schreibtisch heran

Wollten Sie schon einmal etwas auf einer Website genauer betrachten? OS X verfügt über einen Bildschirmzoom, der in der Grundeinstellung deaktiviert ist, aber enorm nützlich sein kann.

Einrichtung

Um den Bildschirmzoom zu aktivieren, starten Sie die Systemeinstellungen (*Apfelmenü → Systemeinstellungen*) und klicken auf das Einstellungsfeld *Bedienungshilfen*. Vergewissern Sie sich, dass der Reiter *Sehen* ausgewählt ist, dann klicken Sie auf den Knopf *Optionen* im Bereich der Überschrift *Zoom*. In dem Einblendfenster setzen Sie einen Haken vor *Zum Zoomen das Scrollrad mit diesen Sondertasten verwenden*. Danach klicken Sie auf *Fertig* und schließen die Systemeinstellungen.

Heranzoomen

Von da an können Sie, wenn Sie `ctrl` gedrückt halten und mit dem Mausrad bzw. dem Mausball vertikal scrollen (oder zwei Finger auf einem Multi-Touch-Trackpad aufwärts oder abwärts ziehen) an der Mauszeigerposition den Bildschirm zoomen. Diese Funktion ist für Menschen gedacht, deren Sehvermögen eingeschränkt ist, doch es ist ebenso eine schnelle Möglichkeit – wenngleich nur mit schlechter Auflösung –, um Bilder heranzuzoomen, wenn Sie die programmeigenen Zoomwerkzeuge nicht verwenden möchten. Beachten Sie, dass Sie nicht wirklich mehr Details eines Bildes sehen, wenn Sie diese Methode verwenden. Stattdessen vergrößern Sie einfach nur die Pixel.

Einen genaueren Zoom verwenden

In der Grundeinstellung ist das gezoomte Bild mit der Antialiasing-Technik dargestellt. Das heißt, die rauen Pixelkanten werden weichgezeichnet, was ihnen einen etwas verschwommenen Charakter verleiht. Um das Antialiasing während des Zoomvorgangs schnell auszuschalten, wodurch Sie ein weniger verschwommenes, gezoomtes Bild erhalten, drücken Sie `⌥`+`⌘`+`#`. Drücken Sie dieselbe Tastenkombination erneut, um das Antialiasing wieder zu aktivieren.

175 Sichern Sie weniger häufig mit Time Machine

In der Grundeinstellung erstellt Time Machine ungefähr jede Stunde ein Backup des Systems. Das kann Ihren Rechner beanspruchen, was dazu führen kann, dass er langsamer wird und dass die Batterieladung auf einem mobilen Mac schneller zu Ende geht. Bedenkt man, dass jedes Backup auch Platz auf Ihrer Festplatte beansprucht, besteht auch die Gefahr, dass Sie irgendwann keinen Speicherplatz mehr haben.

Sie können eine geheime Einstellung verändern, um Backups nur noch alle zwei Stunden oder in noch größeren Abständen durchzuführen.

Beachten Sie, dass dieser Tipp eine systemweite Einstellung verändert, daher werden von ihr alle Benutzer betroffen.

Das Backup-Intervall verändern

Öffnen Sie ein Terminalfenster, und geben Sie den folgenden Code ein. Die Zahl am Ende des Befehls ist die Anzahl der Sekunden zwischen Backups. Die Grundeinstellung ist 3600 (60 Minuten x 60 Sekunden), doch wenn Sie beispielsweise nur alle zwei Stunden sichern wollen, könnten Sie einen Wert von 7200 verwenden (120 Minuten x 60 Sekunden), und zwar wie folgt (geben Sie Ihr Anmeldekennwort ein, wenn Sie dazu aufgefordert werden):

```
sudo defaults write /System/Library/LaunchDaemons/com.apple.backupd-auto
     StartInterval -int 7200
```

Sie müssen den Rechner neu starten, um die Änderungen zu übernehmen. Beachten Sie, dass Sie sehen können, wann das nächste Backup geplant ist, indem Sie die Systemeinstellungen öffnen (*Apfelmenü* → *Systemeinstellungen*), auf das Einstellungsfeld *Time Machine* klicken und unter der Überschrift *Nächstes Backup* nachschauen.

Das ursprüngliche Intervall wiederherstellen

Um das Zeitintervall auf die ursprünglichen 60 Minuten zurückzusetzen, geben Sie Folgendes ein:

```
sudo defaults delete /System/Library/LaunchDaemons/com.apple.backupd-auto
     StartInterval
```

176 Zwischen Dokumentfenstern wechseln

Mit der Tastenkombination ⌘+↹ können Sie zwischen geöffneten Programmen wechseln, doch was tun Sie, wenn Sie zwischen geöffneten Dokumenten desselben Programms wechseln wollen?

Drücken Sie einfach ⌘+<. Letzteres ist die Kleiner-als-Taste, die sich links neben der Taste Y befindet.

Sie werden dabei keine kunstvolle Liste sehen, die anzeigt, welche Fenster offen sind, wie bei dem Programmumschalter. Stattdessen werden Sie einfach mit jedem Druck auf die Taste durch die geöffneten Fenster des Programms kreisen, wobei jedes Fenster in den Vordergrund gebracht wird.

Sie können mit diesem Trick durch alle Programmfenster schalten. Wenn Sie beispielsweise ein *Suchen*-Dialogfenster in einem Texteditor geöffnet haben, können Sie zwischen diesem und dem Hauptfenster mit ⌘+< umschalten.

177 Benennen Sie Dateien schnell um

Um eine Datei oder einen Ordner schnell umzubenennen, wählen Sie siw bzw. ihn in einem Finder-Fenster oder auf dem Schreibtisch aus und drücken ↵. Anders als auf Windows-Rechnern öffnet das nicht die Datei, sondern wählt den Dateinamen aus, sodass Sie ihn mit etwas anderem überschreiben können.

Wenn Sie Ihre Meinung ändern und den Namen unangetastet lassen möchten, drücken Sie einfach esc.

Ein zusätzlicher Tipp: Wenn Sie die gesamte Datei einschließlich ihrer Dateierweiterung ändern wollen, drücken Sie einfach ⌘+A, nachdem Sie ↵ gedrückt haben, um den gesamten Dateinamen auszuwählen.

178 Erzwingen Sie, dass eine Datei in den Spotlight-Index aufgenommen wird

Manchmal kann es vorkommen, dass eine bestimmte Datei nicht in den Suchergebnissen von Spotlight vorkommt, obwohl Sie wissen, dass sie gefunden werden sollte. Sie suchen beispielsweise nach Dateien, die den Text *Quartalsbericht* enthalten, merken jedoch später, dass die Datei *Quartalsbericht 2012.xls* in Ihrem Ordner *Dokumente* einfach nicht gefunden wurde.

178: Erzwingen Sie, dass eine Datei in Spotlight indiziert wird

Erzwingen, dass Dateien indiziert werden

Die Lösung lautet wie folgt: Öffnen Sie ein Terminalfenster (*Finder → Programme → Dienstprogramme → Terminal*), und geben Sie mdimport ein. Danach geben Sie den Dateinamen und den Speicherort an (oder ziehen die Datei einfach auf das Terminalfenster, um diese Details automatisch zu vervollständigen).

Um beispielsweise die oben erwähnte Datei zu importieren, die in meinem Ordner *Dokumente* liegt, würde ich Folgendes eingeben:

mdimport ~/Documents/"Quartalsbericht 2012.xls"

Beachten Sie, dass ich den gesamten Dateinamen in Anführungsstriche gesetzt habe, weil er ein Leerzeichen enthält.[12]

OS X erforschen: Time Machine

Time Machine sichert unsichtbar das gesamte System samt Ihrer persönlichen Daten auf eine externe Festplatte, die über ein Kabel an Ihren Rechner angeschlossen ist, oder über ein WLAN via Time Capsule.[12]

Time Machine erstellt inkrementelle Backups. Das bedeutet, dass Sie nicht nur die letzte Version einer Datei wiederherstellen, sondern durch alle Versionen zurückgehen können, bis zur Erstellung der Datei. Time Machine speichert stündlich Backups für die letzten 24 Stunden; danach sichert es je ein Backup für jeden Tag des vergangenen Monats. Zuletzt sichert es ein Backup für jede Woche.

Zu einer früheren Dateiversion zurückzukehren, ist ganz einfach: Sie klicken auf das Symbol *Time Machine* ganz oben rechts im Bildschirm, dann wählen Sie *Time Machine öffnen*. Sie bekommen daraufhin eine Reihe von Finder-Fenstern angezeigt, die sich in die Zeit zurückerstrecken. Am rechten Rand des Bildschirms befindet sich eine vertikale Liste der Zeiten und Daten, zu denen Backups erstellt wurden. Der Klick auf ein Backup ruft in wundersamer Weise das Finder-Fenster zu dieser Zeit wieder hervor und zeigt, wie die Dateien und Ordner damals aussahen.

Es ist sogar möglich, ein gesamtes System mithilfe von Time Machine wiederherzustellen, wenn ein Unglück passiert – siehe Tipp 226, *Verwenden Sie Startoptionen*, auf Seite 240.

---

[12] http://www.apple.com/de/timecapsule/

Erzwingen, dass Ordner indiziert werden

Auch Ordner können angegeben werden, wodurch alle Dateien darin indiziert werden. Das Folgende indiziert zum Beispiel alles in einem Ordner namens *Konten* in Ihrem Ordner *Dokumente*:

```
mdimport ~/Documents/Konten
```

179 Stellen Sie die Frage ab, ob Sie neue Festplatten für Time Machine verwenden wollen

Wenn Sie Time Machine nicht einsetzen, ist Ihnen bestimmt schon aufgefallen, dass Sie jedes Mal, wenn Sie eine neue Festplatte an den Rechner anschließen, gefragt werden, ob Sie sie für Backups verwenden wollen.

Sie können dieses Frage-Dialogfenster abstellen, indem Sie ein Terminalfenster öffnen (*Finder → Programme → Dienstprogramme → Terminal*) und Folgendes eingeben:

```
defaults write com.apple.TimeMachine DoNotOfferNewDisksForBackup -bool TRUE
```

Melden Sie sich daraufhin ab und wieder an, damit die Änderungen übernommen werden.

Wenn Sie später dieses Frage-Dialogfenster wiederherstellen wollen, geben Sie Folgendes ein (melden Sie sich danach ab und wieder an, um die Änderungen zu übernehmen):

```
defaults delete com.apple.TimeMachine DoNotOfferNewDisksForBackup
```

180 Aktivieren Sie bei mobilen Macs den Ruhezustand der Festplatte früher

Mobile Macs beinhalten in den Systemeinstellungen eine Funktion im Einstellungsfeld *Energiesparen*, die den Ruhezustand für die Festplatte aktiviert, wenn sie nicht gebraucht wird (beispielsweise wenn Sie unterwegs nur im Internet browsen und keine Dateien verarbeiten). Diese Funktion kann Batterieladung sparen, doch sie beginnt erst nach zehn Minuten Inaktivität, also zehn Minuten, nachdem das letzte Mal ein Schreib- oder Lesezugriff auf die Festplatte stattfand.

Ruhezustand schneller aktivieren

Sie können diese Zeitspanne über die Kommandozeile verkürzen und so bewirken, dass die Festplatte schneller in den Ruhezustand wechselt. Das kann dabei helfen, Batterieladung zu sparen, doch es ist möglich, dass das System jedes Mal ganz kurz einfriert, wenn die Festplatte wieder anspringt.

Der folgende Befehl verkürzt die Zeitspanne auf fünf Minuten, jedoch nur, wenn die Batterie verwendet wird, nicht wenn ein Stromkabel angeschlossen ist (beachten Sie, dass dies eine systemweite Änderung ist und daher alle Benutzer betrifft):

```
sudo pmset -b disksleep 5
```

Die ursprüngliche Zeit für den Ruhezustand wiederherstellen

Um die voreingestellte Zeit wiederherzustellen, wiederholen Sie den Befehl, wobei Sie die 5 durch eine 10 ersetzen, sodass die ursprüngliche Zeitspanne von 10 Minuten wieder eingestellt ist.

```
sudo pmset -b disksleep 10
```

181 Fügen Sie Ihre eigenen Systemklänge hinzu

Mit einem kleinen Eingriff können Sie Ihre eigenen Musikdateien für Systemhinweise verwenden. Sie können eine Vielzahl von Soundeffektdateien im Internet finden – probieren Sie es mit Google. Die Dateien müssen allerdings im Format AIFF vorliegen. Die meisten Sounddateien, die Sie von Websites herunterladen können, sind in anderen Formaten gespeichert (für gewöhnlich .wav). Doch Sie können sie mit iTunes wie unten beschrieben ins Format AIFF umwandeln.

Denken Sie daran, dass Alarmtöne kurz sein müssen. Es ist nicht sinnvoll, einen dreiminütigen Popsong als Alarmton zu verwenden, weil er noch lange läuft, nachdem Sie schon vergessen haben, wofür der Alarm eigentlich war.

Führen Sie einen Sekundärklick auf die Sounddatei aus, die Sie herunterladen möchten, und wählen Sie *Verknüpfte Datei laden*. Ein einfacher Klick auf den Link spielt die Sounddatei im Browserfenster ab.

Sounddateien ins Format AIFF konvertieren

1. Öffnen Sie iTunes wie üblich – klicken Sie auf *Finder* → *Programme* → *iTunes*, danach auf das Anwendungsmenü und dann auf *Einstellungen*.

2. Prüfen Sie, dass in dem Dialogfenster, das daraufhin eingeblendet wird, der Reiter *Allgemein* ausgewählt ist, und klicken Sie danach auf den Knopf *Importeinstellungen*.

3. In dem neuen Dialogfenster klicken Sie auf die Aufklappliste *Importieren mit* und wählen *AIFF-Codierer* (siehe Abbildung 30). Schließen Sie daraufhin die Dialogfenster, und kehren Sie zur normalen iTunes-Ansicht zurück.

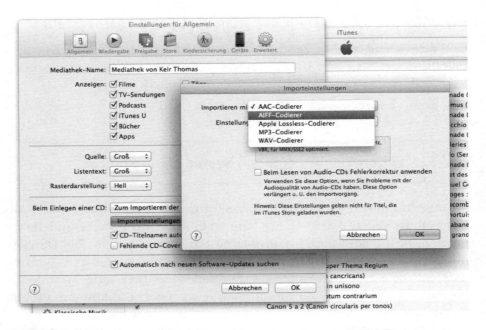

Abbildung 30: iTunes-Einstellungen anpassen, um AIFF-Dateien zu exportieren

4. Ziehen Sie Ihre Sounddatei auf das iTunes-Fenster, sodass es in Ihre Wiedergabeliste importiert wird. Suchen Sie sie in der Liste (kleiner Tipp: Geben Sie ihren Namen in das Suchfeld oben rechts von iTunes ein), führen Sie einen Sekundärklick darauf aus, und wählen Sie *AIFF-Version erstellen* aus.

5. Die Umwandlung findet sofort statt, und Sie werden daraufhin zwei Versionen der Datei vorfinden. Wählen Sie die zweite Version der beiden, und ziehen Sie sie auf den Schreibtisch. Sie sollten nun eine AIFF-Datei haben (die Datei hat eine *.aif*-Dateierweiterung).

6. Nun müssen Sie iTunes wieder auf seine Grundeinstellung zurücksetzen, also klicken Sie das Anwendungsmenü erneut an und wählen *Einstellungen*. Klicken Sie auf den Knopf *Importeinstellungen*, und wählen Sie diesmal *AAC-Codierer* aus der Aufklappliste *Importieren mit*. Sie können nun alle Dialogfenster schließen und iTunes beenden.

Sounddateien importieren, um sie im System zu verwenden

Sobald die Sounddatei ins AIFF-Format konvertiert worden ist, muss sie zum Gebrauch importiert und aktiviert werden.

1. Öffnen Sie ein Finder-Fenster, drücken Sie ⇧+⌘+G und geben Sie Folgendes ein: ~/Library/Sounds.

2. Ziehen Sie die AIFF-Datei, die Sie zuvor erstellt haben, in den Ordner, und schließen Sie danach das Finder-Fenster.

3. Öffnen Sie nun die Systemeinstellungen (*Apfelmenü → Systemeinstellungen*), und klicken Sie das Einstellungsfeld *Ton* an. In dem Einstellungsfenster, das daraufhin erscheint, klicken Sie auf den Reiter *Toneffekte* und wählen Ihren Ton aus der Liste aus – die Töne sind alphabetisch aufgelistet.

4. Die Änderungen werden sofort übernommen, doch um den neuen Toneffekt zu testen, klicken Sie ihn ein- oder zweimal an.

Um wieder einen der mitgelieferten Warntöne zu verwenden, öffnen Sie einfach die Systemeinstellungen, danach das Einstellungsfeld *Ton* wie zuvor beschrieben und wählen – nachdem Sie sich vergewissert haben, dass der Reiter *Toneffekte* ausgewählt ist – einen Ton aus der Liste aus. Sie können Ihre eigenen Sounddateien danach aus dem Ordner ~/Library/Sounds löschen.

182 So erkennen Sie, dass Sie auf einen Nur-lesen-Ordner zugreifen

Möchten Sie erkennen, wann Sie einen Ordner sehen, auf den Sie nur Lesezugriff haben? Wählen Sie *Darstellung → Statusleiste einblenden*. Dadurch wird eine schmale Infoanzeige unter den Finder-Fenstern eingeblendet, die in erster Linie anzeigt, wie viele Objekte im Finder-Fenster angezeigt werden und wie viel freier Speicherplatz verfügbar ist. Wenn Sie jedoch auf einen Ordner zugreifen, in dem Sie keine Dateien speichern oder bestehende Dokumente bearbeiten können, sehen Sie ein durchgestrichenes Stiftsymbol unten links in dieser Leiste.

183 Verschicken Sie Text oder Bilder schnell per E-Mail

Ziehen Sie eine Textauswahl, ein Bild oder eine Datei auf das Mailsymbol im Dock, um sofort eine neue E-Mail mit dem Text oder Bild im E-Mail-Textfenster oder mit der Datei im Anhang der neuen E-Mail zu erstellen.

184 Bilder in Vorschau stapelweise verkleinern, drehen oder spiegeln

Der mit Ihrem Mac gelieferte Bildbetrachter *Vorschau* verfügt über die Fähigkeit, die Größe von Bildern zu verändern und Bilder zu rotieren.

Wenn Sie mehrere Bilder gleichzeitig öffnen, können Sie sie alle auf einmal anpassen. Sie werden das vielleicht bei der Vorbereitung von Fotos für den Online-Gebrauch nützlich finden oder zur korrekten Ausrichtung mehrerer Bilder, die im Hochformat aufgenommen wurden.

Einzelne Bilder verändern

Um ein einzelnes Bild zu verkleinern, zu rotieren oder zu spiegeln, öffnen Sie es einfach in Vorschau und klicken im Menü auf *Werkzeuge → Größenkorrektur*, *Werkzeuge → Links drehen / Rechts drehen* oder *Werkzeuge → Horizontal/Vertikal spiegeln*.

Mehrere Bilder verändern

Um Fotos stapelweise zu optimieren, öffnen Sie ein Finder-Fenster und wählen alle Bilddateien wie üblich aus, indem Sie mit dem Mauszeiger ein Auswahlfeld darüber ziehen oder sie mithilfe von ⇧ und/oder ⌘ anklicken. Danach ziehen Sie sie allesamt auf das *Vorschau*-Symbol im Dock. Sie können auch einen Ordner voller Fotos auf das *Vorschau*-Docksymbol ziehen.

Dadurch öffnet sich *Vorschau* mit all den kleinen Vorschaubildern der Fotos in der Seitenleiste rechts vom Programmfenster. Klicken Sie auf eines der kleinen Vorschaubilder, und drücken Sie ⌘+A, um alle Bilder in der Seitenleiste auszuwählen. Nun wählen Sie *Werkzeuge → Größenkorrektur* (oder eine der anderen Menüoptionen zur Veränderung von Fotos). Danach nehmen Sie in dem jeweiligen Dialogfenster, das daraufhin erscheint, eine neue Einstellung vor.

Wenn Sie das erledigt haben, klicken Sie im Dialogfenster auf den Knopf *OK*. Der Vorgang kann einige Zeit in Anspruch nehmen, und es gibt keine Fortschrittsanzeige. Daher müssen Sie möglicherweise ein paar Sekunden warten, bis die Änderungen umgesetzt werden. Vielleicht werden Sie gefragt, ob Sie die Fotos freigeben wollen, damit die Änderungen gesichert werden können; in diesem Fall klicken Sie auf *Ja*, um das zu tun.

Für professionelle Fotografen ist es vielleicht interessant zu wissen, dass Sie den Bildern auch neue Farbprofile zuordnen können (nachdem Sie alle Bilder in der *Vorschau*-Seitenleiste ausgewählt haben, klicken Sie auf *Werkzeuge → Profil zuweisen* und wählen ein Farbprofil aus der Aufklappliste aus.) Allerdings ist es nicht möglich, die Farbe oder Helligkeit einer Gruppe von Bildern zu optimieren – jeder Versuch diesbezüglich wird nur das erste Bild in der Auswahl betreffen.

185 Erstellen Sie schnell einen Notizzettel

Das Programm *Notizzettel* ist einer der verborgenen Schätze unter den mit dem Mac gelieferten Programmen. Sie finden es im Ordner *Programme* im Finder. Das Programm nimmt Anleihen bei den echten Klebenotizzetteln, und Sie können virtuelle Klebezettel überall auf dem Schreibtisch ankleben. Was auch immer Sie in sie hineinschreiben, wird automatisch gesichert, auch über Systemstarts hinweg.

Manchmal möchte ich mir Text von einer Webseite notieren, doch das kann eine mühsame Erfahrung sein – ich muss den Text auswählen, kopieren, zum Programm *Notizzettel* wechseln und eine neue Notiz erstellen, bevor ich den Text einfügen kann.

Es gibt zwei mögliche Lösungen für dieses Problem.

Neue Notizzettel über Tastaturkurzbefehle erstellen

Die erste Lösung besteht darin, den Text wie üblich auszuwählen und ⇧+⌘+Y zu drücken. Dadurch wird automatisch ein neuer Notizzettel erstellt, der den Text enthält.

Wenn Fotos zusammen mit dem Text ausgewählt sind, werden sie ebenfalls in den Notizzettel aufgenommen, doch jegliches Layout geht verloren (also ist es möglich, dass beispielsweise die Bilder nicht dort erscheinen, wo sie auf der Webseite waren).

Ziehen und loslassen

Eine Alternative dazu ist, ein Docksymbol für das Programm *Notizzettel* zu erstellen (ziehen Sie das Programmsymbol aus dem Ordner *Programme* einfach ins Dock) und dann ausgewählten Text einfach darauf zu ziehen und loszulassen, um einen neuen Notizzettel zu erstellen, der den Text enthält. In Safari würde ich also Text auswählen und ihn dann auf das Notizzettelsymbol ziehen, bevor ich die Maustaste losließe, um einen neuen Notizzettel zu erstellen.

Wenn Bilder und Links in der Auswahl enthalten sind, werden sie ebenfalls Teil der Notiz werden, wenngleich – wie oben – die Formatierung der Webseite wahrscheinlich verloren geht und alles ein wenig durcheinandergeraten aussieht.

Noch etwas: Wenn Sie Bilddateien aus einem Finder-Fenster oder vom Schreibtisch direkt auf einen bestehenden Notizzettel ziehen, werden sie an der Position der Einfügemarke eingefügt. Sie können auch Textclips auf das Docksymbol ziehen, um einen Notizzettel aus dem Clip-Inhalt zu erstellen (siehe Tipp 62, *Sichern Sie Textschnipsel zur Wiederverwendung*, auf Seite 85).

186 Öffnen Sie ein Finder-Fenster beim Sichern oder Öffnen von Dateien

Wenn Sie ⌘+R drücken, während Sie die Dialogfenster aus *Ablage → Öffnen* oder *Ablage → Sichern* unter verwenden, öffnet sich ein Finder-Fenster, das den Inhalt des Ordners zeigt, den Sie gerade angezeigt hatten. Das kann Ihnen eine Hilfe sein, wenn Sie versuchen, Dateien zu finden.

Denken Sie daran, dass Sie einen Ordner aus einem Finder-Fenster auf ein *Datei-öffnen-bzw.Sichern-unter*-Dialogfenster ziehen können, um direkt zu diesem Speicherort zu springen.

187 Erstellen Sie auf Ihrem Mac Podcasts wie ein Profi

OS X enthält den *Podcast-Publisher*, ein vielseitiges und anwenderfreundliches Programm, das Ihnen dabei hilft, Video- und Audiopodcasts zu erstellen (siehe Abbildung 31). Sie finden es im Ordner *Dienstprogramme* im *Programme*-Ordner im Finder, und es ist sehr einfach zu verwenden.

Abbildung 31: Podcast Publisher verwenden

Einen Podcast erstellen

Sobald das Programm startet, klicken Sie unten links auf den Pfeil nach unten neben dem Knopf *Neue Filmfolge*, um zwischen einer neuen Film- oder Audiofolge zu wählen, und danach kommt es darauf an:

- Wenn Sie einen Audiopodcast erstellen, drücken Sie den Aufnahmeknopf unten im Fenster, und sobald der Countdown abgelaufen ist, sprechen Sie Ihren Podcast! Sobald Sie fertig sind, klicken Sie erneut auf den Aufnahmeknopf, um die Aufnahme abzuschließen.

- Wenn Sie einen Videopodcast erstellen, klicken Sie auf den Klebezettel *Neue Folge hinzufügen* auf der Korkpinnwand, um den kreativen Prozess zu beginnen. Sobald Sie mit der Videoeinstellung und der Lautstärkeregelung zufrieden sind (beobachten Sie den Audiometer unten im Fenster), klicken Sie auf den Aufnahmeknopf. Sobald Sie fertig sind, klicken Sie erneut auf den Aufnahmeknopf, um die Aufnahme abzuschließen.

Nachdem Sie einen Audio- oder Videopodcast erstellt haben, bekommen Sie die Möglichkeit, die Aufnahme zu trimmen (auf dieselbe Weise wie in Tipp 127, *Bearbeiten Sie Filme im QuickTime Player*, auf Seite 155). Das Trimmen kann nützlich sein, um die paar Sekunden am Anfang und Ende zu löschen, in denen Sie auf den Aufnahmeknopf klicken. Geben Sie oben im Programmfenster einen Namen für den Podcast ein, indem Sie den vorgegebenen Namen überschreiben.

Verbreiten Sie Ihre Arbeit

Klicken Sie auf den Knopf *Bereitstellen*, um den Podcast automatisch zu iTunes hinzuzufügen, auf Ihrem Schreibtisch zu sichern, um ihn manuell auf Ihren Server hochzuladen oder um ihn an eine E-Mail anzuhängen. Sie können den Podcast auch auf einen OS-X-Server laden, auf dem Podcast-Producer- oder Remote-Workflow-Server laufen.[13] Allerdings setzt das die Einrichtung des Programms *Podcast Capture* voraus (es liegt ebenfalls im Ordner *Dienstprogramme* im *Programme*-Ordner im Finder).

---

13 http://docs.info.apple.com/article.html?path=Server/10.7/en/t_EnablePodcastLibrary.html für beide.

188 Erkennen Sie auf einen Blick, ob ein PDF mehrere Seiten umfasst

Das Dateisymbol einer PDF-Datei, die mehr als eine Seite umfasst, zeigt einen schwarzen Plastikbinder an der linken Seite (als wäre ein echtes mehrseitiges Dokument gebunden worden). Einseitige PDFs werden nur als eine Seite dargestellt, ohne Bindung.

189 Beherrschen Sie Diashow-Bildschirmschoner

Während der Rechner einen der vielen Diashow-Bildschirmschoner ablaufen lässt, haben Sie ein Bild entdeckt, das Ihnen gefällt. Wollen Sie es genauer ansehen? Dann drücken Sie einfach die `Leertaste`, um eine Pause einzulegen. Sie können danach die Pfeiltasten nach links und rechts verwenden, um manuell in der Diashow zurück- und vorzublättern.

Während der Bildschirmschoner läuft, können Sie die Pfeiltasten nach links und rechts drücken, um schnell nach hinten und vorn durch die Bilder zu wechseln – das ist nützlich, wenn Sie zu einem Bild zurück möchten, das Sie gerade gesehen haben!

190 So holen Sie Bilder und Filme von Ihrem iPhone und iPad herunter

Schließen Sie Ihr iPhone oder iPad über USB an Ihren Mac an, öffnen Sie *Vorschau*, und klicken Sie das Menü *Ablage* an. Ganz unten in der Liste werden Sie eine Option sehen, von dem Gerät zu importieren. Wenn Sie das auswählen, wird Ihnen ein neues Fenster mit den Bildern und Filmen auf dem iOS-Gerät gezeigt. Sie können einzelne (oder mehrere mit gedrückter Taste `⌘` oder `⇧` ausgewählte) Dateien auf ein Finder-Fenster oder auf den Schreibtisch ziehen, oder Sie können den Knopf *Importieren* unten im Fenster anklicken. In beiden Fällen wird ein neues Vorschaufenster erscheinen, das die Bilder anzeigt, sobald sie importiert sind.

191 Sichern Sie Webseiten auf die Festplatte

Es gibt in Safari viele Möglichkeiten, Webseiten auf eine Disk zu sichern, damit Sie sie später anschauen können.

Die Leseliste verwenden

Die vielleicht schnellste Möglichkeit ist, die Leseliste zu verwenden, die in Safari eingebaut ist und die Sie Seiten auch dann lesen lässt, wenn der Rechner offline ist. Rufen Sie die fragliche Seite auf, und drücken Sie ⇧+⌘+D oder wählen Sie *Zur Leseliste hinzufügen* aus dem Menü *Lesezeichen*. Sie können auf Ihre in der Leseliste gespeicherten Seiten zugreifen, indem Sie auf das Brillensymbol links in der Lesezeichenleiste klicken.

Webarchive sichern

Das größte Problem mit der Leseliste ist, dass Sie nur die Seiten lesen können, die darin gesichert sind – es gibt keine Möglichkeit, eine Leselistenseite zu exportieren. Um eine Webseite so zu sichern, dass sie von jedem anderen Mac oder von einem Windows-PC, auf dem Safari installiert ist, gelesen werden kann, klicken Sie auf *Ablage* → *Sichern unter*; danach wählen Sie in der Aufklappliste *Format* des Dialogfensters, das daraufhin erscheint, die Option *Webarchiv*. Dadurch wird eine einzige Datei gesichert, die Sie anderen per E-Mail zuschicken oder ihnen auf einem USB-Stick weitergeben können.

Als PDF sichern

Um die Webseite so zu sichern, dass sie auf jedem Rechner betrachtet werden kann, sichern Sie sie als PDF-Datei. Klicken Sie auf *Ablage* → *Drucken*, und in dem Dialogfenster, das daraufhin erscheint, klicken Sie auf den Knopf *PDF* unten links. Wählen Sie *Als PDF sichern* aus dem Einblendmenü.

Bedenken Sie, dass das Sichern als PDF-Datei das meiste der Formatierung entfernt, obgleich der Inhalt lesbar bleiben sollte. (Der Text und die Bilder sollten in einigermaßen korrekter Reihenfolge erscheinen.)

192 Recyceln Sie Ihre alte Apple-Hardware, und verdienen Sie dabei

Wenn Sie einen alten Mac oder andere Apple-Hardware wie beispielsweise ein iPhone besitzen, können Sie das Gerät über den offiziellen Apple-Partner *PowerON* recyceln. Wenn das Gerät noch irgendeinen Wert besitzt, bekommen Sie eine Apple-Geschenkkarte.

Die Entscheidung, ob ein Gerät noch einen Wert besitzt, hängt davon ab, ob das Gerät noch funktioniert, und auch von seinem Alter. Doch *PowerON* nimmt auch defekte oder sehr alte Geräte entgegen und bezahlt sogar die Portokosten, auch wenn es unwahrscheinlich ist, dass Sie Geld dafür bekommen.

Mehr Informationen finden Sie unter http://store.apple.com/us/browse/reuse_and_recycle. Beachten Sie, dass dieses Programm nur in den USA läuft. Doch Apple Stores in einigen anderen Ländern haben Recycling-Programme, um alte Hardware kostenlos und verantwortlich zu entsorgen. Fragen Sie in einem Apple Store in Ihrer Nähe nach den Einzelheiten.

193 Verkürzen Sie die Ereigniszeiten in iCal

iCal hat eine clevere Funktion, mit der Sie neue Kalenderereignisse erstellen können, indem Sie einen beschreibenden Satz eingeben. Klicken Sie einfach auf das Pluszeichen oben links im Fenster, und beginnen Sie zu schreiben. Wenn Sie beispielsweise „Mittagessen mit Eltern am Mittwoch um 12" schreiben, wird ein Termin am Mittwoch angelegt, der um 12 Uhr beginnt und den Namen „Mittagessen mit Eltern um 12" trägt.

Doch solange Sie nicht vorgeben, wie lange das Geschehen dauert, wird iCal immer einstündige Ereignisse erstellen. Wenn Sie iCal verwenden, um Geschäftstermine zu planen, kann es geeigneter sein, wenn iCal grundsätzlich halb- oder viertelstündige Ereignisse anlegt.

Die voreingestellten Ereigniszeiten verkürzen

Eine verborgene Einstellung kann so optimiert werden, dass Sie mit verkürzten Ereignissen planen können. Beenden Sie iCal; danach öffnen Sie ein Terminalfenster (*Finder* → *Programme* → *Dienstprogramme* → *Terminal*) und geben Folgendes ein, was die voreingestellte Zeit auf dreißig Minuten verkürzt:

```
defaults write com.apple.iCal "Default duration in minutes for new event"
     -int 30
```

Ändern Sie die Zahl am Ende nach Belieben: Dies ist die Anzahl der Minuten, die Ereignisse dauern sollen. Zum Beispiel wird Folgendes die Zeit auf fünfzehn Minuten verkürzen:

```
defaults write com.apple.iCal "Default duration in minutes for new event"
     -int 15
```

Zu den Ereigniszeiten der Grundeinstellungen zurückkehren

Um wieder eine Stunde einzustellen, öffnen Sie ein Terminalfenster und geben Folgendes ein:

```
defaults delete com.apple.iCal "Default duration in minutes for new event"
```

194 Bringen Sie Ihren Mac zum Sprechen

Ihr Mac beinhaltet einen qualitativ hochwertigen Sprachsynthesizer, der fast wie eine echte Stimme klingt.

In Programmen sprechen

In manchen Programmen, insbesondere in den mitgelieferten Apps wie Safari oder TextEdit, können Sie Ihren Mac dazu bringen, ausgewählten Text vorzulesen, indem Sie Text auswählen, einen Sekundärklick auf die Auswahl ausführen und aus dem Kontextmenü *Sprachausgabe* → *Sprachausgabe starten* wählen. Manche Leute finden das für das Korrekturlesen nützlich, weil ihnen das Hören der Wörter erlaubt, Fehler zu entdecken, über die ihre Augen hinweggesehen haben.

Sprachsynthese aufnehmen

Sie können auch die Sprachsynthese Ihres Mac aufnehmen und in einen iTunes-Track umwandeln, um ihn auf einen iPod oder ein iPhone hinunterzuladen. Wählen Sie einfach den Text aus, führen Sie einen Sekundärklick auf der Auswahl aus, und wählen Sie im Kontextmenü unter *Dienste* den Eintrag *Als gesprochenen Titel zu iTunes hinzufügen*. Ein Einblendfenster fordert Sie nun auf, der neuen Datei einen Namen zu geben. Sobald Sie fertig sind, klicken Sie auf den Knopf *Fortfahren*. iTunes wird automatisch starten, und nachdem Sie den Dateinamen in das Suchfeld rechts oben eingegeben haben, wird Ihre neue Kreation angezeigt.

Die Stimme ändern

Sie können die Synthesestimme ändern, indem Sie im Einstellungsfeld *Sprache* in den Systemeinstellungen (*Apfelmenü → Systemeinstellungen*) den Reiter *Sprachausgabe* auswählen. Klicken Sie auf die Aufklappliste neben *Systemstimme*. Die mitgelieferten Stimmen sind nicht besonders gut, doch wenn Sie in der Aufklappliste *Systemstimme* auf *Anpassen* klicken, können Sie mehrere Stimmen von hoher Qualität herunterladen. Bedenken Sie jedoch, dass diese Stimmen als sehr große (mehrere Gigabyte umfassende) Dateien geliefert werden. Daher sollten Sie sie vielleicht am besten zu Hause herunterladen und nicht über ein öffentliches WLAN in einem Café.

Im Terminal sprechen

Wenn Sie das Terminal verwenden (*Finder → Programme → Dienstprogramme → Terminal*), können Sie Ihren Mac ganze Textdateien (.txt) vorlesen lassen. Geben Sie einfach Folgendes ein, wobei Sie DATEINAME.txt durch den Namen Ihrer Datei ersetzen:

```
say -f DATEINAME.txt
```

Sie können auch den Befehl say verwenden, um Ihren Mac irgendetwas sagen zu lassen. Beispielsweise könnten Sie Folgendes eingeben:

```
say Der Mac ist der beste Computer, den die Welt je gesehen hat
```

195 Kosten Sie das Mac-Programm Lexikon voll aus

Ihr Mac besitzt ein fantastisches Lexikon-Programm, das Sie im Ordner Programme im Finder finden.

Den vorderen und hinteren Teil lesen

Das Programm *Lexikon* beruht auf dem renommierten *Oxford Dictionary*, was seine Wortdefinitionen angeht, doch das Programm enthält auch alle Seiten des Wörterbuchs, einschließlich der einleitenden Kapitel und Lesehinweise. Um auf diese zuzugreifen, öffnen Sie das Programm und klicken im Menü *Gehe zu* auf *Vorderer/hinterer Teil*. Danach klicken Sie auf die Hyperlinks zu den einzelnen Abschnitten in dem Programmfenster von *Lexikon*.

Neue Sprachen und Variationen hinzufügen

Sie können auch eine britische Version des Englisch-Wörterbuchs und des Thesaurus durchsuchen, ebenso wie ein japanisches Wörterbuch und ein Japanisch-Englisch-Wörterbuch. Um sie zu aktivieren, klicken Sie auf *Einstellungen* im Anwendungsmenü. Wählen Sie sie nun in der Liste des Dialogfensters aus, das daraufhin erscheint. Sie können die Reihenfolge der Einträge in der Liste durch Ziehen verändern, um festzulegen, welche Ergebnisse zuerst angezeigt werden, wenn Sie Wörter suchen.

196 | Scrollen Sie besser durch Finder-Fenster

Wenn Sie eine Datei an das obere oder untere Ende eines Finder-Fensters ziehen und dort festhalten, wird das Fenster irgendwann damit beginnen, aufwärts oder abwärts zu scrollen. Das kann nützlich sein, doch dieser Trick ist ziemlich schwierig zu beherrschen – oftmals scrollt das Fenster ruckartig, oder es scrollt nur ein klein wenig und stoppt dann wieder.

Besseres Scrollen aktivieren

Eine verborgene Einstellung kann dabei helfen, diese Funktion zu verbessern und sie zu einem nützlichen Teil Ihres Arbeitsablaufs werden zu lassen. Um sie zu aktivieren, öffnen Sie ein Terminalfenster (*Finder → Programme → Dienstprogramme → Terminal*) und geben Folgendes ein:

```
defaults write com.apple.finder NSDraggingAutoscrollDelay -int 0;killall Finder
```

Die Änderungen werden sofort übernommen. Probieren Sie es aus, indem Sie einen Ordner an das obere oder untere Ende eines Finder-Fensters voller Dateien ziehen. Sie sehen, wie das Finder-Fenster sehr viel schneller auf Scroll-Wünsche reagiert.

Zu den Standardeinstellungen zurückkehren

Wenn Sie diese Änderung zurücknehmen möchten, öffnen Sie ein Terminalfenster und geben Folgendes ein:

```
defaults delete com.apple.finder NSDraggingAutoscrollDelay;killall Finder
```

197 | Zeigen Sie Telefonnummern in riesiger Schrift an, um sie leichter notieren zu können

Wollten Sie jemals eine Telefonnummer vom Bildschirm abschreiben, fanden es aber schwierig, weil Sie ständig zwischen Bildschirm und Seite hin- und herschauen mussten und dabei ständig vergessen haben, wo Sie auf dem Bildschirm hinschauen mussten?

In TextEdit können Sie die Telefonnummer einfach auswählen, einen Sekundärklick darauf ausführen und *Große Zeichen* wählen. In Mail lassen Sie den Mauszeiger über der Telefonnummer schweben, bis ein Pfeilsymbol erscheint; klicken Sie darauf, und wählen Sie *Große Zeichen* aus dem Einblendmenü. Beachten Sie, dass dies nur für Nachrichten funktioniert, die Sie in Mail empfangen haben, nicht für solche, die Sie schreiben.

Das funktioniert auch, wenn Sie den Rechner verwenden, der für Sie das Rechenergebnis anzeigt – führen Sie einen Sekundärklick auf die Ziffern in der LCD-Anzeige aus, und wählen Sie *Große Zeichen*.

In jedem Fall wird der Text daraufhin als großer schwebender Text angezeigt, der über die ganze Bildschirmbreite reichen kann. Um ihn wieder loszuwerden, klicken Sie einfach irgendwo.

198 | Lassen Sie sich immer erweiterte Sichern-Dialogfenster anzeigen

Ihr Mac bietet Ihnen zwei Modi für Dialogfenster an, wenn es ans Sichern von Dateien geht: *kompakt* und *erweitert* (siehe Abbildung 32). Das Fenster ist in kompakter Größe ganz einfach gestaltet, indem es nur wenige Möglichkeiten außer der Eingabe des Dateinamens bietet, während es in erweiterter Größe für gewöhnlich eine Dateiliste anzeigt und verschiedene weitere Optionen. Sie können zwischen den beiden wechseln, indem Sie den kleinen Pfeil nach unten neben dem Dateinamen verwenden. Doch die Grundeinstellung ist *kompakt*, wenn der Anwender das nicht ändert.

Ihr Mac wird sich an Ihre Auswahl für jedes einzelne Programm erinnern, sobald Sie dort Ihre Wahl getroffen haben, doch es ist möglich, alle *Sichern-unter*-Dialogfenster in allen Programmen immer im erweiterten Format einblenden zu lassen, selbst für Programme, die Sie noch gar nicht verwendet haben.

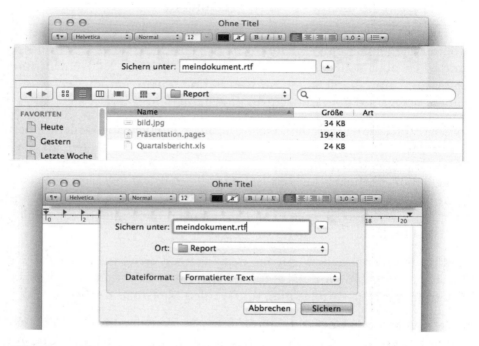

Abbildung 32: Dialogfenster können auf erweiterte (oben) oder kompakte (unten) Ansicht eingestellt werden.

Große Dialogfenster aktivieren

Um die Dialogfenster dazu zu bringen, immer im erweiterten Format zu erscheinen, öffnen Sie ein Terminalfenster (*Finder → Programme → Dienstprogramme → Terminal*) und geben Folgendes ein:

```
defaults write -g NSNavPanelExpandedStateForSaveMode -bool TRUE
```

Melden Sie sich daraufhin ab und wieder an, damit die Änderungen übernommen werden. Denken Sie daran: Wenn Sie das Dialogfenster wieder kompakt anzeigen (indem Sie den Aufwärtspfeil anklicken), wird sich das Programm daran erinnern und ein kleines Dialogfenster anzeigen, bis Sie es wieder manuell ändern.

Zur Grundeinstellung zurückkehren

Um später wieder zu kompakten Dialogfenstern als Grundeinstellung zurückzukehren, öffnen Sie ein Terminalfenster und geben Folgendes ein:

```
defaults delete -g NSNavPanelExpandedStateForSaveMode
```

Melden Sie sich erneut ab und wieder an, damit die Änderungen übernommen werden.

199 Übersicht (Quick Look) im Vollbildmodus verwenden

Wenn Sie eine Datei in einem Finder-Fenster oder auf dem Schreibtisch auswählen und [Leertaste] drücken, wird die Datei im Übersichtsmodus geöffnet und eine Vorschau anzeigen. *Übersicht* hat auch einen Vollbildmodus, der mehr Details zeigt. Drücken Sie einfach [⌥]+[Leertaste] statt nur [Leertaste].

Ein Nachteil, wenn man *Übersicht* in diesem Modus öffnet, besteht darin, dass erneutes Drücken von [⌥]+[Leertaste] das Übersichtsfenster nicht schließt. Stattdessen müssen Sie [esc] drücken oder auf den Schließknopf auf der schwebenden Werkzeugleiste von *Übersicht* klicken.

Sie können den Vollbildmodus in jedem Übersichtsfenster ein- und ausschalten, indem Sie auf das Symbol ganz rechts oben im Fenster klicken oder die Zwei-Finger-Spreizgeste verwenden.

200 Lassen Sie Ihre Grammatik während der Eingabe überprüfen

Ihr Mac überprüft bei der Eingabe Ihre Rechtschreibung in vielen Programmen, wobei Fehler rot unterstrichen werden. Aber wussten Sie, dass er auch Ihre Grammatik überprüfen kann?

Grammatiküberprüfung aktivieren

Um die Funktion in jedem Programm zu aktivieren, in dem Sie sie anwenden möchten (wie Safari, TextEdit oder Mail), öffnen Sie das Programm und klicken auf *Bearbeiten* → *Rechtschreibung* und *Grammatik* →

Rechtschreib- und Grammatikprüfung. Sie wird aktiv bleiben, wenn Sie das Programm beenden und neu starten, bis Sie sie auf diese Weise deaktivieren.

Schlechte Grammatik korrigieren

Was OS X für schlechte Grammatik hält, wird grün unterstrichen. Doch denken Sie daran, dass die Grammatikprüfung nicht einmal annähernd so akkurat ist wie die Rechtschreibprüfung und dass OS X sich daher wahrscheinlich sehr häufig irren wird.

Ein Sekundärklick auf ein Wort oder eine Wortgruppe, das bzw. die als schlechte Grammatik hervorgehoben ist, wird wahrscheinlich keinen Verbesserungsvorschlag für den angenommenen Fehler anbieten, wie das bei Rechtschreibfehlern geschieht, oder gar eine Beschreibung liefern (obgleich für einfache Fehler im Englischen wie „it's" statt „its" Verbesserungsvorschläge angezeigt werden können).

Um jedoch die Art des Fehlers zu sehen, können Sie den Mauszeiger über der unterstrichenen Wortgruppe schweben lassen, bis ein Einblendfenster erscheint, das das Problem erklärt. Oder Sie können eine komplette Rechtschreib- und Grammatikprüfung durchführen, indem Sie das Dialogfenster *Rechtschreibung und Grammatik* verwenden. Um eine vollständige Prüfung zu beginnen, klicken Sie auf *Bearbeiten → Rechtschreibung und Grammatik → Rechtschreibung und Grammatik einblenden*. Ein Klick auf den Knopf *Weitersuchen* geht immer wieder durch alle hervorgehobenen Fehler (Rechtschreib- und Grammatikfehler) und zeigt für Grammatikfehler eine Beschreibung dessen an, was der Mac da für einen Fehler hält.

201 Optimieren Sie das „Look-and-Feel" des Docks

So können Sie anpassen, wie das Dock aussieht und welche Position es auf dem Bildschirm einnimmt.

Zu einem flachen 2D-Dock umschalten

Das Dock ist ein Meisterwerk der Ingenieurskunst. In seiner voreingestellten Konfiguration und Position ahmt es eine Glasplattform nach, die Reflektionen eines jeden Fensters zeigt, das sich in ihrer Nähe befindet.

Wenn das alles auf Sie zu übertrieben wirkt, können Sie recht leicht zu einem flachen zweidimensionalen Dock umschalten. Öffnen Sie ein Terminalfenster (*Finder* → *Programme* → *Dienstprogramme* → *Terminal*), und geben Sie Folgendes ein:

```
defaults write com.apple.dock no-glass -bool TRUE;killall Dock
```

Die Änderungen werden sofort übernommen – ein Beispiel sehen Sie in Abbildung 33. Das flache Dock funktioniert genauso wie zuvor.

Abbildung 33: Das Dock auf eine flache 2D-Darstellung umschalten

Um zu einem 3D-Dock zurückzukehren, öffnen Sie ein Terminalfenster und geben Folgendes ein:

```
defaults delete com.apple.dock no-glass;killall Dock
```

Das Dock auf eine Seite des Bildschirms verschieben

Sie können das Dock aus seiner ursprünglichen Position unten am Bildschirm an die linke oder rechte Seite verschieben, und zwar über das Einstellungsfeld *Dock* in den Systemeinstellungen (*Apfelmenü* → *Systemeinstellungen*). Schneller geht es jedoch, wenn Sie ⇧ gedrückt halten und den „Zebrastreifen" anklicken, der die Programmsymbole von den Stapeln und dem Papierkorb trennt.

Ziehen Sie das Dock nun einfach an den rechten oder linken Rand des Bildschirms, und lassen Sie es los, sobald es seine neue Position eingenommen hat. Um das Dock wieder an den unteren Rand zu versetzen, ziehen Sie es einfach wieder auf dieselbe Weise dorthin. Wenn das Dock am linken oder rechten Rand des Bildschirms positioniert ist, wechselt es automatisch zum 2D-Aussehen.

Es ist möglich, das Dock an eine Ecke des Bildschirms zu verschieben, anstatt es zentriert darzustellen. Das erreichen Sie, indem Sie ein Terminalfenster öffnen (*Finder* → *Programme* → *Dienstprogramme* → *Terminal*) und Folgendes eingeben, um es nach links zu schieben, wenn es unten ist, oder an eine obere Ecke, wenn es links oder rechts am Bildschirm verankert ist:

```
defaults write com.apple.Dock pinning start;killall Dock
```

Oder Sie geben Folgendes ein, um das Dock nach rechts zu schieben, wenn es unten am Bildschirm verankert ist, oder zu einer unteren Ecke, wenn es sich an einer der Bildschirmseiten befindet:

```
defaults write com.apple.Dock pinning end;killall Dock
```

Um das Dock wieder an der Bildschirmkante zu zentrieren, öffnen Sie ein Terminalfenster und geben Folgendes ein:

```
defaults delete com.apple.Dock pinning;killall Dock
```

202 Fügen Sie PDF-Dateien handgemalte Zeichnungen hinzu

In einem anderen Tipp geht es noch darum, wie Sie Ihre Unterschrift in PDF-Dateien einfügen können (Tipp 262, *Fügen Sie mithilfe von Vorschau Dokumenten Ihre Unterschrift hinzu*, auf Seite 273). Doch das System kann auch verwendet werden, um handgemalte Zeichnungen wie zum Beispiel Karten oder Diagramme in Dokumente einzufügen. Halten Sie die Zeichnung einfach statt der Unterschrift in die Kamera, und dann skalieren Sie sie angemessen, sobald sie ins Dokument eingefügt wurde – die Zeichnung wird in erstaunlich hoher Auflösung aufgenommen, wodurch sie sich zum Einfügen gut eignet, sogar für Dokumente, die gedruckt werden sollen.

Es ist nicht möglich, solche Zeichnungen bestehenden Bilddateien hinzuzufügen, wenngleich Sie in Bilder Textfelder und verschiedene andere Anmerkungen einfügen können – klicken Sie einfach auf *Werkzeuge → Anmerken*, und wählen Sie eine Option aus.

203 Einträge im Kontextmenü ausmisten

Ist Ihr Kontextmenü ein wenig überladen, sodass es schwierig ist, die interessanten Einträge auf den ersten Blick zu erfassen? Das kann im Finder wirklich zum Problem werden, denn viele Programme fügen dem Kontextmenü, das bei Dateien erscheint, ihre eigenen Einträge hinzu. Doch auch andere Kontextmenüs können sehr voll werden, wie das Kontextmenü für Text.

Um zu kontrollieren, was in Kontextmenüs erscheint, öffnen Sie die Systemeinstellungen (*Apfelmenü → Systemeinstellungen*) und klicken auf das Einstellungsfeld *Tastatur*. Danach klicken Sie auf den Reiter *Tastaturkurzbefehle* und wählen auf der linken Seite *Dienste* aus. Um nun das Kontextmenü für Dateien auszumisten, schauen Sie sich die Liste rechts im Fenster unter der Überschrift *Dateien und Ordner* an. Überall dort, wo Sie einen Haken vor einem Eintrag entfernen, wird dieser Eintrag sofort aus dem Kontextmenü entfernt.

Möchten Sie das Kontextmenü für Text ausmisten, suchen Sie nach Einträgen unter den verschiedenen anderen Überschriften in der Liste rechts im Fenster *Systemeinstellungen*, insbesondere unter der Überschrift *Text*.

204 Beenden Sie den Finder

Sie können alle Programme beenden bis auf eines: den Finder. Der Finder ist dazu gedacht, immer zu laufen, und das aus gutem Grund – er ist für die Anzeige der Dateien auf dem Schreibtisch verantwortlich. Beenden Sie den Finder, und diese Dateien werden verschwinden. Doch es gibt gewisse Umstände, unter denen es nützlich ist, den Finder zu beenden. Manche der Tipps in diesem Buch erfordern es beispielsweise. Dazu verwenden wir den Befehl `killall Finder`, was eine schnelle, wenn auch nicht ganz die feine Art ist, den Finder in einem Terminalfenster auszuschalten.

Eine Beenden-Option ergänzen

Um dem Finder-Anwendungsmenü den Eintrag Beenden hinzuzufügen, müssen Sie lediglich folgende Zeile in ein Terminalfenster eingeben (*Finder* → *Programme* → *Dienstprogramme* → *Terminal*):

```
defaults write com.apple.finder QuitMenuItem -bool TRUE;killall Finder
```

Den Finder neu zu starten, nachdem Sie ihn beendet haben, ist leicht: Klicken Sie einfach auf sein Docksymbol.

Die Beenden-Option entfernen

Um den Menüeintrag *Beenden* wieder zu entfernen, öffnen Sie ein Terminalfenster und geben Folgendes ein:

```
defaults delete com.apple.finder QuitMenuItem;killall Finder
```

205   Dateioperationen widerrufen

Haben Sie gerade eine Datei kopiert oder bewegt und dann Ihre Meinung geändert? Der übliche Tastaturkurzbefehl für Widerrufen – ⌘+Z – funktioniert auch auf dem Schreibtisch und in Finder-Fenstern, um die direkt vorausgegangenen Aktionen zu widerrufen.

206   Erstellen Sie einen neuen Ordner aus einer Auswahl von Dateien

Möchten Sie ultraschnell einen neuen Ordner erstellen, der einige Dateien enthält? Wählen Sie die Dateien wie üblich aus, indem Sie sie mit der Maus geklickt halten und in dem Auswahlrechteck einschließen (oder indem Sie sie einzeln auswählen, während Sie die Taste ⌘ gedrückt halten), und führen Sie auf eine von ihnen einen Sekundärklick aus. Der oberste Menüeintrag heißt *Neuer Ordner mit Auswahl*. Ein Klick darauf wird exakt das bewirken, was die Beschreibung verheißt – Sie werden einen neuen Ordner erhalten, der die Dateien enthält! Benennen Sie ihn auf die übliche Weise um (siehe Tipp 177, *Benennen Sie Dateien schnell um*, auf Seite 202).

207   So entfernen Sie schnell Dashboard-Widgets

Widgets aus Ihrem Dashboard entfernen, das kann wirklich mühsam sein: Sie müssen dazu das Fenster *Widgets verwalten* öffnen, indem Sie auf das Plus-Symbol links unten klicken, wodurch dann in der Ecke jedes Widgets ein Schließknopf eingeblendet wird.

Sie können ein Widget schneller entfernen, wenn Sie ⌥ gedrückt halten, während Sie mit dem Mauszeiger darüber schweben. Derselbe Schließknopf wird eingeblendet, der es Ihnen ermöglicht, per Klick dieses bestimmte Widget zu entfernen.

208 Richten Sie Schreibtischsymbole beim Ziehen aus

Wenn Sie die Taste ⌘ beim Ziehen eines Schreibtischsymbols gedrückt halten, richtet es sich an einem unsichtbaren Raster aus, sobald Sie die Maustaste loslassen (das entspricht dem Klick auf den Kontextmenüeintrag *Aufräumen*). Das funktioniert auch mit mehreren Dateien – wählen Sie sie mit Klicken und Ziehen aus, dann halten Sie ⌘ gedrückt, während Sie sie bewegen, um sie alle an einem Raster auszurichten. Auf diese Weise können Sie schnell entweder den Schreibtisch oder Dateien in einem Finder-Fenster aufräumen, wenn Sie die Symbolansicht verwenden: Wählen Sie alle Dateien aus (⌘+A), halten Sie ⌘ gedrückt, und ziehen Sie sie alle ein wenig nach links oder rechts. Alle Symbole werden durch das unsichtbare Raster auf wundersame Weise an den zugewiesenen Platz gleiten.

209 Betrachten Sie die Animationen von OS X in Zeitlupe

Wenn Sie ⇧ gedrückt halten, während Sie auf irgendetwas in OS X klicken, das einen animierten Übergang verwendet, wird die Animation in Zeitlupe gezeigt. Halten Sie beispielsweise ⇧ gedrückt, während Sie ein Fenster ins Dock verkleinern, wird der Verkleinerungsprozess zu einer angenehmen Zeitlupe verlangsamt. Halten Sie ⇧ gedrückt, während Sie Mission Control über die Sonderfunktionstaste aktivieren, geschieht dasselbe.

Diese Funktion wurde OS X hinzugefügt, um es dem früheren Apple-CEO Steve Jobs zu ermöglichen, die Schönheit der Fensteranimationen zu zeigen, während er seine erste Keynote-Ansprache zur Vorstellung von Mac OS X hielt. Seit einem Jahrzehnt gibt es sie nun schon!

210 So erkennen Sie, welche Programme im Dock versteckt sind

Es gibt auf Ihrem Mac zwei Möglichkeiten, ein Programmfenster ins Dock zu schicken: *verkleinern* und *ausblenden*. Der einzige wirkliche

Unterschied zwischen den beiden ist, dass verkleinerte Programmfenster auf Symbolgröße verkleinert auf der rechten Seite des Docks sichtbar sind, während ausgeblendete Programmfenster einfach vom Bildschirm verschwinden und wieder sichtbar gemacht werden können, indem ihr Docksymbol angeklickt wird (das soll heißen, sie werden nicht zu einem Symbol auf der rechten Seite im Dock verkleinert).

Um ein Programm zu verkleinern, klicken Sie auf den Knopf in der Titelleiste des Programms oder drücken ⌘+M. Um ein Programm auszublenden, klicken Sie auf den Menüeintrag *Ausblenden* im Anwendungsmenü des Programms oder drücken ⌘+H.

Ausgeblendete Programme wieder anzeigen

Wenn Sie sich dafür entschieden haben, ein Programm auszublenden, gibt es kein offensichtliches Anzeichen dafür, dass das Programm ausgeblendet ist. Doch Sie können das mit einem schnellen Terminalbefehl korrigieren, der bewirkt, dass das Symbol des ausgeblendeten Programms teilweise verdunkelt wird (das heißt, es wird durchscheinend).

Öffnen Sie ein Terminalfenster (*Finder → Programme → Dienstprogramme → Terminal*), und geben Sie Folgendes ein:

```
defaults write com.apple.Dock showhidden -bool TRUE;killall Dock
```

Die Änderungen werden sofort übernommen.

Zur Grundeinstellung zurückkehren

Um zur Grundeinstellung ausgeblendeter Programme zurückzukehren, öffnen Sie ein Terminalfenster und geben Folgendes ein:

```
defaults delete com.apple.Dock showhidden;killall Dock
```

211 Brechen Sie Drag-and-Drop mitten in der Bewegung ab

Haben Sie schon einmal Ihre Meinung geändert, während Sie eine Datei bereits für das Drag-and-Drop gezogen haben? Das Problem dabei ist, dass die Datei, wenn Sie sie loslassen, dorthin bewegt oder kopiert wird, worüber Ihre Maus gerade schwebt.

Um einen Drag-and-Drop-Vorgang abzubrechen, drücken Sie entweder esc oder ziehen die Datei in die Menüleiste ganz oben am Bildschirm und lassen sie dort los.

212 Bringen Sie Time Machine dazu, eine Datei zu vergessen

Time Machine sichert jede einzelne Datei auf Ihrem Rechner, einschließlich Ihrer persönlichen Daten. Das kann auch Daten betreffen, die Sie dauerhaft von Ihrem Rechner löschen möchten, damit sie einfach nicht mehr existieren – weder als Datei noch als Backup.

Das ist überraschend einfach möglich. Klicken Sie das Time-Machine-Symbol rechts oben am Bildschirm an, und wenn gerade ein Backup erstellt wird, klicken Sie auf *Backup stoppen*. Danach klicken Sie auf *Time Machine öffnen*. Verwenden Sie das Time-Machine-Finder-Fenster, um zum Speicherort der Datei zu navigieren. Finden Sie sie, und führen Sie einen Sekundärklick darauf aus. Wählen Sie aus dem Kontextmenü *Alle Backups von ... löschen*, und geben Sie Ihr Anmeldekennwort ein, wenn Sie dazu aufgefordert werden (siehe Abbildung 34).

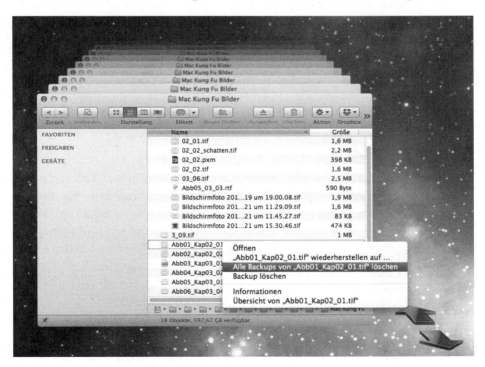

Abbildung 34: Time Machine eine Datei aus ihrem Backup löschen lassen

Klicken Sie links im Fenster von Time Machine auf den Knopf *Abbrechen*. Wenn Sie wieder zum Schreibtisch zurückgekehrt sind, löschen Sie die Datei sofort auf die übliche Weise, indem Sie sie auf den Papierkorb ziehen (vergessen Sie nicht, den Papierkorb zur maximalen Sicherheit auf sichere Weise zu entleeren – siehe Tipp 18, *Leeren Sie den Papierkorb auf sichere Weise*, auf Seite 34).

213 Nehmen Sie zu freigegebenen Ordnern auf Servern Verbindung auf

Ihr Mac beherrscht dieselbe Netzwerksprache wie Windows-Rechner, daher können Sie Dateien und Drucker gemeinsam verwenden.

Die Finder-Seitenleiste verwenden

Die Verbindungsaufnahme mit einem freigegebenen Ordner oder einer anderen Ressource sollte einfach sein: Man schaut unter der Überschrift *Freigaben* in der Seitenleiste des Finders nach, klickt auf den Eintrag für den fraglichen Rechner und gibt die Anmeldedaten des anderen Rechners ein, sobald man dazu aufgefordert wird.

Leider läuft das manchmal nicht so glatt, und es kann schwierig sein, den Grund dafür herauszufinden. Der Rechner taucht vielleicht einfach nicht in der Liste auf.

Eine Netzwerkadresse angeben

Glücklicherweise gibt es eine andere Methode, um einen Verbindungsaufbau zu versuchen. Doch um sie anzuwenden, müssen Sie die IP-Adresse (also die numerische Netzwerkadresse) des fraglichen Rechners kennen. Sie können Ihren Systemadministrator nach dieser Information fragen oder auf dem fraglichen Windows-Rechner *Start* anklicken und in das Suchfeld cmd eingeben. In das eingeblendete Fenster mit der Eingabeaufforderung geben Sie ipconfig ein und suchen nach den Daten, die neben der Überschrift *IPv4-Adresse* stehen.

Zurück an Ihrem Mac öffnen Sie ein Finder-Fenster und klicken auf *Gehe zu → Mit Server verbinden*. In das Server-Adressfeld geben Sie smb:// ein und dann die IP-Adresse. So hat beispielsweise ein Windows-Rechner in meinem Netzwerk die Adresse 192.168.1.102. Daher würde ich Folgendes eingeben: smb://192.168.1.102. Wenn Sie fertig sind, klicken Sie auf den Knopf *Verbinden*. Nun sollten Sie hoffentlich Verbindung aufnehmen können.

Mit einem WebDAV-Server verbinden

Um mit einem WebDAV-Server Verbindung aufzunehmen, öffnen Sie ein Finder-Fenster und klicken auf *Gehe zu* → *Mit Server verbinden*. In das Feld *Serveradresse* geben Sie die Adresse des Servers ein, samt dem Präfix https://. Danach klicken Sie auf *Verbinden*. Geben Sie den Benutzernamen und das Kennwort ein, wenn Sie dazu aufgefordert werden.

214 Stöbern Sie im App Store eines anderen Landes

Sind Sie im Urlaub und wollen trotzdem etwas aus dem App Store kaufen? Wahrscheinlich ist der App Store, den Sie sehen, der des Landes, in dem Sie sich gerade befinden, statt der Ihres Heimatlandes. Die Lösung besteht darin, das kleine runde Flaggensymbol rechts unten in der Startseite des App Store anzuklicken. Auf der folgenden Seite können Sie sich aussuchen, in welchem Land Sie den App Store besuchen möchten.

Achtung: Sie können nur Apps für das Land kaufen, in dem Ihre Apple-ID registriert ist. Daher ist es nicht möglich, dass Mac-Anwender aus Europa dem Wechselkurs ein Schnippchen schlagen und Programme billiger im US-amerikanischen App Store kaufen (oder umgekehrt, je nach den Kursschwankungen der Währung). Doch dieses Vorgehen ermöglicht es europäischen Mac-Anwendern, einen Blick auf den US-amerikanischen App Store zu werfen, um die Informationen über gewisse Programme zu bekommen, die zuerst in den USA erscheinen, bevor sie anderswo angeboten werden.

215 Vermeiden Sie eine unordentliche Datenweitergabe wegen .DS_store-Dateien

Wenn Sie im Netzwerk auf Windows-Rechner zugreifen, haben Sie vielleicht schon Klagen Ihrer Kollegen über kleine .DS_store-Dateien gehört, die wie Brotkrumen überall auftauchen, wo Sie sich auf den Windows-Rechnern bewegen. Das sind Mac-Systemdateien, die Daten über das Verzeichnis enthalten und ausgeblendet werden, wenn auf dem Mac ein Ordnerinhalt betrachtet wird. Doch sie sind nicht wirklich wichtig.

Das Schreiben von .DS_store-Dateien in Netzwerken verhindern

Um Ihren Mac so einzustellen, dass diese Dateien nicht in für das Netzwerk freigegebene Ordner geschrieben werden, öffnen Sie ein Terminalfenster (*Finder → Programme → Dienstprogramme → Terminal*) und geben Folgendes ein:

```
defaults write com.apple.desktopservices DSDontWriteNetworkStores -bool TRUE
```

Sobald Sie fertig sind, melden Sie sich ab und wieder an, damit die Änderungen übernommen werden.

Zur Grundeinstellung zurückkehren

Wenn Sie diese Reparatur jemals wieder zurücknehmen wollen (falls Sie beispielsweise in einem Büro voller Macs arbeiten, wo das kein Problem ist), öffnen Sie ein Terminalfenster und geben Folgendes ein:

```
defaults delete com.apple.desktopservices DSDontWriteNetworkStores
```

Melden Sie sich daraufhin ab und wieder an.

216 Zeichnen Sie Ihre Arbeit im Terminal auf

Wollten Sie schon einmal Ihre Arbeit an der Kommandozeile sichern, um sie beispielsweise anderen zu zeigen? Drücken Sie einfach ⌘+S (oder *Shell → Text exportieren als*), um alle Befehle samt Ausgabe als eine Textdatei zu sichern (also alles, was Sie sehen, wenn Sie im Fenster ganz hoch und ganz herunterscrollen, einschließlich jeglicher Arbeit aus vorherigen Sitzungen, die für gewöhnlich in grauer Schrift erscheinen).

217 Greifen Sie auf einen geheimen optischen Verkleinerungseffekt zu

Sie wissen vielleicht, dass Sie den optischen Effekt verändern können, den Sie sehen, wenn Sie ein Fenster verkleinern, indem Sie die Systemeinstellungen öffnen (*Apfelmenü → Systemeinstellungen*), das Einstellungsfeld *Dock* anklicken und aus der Aufklappliste neben *Effekt beim Ablegen* etwas auswählen.

> **OS X erforschen: AppleScript**
>
> AppleScript ist die Mac-eigene Programmiersprache. Wie alles auf dem Mac wurde sie so entworfen, dass sie intuitiv und sehr leicht zu verwenden ist. Um ein Dialogfenster einzublenden, müssen Sie nichts weiter tun, als den mitgelieferten AppleScript-Editor zu öffnen (er liegt im Ordner *Dienstprogramme* des *Programme*-Ordners) und ein AppleScript mit der Anweisung display dialog zu erstellen. Wenn Sie ein AppleScript erstellen wollten, das TextEdit beendet, könnten Sie einfach Folgendes eingeben: tell application "TextEdit" to quit. AppleScripts können sogar als Programme gesichert werden, die wie jedes andere Programm auch funktionieren.
>
> Obwohl AppleScript schnell komplexer wird als einfache Verbindungen aus Substantiven und Verben, ist es beabsichtigt, dass man ohne Programmiererfahrung zumindest ein AppleScript lesen und verstehen kann, was dabei geschieht. Idealerweise kann man sogar ein eigenes Script erstellen.
>
> AppleScript ist so entworfen worden, dass es Informationen an Programme und von Programmen weitergibt. Apple hat dabei den Schwerpunkt auf diejenigen Programme gelegt, die in OS X eingebaut sind, wie der Finder (einige Programme von Drittherstellern verfügen über AppleScript-Erweiterungen, aber nicht viele). Daher hat AppleScript für sich gesehen begrenztes Potenzial, wenn es darum geht, Programme von Grund auf zu erstellen, und es ist nicht vergleichbar mit anderen anwenderfreundlichen Sprachen wie BASIC.
>
> Den AppleScript-Editor finden Sie im Ordner *Dienstprogramme* des *Programme*-Ordners im Finder. Apple bietet einen Leitfaden für Anfänger an, der unter https://developer.apple.com/library/mac/documentation/AppleScript/Conceptual/AppleScriptX/AppleScriptX.html erhältlich ist, und es wurden mehrere Bücher zu diesem Thema geschrieben.

Das Saugen aktivieren

Es gibt jedoch einen dritten Effekt, der nicht auf der Liste steht: *Saugen*. Wie der Name vermuten lässt, sieht dieser Effekt so aus, als würde das Fenster von einem mächtigen Staugsauger in das Dock gesaugt!

Um diesen Effekt zu aktivieren, öffnen Sie ein Terminalfenster (*Finder* → *Programme* → *Dienstprogramme* → *Terminal*) und geben Folgendes ein:

```
defaults write com.apple.dock mineffect -string suck;killall Dock
```

Die Änderung wird sofort übernommen, also probieren Sie es aus, indem Sie ein Fenster verkleinern.

Zum voreingestellten optischen Effekt zurückkehren

Um alles wieder normal zu machen, wählen Sie einen der beiden Verkleinerungseffekte in den Systemeinstellungen oder öffnen ein Terminalfenster und geben Folgendes ein:

```
defaults delete com.apple.dock mineffect;killall Dock
```

218 Führen Sie den Sekundärklick mit zwei Fingern besser aus

Die meisten Trackpads ermöglichen es Ihnen, einen Sekundärklick auszuführen, indem Sie zwei Finger auf das Trackpad legen und klicken. Doch man braucht ein wenig Übung, bis das richtig klappt, und es kann sehr enttäuschend sein, einen Sekundärklick auf einen Weblink ausführen zu wollen, um das Kontextmenü einzublenden, und stattdessen den Link anzuklicken, weil es nicht funktioniert hat.

Nach langem Experimentieren habe ich entdeckt, dass das Zwei-Finger-Klicken am unteren Rand des Trackpads selten gut funktioniert. In der Mitte oder ganz oben funktioniert Zwei-Finger-Klicken eher besser. Seit ich mir das angewöhnt habe, gab es kaum mehr Probleme damit.

Oder versuchen Sie stattdessen Folgendes: Legen Sie zwei Finger aneinander, und verwenden Sie dann Ihren Daumen, um auf dem Trackpad am unteren Rand zu klicken.

219 Konvertieren Sie eine Reihe von Bildern in eine PDF-Datei

Ein Bild in eine PDF-Datei zu konvertieren ist ganz einfach: Öffnen Sie es in *Vorschau*, und klicken Sie im Menü *Ablage* auf *Drucken*. Danach klicken Sie in dem Dialogfenster, das daraufhin erscheint, das PDF-Aufklappmenü unten links an und wählen Als PDF sichern.

Um dasselbe mit einer ganzen Serie von Bildern zu tun, öffnen Sie sie in *Vorschau*, indem Sie sie im Finder mit einer Mehrfachauswahl hervorheben (also ⌘ oder ⇧ gedrückt halten und mehr als eine Datei auswählen) und sie danach auf das Vorschau-Docksymbol ziehen. Dadurch werden die Bilder in einer Seitenleiste links vom Fenster geöffnet. Wählen Sie alle aus (klicken Sie auf eines der kleinen Vorschaubilder, danach drücken Sie ⌘+A), und klicken Sie auf *Ablage* → *Drucken*. In dem Dialogfenster klicken Sie auf den Knopf PDF, bevor Sie auf den Eintrag *Als PDF sichern* klicken.

Um zu vermeiden, dass Bilder gedreht werden, löschen Sie den Haken vor *Automatisch drehen* im Druckdialogfenster.

220 Lassen Sie immer nur ein Programmfenster auf einmal anzeigen

Das ist ein Tipp für all jene, die es nicht so leicht finden, einen Rechner zu bedienen (siehe auch Tipp 136, *Stellen Sie das Dock so ein, dass es nur laufende Programme zeigt*, auf Seite 162). Dieser Tipp bewirkt, dass immer nur das aktuelle Programmfenster sichtbar ist (oder mehrere Fenster desselben Programms). Alle anderen Programmfenster werden automatisch ausgeblendet. Sie können zwischen offenen Programmen wie üblich über das Dock wechseln.

Programmfenster automatisch ausblenden

Um das zu erreichen, öffnen Sie ein Terminalfenster (*Finder* → *Programme* → *Dienstprogramme* → *Terminal*) und geben Folgendes ein:

```
defaults write com.apple.dock single-app -bool TRUE;killall Dock
```

Die Änderungen werden übernommen, sobald Sie das nächste Mal das Docksymbol anklicken. Klicken Sie auf irgendein Docksymbol, um alle anderen Programmfenster auszublenden.

Die Grundeinstellungen wiederherstellen

Um den Effekt zu einem späteren Zeitpunkt wieder zu deaktivieren, öffnen Sie ein Terminalfenster und geben Folgendes ein:

```
defaults delete com.apple.dock single-app;killall Dock
```

Sie müssen auf die Docksymbole Ihrer Programme klicken, um sie nacheinander wieder einzublenden.

221 Fügen Sie der Finder-Seitenleiste den Papierkorb hinzu

Sie können fast alles in die Finder-Seitenleiste ziehen (unter die Überschrift *Favoriten*), um eine bequeme Verknüpfung zu erstellen, mit einer Ausnahme: der Papierkorb. Es scheint, als wolle Apple nicht, dass eine Verknüpfung zum Papierkorb erstellt wird. Doch die folgenden Schritte, bei denen ein kurzes und einfaches AppleScript erstellt wird, sollten diese Aufgabe lösen:

1. Beginnen Sie damit, dass Sie den AppleScript-Editor öffnen (*Finder → Programme → Dienstprogramme → AppleScript Editor*). Danach geben Sie den folgenden Code in das Haupttextfeld ein:

```
on open
tell application "Finder"
move selection to trash
end tell
end open
```

2. Prüfen Sie, dass der Code korrekt ist, indem Sie in der Symbolleiste des AppleScript-Editors den Knopf *Übersetzen* anklicken. Wenn Sie einen Fehler sehen, überprüfen Sie, ob Sie den Code fehlerfrei eingegeben haben. Sie werden erkennen, ob er richtig ist, weil der AppleScript-Editor Ihren Code farblich auszeichnen und einrücken wird, damit er leichter gelesen werden kann.

3. Wählen Sie *Ablage → Sichern unter*, und geben Sie im *Sichern*-Dialogfenster den Dateinamen *Papierkorb* ein. In der Aufklappliste *Dateiformat* wählen Sie *Programm*. Sichern Sie Ihr Script in Ihren Ordner *Dokumente* oder an einen anderen Ort, wo es bleiben kann und vor unbeabsichtigtem Löschen sicher ist. Danach klicken Sie auf den Knopf *Sichern*. Beenden Sie den AppleScript-Editor.

4. Navigieren Sie in einem Finder-Fenster an den Ort, an den Sie Ihr AppleScript gesichert haben. Ziehen Sie die Datei in die Seitenleiste des Finder-Fensters unter die Überschrift *Favoriten*. Simsalabim! Sie sollten nun ein Papierkorbsymbol in der Finder-Fenster-Seitenleiste haben, das Dateien in den Papierkorb bewegt, wenn Dateien darauf gezogen werden.

Leider ist Ihre selbst gemachte Papierkorb-Verknüpfung kein hundertprozentiger Klon des Papierkorbsymbols im Dock. Wie Sie vielleicht bemerkt haben, ist das Symbol nicht das richtige. Und wenn Sie einen Sekundärklick darauf ausführen, bekommen Sie auch nicht die Möglichkeit, den Papierkorb zu leeren. Das Leeren muss über das Papierkorb-Docksymbol geschehen. Doch von diesen Spitzfindigkeiten abgesehen, sollte das neue Symbol genau so funktionieren, wie Sie es erwarten würden.

Sie können das AppleScript auch (oder alternativ) zur Symbolleiste des Finder-Fensters hinzufügen, indem Sie es dorthin ziehen.

Um das Symbol später zu entfernen, halten Sie `⌘` gedrückt und ziehen es aus dem Finder-Fenster. Außerdem sollten Sie das AppleScript löschen, das Sie zuvor erstellt haben.

222 Verwenden Sie Übersicht (Quick Look) in Öffnen/Sichern-Dialogfenstern

Wenn Sie etwas öffnen oder sichern und sehen wollen, was genau eine andere Datei ist, wählen Sie sie einfach im *Öffnen/Sichern*-Dialogfenster aus. Drücken Sie danach `Leertaste`, um *Übersicht* zu aktivieren, die in Dialogfenstern ebenso funktioniert wie in Finder-Fenstern oder auf dem Schreibtisch.

223 Ziehen Sie die Tonspur aus einer Filmdatei

Möchten Sie die Tonspur von einer Filmdatei trennen, damit Sie sie auf Ihrem iPod oder iPhone anhören können? Öffnen Sie einfach den Clip im QuickTime Player, der im *Programme*-Ordner im Finder liegt. Danach klicken Sie auf *Ablage → Exportieren* und wählen *Nur Audio* aus der *Format*-Aufklappliste (siehe Abbildung 35). Dadurch wird eine .m4a-Datei erstellt, die zu allen Apple-Geräten und -Rechnern kompatibel ist. Importieren Sie sie wie üblich in iTunes, indem Sie auf die Datei doppelklicken.

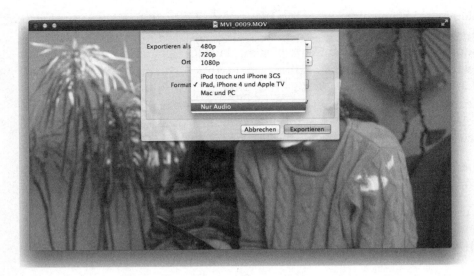

Abbildung 35: Die Tonspur aus einer Filmdatei extrahieren

> **224** Erstellen Sie PDF-Dateien, und sichern Sie sie automatisch in einen Ordner

Macs sind extrem PDF-freundlich. Das geht so weit, dass Sie so ziemlich jedes Dokument als PDF sichern können: Wählen Sie *Ablage* → *Drucken* in jedem beliebigen Programm, das Bilder oder Dokumente produziert, und klicken Sie auf die *PDF*-Aufklappliste links unten im Dialogfenster.

Wenn Sie regelmäßig PDFs in einen bestimmten Ordner sichern, stört es Sie vielleicht, dass Sie jedes Mal zu diesem Ordner navigieren müssen, wenn Sie eine PDF-Datei dorthin sichern möchten.

Glücklicherweise gibt es eine einfache Lösung, die den Ordner als Eintrag in der *PDF*-Aufklappliste im Druck-Dialogfenster einträgt. Wenn Sie ihn auswählen, wird die PDF-Datei automatisch dort erstellt.

Einen PDF-Speicherordner hinzufügen

Dies sind die Schritte:

1. Öffnen Sie ein Finder-Fenster, drücken Sie ⇧+⌘+G und geben Sie Folgendes ein: /Library/PDF Services.

2. Öffnen Sie ein neues Finder-Fenster (führen Sie einen Sekundärklick auf das Finder-Docksymbol aus, und wählen Sie *Neues Fenster*), und navigieren Sie zu dem Ordner, in den Sie normalerweise PDF-Dateien sichern. Wechseln Sie in dem neuen Finder-Fenster zur Spaltenansicht (⌘+3).

3. Ziehen Sie den Ordner, in den Sie PDF-Dateien sichern, in das Finder-Fenster hinüber, das den Ordner /Library/PDF Services zeigt. Halten Sie jedoch ⌥+⌘ gedrückt, bevor Sie die Maustaste loslassen. Dadurch wird eine Aliasdatei erstellt, anstatt den Ordner zu kopieren. Sie werden aufgefordert, Ihr Kennwort einzugeben.

4. Sie können nun beide Fenster schließen.

Von nun an finden Sie den Ordner als Eintrag in der *PDF*-Aufklappliste in Druck-Dialogfenstern unter dem Eintrag *Add PDF to iTunes* aufgelistet. Wählen Sie ihn einfach aus, um eine PDF-Datei automatisch in dem Ordner zu sichern.

Diese Schritte können für so viele Ordnerziele wiederholt werden, wie Sie in der PDF-Aufklappliste haben möchten.

Die Ordnerverknüpfung entfernen

Wenn Sie später den Ordner wieder entfernen wollen, wiederholen Sie einfach die oben angeführten Schritte, um den Ordner /Library/PDF Services zu öffnen, und ziehen die Aliasdatei des Ordners in den Papierkorb. Wieder werden Sie Ihr Kennwort eingeben müssen, wenn Sie dazu aufgefordert werden.

225 | Kopieren und ohne Formatierung einsetzen

Wie die meisten modernen Betriebssysteme bewahrt Mac OS X die Textformatierung, wenn Sie Text von einem Ort zum anderen kopieren und einsetzen. Wenn Sie beispielsweise einen Textabsatz von einer Webseite kopieren und ihn in ein TextEdit-Dokument einsetzen, wird er denselben Zeichensatz und dieselbe Größe beibehalten.

Es gibt mehrere Möglichkeiten, das zu vermeiden, und zwar:

- In manchen Programmen können Sie im Menü *Bearbeiten* die Einträge *Einsetzen* → *Einsetzen und Stil anpassen* wählen.

- In manchen Programmen wird Text ohne Formatierung eingesetzt, wenn ⇧+⌥+⌘+V gedrückt wird – ich drücke für gewöhnlich ⌥+⌘ mit meinem Daumen und ⇧ mit meinem kleinen Finger, bevor ich mit meinem Zeigefinger übergreife, um V zu drücken.

- In Microsoft-Office-Programmen können Sie *Bearbeiten → Inhalte einfügen* anklicken und in dem Dialogfenster, das daraufhin erscheint, *Unformatierten Text* auswählen (in Word 2011 klicken Sie auf *Bearbeiten → Einfügen und Formatierung anpassen*).

- Wenn nichts davon funktioniert, probieren Sie das: Drücken Sie ⌘+Leertaste, um Spotlight zu öffnen. Danach drücken Sie ⌘+V, um den Text einzusetzen. Gleich danach drücken Sie ⌘+A, um den gesamten eingesetzten Text auszuwählen, und ⌘+X, um ihn wieder auszuschneiden. Danach drücken Sie ⌘+Leertaste, um das Spotlight-Fenster zu schließen (oder Sie drücken zweimal esc). Zuletzt setzen Sie den Text in Ihr Dokument ein, und Sie werden sehen, dass er nun keine Formatierung mehr besitzt.

226 Verwenden Sie Startoptionen

Wenn Sie beim Hochfahren verschiedene Tastenkombinationen gedrückt halten, bevor das Apple-Logo das erste Mal erscheint, können Sie Verschiedenes tun, zum Beispiel von einer CD/DVD booten oder zu Ihrer Microsoft-Windows-Boot-Camp-Installation wechseln. Die folgende Tabelle zeigt mögliche Tastenkombinationen – Sie können die Taste loslassen, sobald das Hochfahren angelaufen ist und Sie den Fortschrittsanzeiger (den drehenden Kreis unter dem Apple-Logo) sehen. Beachten Sie, dass die meisten dieser Tastenkombinationen nicht funktionieren, wenn Sie FileVault aktiviert haben.

Tastaturkurzbefehl	Beschreibung
⌥	Zwischen den Betriebssystemen umschalten, die auf Ihrem Rechner installiert sind (also Mac oder Windows) oder auf das Rettungssystem zugreifen. Sie können damit auch von einem angeschlossenen Speichergerät wie einem USB-Stick booten.
⇧	Im sicheren Modus booten, in dem Ihr Mac nur mit den unbedingt nötigen Kernelmodulen und ohne Startprogramme hochfährt. Ideal, um ein beschädigtes System zu reparieren, das auf keine andere Weise mehr starten würde.

Tastaturkurzbefehl	Beschreibung
C	Booten Sie von CD oder DVD.
N	Vom Netzwerk aus booten (normalerweise nur in Unternehmen nützlich).
T	Im Target Disk Modus[14] booten, wobei das Betriebssystem nicht hochfährt, aber von einem anderen Rechner aus über eine FireWire-Verbindung auf die Festplatte des Rechners zugegriffen werden kann.
X	Mac OS X zum Booten zwingen, selbst wenn das System keine Mac-OS-X-Festplatte identifizieren kann (nützlich, wenn etwas defekt ist).
⌘ + R	Im Recovery-Modus booten – das ermöglicht Ihnen, die Festplatte zu überprüfen, Daten von einem Time-Machine-Backup wiederherzustellen und OS X neu zu installieren.
⌘ + S	Im Single-User-Modus von OS X booten (eine Eingabeaufforderung, für Reparaturen nützlich).

227 | Erstellen Sie sichere Notizen

Ihr Mac bietet Ihnen nicht weniger als drei voneinander unabhängige und unterschiedliche Möglichkeiten an, um Notizen zu erstellen: [14]

- Verwenden Sie das Programm *Notizzettel*, das im Ordner *Programme* im Finder liegt. Damit können Sie Notizen auf den Schreibtisch „kleben".

- Verwenden Sie *Mail* – klicken Sie einfach auf den Knopf *Neue Notiz erstellen* in der Symbolleiste. Der Vorteil bei der Verwendung von Mails Notizfunktion ist, dass alle Notizen, die Sie erstellen, automatisch mit iPhone und iPad synchronisiert werden.

- Verwenden Sie das Dienstprogramm *Schlüsselbundverwaltung*. Darin können Sie Notizen erstellen, die verschlüsselt und unzugänglich sind, solange Ihr Anmeldekennwort nicht eingegeben wurde.

In den folgenden Absätzen wird erklärt, wie Sie die Schlüsselbundverwaltung verwenden, um sichere Notizen zu erstellen.

Sichere Notizen erstellen

Starten Sie die *Schlüsselbundverwaltung* (*Finder* → *Programme* → *Dienstprogramme* → *Schlüsselbundverwaltung*). Um eine neue sichere Notiz zu

---
14 http://support.apple.com/kb/ht1661

erstellen, klicken Sie auf den Eintrag im Menü *Ablage* oder drücken ⌘+⇧+N. Ein Dialogfenster wird von oben eingeblendet. Geben Sie den Namen der Notiz in das Feld *Name für Schlüsselbund-Eintrag* ein und den Inhalt der Notiz in das Feld darunter. Sobald die Informationen festgehalten wurden, klicken Sie auf den Knopf *Hinzufügen*.

Das ist alles! Ihre sichere Notiz wurde erstellt und liegt verschlüsselt auf Ihrer Festplatte.

Auf sichere Notizen zugreifen

Um auf Ihre Notizen zuzugreifen, starten Sie die *Schlüsselbundverwaltung* und klicken auf den Eintrag *Sichere Notizen* in der Kategoriefilterliste links im Programmfenster *Schlüsselbundverwaltung*. Danach führen Sie einen Doppelklick auf Ihre neue Notiz aus. In dem Dialogfenster, das daraufhin erscheint, setzen Sie einen Haken vor *Text einblenden* und geben Ihr Kennwort ein, wenn Sie dazu aufgefordert werden. Klicken Sie den Knopf *Erlauben* an, wenn Sie fertig sind. Der Text in der Notiz wird daraufhin eingeblendet.

Sichere Notizen löschen

Um die Notiz zu einem späteren Zeitpunkt zu löschen, führen Sie in der Liste einen Rechtsklick darauf aus, wählen *Eintrag ... löschen* aus dem Kontextmenü und bestätigen das Dialogfenster, das daraufhin erscheint, erneut mit einem Klick auf den Knopf *Löschen*.

228 Erstellen Sie ein Alles-beenden-Programm

Wollten Sie schon einmal alle offenen Programme beenden? Vielleicht wollten Sie Speicher freigeben, um ein anderes Programm zu starten.

Sie können ein Programm mit dem AppleScript-Editor erstellen, das Sie ins Dock legen können und das auf einen Klick hin alle offenen Programme beendet. Dies sind die einzelnen Schritte:

1. Starten Sie den AppleScript-Editor, indem Sie auf seinen Eintrag im Ordner *Dienstprogramme* im *Programme*-Ordner im Finder doppelklicken.

2. Im Haupteingabefeld geben Sie Folgendes ein:

```
tell application "System Events" to set quitapps to name of every
    application process whose visible is true and name is not "Finder"
repeat with closeall in quitapps
quit application closeall
end repeat
```

3. Klicken Sie auf den Knopf *Übersetzen*, um den Programmcode zu überprüfen. Wenn er in Ordnung ist, wird der Code eingefärbt und richtig eingerückt. Wenn er nicht in Ordnung ist, sehen Sie eine Fehlermeldung. Versuchen Sie erneut, den Code einzugeben.

4. Klicken Sie auf *Ablage* → *Sichern*, und wählen Sie als Speicherort Ihren *Programme*-Ordner. Benennen Sie Ihr Script irgendwie einprägsam – ich habe mich für „Alles beenden!" entschieden. In der Aufklappliste *Format* wählen Sie *Programm* aus.

5. Schließen Sie den AppleScript-Editor, und navigieren Sie zu Ihrem *Programme*-Ordner im Finder. Danach ziehen Sie Ihr neues Programm auf das Dock, und schon ist es einsatzbereit.

229 Rüsten Sie das RAM Ihres Rechners auf

Die meisten Macs sind so gebaut, dass ihr Speicher durch die Anwender leicht aufgerüstet werden kann, und OS X enthält ein Dienstprogramm, das Ihnen verrät, wie die RAM-Steckplätze belegt sind und auch, ob welche davon frei sind. Er hält auch einen Link zum Handbuch auf der Apple-Website bereit, das Ihnen eine Schritt-für-Schritt-Anleitung bietet, wie Sie aufrüsten können.

Um auf dieses Dienstprogramm zuzugreifen, klicken Sie auf das Apfelmenü und wählen *Über diesen Mac*. Danach klicken Sie in dem Dialogfenster, das daraufhin erscheint, auf den Knopf *Weitere Informationen*, und in dem neuen Programmfenster, das Sie nun sehen, klicken Sie auf den Reiter *Speicher*. Ein Beispiel sehen Sie in Abbildung 36.

230 Starten Sie GUI-Programme von der Kommandozeile aus

Manchmal ist es notwendig, GUI-Programme aus einem Terminalfenster heraus zu starten. Und das geht so:

244 ▶ Kapitel 3: Die Tipps

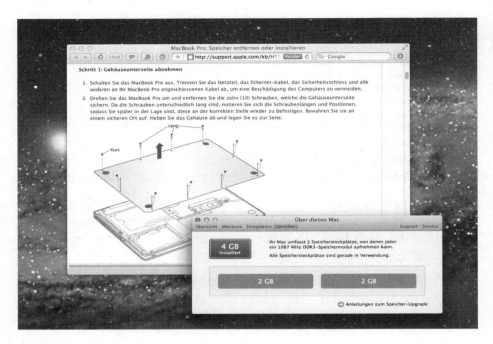

Abbildung 36: Freie Speichersteckplätze sehen

Finder-Fenster öffnen

Um ein Finder-Fenster zu öffnen, das den Ort anzeigt, an dem Sie gerade in der Befehlszeile sind, geben Sie lediglich Folgendes ein:

open .

Also open gefolgt von einem Punkt. Das funktioniert bei jedem Pfad, auch bei relativen Pfaden: Beispielsweise öffnet open ../ den Ordner, der über dem aktuellen liegt, während open / ein Finder-Fenster öffnet, das das Wurzelverzeichnis (engl. *root*) des Dateisystems anzeigt.

Beachten Sie, dass das Terminalfenster nun geschlossen werden kann, ohne das Finder-Fenster zu beeinträchtigen.

Dateien öffnen

Der Befehl open könnte auch so beschrieben werden, dass es in der Kommandozeile dasselbe bewirkt wie ein Doppelklick auf eine Datei. Jede nach dem Befehl angegebene Datei wird in dem Programm geöffnet, das sie gesichert hat, oder in dem für diese Art von Datei voreingestellten Programm, wenn die Datei heruntergeladen wurde. (Mit anderen Worten: Bilder werden in *Vorschau* geöffnet und so weiter.)

Sie können auch das Sternchen (Asterisk, *) als Platzhalter verwenden. Wenn Sie beispielsweise open *.jpg eingeben, werden alle Bilder in dem aktuellen Ordner in *Vorschau* geöffnet.

Beachten Sie wie bereits zuvor, dass das Terminalfenster geschlossen werden kann, ohne dass das geöffnete Programm davon betroffen ist.

Programme öffnen

Sie können auch Programme starten, als hätten Sie ihren Eintrag im *Programme*-Ordner im Finder doppelt angeklickt. Verwenden Sie einfach den Befehl open -a, und geben Sie dahinter den Namen des Programms an. Um beispielsweise TextEdit zu starten, geben Sie Folgendes ein:

open -a TextEdit

Programmnamen, die aus zwei Wörtern bestehen (wie *Google Chrome*), müssen in Anführungszeichen eingeschlossen werden:

open -a "Google Chrome"

Sie müssen den Programmnamen so eingeben, wie er im *Programme*-Ordner im Finder erscheint.

Um eine Datei mit einem bestimmten Programm zu öffnen, nennen Sie sie einfach nach dem Programm. Um beispielsweise *textdatei.txt* in TextEdit zu öffnen, geben Sie Folgendes ein:

open -a TextEdit testdatei.txt

Eine Webadresse in einem Browserfenster öffnen

Um eine Webadresse zu öffnen, nennen Sie sie nach open, doch geben Sie auf jeden Fall das Präfix http:// an, sonst sehen Sie eine Fehlermeldung:

open http://www.apple.de

Erstellen Sie eine neue E-Mail mit einer angehängten Datei

Geben Sie einfach open -a Mail ein, und schreiben Sie den Dateinamen. Um beispielsweise eine neue E-Mail mit der Datei Disneyland.jpg im Anhang zu erstellen, würde ich Folgendes schreiben:

open -a Mail Disneyland.jpg

231 Erstellen Sie schnell eine Textkopie von E-Mails

Wenn Sie Mail verwenden, können Sie einfach eine Nachricht im Eingang auswählen, ⌘+C drücken und dann ⌘+V drücken, um den Nachrichteninhalt in einen Editor wie TextEdit einzusetzen. (Das Einfügen in Microsoft Word funktioniert nicht.)

Wenn Sie mehrere E-Mails im Eingang auswählen und danach ⌘+C drücken, können Sie alle in ein einziges Dokument in TextEdit einfügen, und sie werden dort untereinander zu stehen kommen.

232 Suchen Sie mit Spotlight von einem Terminalfenster aus

Das ist ein Tipp für diejenigen, die gerne die Kommandozeile verwenden. Um eine Spotlight-Suche von der Kommandozeile aus durchzuführen, verwenden Sie den Befehl mdfind. Um beispielsweise nach allen Dokumenten zu suchen, die den Begriff macintosh enthalten, könnten Sie Folgendes eingeben:

```
mdfind macintosh
```

Die Befehlsoption -onlyin beschränkt die Suche auf einen bestimmten Ordner, was nützlich ist, wenn Sie beispielsweise nur Dateien finden wollen, die in Ihrem Dokumente-Ordner liegen. Das Folgende würde nach Dateien in Ihrem Downloads-Ordner suchen, die den Term macintosh enthalten:

```
mdfind -onlyin ~/Downloads macintosh
```

Eine interessante zusätzliche Befehlsoption ist -count. Sie zeigt an, wie viele Dateien vorhanden sind, die Ihren Suchterm enthalten, zum Beispiel:

```
mdfind -count -onlyin ~/Downloads macintosh
```

233 Aktivieren Sie den root-Benutzer

Diejenigen, die in der Vergangenheit mit Unix oder Linux gearbeitet haben, sind vielleicht an die Idee des *root*-Benutzers gewöhnt. Das ist ein Benutzer mit besonderen Rechten, der einfach alles im System tun kann, ohne aufgehalten zu werden. In OS X ist er aus Sicherheitsgründen deaktiviert, doch wenn Sie nicht ohne ihn auskommen, können Sie ihn wie folgt aktivieren.

Den root-Account aktivieren

Öffnen Sie den Finder, drücken Sie ⇧+⌘+G und geben Sie /System/Library/CoreServices ein. Öffnen Sie in der Dateiliste, die daraufhin erscheint, das Programm *Verzeichnisdienste*. Klicken Sie das Schloss unten links an, um Änderungen zu ermöglichen, wenn es nicht bereits aufgeschlossen ist. Geben Sie Ihr Kennwort an, wenn Sie dazu aufgefordert werden.

Danach klicken Sie auf *Bearbeiten → root-Benutzer aktivieren* (siehe Abbildung 37). Sie werden sofort aufgefordert, ein neues Kennwort für den *root*-Benutzer einzugeben, das Sie erneut in das Feld *Bestätigen* eingeben müssen, um es zu verifizieren.

Abbildung 37: Die root-Benutzer-Anmeldung aktivieren

Der neue Account wird unverzüglich erstellt.

Wenn Sie das befolgen, können Sie an der Eingabeaufforderung auf die übliche Weise zum *root*-Benutzer umschalten, indem Sie su - eingeben. Es erwies sich bei meinen Tests als unmöglich, sich als *root* in einen

GUI-Schreibtisch einzuloggen – was auch gut ist, wenn man bedenkt, dass es extrem gefährlich wäre, das zu tun.

Deaktivieren Sie den root-Account

Um das *root*-Benutzerkonto zu einem späteren Zeitpunkt zu deaktivieren, starten Sie erneut die Verzeichnisdienste und klicken auf *Bearbeiten → root-Benutzer deaktivieren*.

234 Wecken Sie Ihren mobilen Mac, sobald das Stromkabel angeschlossen wird

Dies ist ein kleiner Zeitspartipp von der Sorte, die Ihnen das Leben mit Ihrem Mac leichter macht. Beachten Sie, dass dieser Tipp eine systemweite Einstellung verändert, daher werden davon alle Benutzer betroffen.

Der folgende Befehl, den Sie an der Eingabeaufforderung eingeben (*Finder → Programme → Dienstprogramme → Terminal*), bringt Ihren mobilen Mac dazu, sofort aufzuwachen, wenn das MagSafe-Stromkabel angeschlossen wird:

```
sudo pmset -a acwake 1
```

Da dies eine systemweite Hardware-Einstellungsänderung vornimmt, werden Sie aufgefordert, Ihr Kennwort einzugeben.

Beachten Sie aber Folgendes: Obwohl das System beim Anschließen des MagSafe-Kabels aufwacht, kann der Bildschirm dunkel bleiben, bis Sie eine Taste drücken.

Um zur alten Funktionsweise zurückzukehren, bei der das Anschließen des MagSafe-Kabels nichts anderes auslöst als das stille Aufladen der Mac-Batterie, geben Sie Folgendes in ein Terminalfenster ein:

```
sudo pmset -a acwake 0
```

235 Übergeben Sie Befehlszeilen-Ausgaben an GUI-Programme

Dies ist ein Tipp für Hardcore-Befehlszeilen-Fans, die es gelegentlich doch angenehm finden, auf eine grafische Benutzerschnittstelle zurückzugreifen.

Eine Ausgabe in Standard-GUI-Programme umleiten

Wie an anderer Stelle erwähnt wurde, können Sie den Befehl open in der Befehlszeile dazu verwenden, um Dateien in GUI-Programmen zu öffnen (Tipp 230, *Starten Sie GUI-Programme von der Kommandozeile aus*, auf Seite 243). Beispiel: Der Befehl open dateiname.txt öffnet dateiname.txt in TextEdit.

Doch der Kommandozeilen-Schalter -f bringt open dazu, Ausgaben zu akzeptieren, die von einem Befehl umgeleitet wurden. Zum Beispiel wird das Folgende eine detaillierte Verzeichnisliste in ein neues Dokument in TextEdit umleiten:

```
ls -la | open -f
```

Eine Ausgabe in ein bestimmtes Programm umleiten

Um ein anderes als das voreingestellte Programm auszuwählen, geben Sie es mit dem Schalter -a an. Ich habe beispielsweise einen anderen Texteditor namens *TextMate* auf meinem System installiert,[15] und das Folgende leitet die Verzeichnisliste dorthin um:

```
ls -la | open -f -a TextMate
```

Eine Ausgabe in die Zwischenablage umleiten

Anstatt den Befehl open näher zu definieren, können Sie die Ausgabe eines Befehls auch an die Zwischenablage weiterleiten, von wo aus sie in ein anderes Programm eingesetzt werden kann. Verwenden Sie einfach den Befehl pbcopy:

```
ls -la | pbcopy
```

Direkt in die Zwischenablage schreiben

Wenn Sie wollen, können Sie Text sogar direkt in die Zwischenablage schreiben, indem Sie den Befehl pbcopy allein angeben und ⏎ drücken. Schreiben Sie, was Sie in die Zwischenablage eintragen möchten (Sie können auch Zeilenschaltungen einfügen), und drücken Sie ctrl+D, wenn Sie fertig sind.

---

15 http://macromates.com

Direkt in die „Suchen"-Zwischenablage schreiben

OS X verwendet eine separate Zwischenablage für das, was in *Suchen-* und *Ersetzen-*Textfeldern steht. Wenn Sie also direkt in der Kommandozeile etwas eingeben möchten, das Sie dann in einem Programm wie *TextEdit* suchen möchten, können Sie den folgenden Befehl verwenden – ersetzen Sie einfach „suchtext" durch das, was Sie in die Zwischenablage schreiben möchten:

```
echo suchtext | pbcopy -pboard find
```

Danach wechseln Sie zu einem Programm wie TextEdit und drücken ⌘+F – und schon sehen Sie, dass der Text, den Sie geschrieben haben, bereits im Suchfeld auf Sie wartet.

Dieser Befehl könnte sehr effektiv mit der yank-Funktion der BASH verwendet werden.

Inhalte der Zwischenablage in die Befehlszeile einsetzen

Es ist auch möglich, den oben beschriebenen Vorgang umzukehren und die Inhalte der Zwischenablage in die Kommandozeile oder in eine Datei einzufügen, indem man den Befehl pbpaste verwendet. Das Folgende leitet beispielsweise die Inhalte der Zwischenablage – die von überall her kommen können, zum Beispiel aus Microsoft Word – in eine neue Datei um:

```
pbpaste > textdatei.txt
```

Selbstverständlich wird dabei jegliche Formatierung, die der Text hatte, gelöscht.

Sie können auch wieder -pboard hinzufügen, um die Inhalte der Zwischenablage stattdessen auszugeben:

```
pbpaste -pboard find > textdatei.txt
```

236 Deaktivieren Sie einige der OS-X-Funktionen

Die Leute, die hinter Mac OS X stehen, haben dem Betriebssystem über mehrere Versionen hinweg viele neue Eigenschaften hinzugefügt. Sie verwenden möglicherweise gar nicht alle davon. Manche dieser Eigenschaften können nervtötend sein, besonders, wenn Sie dazu neigen, aus Versehen eine falsche Taste zu drücken (wenn Sie zum Beispiel *Mission Control* aktivieren, ohne es zu wollen).

236: Deaktivieren Sie einige der OS-X-Funktionen

Es folgt eine Anleitung, wie einige Funktionen von OS X ausgeschaltet werden können, zusammen mit Anweisungen dazu, wie Sie sie wieder einschalten können, sollten Sie Ihre Meinung zu einem späteren Zeitpunkt ändern.

Beachten Sie, dass auf modernen Macs keine wirklichen Vorteile im Hinblick auf Speicherplatz oder Rechengeschwindigkeit zu erwarten sind, wenn man Funktionen des Betriebssystems deaktiviert. Sie sollten eine Funktion nur ausschalten, um etwas zu entfernen, das Sie nicht benötigen und das Ihre tägliche Arbeit am Rechner hemmt.

Mission Control ausschalten

Es ist möglich, Mission Control zu deaktivieren, allerdings wird es dadurch auch unmöglich, Spaces zu wechseln (das Dashboard ausgenommen). Daher sollten Sie sich vergewissern, dass Sie alle Spaces gelöscht haben, bevor Sie den unten angegebenen Befehl eingeben. (Um einen Space zu löschen, wechseln Sie zu Mission Control, halten ⌥ gedrückt und klicken auf das X an der Ecke jedes Spaces.)

Beachten Sie außerdem, dass die Abschaltung von Mission Control auch die Funktion *Schreibtisch einblenden* deaktiviert.

Um Mission Control auszuschalten, öffnen Sie ein Terminalfenster (*Finder → Programme → Dienstprogramme → Terminal*) und geben Folgendes ein:

```
defaults write com.apple.dock mcx-expose-disabled -bool TRUE;killall Dock
```

Beachten Sie, dass dieses Vorgehen lediglich den Hauptmodus *„Alle Fenster"* von Mission Control deaktiviert. Der Modus *App-Exposé*, der die offenen Fenster des aktiven Programms anordnet, wird weiterhin funktionieren, wenngleich die einzige Möglichkeit, darauf zuzugreifen, über die Programmumschaltung führen wird (siehe Tipp 99, *Werden Sie ein Power-User: Programmumschalter*, auf Seite 121).

Um zu einem späteren Zeitpunkt *Mission Control* wieder zu aktivieren, geben Sie Folgendes ein:

```
defaults delete com.apple.dock mcx-expose-disabled;killall Dock
```

Das Dashboard ausschalten

Das Dashboard ist der Space mit den Gadgets. Meiner Erfahrung nach lieben die Leute diese Funktion und verwenden sie andauernd – oder sie ignorieren sie völlig.

Um das Dashboard auszuschalten, öffnen Sie ein Terminalfenster und geben Folgendes ein:

```
defaults write com.apple.dashboard mcx-disabled -bool TRUE;killall Dock
```

Die Änderungen werden sofort stattfinden.

Um das Dashboard zu einem späteren Zeitpunkt wieder zu aktivieren, öffnen Sie ein Terminalfenster und geben Folgendes ein:

```
defaults delete com.apple.dashboard mcx-disabled;killall Dock
```

Spotlight ausschalten

Sie können die Indexerstellung von Spotlight abschalten, wodurch eine hohe Auslastung der Festplatte und eine gelegentliche Verlangsamung des Systems vermieden werden kann. Doch man kann sein Menüsymbol nicht loswerden – das ginge nur über die sehr riskante Bearbeitung von Systemdateien, was ich nicht empfehlen kann. Um aber die Indexerstellung von Spotlight auszuschalten, öffnen Sie ein Terminalfenster und geben Folgendes ein, wobei Sie Ihr Kennwort eingeben, wenn Sie dazu aufgefordert werden:

```
sudo mdutil -a -i off
```

Um sie später wieder zu aktivieren, öffnen Sie ein Terminal und geben Folgendes ein, wobei Sie Ihr Kennwort eingeben, wenn Sie dazu aufgefordert werden:

```
sudo mdutil -a -i on
```

Wenn Sie auf das Symbol klicken, nachdem Spotlight deaktiviert wurde, wird weiterhin im *Lexikon* nachgeschlagen, und auch Programme können gestartet werden, wie in Tipp 111, *So schlagen Sie Wörter sofort nach*, auf Seite 140, und in Tipp 3, *Starten Sie Programme ganz ohne Maus*, auf Seite 18 beschrieben.

OS X erforschen: Automator

Automator ermöglicht es Ihnen, Aufgaben zu automatisieren, die Sie immer wieder erledigen oder die sich wiederholende Aktionen beinhalten. Sie könnten beispielsweise einen Arbeitsablauf anlegen, um automatisch eine häufig auf den neuesten Stand gebrachte Datei per E-Mail an eine bestimmte Gruppe von Leuten zu schicken oder um Hunderte von Bildern umzubenennen, die Sie gerade von Ihrer Digitalkamera heruntergeladen haben.

Automator bietet zwei mögliche Arbeitsweisen an, und beide basieren auf Arbeitsabläufen, Verkettungen von kleinen, einzelnen Vorgängen. Automator kann entweder aufzeichnen, was Sie tun, und diese Aktionen in einen Arbeitsablauf umwandeln, oder Sie können manuell einen Arbeitsablauf aus vordefinierten Aktionen zusammenstellen. Beachten Sie: An keiner Stelle benötigen Sie irgendwelche Programmierkenntnisse – *Automator*-Arbeitsabläufe werden aus intuitiven Bausteinen gebildet.

Eine vordefinierte Aktion kann einzeln verwendet werden, oder der Anwender kann eine Ausgabe aus einer Aktion zur weiteren Verwendung in eine andere übergeben, was häufiger geschieht. Um beispielsweise einen Arbeitsablauf zu erstellen, der eine Reihe von Bildern von einer Webpage lädt, wären mehrere Aktionen nötig. Die erste Aktion erfasst die Adresse der Webseite, die zweite verwendet diese Information, um die Abbildungslinks zu extrahieren, die dritte verwendet die Abbildungslinkdaten, um sie für den Download vorzubereiten, während die vierte tatsächlich die Bilder basierend auf diesen Daten herunterlädt.

Einen Arbeitsablauf aufzuzeichnen, ist etwas völlig anderes, als einen Arbeitsablauf manuell aus vordefinierten Aktionen zu erstellen. Es gleicht der Makroaufzeichnungsfunktion, die Sie vielleicht in Programmen wie Microsoft Office verwendet haben. Ein Arbeitsablauf, der so aufgezeichnet wird, kann aus Aktionen bestehen wie „Klick Safari im Dock an", gefolgt von „Klick das Menü *Ablage* an", „Sichere das Bild unter" und „Klick auf den Knopf *Sichern*".

Entscheidend ist, dass Automator-Arbeitsabläufe als Programme gesichert werden können, die ablaufen, wenn man auf sie doppelklickt oder wenn eine Datei auf ihr Symbol gezogen wird, genau wie bei anderen Programmen auch. Sie können Arbeitsabläufe auch als Dienste und als Ordneraktionen sichern.

Sie finden *Automator* im Ordner *Programme* im Finder.

237 Definieren Sie Tastaturkurzbefehle so um, dass sie Option oder Command verwenden

Wenn Sie einen Tastaturkurzbefehl verändern und aus den Optionen in einer Aufklappliste wählen, halten Sie `⇧`, `ctrl`, `⌥` oder `⌘` gedrückt, während die Aufklappliste offen ist, sodass zusätzliche Tastenkombinationen angezeigt werden, die diese Tasten beinhalten.

Tastenkombinationen in der Praxis einsetzen

Sagen wir beispielsweise, Sie möchten *Mission Control* aktivieren, wenn Sie `⌘`+`F9` drücken, nicht wenn Sie nur `F9` drücken. Öffnen Sie die Systemeinstellungen (*Apfelmenü → Systemeinstellungen*), und klicken Sie auf das Einstellungsfeld *Mission Control*. Klicken Sie auf die Aufklappliste neben *Mission Control*, um den Tastaturkurzbefehl zu ändern. Wenn die Liste geöffnet ist, versuchen Sie, `⇧`, `ctrl`, `⌥` oder `⌘` zu drücken – Sie werden sehen, dass sich der Tastaturkurzbefehl entsprechend ändert. Sobald Sie einen Eintrag in der Liste auswählen, während Sie eine der Sondertasten gedrückt halten, wird er zu dieser Kombination umschalten.

Verwenden Sie Tastenkombinationen mit mehreren Tasten

Sie können auch Tasten kombinieren – Sie können Mission Control beispielsweise einblenden, wenn `⇧`+`⌘`+`F9` gedrückt wird. Aktivieren Sie einfach die Aufklappliste, und drücken Sie `⇧`+`⌘` zur selben Zeit.

238 Kopieren Sie den Schriftstil von Text

Nehmen wir an, Sie arbeiten an einem komplizierten Dokument in TextEdit und möchten einen Absatz hinzufügen. Doch Sie möchten auch denselben Zeichensatz und Stil wie einen Absatz zuvor im Dokument verwenden. Setzen Sie Ihre Einfügemarke einfach in den älteren Absatz, und drücken Sie `⌥`+`⌘`+`C`. Danach setzen Sie die Einfügemarke in die Zeile, in der Sie weiterschreiben möchten, und drücken `⌥`+`⌘`+`V`. Wenn Sie zu schreiben beginnen, sollten nun der Zeichensatz und der Stil übereinstimmen.

239 | Verwenden Sie Gesten für App-Exposé

Wenn Sie ein Multi-Touch-Trackpad besitzen, haben Sie vielleicht schon gemerkt, dass es möglich ist, eine zusätzliche Geste zu aktivieren, die den Modus App-Exposé für die aktive Anwendung startet. Die Einstellung kann unter dem Reiter *Weitere Gesten* im Einstellungsfeld *Trackpad* in den Systemeinstellungen gefunden werden (*Apfelmenü → Systemeinstellungen*) – setzen Sie einen Haken vor *App-Exposé*.

Testen Sie die neue Einstellung, indem Sie zu einem Programm wechseln und mit drei Fingern abwärtswischen. Wischen Sie wieder aufwärts, um zum Schreibtisch zurückzukehren.

Doch es gibt eine zweite, versteckte Möglichkeit, App-Exposé für jede App mit einer Geste zu starten. Wenn Sie den Mauszeiger über ein Docksymbol positionieren und mit drei Fingern nach oben wischen, aktivieren Sie App-Exposé für dieses bestimmte Programm. Wischen Sie erneut nach oben, um zum Schreibtisch zurückzukehren.

240 | Ändern Sie Alias-Ziele

Die meisten Mac-Anwender wissen, dass für jede Datei, jeden Ordner und jedes Programm ein Alias erstellt werden kann, indem man das Objekt an einen neuen Ort zieht und dabei ⌥+⌘ gedrückt hält, bevor die Maustaste losgelassen wird. Aliasdateien sind den Verknüpfungen unter Windows ähnlich.

Nur wenige wissen, dass man eine Aliasdatei so bearbeiten kann, dass sie auf eine andere Datei zeigt. Dazu wählen Sie die Aliasdatei aus, drücken ⌘+I, und in dem Infofenster, das daraufhin erscheint, klicken Sie auf den Knopf *Original neu zuweisen*. Beachten Sie, dass der Name der Aliasdatei nicht geändert wird, um sich an die neue Datei anzupassen. Doch ihre Symbolvorschau ändert sich, wenn sie nun auf eine andere Dateiart zeigt.

241 Wechseln Sie in Spotlight zwischen Kategorien

Wenn Sie mit Spotlight suchen, sehen Sie die Ergebnisse für gewöhnlich in Kategorien nach dem eingeteilt, was sie sind: Dateien, Lexikoneinträge, Website-Ergebnisse und so weiter. Sie können sich nun in der Ergebnisliste nach oben und unten bewegen, indem Sie die Pfeiltasten nach oben/unten verwenden. Doch um schnell zwischen den Kategorien zu wechseln, halten Sie die Taste ⌘ gedrückt und drücken die Pfeiltasten nach unten oder oben.

242 Erstellen Sie das Dock von Grund auf neu

Das Folgende ist mir nie passiert, aber ein paar Leute berichten, es sei ein wiederkehrendes Ärgernis: Wenn man mehrere Dateien auf einen Dockstapel zieht und aus Versehen das Ziel verfehlt, werden alle Dateien ins Dock aufgenommen. Da das Dock sich bei zunehmender Größe verkleinert, kann dieses Missgeschick das Dock unbenutzbar machen.

Wenn es zu viel Arbeit ist, alle neuen Symbole zu löschen, können Sie die Symbole Ihres Docks in ihren Grundzustand zurückversetzen (so als hätten Sie Ihren Mac gerade das erste Mal hochgefahren), indem Sie die Konfigurationsdatei des Docks löschen. Öffnen Sie ein Finder-Fenster, drücken Sie ⇧+⌘+G, und geben Sie ~/Library/Preferences ein. Danach ziehen Sie die Datei com.apple.dock.plist auf den Papierkorb. Melden Sie sich sofort ab und wieder an.

243 Ändern Sie die Reihenfolge der Symbole in der Menüleiste

Die kleinen Symbole neben der Zeitanzeige in der rechten oberen Ecke des Schreibtischs werden *Menulets* genannt. Sie sind für gewöhnlich in der Reihenfolge angeordnet, in der sie starten. Um sie jederzeit neu zu ordnen, halten Sie ⌘ gedrückt und ziehen sie an eine andere Stelle. Achten Sie darauf, dass die anderen Menulets aus dem Weg gleiten, um Platz zu machen, bevor Sie die Maustaste loslassen, und achten Sie auch darauf, das Symbol nicht aus der Menüleiste herauszuziehen, bevor Sie die Maustaste loslassen, denn dadurch würde das Menulet entfernt werden. Beachten Sie, dass es unmöglich ist, das Spotlightsuchsymbol zu bewegen, das immer in der ganz rechten oberen Ecke des Bildschirms bleibt, und verschiedene Symbole von Drittherstellern lassen sich möglicherweise auch nicht verschieben.

Sie sollten jedes verlorene Symbol wiederherstellen können, indem Sie ein Finder-Fenster öffnen, ⇧+⌘+G drücken und /System/Library/CoreServices/Menu Extras eingeben; danach doppelklicken Sie auf die .menu-Datei, die zu dem verlorenen Menulet gehört.

244 | Wecken Sie Macs auf, die nicht aufwachen wollen

Wenn Sie den Deckel Ihres Mac öffnen und merken, dass er Schwierigkeiten hat aufzuwachen – vielleicht lässt er Sie Ihr Kennwort nicht eingeben, oder vielleicht springt zwar die Hintergrundbeleuchtung an, aber der Bildschirm selbst bleibt schwarz –, dann schließen Sie den Deckel einfach für eine Minute oder so, und danach öffnen Sie ihn wieder. Oftmals klappt es auf den zweiten Versuch reibungslos.

Wenn der Rechner danach noch immer nicht aufwachen will, müssen Sie ihn wohl oder übel gewaltsam neu starten, indem Sie den Einschaltknopf fünf Sekunden gedrückt halten. Sobald der Rechner ausgeschaltet ist, drücken Sie den Knopf erneut, um normal hochzufahren.

Wenn die Probleme, aus dem Ruhezustand aufzuwachen, anhalten, versuchen Sie, das PRAM zurückzusetzen – siehe Tipp 81, *Setzen Sie die Hardware-Einstellungen Ihres Mac zurück*, auf Seite 106.

245 | Spielen Sie Freunden, die einen Mac benutzen, Streiche

Es gibt da ein paar Sachen, die Sie machen können, um den Eindruck zu erwecken, dass ein Mac irgendwie kaputt ist. Sie eignen sich hervorragend zu Streichen für den ersten April und können leicht rückgängig gemacht werden.

Das Dock verrücktspielen lassen

Sie können eine Einstellung so verändern, dass die Docksymbole sich fast über den gesamten Bildschirm vergrößern, wenn man mit dem Mauszeiger über sie fährt. Vergewissern Sie sich zuerst, dass die Vergrößerung im Einstellungsfeld *Dock* in den Systemeinstellungen (*Apfelmenü → Systemeinstellungen*) eingeschaltet ist. Dann öffnen Sie ein Terminalfenster (*Finder → Programme → Dienstprogramme → Terminal*) und geben Folgendes ein:

```
defaults write com.apple.dock largesize -float 512;killall Dock
```

Die Änderungen werden sofort übernommen.

Um die Änderung zurückzunehmen, öffnen Sie einfach ein Terminalfenster und geben Folgendes ein:

```
defaults delete com.apple.dock largesize;killall Dock
```

Wenn es schwierig ist, das Terminal zu aktivieren, weil die Docksymbole so groß sind, verwenden Sie Spotlight, um es zu starten (siehe Tipp 3, *Starten Sie Programme ganz ohne Maus*, auf Seite 18).

Fenster beim Verkleinern zum Stehen bringen

Dieser Trick lässt Fenster so aussehen, als würden sie stecken bleiben, wenn sie verkleinert werden.

Öffnen Sie ein Terminalfenster, und geben Sie Folgendes ein, aber drücken Sie nach der Eingabe nicht ⏎:

```
killall Dock
```

Jetzt minimieren Sie ein Fenster auf die übliche Weise, indem Sie die gelbe Pastille in der oberen Ecke anklicken, aber halten Sie ⇧ gedrückt. Das Fenster wird in Zeitlupe verkleinert (siehe Tipp 209, *Betrachten Sie die Animationen von OS X in Zeitlupe*, auf Seite 227). Schalten Sie schnell zum Terminalfenster um, und drücken Sie ⏎, um den Befehl abzuschicken, den Sie zuvor eingegeben hatten.

Das sich gerade verkleinernde Fenster scheint auf seinem Weg zum Dock stecken geblieben zu sein, doch – erstaunlicherweise – funktioniert das Fenster noch gut. Sie können aufwärts und abwärts scrollen. Ein Beispiel sehen Sie in Abbildung 38.

Obwohl es sehr ernst aussieht, ist das, was Sie sehen, nur eine Verzögerung. Das kann leicht behoben werden, indem Sie erneut den Minimieren-Knopf des Fensters anklicken und es dann wieder vergrößern.

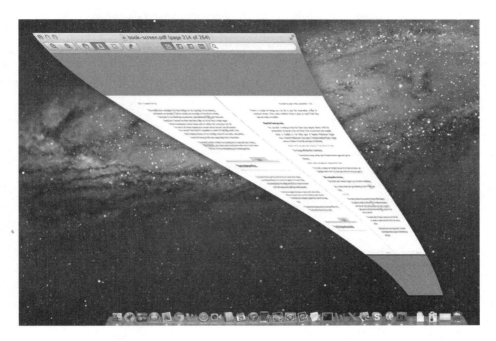

Abbildung 38: Ein Fenster so aussehen lassen, als sei es stecken geblieben

Wilde Wetter-Tour

Dieser Trick wirkt nur dann gut, wenn Ihr Opfer das Wetter-Widget im Dashboard verwendet. Indem Sie ⌥+⌘ gedrückt halten und irgendwo auf dem Widget klicken, können Sie durch alle möglichen Wetterlagen wechseln, die das Applet zeigen kann: von strahlendem Sonnenschein bis zu heftigem Schneefall. Leider schaltet der Name auf *Nowhere*, um anzuzeigen, dass der Testmodus für das Widget aktiviert wurde. Doch das allein kann vielleicht schon ein wenig unterhaltsame Verwirrung auslösen!

Das Widget wird wieder normal, wenn Sie das Dashboard verlassen.

246 So sehen Sie, wie groß ein Bild wirklich ist

Sie können eine Einstellung in *Vorschau* ändern, die, wenn Sie ein Bild in der Einstellung *Originalgröße* betrachten (*Darstellung → Originalgröße*), die Ausmaße des gedruckten Bildes wiedergibt, wenn es in seiner derzeitigen Auflösung ausgegeben wird (also wenn es nicht skaliert wird). Mit anderen Worten: Wenn Sie das gedruckte Bild neben ein Bild halten, das in Originalgröße dargestellt wird, haben die beiden identische Ausmaße.

Normalerweise wirkt ein Bild am Bildschirm kleiner, als es gedruckt aussieht, selbst wenn es bei einer Zoom-Einstellung von 100 Prozent betrachtet wird.

Um die Änderung vorzunehmen, öffnen Sie *Vorschau* (es liegt im *Programme*-Ordner im Finder) und klicken auf das Anwendungsmenü und dann auf *Einstellungen*. Danach klicken Sie den Reiter *Bilder* an und klicken auf den runden Knopf vor *Bildschirmgröße entspricht Druckgröße*.

247 Konvertieren Sie Audio- und Videodateien in verschiedene Formate

OS X macht es Ihnen einfach, Audio- oder Videodateien im Finder in verschiedene Formate umzuwandeln.

Wandeln Sie Audiodateien um

Wenn Sie eine AIFF- oder WAV-Audiodatei haben, die Sie gerne in das iTunes-eigene MP4-Format konvertieren möchten, das für gewöhnlich die Dateierweiterung .m4a hat, führen Sie einfach einen Sekundärklick darauf aus und wählen *Encode Selected Audio Files* (vielleicht müssen Sie auch *Dienste → Encode Selected Audio Files* anklicken). Danach wählen Sie das gewünschte Format aus der Aufklappliste *Codierer*. Die Option *Hohe Qualität* ist wohl für die meisten Zwecke ausreichend – das kommt in etwa der Qualität der meisten MP3-Dateien gleich, die derzeit erhältlich sind. Wenn Sie fertig sind, klicken Sie den Knopf *Fortfahren*, um die Codierung zu beginnen. Die neue Datei wird neben der alten ausgegeben.

Video herunterrechnen

Wollen Sie einen Film mit 1080p oder 720p auf eine kleinere Größe herunterrechnen? Führen Sie einen Sekundärklick darauf aus, und wählen Sie *Encode Selected Video Files* (vielleicht müssen Sie auch *Dienste → Encode Selected Video Files* anklicken). Danach wählen Sie die gewünschten Einstellungen in dem Dialogfenster, das daraufhin erscheint, und klicken auf den Knopf Fortfahren, um die Datei zu konvertieren. Beachten Sie, dass es nicht möglich ist, eine Datei hochzurechnen; Sie können also beispielsweise einen Film mit 480p nicht in 720p konvertieren. Sie können Filme nur herunterrechnen – beispielsweise einen Film mit 1080p in 480p konvertieren.

248 Erweitern Sie die Dateikenntnisse von Übersicht (Quick Look)

http://qlplugins.com verfügt über eine ganze Reihe von Plugins, die es *Übersicht* (*Quick Look*) – dem Fenster, das eingeblendet wird, wenn Sie eine Datei auswählen und die `Leertaste` drücken, um eine Vorschau davon zu betrachten – ermöglichen, alle möglichen Arten weiterer Dateien zu sehen, die normalerweise von Macs nicht verstanden werden. Andere erhältliche Plugins auf dieser Website ersetzen vorhandene Mac-Plugins, wie dasjenige Plugin, das es Ihnen ermöglicht, Bilder gleichzeitig mit all den technischen Informationen über sie zu betrachten. (Die technischen Infos zu den Bildern heißen übrigens EXIF-Dateien.) Manche Plugins sind kostenlos, andere dagegen kosten etwas.

Die meisten Plugins werden mit Installationsprogramm geliefert, doch einige müssen Sie von Hand in den Ordner /Library/QuickLook legen (drücken Sie `⇧`+`⌘`+`G` in einem Finder-Fenster, und geben Sie den obigen Pfad ein, um direkt zu dem Ordner zu gelangen). Das Plugin sollte sofort funktionieren, doch wenn nicht, können Sie das System zu einem Update zwingen, indem Sie ein Terminalfenster öffnen (*Fenster → Programme → Dienstprogramme → Terminal*) und qlmanage -r eingeben.

Um das Plugin später wieder zu entfernen, öffnen Sie einfach den Ordner /Library/QuickLook und löschen das Plugin.

249 Googeln Sie sofort ausgewählten Text

Sie können ein wenig Text in (fast) jedem Programm auswählen, `⇧`+`⌘`+`L` drücken, und Safari wird daraufhin automatisch den Text für Sie googeln, selbst wenn Safari noch gar nicht offen ist! Das sollte in jedem Programm funktionieren, das den Tastaturkurzbefehl `⇧`+`⌘`+`L` nicht bereits mit einer anderen Funktion belegt hat.

250 Verwenden Sie eine andere Animation für die Dockstapel

Dies ist ein spitzfindiger Trick, doch er ist für diejenigen einen Versuch wert, die ihr Mac-Erlebnis persönlicher gestalten wollen!

Wenn ein Stapel auf Gitter-Ansicht gestellt ist, werden die Ordner mit einem seltsam animierten Effekt eingeblendet. Sie können stattdessen eine Alternative einstellen, die doch etwas geschmeidiger und hübscher ist.

Vergewissern Sie sich zuerst, dass Sie auch wissen, wie der Effekt aussieht, indem Sie einen Sekundärklick auf einen Ihrer Dockstapel ausführen und *Gitter aus dem Kontextmenü* unter der Überschrift *Inhalt anzeigen als* wählen. Öffnen und schließen Sie den Stapel ein paarmal, indem Sie auf das Stapelsymbol klicken.

Danach öffnen Sie ein Terminalfenster (*Finder → Programme → Dienstprogramme → Terminal*) und geben Folgendes ein:

```
defaults write com.apple.dock use-old-grid-animation -bool TRUE;killall Dock
```

Die Änderungen werden sofort übernommen. Probieren Sie es aus, und klicken Sie den Stapel erneut an, um die Änderung zu sehen. Sie sollten nun sehen, dass das Einblendfenster sich eher erhebt und nicht wie zuvor langsam einblendet.

Wenn Sie zum vorherigen Einblendeffekt zurückkehren wollen, öffnen Sie ein Terminalfenster und geben Folgendes ein:

```
defaults delete com.apple.dock use-old-grid-animation;killall Dock
```

251 Verwenden Sie eine geheime Geste, um zum vorherigen Space zu wechseln

Es gibt eine geheime Geste, die Sie auf Macs mit Multi-Touch-Trackpad verwenden können, die es Ihnen ermöglicht, mit vier Fingern doppelzutippen, um zum zuletzt benutzten Space umzuschalten. Wenn Sie beispielsweise vom Hauptschreibtisch zum Dashboard-Space wechseln, schaltet solches Doppeltippen zurück zum Schreibtisch. Beachten Sie, dass diese Geste einfach nur Tippen erfordert, kein Klicken. Das gilt auch, wenn Sie *Klick durch Tippen* in den Systemeinstellungen ausgeschaltet haben.

Um die Geste zu aktivieren, müssen Sie eine verborgene Einstellung verwenden. Öffnen Sie ein Terminalfenster (*Finder → Programme → Dienstprogramme → Terminal*), und geben Sie Folgendes ein:

```
defaults write com.apple.dock double-tap-jump-back -bool TRUE;killall Dock
```

Die Änderung wird sofort übernommen, also probieren Sie es aus. Wie alle Gesten braucht esauch diese etwas Übung. Beachten Sie, dass es sein kann, dass OS X nach ungefähr einer Minute den vorherigen Space „vergisst", sodass das Doppeltippen zum Space-Wechsel nicht mehr funktioniert.

Um diese neue Geste abzuschalten, öffnen Sie ein Terminalfenster und geben Folgendes ein:

```
defaults delete com.apple.dock double-tap-jump-back;killall Dock
```

252 Finden Sie heraus, von wo eine Datei heruntergeladen wurde

Möchten Sie wissen, von wo Sie eine Datei heruntergeladen haben? Wählen Sie sie auf dem Schreibtisch oder in einem Finder-Fenster aus, drücken Sie ⌘+I, um ein Infofenster zu öffnen, und sehen Sie neben der Überschrift *Quelle* nach.

253 Lassen Sie beim Anmelden ein Nachrichtenfenster einblenden

Wenn Macs an öffentlichen Orten wie Schulen eingesetzt werden, ist es oft nötig, die Anwender darum zu bitten, einer akzeptablen Nutzungserklärung zuzustimmen, bevor sie beginnen, den Rechner zu verwenden. So etwas einem Mac hinzuzufügen, ist sehr einfach, doch das ist noch nicht alles, wofür dieser Trick angewendet werden kann. Sie könnten auch Nachrichten hinzufügen, um sich an etwas erinnern zu lassen, oder ein Dokument hinzufügen, das Sie in Ihrer Freizeit lesen können, ohne sich erst an Ihrem Rechner anzumelden.

Eine Anmeldenachricht hinzufügen

Dies sind die notwendigen Schritte, um eine Anmeldenachricht hinzuzufügen:

1. Erstellen Sie ein Dokument mit TextEdit, das Sie im Ordner *Programme* im Finder finden, und sichern Sie es als RTF- oder TXT-Datei. Beachten Sie, dass nur RTF-Dateien die Formatierung behalten werden, zum Beispiel Farben oder fett ausgezeichneten Text. Vergewissern Sie sich, dass Sie Zeichensätze verwenden, die systemweit installiert sind, und nicht solche, die nur in Ihrem Benutzeraccount installiert sind. (Das ist kein Problem, wenn Sie noch nie von Hand irgendwelche Fonts installiert haben, doch nehmen Sie auf keinen Fall Zeichensätze von Microsoft Office wie *Candara* oder *Cambria*.)

2. Sichern Sie die Datei auf dem Schreibtisch, und nennen Sie sie PolicyBanner.rtf oder PolicyBanner.txt, je nachdem, ob es eine RTF- oder eine TXT-Datei ist.

3. Öffnen Sie ein Finder-Fenster, und drücken Sie ⇧+⌘+G. In das Einblendfenster geben Sie /Library/Security ein.

4. Ziehen Sie die Datei *PolicyBanner* auf das Finder-Fenster. Ein Dialogfenster wird eingeblendet, das Sie bittet, sich zu authentifizieren, was Sie auch tun müssen- Also drücken Sie den entsprechenden Knopf und geben Sie Ihr Anmeldekennwort ein, wenn Sie dazu aufgefordert werden.

Von jetzt an werden Sie das Dokument in einem Fenster sehen, wenn Sie sich anmelden. Ein Klick auf den Knopf *Akzeptieren* wird es ausblenden, danach sehen Sie die üblichen Anmeldeoptionen. Wenn Ihre Festplatte mit FileVault verschlüsselt ist, werden Sie das Dokument immer sehen, wenn Sie Ihren Rechner einschalten oder neu starten.

Die Anmeldenachricht entfernen

Um diese neue Errungenschaft dauerhaft vom Anmeldebildschirm zu bannen, öffnen Sie wieder den Ordner /Library/Security und ziehen die Datei PolicyBanner.rtf oder PolicyBanner.txt auf den Papierkorb. Sie werden erneut gebeten, sich auszuweisen.

254 Starten Sie Time Machine von der Kommandozeile aus

Sind Sie gerade dabei, etwas Riskantes mit einer Datei in der Kommandozeile zu machen? Lesen Sie, wie Sie vom Terminal aus in den Genuss der Wohltaten von Time Machine kommen.

Einen Backup-Schnappschuss erstellen

Vorausgesetzt, dass bei Ihrem Mac lokale Snapshots aktiviert sind (siehe Tipp 67, *Erstellen Sie ein Time-Machine-Backup ohne angeschlossene Festplatte*, auf Seite 93), können Sie Time Machine dazu bringen, einen Snapshot des Systems zu erstellen, indem Sie den folgenden Befehl verwenden:

```
tmutil snapshot
```

Zur Erinnerung: Dies erstellt lediglich ein lokales Backup Ihrer Festplatte.

Ein vollständiges Backup erstellen

Um ein vollständiges Backup vornehmen zu lassen, was beinhaltet, dass Dateien auf die Time-Machine-Festplatte geschrieben werden (das ist gleichbedeutend damit, das Time-Machine-Symbol oben rechts in der Menüleiste und *Backup jetzt erstellen* anzuklicken), geben Sie Folgendes ein:

```
tmutil startbackup
```

Sie können das Backup auch abbrechen, wenn Sie möchten (wenn es vielleicht zu lange dauert), und zwar mit folgendem Befehl:

```
tmutil stopbackup
```

Time Machine deaktivieren

Wenn Sie aus irgendeinem Grund Time Machine von der Kommandozeile aus auschalten wollen (das entspricht dem Klick auf den Ein-/Aus-Schalter in den Systemeinstellungen), können Sie folgenden Befehl verwenden:

```
sudo tmutil disable
```

Sie müssen Ihr Anmeldekennwort eingeben, wenn Sie dazu aufgefordert werden. Das Folgende wird Time Machine wieder einschalten:

```
sudo tmutil enable
```

255 Reparieren Sie Festplattenprobleme

Anders als Windows-Rechner kümmert sich OS X für gewöhnlich hinter den Kulissen um seine Festplatte und benötigt nur wenig Eingreifen vom Anwender. Sie werden beispielsweise niemals eine OS-X-Festplatte defragmentieren müssen. Doch es gibt zwei andere Dinge, die Sie vielleicht regelmäßig machen möchten, um den optimalen Lauf Ihres Rechners sicherzustellen. Die erste Maßnahme ist das Reparieren der Zugriffsrechte, und die zweite ist das Reparieren der Verzeichnis- und Dateistruktur. Manche Benutzer machen beides gewohnheitsmäßig, wenn das System ein größeres Update bekommen hat.

Zugriffsrechte reparieren

Um die Zugriffsrechte zu reparieren, öffnen Sie das Festplatten-Dienstprogramm, das im Ordner *Dienstprogramme* im *Programme*-Ordner des Finders liegt. Im Programmfenster des Festplatten-Dienstprogramms wählen Sie die Partition aus, auf der OS X installiert ist – für gewöhnlich ist das der eingerückte zweite Eintrag der Festplattenliste oben links im Fenster des Festplatten-Dienstprogramms. Vergewissern Sie sich, dass der erste Reiter, *Erste Hilfe*, ausgewählt ist. Nun klicken Sie auf den Knopf *Zugriffsrechte des Volumes reparieren*. Der Vorgang dauert für gewöhnlich ungefähr fünf bis zehn Minuten. Ein Beispiel sehen Sie in Abbildung 39.

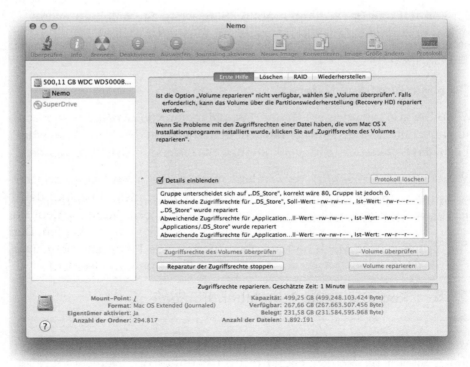

Abbildung 39: Zugriffsrechte reparieren, damit der Rechner rundläuft

Die Festplatte reparieren

Auch wenn Sie den Knopf *Volume reparieren* im selben Programmfenster sehen, sollten Sie nicht darauf klicken. Es ist tatsächlich unmöglich, die Festplatte zu reparieren, während OS X läuft. Stattdessen müssen Sie vom Recovery-System booten – starten Sie den Rechner neu, und halten Sie ⌘+R gedrückt, bevor das Apple-Logo beim Booten eingeblendet wird. Lassen Sie wieder los, wenn der Recovery-Bildschirm erscheint, und wählen Sie die Option *Festplatten-Dienstprogramm*. Um die Festplatte zu reparieren, wählen Sie die OS-X-Partition aus und klicken auf den Reiter *Erste Hilfe*. Doch dieses Mal klicken Sie auf den Knopf *Volume reparieren*. Die Reparatur wird wieder ein paar Minuten dauern.

256 Reißen Sie Tabs ab

Manche OS-X-Programme wie Safari und Terminal verwenden Tabs. Der Standard-Tastaturkurzbefehl, um in solchen Programmen einen Tab zu erstellen, ist ⌘+↹. In den meisten Fällen können die Tabs „abgerissen" werden, um neue Programmfenster zu bilden, die nur diesen Tab enthalten – ziehen Sie den Tab nach unten, und positionieren Sie das neue Fenster dort, wo Sie es haben wollen, bevor Sie die Maustaste loslassen.

257 Verschieben Sie ein Time-Machine-Backup auf eine größere Platte

Wenn Sie Time Machine verwenden, merken Sie irgendwann, wie die Platte langsam voll wird. Sie werden das merken, denn OS X beginnt dann damit, Sie zu warnen, dass es alte Backups löscht, um Raum für neue zu schaffen. Die Lösung besteht darin, sich eine größere Platte zu kaufen. Der Umzug Ihrer Time-Machine-Backups auf die neue Platte ist leicht. Das geht so: (Diese Tipps setzen voraus, dass die Platte neu und leer ist.)

1. Schließen Sie die neue Backup-Platte direkt an die Buchse Ihres Rechners an, nicht an einen Hub: So wird der gesamte Tausch der Backup-Festplatten sehr viel schneller ablaufen. Versuchen Sie, eine freie USB/FireWire-Buchse bereitzustellen, um die alte Backup-Platte anzuschließen (obgleich Sie das in dieser Phase noch nicht tun sollten).

2. Sie müssen die neue Platte auf Mac-kompatible Weise partitionieren und formatieren. Viele Festplatten, die im Handel sind, werden für Windows vorformatiert, womit Ihr Mac unter normalen Umständen umgehen kann, doch die Windows-Formatierung ist nicht kompatibel mit Time Machine. Starten Sie das *Festplatten-Dienstprogramm*. Es liegt im Ordner *Dienstprogramme* des *Programme*-Ordners im Finder.

3. Im *Festplatten-Dienstprogramm*-Fenster wählen Sie die neue Platte auf der linken Fensterseite aus (wählen Sie den Haupteintrag der Platte und nicht den eingerückten Eintrag unter diesem, der die Partition anzeigt). Vergewissern Sie sich, dass Sie die neue Platte auswählen und nicht etwa die alte, sonst könnten Sie aus Versehen Ihre alten Time-Machine-Daten löschen!

4. Klicken Sie auf den Reiter *Partition* im *Festplatten-Dienstprogramm*. Danach wählen Sie aus der Aufklappliste unter *Partitionslayout* den Eintrag *1 Partition*.

5. Geben Sie der Platte einen Namen im entsprechenden Feld (etwas wie *Neue Zeitmaschine* wäre toll), dann vergewissern Sie sich, dass in der Aufklappliste *Format* der Eintrag *Mac OS Extended (Journaled)* steht.

6. Klicken Sie auf den Knopf *Optionen*. In dem Dialogfenster, das eingeblendet wird, klicken Sie auf den Eintrag *GUID-Partitionstabelle* und klicken dann auf *OK*. Zuletzt klicken Sie auf den Knopf Anwenden, um die Platte für den Gebrauch zu partitionieren. Dieser Vorgang kann eine oder zwei Minuten dauern – Sie sehen das an der Fortschrittsanzeige am unteren Rand des *Festplatten-Dienstprogramm*-Fensters.

7. Sobald es fertig ist, schließen Sie das *Festplatten-Dienstprogramm* und öffnen den *Finder*. Suchen Sie die neue Platte in der Liste der Seitenleiste. Wählen Sie sie aus, und drücken Sie ⌘+I.

8. In dem Dialogfenster, das daraufhin erscheint, schauen Sie ganz nach unten. Erweitern Sie *Freigabe & Zugriffsrechte*, und vergewissern Sie sich, dass dort ganz unten im Fenster kein Haken vor *Eigentümer auf diesem Volume ignorieren* steht. Wenn dort ein Haken steht, klicken Sie das Vorhängeschloss-Symbol an, um das Dialogfenster zu entsperren, geben Ihr Kennwort ein, wenn Sie dazu aufgefordert werden, und klicken danach auf den Haken, um ihn zu entfernen. Schließen Sie das Infofenster, wenn Sie fertig sind.

257: Verschieben Sie ein Time-Machine-Backup auf eine größere Platte

9. Schließen Sie die alte Time-Machine-Platte an, idealerweise an ihrer eigenen USB/FireWire-Buchse am Rechner, nicht an einem USB/FireWire-Hub. Das wird das Klonen sehr beschleunigen. Danach öffnen Sie die Systemeinstellungen (*Apfelmenü → Systemeinstellungen*) und klicken auf das Einstellungsfeld *Time Machine*. Schalten Sie Time Machine vorübergehend aus, indem Sie auf den Schalter klicken.

10. Öffnen Sie ein Finder-Fenster, und suchen Sie Ihre alte Time-Machine-Platte unter der Überschrift *Geräte* in der Seitenleiste. Schauen Sie sich die Inhalte der Platte an, und ziehen Sie den Ordner `Backups.backupd` auf die neue Time-Machine-Platte. Dadurch werden die Backup-Dateien hinüberkopiert, was wahrscheinlich etliche Zeit dauert. Denken Sie daran, dass Sie, während das passiert, nicht durch Time-Machine-Backups geschützt sind. Daher ist es angeraten, währenddessen die Arbeit am Rechner ruhen zu lassen.

11. Sobald die Kopie fertig ist, werfen Sie die alte Time-Machine-Platte aus und entfernen sie. Aktivieren Sie erneut die Systemeinstellungen, und klicken Sie auf das Einstellungsfeld *Time Machine*. Klicken Sie auf den Knopf *Volume auswählen*, und wählen Sie dann Ihre neue Time-Machine-Platte aus. Danach klicken Sie auf *Backup-Festplatte verwenden*.

12. Schalten Sie Time Machine wieder ein, indem Sie auf den Schalter klicken.

Das ist alles, was dazu nötig ist. Überprüfen Sie, dass Ihre neue Time-Machine-Platte funktioniert, indem Sie Time Machine auf die übliche Weise starten und durch die Dateigeschichte zurückblättern. Wenn alles in Ordnung ist, empfiehlt es sich, die alte Platte neu zu partitionieren und zu formatieren, wie in dieser Anleitung beschrieben. Wenn Sie das nicht tun, werden Sie jedes Mal, wenn Sie die Festplatte an Ihren Rechner anschließen, gefragt, ob Sie sie für Time Machine verwenden wollen.

Wenn Sie merken, dass es ein Problem mit der neuen Time-Machine-Platte gibt, schalten Sie Time Machine einfach aus, werfen die neue Platte aus und schließen die alte Platte wieder an, bevor Sie die Schritte wiederholen, um die alte Platte zur Verwendung mit Time Machine zu verwenden.

258 Schauen Sie sich eine E-Mail ohne ihre Formatierung an

Haben Sie schon einmal eine E-Mail zugesandt bekommen, die allerlei verrückte Textformatierung enthielt, wie Antworten von anderen, die in einer Schriftgröße formatiert waren, die zu klein (oder zu groß) zum Lesen war? Drücken Sie einfach ⌥+⌘+P, um die aktuell geöffnete E-Mail in *Nur-Text* darzustellen, also ohne jegliche Formatierung.

Diese Änderung ist allerdings nur vorübergehend. Wählen Sie eine andere E-Mail in Ihrer E-Mail-Liste aus. Dann wählen Sie die ursprüngliche E-Mail erneut, um sie wieder mit intakter Formatierung zu sehen.

259 Erweitern Sie die Dateikenntnisse von Spotlight

Vereinfacht gesagt, nimmt Spotlight nur die Inhalte von Dateien auf, die es kennt, mit einem Hang zu alltäglichen Dateien wie Office-Dokumenten. Wenn Sie regelmäßig eine andere Dateiart verwenden, die von einem speziellen Programm erstellt wurde, werden Sie merken, dass Spotlight diese Dateien nicht in den Index aufnimmt.

Die Lösung besteht darin, ein Spotlight-Plugin zu finden, das genau das ermöglicht. Sie finden viele Plugins online oder auf manchen Download-Websites,[16] doch Sie können auch einfach den Namen des Programms googeln, das die Dateien erstellt, und die Wörter „spotlight plugin" an den Suchauftrag anhängen.

Plugins installieren

In den meisten Fällen sollte die Installation eines Plugins genau wie bei jedem anderen Programm ablaufen, sodass Sie ein Installationsprogramm starten müssen. In manchen Fällen allerdings kann es sein, dass Sie nur eine Datei mit der Endung .mdimporter herunterladen, und in diesem Fall muss die Datei manuell in den Ordner ~/Library/Spotlight kopiert werden. (Öffnen Sie dazu ein Finder-Fenster, und drücken Sie ⇧+⌘+G. Danach geben Sie den Pfad ein, um den Ordner zu öffnen.)

---

16 Zum Beispiel http://mac.softpedia.com/get/Spotlight-Plugins---Utilities/

Wenn dort der Ordner *Spotlight* noch nicht existiert, müssen Sie ihn anlegen.

Dann öffnen Sie ein Terminalfenster (*Finder* → *Programme* → *Dienstprogramme* → *Terminal*) und geben `mdimport -r` ein, gefolgt von dem vollständigen Pfad und Ort des neuen Plugins. Dadurch wird es installiert. Ich habe zum Beispiel ein Spotlight-Plugin namens *Tarimporter*[17] heruntergeladen, das Spotlight ermöglicht, die Inhalte von .tar-Archiven zu indizieren.[18] Nachdem ich einen *Spotlight*-Ordner in meinem *Library*-Ordner erstellt hatte – weil es ihn noch nicht gab – und danach das Plugin dorthin kopiert hatte, gab ich Folgendes ein, um ihn zu installieren:

```
mdimport -r ~/Library/Spotlight/tarimporter.mdimporter/
```

Achten Sie auf den abschließenden Schrägstrich, denn .mdimporter-Dateien sind tatsächlich Pakete, und sie erscheinen an der Eingabeaufforderung in ihrer wahren Form als Ordner.

Plugins deinstallieren

Um ein Spotlight-Plugin zu deinstallieren, löschen Sie es einfach aus dem Verzeichnis ~/Library/Spotlight und melden sich danach ab und wieder an. Oder Sie suchen auf der Homepage des Plugins nach Anweisungen, wie es zu deinstallieren ist.

260 Diagnostizieren Sie Netzwerkprobleme

Das *Netzwerkdienstprogramm* im Ordner *Dienstprogramme* im *Programme*-Ordner im Finder bietet einen GUI-Zugriff auf traditionelle Netzwerkdiagnostik-Werkzeuge wie *Ping*, *Traceroute* und *Portscan*. In den meisten Fällen geben Sie einfach die Netzwerkadresse des Rechners oder Geräts, das Sie zu finden versuchen, in das entsprechende Feld ein, und die Ergebnisse werden darunter dargestellt (siehe Abbildung 40).

Wenn Sie die Verbindungsprobleme Ihres eigenen Rechners einfach diagnostizieren wollen, probieren Sie das Programm *Netzwerkdiagnose* aus. Öffnen Sie dazu ein Finder-Fenster, dann drücken Sie ⇧+⌘+G und geben /System/Library/CoreServices in das Einblendfenster ein. Führen

---

17 http://www.macupdate.com/app/mac/21178/tarimporte
18 Tar-Archive sind der übliche Archivtyp unter Unix.

Sie einen Doppelklick auf das Netzwerkdiagnose-Programmsymbol aus, und folgen Sie dem Assistenten.

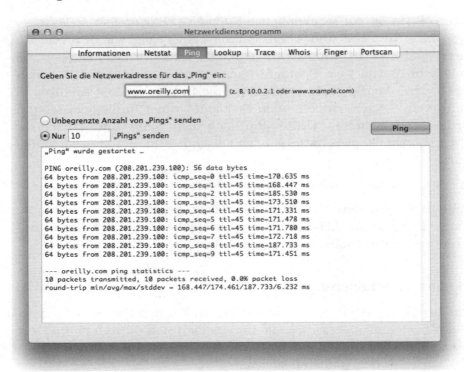

Abbildung 40: Bekannte Netzwerk-Werkzeuge in OS X anwenden

261 Stellen Sie schneller SSH/SFTP/FTP-Verbindungen her

Wenn Sie regelmäßig Kommandozeilen-Verbindungen mit entfernten Rechnern aufbauen, können Sie den Vorgang beschleunigen, indem Sie im Terminal Lesezeichen für diese Rechner anlegen.

Einrichtung

Dazu muss das Terminal dem Dock hinzugefügt werden. Also ziehen Sie es aus dem Ordner *Dienstprogramme* im *Programme*-Ordner im Finder auf das Dock. Starten Sie das Terminal. Danach führen Sie einen Sekundärklick auf sein Docksymbol aus und wählen *Neue entfernte Verbindung* aus dem Kontextmenü.

In dem Fenster, das daraufhin erscheint, wählen Sie die Art der Verbindung, die Sie erstellen möchten (also SSH, SFTP, FTP oder Telnet). Danach klicken Sie auf den Plus-Knopf unter der Serverliste und geben den vollständigen Domainnamen (FQDN: *Fully Qualified Domain Name*) oder die IP-Adresse des entfernten Rechners in das Einblendfenster ein. Danach klicken Sie auf *OK*, um das neue Lesezeichen zu sichern. Um es zu testen, wählen Sie es unter der Überschrift *Server* aus und klicken auf *Verbinden*, um ein neues Terminalfenster zu öffnen, das, sobald es verbunden ist, Sie wie üblich nach Ihrem Benutzernamen und Kennwort fragt. (Sie können den Vorgang ein wenig beschleunigen, indem Sie Ihren Benutzernamen in das Benutzerfeld des zuvor erwähnten Einblendfensters eingeben.)

Verbindungen aufbauen

Das Lesezeichen ist nun gesichert. Um in Zukunft die Verbindung aufzubauen, starten Sie das Terminal, wenn es nicht bereits läuft. Danach führen Sie einen Sekundärklick darauf aus und wählen *Neue entfernte Verbindung*. Anschließend wählen Sie in dem Fenster, das daraufhin erscheint, das Lesezeichen aus, das Sie erstellt haben, und klicken auf den Knopf *Verbinden*.

Auf diese Weise können viele verschiedene Server-Lesezeichen erstellt werden.

262 Fügen Sie mithilfe von Vorschau Dokumenten Ihre Unterschrift hinzu

Vorschau ist der Allzweck-Bild- und PDF-Betrachter von OS X, doch in den neueren Versionen wurden wesentliche PDF-Anmerkungsfähigkeiten ergänzt, die denen von Adobe Acrobat ähneln (öffnen Sie eine PDF-Datei, und klicken Sie auf *Werkzeuge → Anmerken*). OS X Lion beinhaltet die Fähigkeit, PDF-Dateien Ihre handgeschriebene Unterschrift hinzuzufügen, vorausgesetzt, Ihr Rechner verfügt über eine iSight/FaceTime-HD-Kamera oder eine angeschlossene Webcam.

Eine Datei mit einer Signatur versehen

Dies sind die nötigen Schritte, um *Vorschau* Ihre Unterschrift hinzuzufügen:

1. Beginnen Sie, indem Sie sich ein weißes Stück Papier nehmen und Ihren Namen von Hand mit einem schwarzen Stift schreiben. Der Stift sollte besser eine dicke als eine dünne Spitze haben. Nehmen Sie kein liniertes Papier oder Papier mit Rand – es muss völlig weiß sein. Wenn es möglich ist, unterstreichen Sie Ihre Unterschrift nicht, und verzichten Sie auch sonst auf Schnörkel – das kann das Scan-Programm verwirren.

2. Öffnen Sie *Vorschau* (sie liegt im *Programme*-Ordner im Finder), und klicken Sie auf das Anwendungsmenü und danach auf *Einstellungen* (oder drücken Sie ⌘+.).

3. In dem Dialogfenster, das daraufhin erscheint, klicken Sie auf den Reiter *Signaturen*. Danach klicken Sie auf den Knopf *Eine Signatur erstellen*.

4. Sie werden ein Vorschaubild dessen sehen, was die Kamera sieht (siehe Abbildung 41). Halten Sie die handgeschriebene Unterschrift, die Sie erstellt haben, so, dass sie auf der blauen Linie in der Mitte der Vorschau steht. Sie sehen, wie verschiedene Schnappschüsse der Signatur rechts im Fenster erscheinen. Wenn Sie einen sehen, der Ihnen gefällt, klicken Sie auf den Knopf *Akzeptieren*. Danach schließen Sie das Dialogfeld *Voreinstellungen*.

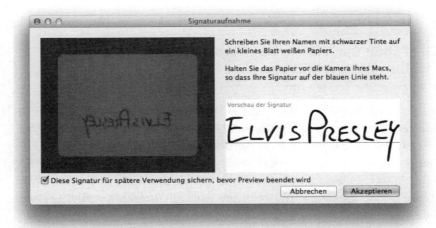

Abbildung 41: Einer PDF-Datei eine handgeschriebene Unterschrift hinzufügen

Die Unterschrift einfügen

Sobald die Signatur in *Vorschau* gesichert ist, ist es leicht, sie einzufügen, wann immer Sie sie benötigen.

1. Vergewissern Sie sich, dass die PDF-Datei geöffnet ist, in die Sie die Unterschrift einfügen wollen. Klicken Sie auf *Darstellung → Anmerkungsleiste einblenden*. Danach klicken Sie in der eingeblendeten Anmerkungsleiste auf den Knopf *Unterschrift* – es ist der achte von links.

2. Der Mauszeiger verändert sich daraufhin zu einem Fadenkreuz; klicken Sie irgendwo, um Ihre Unterschrift einzufügen. Ziehen Sie die Greifer an den Ecken, um sie wenn nötig zu skalieren.

Um die Unterschrift in Zukunft einzufügen, klicken Sie wieder auf den Knopf *Unterschrift* in der Anmerkungsleiste. Danach klicken Sie, um sie ins Dokument einzufügen.

Sie können auf diese Weise verschiedene Unterschriften hinzufügen. Wenn Sie auf das Anwendungsmenü und danach auf *Einstellungen* klicken, können Sie unter dem Reiter *Signaturen* auch Unterschriften löschen – wählen Sie sie in der Liste aus, und klicken Sie den Minus-Knopf unten links.

263 | Beschleunigen Sie Mail

Wenn Sie merken, dass *Mail* ein bisschen langsam geworden ist, versuchen Sie, seine Nachrichtenindex-Datenbanken neu aufzubauen. Klicken Sie einfach auf *Postfach → Wiederherstellen*. Je nachdem, wie viele Nachrichten Sie haben, kann das einige Zeit dauern (Sie sehen es am sich drehenden Symbol neben jedem Postfachnamen), doch die Arbeit findet im Hintergrund statt, und *Mail* bleibt weiterhin voll funktionsfähig, während der Neuaufbau stattfindet. Sie können das Programm sogar beenden und neu starten, und es wird mit dem Neuaufbau dort weitermachen, wo es aufgehört hat.

264 Vergrößern Sie Programme so, dass sie den gesamten Schreibtisch füllen

Frühere Windows-Anwender sind vielleicht von dem Vergrößerungsknopf von OS X (dem grünem Klecks links oben in Programmfenstern neben dem roten Schließknopf und dem gelben Verkleinerungsknopf) verwirrt. Anstatt den gesamten Schreibtisch mit dem Programmfenster zu füllen, vergrößert er das Programmfenster einfach nur bei dem Versuch, die Inhalte besser einzupassen. Manchmal funktioniert das, oft aber auch nicht.

Tatsächlich kann OS X Programmfenster genauso vergrößern wie Windows. Halten Sie ⇧ gedrückt, während Sie auf den grünen Klecks klicken. Simsalabim! Das Fenster füllt daraufhin den gesamten Schreibtisch, unabhängig von den Inhalten des Fensters. Um das Fenster wieder auf die ursprünglichen Ausmaße zu verkleinern, klicken Sie einfach erneut auf den grünen Klecks – diesmal ist es nicht nötig, ⇧ gedrückt zu halten.

265 Suchen Sie nach Systemdateien

OS X bemüht sich sehr, die Anwender von den Systemdateien fernzuhalten. Das kann es schwierig machen, Dateien außerhalb Ihres Ordners unter *Users* aufzuspüren. Doch zwei Möglichkeiten werden Ihnen im Folgenden geschildert.

Spotlight verwenden

Dateien sucht Spotlight nur in Ihrem persönlichen Benutzerordner unter *Users*. Das ist eine große Beschränkung, besonders wenn Sie daran gewöhnt sind, die übergreifenden Suchwerkzeuge anderer Betriebssysteme einzusetzen, die auch dazu verwendet werden können, Systemdateien aufzuspüren.

Es gibt keine Möglichkeit, dass das übliche Spotlight-Werkzeug nach Systemdateien sucht, doch Sie können das Spotlight-Suchwerkzeug im Finder-Fenster dazu verwenden, sie zu enttarnen. Das geht so:

1. Drücken Sie `⌥`+`⌘`+`Leertaste`, um das Finder-Spotlight-Fenster anzuzeigen, ganz gleich, welches Programm Sie gerade verwenden. (Wenn diese Tastenkombination nicht funktioniert, probieren Sie `ctrl`+`⌥`+`Leertaste`.)

2. Klicken Sie auf den Plus-Knopf neben dem *Sichern*-Knopf. Dadurch wird ein neuer Filter für die Suche hinzugefügt. Klicken Sie auf die Aufklappliste *Art*, und wählen Sie *Andere* aus.

3. In der Liste, die eingeblendet wird, setzen Sie einen Haken neben *Systemdateien*. Zurück im Finder-Fenster, ändern Sie die Aufklappliste neben *Systemdateien* so, dass dort *einschließen* steht.

4. Zuletzt geben Sie Ihren Suchauftrag in das Spotlight-Feld oben rechts im Finder-Fenster ein und vergewissern sich, dass neben der Überschrift *Durchsuchen* der Eintrag *Diesen Mac* ausgewählt ist. Nach ein paar Sekunden sollten Sie die ersten Ergebnisse sehen, die auch Systemdateien beinhalten.

5. Wenn Sie auf den Knopf *Sichern* klicken, der sich unter dem Suchfeld befindet, können Sie die Systemdatei-Suche zur Seitenleiste der Finder-Fenster hinzufügen, damit sie wiederverwendet werden kann (wählen Sie sie jedes Mal aus, und geben Sie den Suchauftrag ein, wie zuvor beschrieben). Ansonsten müssen Sie diesen Schritt jedes Mal wiederholen, wenn Sie nach einer Systemdatei suchen wollen.

Den Befehl locate verwenden

Als Unix-Version enthält OS X auch den Befehl locate, der in der Kommandozeile verwendet werden kann, um jede Art von Datei aufzuspüren – sei es eine Systemdatei oder eine Datei der Anwenderdaten. locate beruht auf einer Datenbank der Speicherorte und Namen von Dateien, die regelmäßig und automatisch auf den neuesten Stand gebracht wird. (Anders als Spotlight kennt locate daher nur die Namen der Dateien und indiziert nicht ihre Inhalte.)

Doch locate ist in der Grundeinstellung nicht aktiviert. Sie können das ändern, indem Sie ein Terminalfenster öffnen (*Finder → Programme → Dienstprogramme → Terminal*) und Folgendes eingeben, wobei Sie Ihr Anmeldekennwort eingeben, wenn Sie dazu aufgefordert werden:

```
sudo launchctl load -w /System/Library/LaunchDaemons/com.apple.locate.plist
```

Das muss nur einmal getan werden.

Um locate zukünftig zu verwenden, schreiben Sie lediglich den Suchauftrag hinter locate -i. Um beispielsweise nach dem Speicherort der Datei *hosts* zu suchen, könnten Sie Folgendes eingeben:

```
locate -i hosts
```

Die Option -i weist locate an, die Groß- oder Kleinschreibung nicht zu beachten.

Um locate zu deaktivieren, geben Sie Folgendes ein, was das regelmäßige Update der locate-Datenbank deaktiviert:

```
sudo launchctl unload -w /System/Library/LaunchDaemons/com.apple.locate.plist
```

266 Legen Sie das Standardbetriebssystem fest

Wenn Sie Microsoft Windows parallel zu OS X auf Ihrem Mac installiert haben, möchten Sie vielleicht statt OS X grundsätzlich Windows hochfahren. Wenn Sie (Ü) gedrückt halten und ⌥ beim Booten gedrückt halten, wird Ihnen die Auswahl zwischen den Betriebssystemen geboten, doch um Windows als Standardauswahl während des Bootvorgangs auf Ihrem Rechner einzurichten, öffnen Sie die Systemeinstellungen (*Apfelmenü → Systemeinstellungen*), klicken auf das Einstellungsfeld *Startvolume* und wählen die Option *Windows* in der Liste. Danach klicken Sie auf *Neustart*, um Ihren Rechner neu zu starten und die Änderung dauerhaft zu übernehmen.

Um zu OS X als Standardbetriebssystem zurückzukehren, fahren Sie in Ihrer Mac-Installation hoch und wiederholen die obigen Schritte, wobei Sie dieses Mal die Mac-Festplatte in der Liste auswählen, bevor Sie den Knopf *Neustart* anklicken.

267 Speichern Sie einen Schnappschuss dessen, was Ihr Mac gerade macht

Es kann gewisse Situationen geben, in denen Sie einen Schnappschuss dessen benötigen, was Ihr Mac gerade macht. Wenn Sie beispielsweise einen Bug in einem Programm finden, muss der Entwickler vielleicht wissen, was Ihr Rechner gerade macht, wenn der Bug auftaucht.

Ihr Mac enthält ein Werkzeug, das dazu fähig ist. sysdiagnose speichert alle technischen Informationen über den Status und die Konfiguration Ihres Rechners in eine Reihe von Dateien. Sie können es in der Kommandozeile verwenden, indem Sie den Befehl einfach eingeben oder ⇧+ctrl+⌥+⌘+. (Punkt) gedrückt halten. Wenn Sie sich für den Tastaturkurzbefehl entscheiden, wird es ungefähr eine Minute dauern, bis alles fertig ist. Allerdings wird es keinen Hinweis auf den Fortschritt der Berichtserstellung geben. Zuletzt öffnet sich ein Finder-Fenster, das die gesammelten Daten anzeigt. Sie werden in /private/var/tmp gesichert.

Bedenken Sie, dass einige persönliche Daten in dem Bericht stehen, einschließlich der Seriennummer Ihres Rechners, des Rechnernamens und Ihres Benutzernamens. Geben Sie die Systemdiagnosedaten nicht an jemanden weiter, dem Sie nicht trauen.

268 Verwenden Sie relative Pfade in Öffnen- und Sichern-Dialogfenstern

Dieser schnelle Trick ist für diejenigen, die viel mit der Eingabeaufforderung arbeiten und dabei ihre Hände nicht gerne von der Tastatur nehmen wollen.

Wenn Sie in einem *Datei-öffnen-* oder *Datei-sichern-*Dialogfenster ⇧+/ (Schrägstrich) drücken, wird ein Einblendfenster mit dem Titel *Den folgenden Ordner öffnen* angezeigt. Hier können Sie den Pfad eines jeden Ordners eingeben, um direkt dorthin zu blättern (zum Beispiel /Users/keir/Documents). Doch das Einblendfenster *Den folgenden Ordner öffnen* versteht auch relative Pfade. Wenn Sie zum Ordner über dem aktuellen Ordner wechseln möchten, geben Sie ../ ein. Sie können von Ihrer Position aus auch mehrere Ordner in der Ordnerhierarchie nach oben navigieren, zum Beispiel: Documents/Q4-Berichte/Grafiken/.

Wie in der Kommandozeile können Sie ⇥ drücken, um Pfadnamen in diesem Einblendfenster automatisch zu vervollständigen.

269 So schließen Sie Dialogfenster sofort

Einer der ältesten Mac-Tastaturkurzbefehle ist ⌘+. (Punkt), der auf sehr alten Macs dazu verwendet wurde, die aktuelle Aufgabe abzubrechen. In OS X ließ man ihn veralten, doch er greift noch immer in Dialogfenstern – wenn Sie ⌘+. drücken, wird der Knopf *Abbrechen* für Sie gedrückt, was Ihnen die Mühe abnimmt, zur Maus zu greifen.

270 Suchen Sie nach Zeilenvorschüben und Tabulatoren

Wenn Sie in einem *Suchen-* oder *Suchen-und-Ersetzen*-Dialogfenster der meisten OS-X-Programme ⌥ gedrückt halten, während Sie ⇥ oder ↵ drücken, wird ein „unsichtbares" Tabulator- oder Zeilenvorschubzeichen eingefügt, das es Ihnen ermöglicht, nach Tabulatoren und Zeilenvorschüben in dem Dokument zu suchen. Solche unsichtbaren Zeichen können mit jedem anderen Suchbegriff kombiniert werden.

271 Arbeiten Sie besser bei Sonnenschein

Wenn Sie einen mobilen Mac haben, wissen Sie vielleicht, wie schwierig es sein kann, den Bildschirm in sehr hellen und sonnigen Umgebungen zu erkennen – selbst wenn die Bildschirmhelligkeit voll aufgedreht ist. Eine Lösung besteht darin, die Bildschirmfarben umzukehren, sodass Text weiß auf schwarzem Hintergrund steht. Das erreichen Sie, indem Sie ctrl+⌥+⌘+8 drücken. Drücken Sie die Tastenkombination erneut, um alles wieder normal einzustellen. Es ist keine perfekte Lösung, doch sie kann manche Situation retten.

272 Sausen Sie durch Sichern-unter-Dialogfenster

Nun kommen einige kleine Tastenkombinationen, die, wenn Sie sich an sie erinnern, beim Sichern von Dateien ein wenig Zeit sparen können. Einige funktionieren auch in *Datei-öffnen*-Dialogfenstern.

Wenn Sie gerade eine *Sichern-unter*-Dialogbox geöffnet haben und den Dateinamen eingeben, führt ctrl+A Sie an den Anfang der Zeile. ctrl+E bringt Sie ans Ende. ctrl+K löscht alles von der Eingabemarke bis zum Ende der Zeile.

Wenn Sie ⌘+D drücken, wechseln Sie sofort zum Ordner *Schreibtisch*.

Wenn Sie ⌘ und 1, 2, 3 oder 4 in erweiterten Dialogfenstern drücken, schalten Sie zwischen der Symbol-, Listen-, Spalten- und Cover-Flow-Dateiansicht um.

273 | Passen Sie die Voreinstellungen für jedes Programm an

Wenn Sie ⌘+, (das ist die Komma-Taste) drücken, wird das Dialogfenster *Einstellungen* des Programms geöffnet, das Sie gerade verwenden.

274 | So sehen Sie größere Vorschaubildchen von Hintergrundbildern

Wählen Sie gerade ein neues Hintergrundbild im Einstellungsfeld *Schreibtisch & Bildschirmschoner* in den Systemeinstellungen aus? Wenn Ihr Mac über ein Multi-Touch-Trackpad verfügt, platzieren Sie den Mauszeiger über den kleinen Vorschaubildern der Schreibtischhintergründe und verwenden die Spreiz- und Kneifgeste, um die Vorschaubilder größer und kleiner zu machen.

275 | Wechseln Sie schnell zwischen Tabs

In einem Programm, das wie Safari Tabs verwendet, können Sie zwischen den Tabs wechseln, indem Sie ctrl gedrückt halten und ⇥ antippen. Ergänzen Sie ⇧, um sich in der Tab-Auswahl nach links zu bewegen. Beachten Sie, dass dies im Terminal nicht funktioniert, da die Taste ctrl in der Kommandozeile für andere Funktionen verwendet wird.

276 | Durchsuchen Sie alte Time-Machine-Festplatten

Wenn Sie eine alte Time-Machine-Platte von einem anderen Mac (oder von einer früheren OS-X-Installation) besitzen, können Sie leicht ihre Inhalte durchsuchen und Dateien wiederherstellen.

Und so geht's:

1. Wenn Sie eine bestehende Time-Machine-Platte für Ihren aktuellen Mac haben, vergewissern Sie sich, dass momentan kein Backup läuft (schauen Sie das Anzeigesymbol oben rechts im Bildschirm an). Danach werfen Sie sie im Finder aus. Das wird später Verwirrung vermeiden.

2. Erstellen Sie einen Ordner an einem praktischen Ort, um die Dateien aufzunehmen, die Sie gerade wiederherstellen möchten.

3. Schließen Sie die alte Backup-Platte an, und wenn ein Dialogfenster aufgeht, bestimmen Sie, dass sie nicht zum Backup verwendet wird.

4. Halten Sie ⌥ gedrückt, bevor Sie das Time-Machine-Symbol rechts oben im Bildschirm anklicken. Danach wählen Sie aus dem eingeblendeten Menü *Andere Time Machine-Volumes durchsuchen*, und in dem Dialogfenster, das Sie als Nächstes sehen, wählen Sie die alte Backup-Platte und klicken auf *Ausgewählte Festplatte verwenden*.

5. Sie sehen nun die übliche Time-Machine-Anzeige und sollten in der Zeit zurückgehen können, um die Backups zu durchsuchen. Beachten Sie, dass Backups in der Zeitleiste am rechten Bildschirmrand violett gefärbt sind. Wenn Sie graue Einträge sehen, sind es wahrscheinlich vor Kurzem angelegte lokale Snapshots Ihres eigenen Rechners, sodass Sie sie ignorieren können.

Wenn Sie eine Datei oder einen Ordner gefunden haben, den Sie wiederherstellen wollen, führen Sie einen Sekundärklick darauf aus und wählen ... *wiederherstellen auf*. Danach, wenn Sie wieder zum Schreibtisch zurückgekehrt sind, wählen Sie einen Ort aus, an den Sie das Wiederhergestellte sichern wollen. Wiederholen Sie diesen Vorgang, bis Sie alle Dateien wiederhergestellt haben, die Sie zurückholen wollen. Denken Sie daran, dass Sie wie üblich ⇧ und ⌘ gedrückt halten können, um mehrere Dateien und Ordner wiederherzustellen.

Wenn Sie fertig sind, werfen Sie die alte Backup-Platte aus und schließen Ihre bestehende Time-Machine-Platte wieder an, wenn Sie eine haben.

277 Forschen Sie innerhalb einer Website mithilfe von Safari

Haben Sie schon einmal eine Website, die Sie nicht kannten, über einen Link geöffnet und wollten die Site erforschen, um zu sehen, was sie sonst noch zu bieten hat? Eine schnelle Möglichkeit, um in Safari zur Homepage der Website zu gelangen, besteht darin, einen Sekundärklick auf den Seitentitel in der Fensterleiste auszuführen. Dadurch wird die Adresse der Website auf verschiedene Weisen bis zur ursprünglichen URL zurückgestutzt. Klicken Sie einfach die Version der gekürzten URL an, die Sie interessiert. Ein Beispiel sehen Sie in Abbildung 42.

Abbildung 42: Schnell in Safari zur Homepage einer Website navigieren

278 Greifen Sie aus großer Entfernung auf Dateien Ihres Mac zu

Während Ihnen der Dienst *Zugang zu meinem Mac*, der in OS X Lion vom iCloud-Dienst angeboten wird, erlaubt, aus der Ferne auf Ihre Dateien zuzugreifen (siehe *OS X erforschen:iCloud*, auf Seite 108), gibt es auch eine handgestrickte Möglichkeit, auf Dateien zuzugreifen, wenn Sie sich nicht im selben Gebäude befinden wie Ihr Rechner.

OS X verfügt über SSH, eine Software, die Kommandozeilen-Anmeldungen von entfernten Rechnern über ein Netzwerk oder das Internet ermöglicht. Ein Bestandteil dieser Software ist SFTP, das im Wesentlichen eine sichere Version von FTP (*File Transfer Protocol*) ist. FTP ist Ihnen vielleicht schon einmal begegnet, wenn Sie eine Website erstellt haben. SFTP lässt Sie Dateien von einem Rechner empfangen und senden, ohne das Risiko ausspioniert zu werden.

Den SSH-Dienst starten

Sie können SSH aktivieren, indem Sie die Systemeinstellungen öffnen (*Apfelmenü → Systemeinstellungen*) und danach das Einstellungsfeld *Freigaben* anklicken. Setzen Sie in der Liste auf der linken Seite einen Haken vor den Eintrag *Entfernte Anmeldung*. Auf der rechten Seite können Sie entweder allen Benutzern des Systems erlauben, sich aus der Ferne anzumelden, oder nur einigen (wobei das überflüssig ist, wenn Sie der einzige Benutzer Ihres Systems sind).

Über SFTP verbinden

Sie können SFTP von der Befehlszeile eines anderen Rechners aus verwenden, wenn er über die richtige Software verfügt, doch die meisten FTP-Clients mit grafischer Benutzeroberfläche unterstützen SFTP.

Denken Sie daran, dass Sie sich auch vergewissern müssen, dass Ihre Internet-Router-Hardware SFTP-Verbindungen erlaubt. Das können Sie in den Einstellungsfeldern des Geräts erledigen. Es ist nicht nötig, irgendeine Einstellung der Firewall von OS X zu deaktivieren oder zu ändern – sie wird automatisch für jede ankommende SSH/SFTP-Verbindung geöffnet.

FTP konfigurieren

Übrigens enthält OS X einen Standard-FTP-Server, den Sie durch folgende Eingabe aktivieren können:

```
sudo -s launchctl load -w /System/Library/LaunchDaemons/ftp.plist
```

Der FTP-Server läuft im Hintergrund als Dienst, und es wird keine Anzeichen dafür geben, dass er läuft. Er wird über Neustarts aktiv bleiben. Um FTP dauerhaft zu deaktivieren, geben Sie Folgendes ein:

```
sudo -s launchctl unload -w /System/Library/LaunchDaemons/ftp.plist
```

Doch bedenken Sie, dass jeder Sicherheitsexperte der Meinung ist, dass FTP zu unsicher ist, als dass man es verwenden sollte – besonders wenn SFTP erhältlich ist, das sich im Hinblick auf die Funktion eigentlich nicht unterscheidet, aber durchgehend verschlüsselt ist.

279 Bewegen Sie sich in Programmen zurück und vor

Neben dem Klicken auf die *Zurück-* und *Vor*-Knöpfe im Finder (und in anderen Programmen, die solche Knöpfe besitzen, wie die Systemeinstellungen und der App Store) gibt es zwei weitere Möglichkeiten, sich im Verlauf zurück- und vorzubewegen:

- Halten Sie ⌘ gedrückt, und tippen Sie ö oder ä, um sich zurück- oder vorzubewegen, und zwar in dieser Reihenfolge.

- Wenn Ihr Mac über ein Multi-Touch-Trackpad verfügt, können Sie ⌥ gedrückt halten und mit drei Fingern auf dem Trackpad nach links oder rechts wischen.

Das kann auch in Programmen funktionieren, die nicht auf die üblichen Gesten für Zurück und Vor reagieren (also mit zwei Fingern auf dem Trackpad nach links oder rechts wischen).

280 Spielen Sie

Sie sitzen im Flugzeug, wollten auf der Reise etwas arbeiten, aber Ihr Kopf will einfach nicht mitmachen? Eine Handvoll sehr einfacher Spiele sind in OS X als Teil des Kommandozeilen-Editors *Emacs* integriert. Um *Tetris* zu spielen, öffnen Sie ein Terminalfenster (*Finder → Programme → Dienstprogramme → Terminal*) und tippen emacs. Danach halten Sie esc gedrückt und drücken X. Danach schreiben Sie tetris. Verwenden Sie die Pfeiltasten nach links/rechts, um die Blöcke zu bewegen, und die Pfeiltaste nach oben, um sie zu drehen. Drücken Sie Q, um das Spiel zu beenden, danach ctrl+X gefolgt von ctrl+C, um *Emacs* zu beenden.

Andere Spiele, die Sie ausprobieren können – Sie rufen sie wie Tetris auf, siehe oben – sind *pong*, *solitaire*, *snake*, *gomoku* und *dunnet* (ein Textabenteuerspiel). Um die volle Spieleliste an der Eingabeaufforderung einzusehen, tippen Sie ls /usr/share/emacs/22.1/lisp/play – der Name, der in Emacs einzugeben ist, ist der Dateiname des Spiels, nur ohne die Dateierweiterung.

281 | So sehen Sie, wie viel Plattenplatz durch welche Medien belegt ist

Das Programm *Über diesen Mac* von OS X kann ganz simpel anzeigen, wie viel von Ihrer Festplatte durch Musik, Filme, Fotos, Programme und Backups (also Time-Machine-Snapshots – siehe Tipp 67, *Erstellen Sie ein Time-Machine-Backup ohne angeschlossene Festplatte*, auf Seite 93) belegt ist. Außerdem sehen Sie dieselbe Information für alle externen Speichergeräte, wenn welche angeschlossen sind.

Um darauf zuzugreifen, klicken Sie auf das Apfelmenü und wählen *Über diesen Mac*. In dem Fenster, das daraufhin erscheint, klicken Sie auf *Weitere Informationen*. In dem neuen Programmfenster klicken Sie auf den Reiter *Festplatten*. Ein Beispiel sehen Sie in Abbildung 43.

282 | Lassen Sie X11-Programme im Vollbildmodus laufen

Wenn Sie regelmäßig X11-Programme verwenden, zum Beispiel das Bildverarbeitungsprogramm *Gimp*,[19] dann sollten Sie schon an die verwirrende Tatsache gewöhnt sein, dass jedes der X11-Programme seine eigene Menüzeile verwendet. Eine Möglichkeit, um leichter mit X11-Programmen zu arbeiten, besteht darin, X11 in die Spaces von *Mission Control* zu integrieren und X11 im Vollbildmodus laufen zu lassen. Dies erreichen Sie wie folgt::

1. Erstellen Sie einen Space nur für X11. Das erreichen Sie, indem Sie *Mission Control* starten, entweder über die Sonderfunktionstaste oder über `ctrl`+`↑`. Danach halten Sie `⌥` gedrückt und klicken auf den Plus-Knopf in der rechten oberen Ecke des Bildschirms.

---

[19] http://www.gimp.org/macintosh/

Abbildung 43: Auf einen Blick sehen, welche Art von Dateien Ihre Festplatte füllen

2. Wechseln Sie zu dem neuen Space, und starten Sie X11, indem Sie ⌘+Leertaste drücken und X11 eingeben. Drücken Sie die Eingabetaste, um das Programm zu starten.

3. Führen Sie einen Sekundärklick auf das X11-Symbol im Dock aus, und klicken Sie auf *Optionen → Dieser Schreibtisch*.

4. Klicken Sie das Anwendungsmenü von X11 an. Dort wählen Sie *Einstellungen*. Wählen Sie den Reiter *Ausgabe* in dem Dialogfenster, das eingeblendet wird, und setzen Sie je einen Haken vor *Vollbildmodus* und *Zugriff auf Menüleiste im Vollbildmodus erlauben*.

5. Schließen Sie den *Einstellungen*-Dialog. Danach beenden Sie X11 (führen Sie einen Sekundärklick auf sein Docksymbol aus, und wählen Sie *Beenden*).

Von nun an werden alle X11-Programme, die Sie öffnen, automatisch zu dem neuen Space wechseln und dort laufen, und sie werden im Vollbildmodus starten, ohne dass das Dock oder die OS-X-Menüleiste sichtbar sind. Wenn Sie jedoch mit dem Mauszeiger gegen die obere Bildschirmkante stupsen, können Sie die OS-X-Menüleiste einblenden. Darin sollten Sie X11 beenden können, sobald Sie das Programm beendet haben, das darin läuft.

X11 übernimmt die Tastatur, sodass alle Tastaturkurzbefehle und Sonderfunktionstasten, die den Space-Wechsel ermöglichen oder *Mission Control* aktivieren, nicht mehr funktionieren. Doch ein seltsamer Trick (oder wahrscheinlich ein Bug!) lässt Sie das umgehen – stupsen Sie mit dem Mauszeiger an den oberen Bildschirmrand, sodass die OS-X-Menüleiste erscheint. Aktivieren Sie ein Menü, indem Sie es anklicken. Danach gehen Sie zum *Hilfe*-Menü. Das Vollbild-X11 verschwindet und enthüllt den Schreibtisch. Nun können Sie die Spaces auf die übliche Weise wechseln oder *Mission Control* verwenden. Um zum Vollbild-X11 zurückzukehren, klicken Sie einfach auf das X11-Symbol im Dock. Das bringt Sie auch zurück zum X11-Space.

283 | Schalten Sie das Dashboard zurück in den Overlay-Modus

Bis zum Erscheinen von OS X Lion legte sich das Dashboard auf wundersame Weise über den Schreibtisch, wenn es aktiviert wurde. Seit OS X Lion jedoch wurde es zu einem Space umgewandelt.

Wenn Sie die alte Arbeitsweise bevorzugen, öffnen Sie die Systemeinstellungen (*Apfelmenü → Systemeinstellungen*), wählen das Einstellungsfeld Mission Control aus und entfernen den Haken vor *Dashboard als Space anzeigen*. Diese Änderung wird sofort übernommen.

Sie müssen nun zum Dashboard wechseln, indem Sie entweder seine Sonderfunktionstaste verwenden, wenn Ihre Mac-Tastatur eine besitzt, oder `F12` (`Fn`+`F12` auf mobilen Macs und Macs mit Apple Wireless Keyboard) drücken.

Ein netter Nebeneffekt dieser Umschaltung ist, dass der Kräusel-Spezialeffekt, der früher eingeblendet wurde, wenn ein neues Widget zum Dashboard hinzugefügt wurde, ebenfalls wiederhergestellt ist.

284 | Putzen Sie die visuellen Effekte von iTunes heraus

Wenn Sie ein Fan der visuellen Effekte von iTunes sind, die eingeblendet werden, wenn Musik abgespielt wird (*Darstellung → Visuelle Effekte einblenden*), interessiert es Sie vielleicht, dass es dort oftmals Einstellungsmöglichkeiten gibt, die optimiert werden können. Um sie zu sehen, tippen Sie einfach ein Fragezeichen, während der visuelle Effekt eingeblendet wird. Dadurch wird ein Menü angezeigt, das weitere Tastenanschläge auflistet, die die Art der Animationen verändern. Wenn Sie den klassischen visuellen Effekt verwenden (*Darstellung→ Visuelle Effekte→ iTunes Classic Visualizer*) und ein zweites Mal das Fragezeichen eingeben, wird ein zweites *Hilfe*-Menü angezeigt.

285 Springen Sie in TextEdit zu einer bestimmten Zeile

Es gibt einen versteckten Tastaturkurzbefehl in TextEdit, der Sie direkt zu einer bestimmten Zeilennummer springen lässt. Das kann für Programmierer nützlich sein, obwohl es keine Möglichkeit gibt, in TextEdit Zeilennummern anzuzeigen! Um zu einer bestimmten Zeile zu springen, drücken Sie einfach ⌘+L und geben danach die fragliche Zahl ein.

286 Fügen Sie den Finder zu Launchpad hinzu

Wenn Sie ein Fan von *Launchpad* sind, fällt Ihnen vielleicht eine seltsame Unterlassung auf – Sie können aus *Launchpad* heraus kein Finder-Fenster öffnen. Es gibt kein Finder-Symbol.

Die Lösung ist einfach. Öffnen Sie ein Finder-Fenster über das Docksymbol, drücken Sie ⇧+⌘+G und tippen Sie /System/Library/CoreServices. Danach suchen Sie eine Datei namens *Finder* (sie wird dasselbe Symbol wie das Finder-Symbol im Dock haben) und ziehen sie auf das Launchpad-Symbol im Dock.

Aktivieren Sie *Launchpad*, und – Simsalabim! – schon haben Sie ein Finder-Symbol! Es liegt wahrscheinlich auf der letzten Launchpad-Seite. Sie können es zur ersten Seite bewegen, indem Sie es gegen die linke Seite des Bildschirms ziehen.

287 Leiten Sie E-Mails stapelweise weiter

Wollten Sie schon einmal eine oder mehrere E-Mail-Nachrichten an die E-Mail anhängen, die Sie gerade schreiben? Im Programm Mail ist das einfach. Wählen Sie einfach die Nachrichten aus der Liste aus, die Sie anhängen wollen, und wechseln Sie danach zum Fenster *Neue E-Mail*. Zuletzt drücken Sie ⌥+⌘+I. Die Nachrichten erscheinen jetzt wie weitergeleitete E-Mails auch ganz unten in der E-Mail, die Sie gerade schreiben.

288 Bauen Sie ein kabelgebundenes Sofortnetzwerk zwischen Macs auf

Um ein Sofortnetzwerk zwischen zwei Macs aufzubauen, verbinden Sie beide einfach mit einem Standard-Netzwerkkabel. Ihr Mac kümmert sich um den Rest. Danach aktivieren Sie auf einem oder auf beiden Macs die Dateifreigabe – öffnen Sie die Systemeinstellungen (*Apfelmenü → Systemeinstellungen*) und klicken Sie auf das Einstellungsfeld *Freigaben*. Dann setzen Sie in der Liste einen Haken vor *Dateifreigabe*. Der andere Mac sollte nun im Finder unter der Überschrift *Freigaben* erscheinen. Sie müssen sich am anderen Mac mit dem Account anmelden, den Sie auf diesem Rechner haben.

289 Ziehen Sie coole Hintergrundbilder aus Bildschirmschonerpaketen

Vielleicht verwenden Sie bereits verschiedene Diashow-Bildschirmschoner, die Bilderzyklen von Wäldern, dem Kosmos oder Strandszenen zeigen. Sie sind alle im Einstellungsfenster *Schreibtisch & Bildschirmschoner* der Systemeinstellungen verfügbar (*Apfelmenü → Systemeinstellungen*). Die Bilder, die in den Diashows verwendet werden, können auch als Schreibtischhintergründe benutzt werden, wenngleich sie nicht in höchster Auflösung vorhanden sind, sodass sie beispielsweise auf 1080p-HD-Bildschirmen ein wenig unscharf aussehen würden. Doch für kleinere Monitore lohnt es sich, nachzuforschen.

Dies sind die notwendigen Schritte, um die Bilder herauszuziehen:

1. Beginnen Sie damit, dass Sie einen Ordner in Ihrem *Dokumente*-Ordner anlegen, in den Sie die neuen Hintergrundbilder sichern können. Es spielt keine Rolle, wie Sie ihn benennen.

2. Öffnen Sie ein Finder-Fenster, drücken Sie ⇧+⌘+G und geben Sie Folgendes ein: /System/Library/Screen Savers. Sie sollten nun die Bildschirmschoner nach Namen geordnet aufgelistet sehen. Wir beginnen damit, die Bilder aus dem Bildschirmscho-

ner *Beach* herauszuziehen, wobei die Vorgehensweise für alle dieselbe ist. Führen Sie einen Sekundärklick auf Beach.slideSaver aus, und klicken Sie in dem Kontextmenü auf Paketinhalt zeigen.

3. Navigieren Sie im Finder zum Ordner Resources. Dort finden Sie die Bilder aufgelistet, für gewöhnlich als Reihenfolge und im JPEG-Format. Im Bildschirmschoner *Beach* sind sie beispielsweise so benannt: Beach01.jpg, Beach02.jpg und so weiter. Klicken Sie alle an, und ziehen Sie sie auf den neuen Ordner, den Sie zuvor erstellt haben.

4. Wiederholen Sie die Schritte für jeden anderen Bildschirmschoner, dessen Bilder Sie herausziehen möchten, wie den Cosmos.slideSaver oder den Forest.slideSaver. Nur .slideSaver-Dateien enthalten Bilder – ignorieren Sie die übrigen Bildschirmschoner-Dateien.

5. Öffnen Sie die Systemeinstellungen (*Apfelmenü → Systemeinstellungen*), klicken Sie auf das Einstellungsfeld *Schreibtisch & Bildschirmschoner*, und klicken Sie danach den Reiter *Schreibtisch* an. Öffnen Sie ein Finder-Fenster, und suchen Sie den Ordner, der Ihre neuen Hintergrundbilder enthält. Ziehen Sie ihn auf die linke Seite des Einstellungsfensters unter die Überschrift *Ordner*. Der Ordner wird der Liste hinzugefügt, doch beachten Sie, dass dies nur einen Link auf den Ordner darstellt, den Sie erstellt haben – wenn Sie den Originalordner löschen, verschwinden auch die Bilder aus der Liste.

290 Verwenden Sie Emoji – japanische mehrfarbige Emoticons

Emoji sind den Emoticons, die Sie vielleicht bereits benutzen, ganz ähnlich: Zum Beispiel steht so etwas wie :-) für ein lächelndes Gesicht. Der Unterschied ist, dass Emoji mehrfarbige hochaufgelöste Bilder sind, und sie werden für gewöhnlich als besonderer Zeichensatz verteilt. Sie sind in Japan beliebt und verbreiten sich rasch im Westen.

OS X Lion unterstützt Emoji standardmäßig, ebenso wie die Versionen 4 und höher von iOS, dem Betriebssystem, das auf iPad und iPhone läuft.

Daher können Sie Emoji beispielsweise in E-Mails verwenden und in Textdokumenten, die mit Programmen wie TextEdit erstellt wurden, wenngleich Programme wie Microsoft Word Emoji derzeit noch nicht unterstützen.

Emoji-Zugriff einrichten

Um ein Emoji einzufügen, müssen Sie ein verstecktes Zeichenwerkzeug verwenden, daher sind ein paar Einstellungen notwendig. Öffnen Sie ein Finder-Fenster, und drücken Sie ⇧+⌘+G. In dem Dialogfenster, das daraufhin erscheint, geben Sie Folgendes ein: /System/Library/Input Methods. Danach suchen Sie die Datei namens *CharacterPalette*. Das ist das Werkzeug, das wir regelmäßig verwenden werden, um Emoji einzufügen. Daher ziehen Sie es ins Dock, um eine Verknüpfung für den späteren Gebrauch zu erstellen. Sie können es auch auf den Schreibtisch ziehen, doch bevor Sie die Maustaste loslassen, halten Sie ⌥+⌘ gedrückt, um eine Aliasdatei zu erstellen.

Emoji einfügen

Öffnen Sie das Programm *CharacterPalette*, und wählen Sie links im Programmfenster *Emoji* aus. Danach wählen Sie eine Emoji-Kategorie aus der Spalte daneben – *Personen*, *Natur*, *Objekte*, *Orte* oder *Symbole*. Zuletzt wählen Sie das Symbol, das Sie verwenden möchten, aus der Symbolliste und ziehen es dorthin, wo Sie es in Ihrer E-Mail, Ihrem Dokument und so weiter einfügen möchten (siehe Abbildung 44).

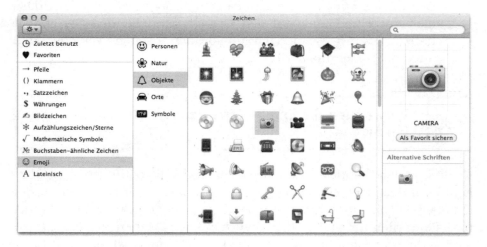

Abbildung 44: Auf Emoji-Zeichen zugreifen

Klicken Sie auf die Aufklappliste oben links im Programmfenster von *CharacterPalette*, um die Größe der Symbolanzeige zu verändern – wenn Sie Groß auswählen, sehen Sie mehr Details, auch wenn das nicht die Symbolgröße beim Einfügen in Dokumente betrifft. Um die

Größe nach dem Einfügen in ein Dokument zu ändern, wählen Sie das Symbol aus und verwenden die übliche Zeichensatz-Punktgrößenanpassung. Für gewöhnlich ist dieses Werkzeug auf der Formatierungsleiste zugänglich.

Denken Sie daran, dass alle Emoji, das Sie in E-Mails und Dokumente einfügen, zwar auf anderen Rechnern mit OS X Lion und auf iPads und iPhones erscheinen – aber auf Windows- oder Linux-Systemen oder auf Macs, die eine OS-X-Version vor Lion installiert haben, erscheinen sie nicht. Stattdessen werden die Anwender ein Symbol für ein fehlendes Zeichen sehen (für gewöhnlich ein Fragezeichensymbol in einem Kasten).

Emoji für Datei- und Ordnernamen verwenden

Emoji können auch in Datei- und Ordnernamen verwendet werden. Die beste Technik, um sie einzufügen, besteht darin, ein TextEdit-Dokument zu öffnen, das Emoji, das Sie verwenden möchten, dort einzufügen (wie zuvor beschrieben) und es danach zu kopieren und einzufügen, wenn Sie eine Datei sichern oder umbenennen.

Doch obwohl OS X kein Problem damit hat, Emoji in Datei- und Ordnernamen zu verwenden, habe ich den Verdacht, dass dies in Zukunft Probleme verursachen kann. Sollten Sie beispielsweise eine Datei mit einem Windows- oder Linux-Rechner austauschen, wird der Dateiname so aussehen, als sei er beschädigt, obwohl es in meinem kurzen Test so schien, dass die Dateien noch immer korrekt geöffnet werden können.

291 | Schreiben Sie in TextEdit in fremden Sprachen, und überprüfen Sie die Rechtschreibung

Dies ist weniger ein Tipp als eine Beobachtung, doch es ist wissenswert. Wenn Sie in einer anderen Sprache als Deutsch zu schreiben beginnen, schaltet TextEdit automatisch sein Rechtschreibwörterbuch auf diese Sprache um. Beginnen Sie beispielsweise, auf Englisch zu schreiben, dann wird TextEdit alle Fehler in den englischen Wörtern, die Sie schreiben, unterstreichen. Führen Sie einen Sekundärklick auf ein falsch geschriebenes Wort aus, das rot unterstrichen ist, wird eine Liste mit englischen Wortvorschlägen zur Korrektur angeboten.

Beginnen Sie jedoch, auf Deutsch zu schreiben, wird TextEdit das ebenfalls bemerken und das Wörterbuch für diesen Teil des Dokuments auf Deutsch umschalten.

292 | Verwenden Sie Safari, während Sie im Recovery-System arbeiten

Wenn Sie ⌘+R gedrückt halten, bevor das Apple-Logo beim Startvorgang erscheint, dann booten Sie im Recovery-System. Dort können Sie Festplattenüberprüfungen durchführen, das System mithilfe von Time Machine wiederherstellen und sogar OS X neu installieren (siehe Tipp 226).

Sie können auch inoffiziell Programme starten, die in der Haupt-OS-X-Installation installiert sind, auch wenn dies nicht leicht ist. Vielleicht wollen Sie beispielsweise Safari starten, um wegen eines Problems, das Sie haben, zu recherchieren.

Während Sie im Recovery-System arbeiten, klicken Sie auf *Dienstprogramme → Terminal* und geben dann Folgendes ein:

/Applications/Safari.app/Contents/MacOS/Safari

Sobald Sie fertig sind, drücken Sie zweimal ⌘+Q, um Safari und das Terminalfenster, das es aufgerufen hat, zu beenden. Das führt Sie zurück zum Dialogfenster mit den üblichen Recovery-Optionen. Um den Rechner neu zu starten, klicken Sie auf das Apfelmenü und wählen den Eintrag *Neustart*.

293 | Ziehen Sie ohne Datenverlust von Windows auf den Mac um

Wenn Sie einen Mac für jemanden aufsetzen, der von einem Windows-Rechner umsteigt, dann öffnen Sie http://support.apple.com/kb/DL1415, um den *Windows Migration Assistant* herunterzuladen. Er läuft auf Windows und exportiert E-Mails von Outlook, Outlook Express, Windows Mail und Windows Live, dazu Kontakte, Kalender, die iTunes-Bibliothek, persönliche Dateien im Verzeichnis *Eigene Dateien*, Browser-Lesezeichen und Lokalisierungseinstellungen. Er überträgt die Daten auf einen Rechner mit OS X Lion über eine Netzwerkverbindung (entweder WLAN oder Ethernet), weshalb beide Rechner online und Teil desselben Netzwerks sein müssen.

Sobald das Windows-Programm gestartet wurde, sucht es im Netzwerk nach einem Mac-Rechner, der bereit ist, die Daten zu empfangen. Wenn der Mac bereits aufgesetzt wurde, starten Sie das Programm *Migrationsassistent* im Ordner *Dienstprogramme* des *Programme*-Ordners im Finder. Wenn der Mac noch nicht aufgesetzt wurde (also wenn er brandneu ist und noch nicht ein einziges Mal hochgefahren wurde), schalten Sie ihn ein und befolgen die Installationsschritte von OS X, bis Sie zum Fenster *Daten an diesen Mac übertragen* gelangen. Nun wählen Sie aus der Liste der möglichen Quellen *Von einem Windows PC*.

Egal welchen Weg Sie einschlagen, Sie werden aufgefordert, den Rechner, von dem Sie importieren wollen, zu bestätigen, und ein kurzer Zahlencode wird auf den Bildschirmen beider Rechner angezeigt, sodass Sie bestätigen können, dass es sich um den richtigen Rechner handelt.

Danach werden Sie auf dem Mac aufgefordert, die Art der Informationen auszuwählen, die Sie übertragen möchten. Ein Klick auf den Knopf *Fortfahren* sollte den Importprozess anstoßen.

Achten Sie darauf, den Windows-Rechner nicht zu schnell zu löschen, nachdem der Vorgang beendet ist. Überprüfen Sie zuerst, ob all Ihre Dateien übertragen wurden.

294 Erweitern Sie die Dateikenntnisse des QuickTime Player

In diesem Buch habe ich es größtenteils vermieden, Programme von Drittherstellern zu empfehlen, die Sie herunterladen können, doch hier sind zwei Ausnahmen: *Perian* und *Windows Media Components for QuickTime*.[20] Das sind Systemerweiterungen, die es Ihrem Rechner erlauben, praktisch alle Video- und Audioformate abzuspielen. Das ist notwendig, weil die Videoformat-Unterstützung von OS X nicht viel weiter reicht als bis zu seinen eigenen QuickTime-Formaten und Film-DVDs.

Sobald *Perian* installiert ist, wird es ein Einstellungsfeld in den Systemeinstellungen hinzufügen (*Apfelmenü → Systemeinstellungen*), über das Sie einige der Optionen für den Audio-Ausgang und so weiter konfigurieren können (obgleich das für gewöhnlich nicht nötig ist). *Windows Media Components for QuickTime* enthält ein besonderes Abspielprogramm, das im *Programme*-Ordner im Finder zugänglich ist. Doch Sie

---

20 http://perian.org und http://windows.microsoft.com/en-US/windows/products/windows-media-player/wmcomponents, in dieser Reihenfolge.

können es ignorieren, denn wie der Name verheißt, werden Sie nach der Installation sehen, dass der QuickTime Player mit Windows-Media-Dateien kompatibel ist.

Um alle Arten von Mediendateien abzuspielen, lassen viele den QuickTime Player völlig links liegen und verwenden stattdessen das Drittsteller-Programm *VLC*. Besuchen Sie http://www.videolan.org/ vlc/download-macosx.html für weitere Informationen.

295 Lesen Sie die Apple-Handbücher für Ihre Produkte

Es wird oft behauptet, dass Apple, von ein paar Broschüren abgesehen, keine Handbücher für seine Produkte herstellt. Wahr ist, dass das Unternehmen tatsächlich allerlei Arten von Dokumentation erstellt, einschließlich Handbücher. Apple legt sie nur nicht mit dem Produkt in die Verpackung.

Öffnen Sie http://support.apple.com/de_DE/manuals. Dort finden Sie verschiedene Arten von Dokumentation für Apple-Software- und -Hardware-Produkte, einschließlich OS X Lion.

Wenn Sie nur das Handbuch für Ihre Mac-Hardware lesen wollen, klicken Sie auf das Apfelmenü und danach auf *Über diesen Mac*. Klicken Sie in dem Dialogfenster, das daraufhin erscheint, auf den Knopf *Weitere Informationen*, und in dem neuen Programmfenster klicken Sie auf der rechten Seite auf den Knopf *Support*. Danach klicken Sie auf den Link *Benutzerhandbuch*.

296 Verwenden Sie an Ihrem Mac eine Tastatur, die nicht von Apple ist

Sie können normale PC-Tastaturen an Ihrem Mac verwenden. Doch meiner Erfahrung nach kommen die Sondertasten manchmal durcheinander.

Idealerweise sollte die „Windows-Taste" (also die Taste mit dem Windows-Logo) als ⌘-Taste fungieren, die auf echten Mac-Tastaturen eben dieses Symbol (⌘) trägt, während ⌥ und ctrl wie auf den Tastaturen beschrieben funktionieren sollten. Doch aus irgendeinem Grund werden ⌥ und ⌘ manchmal vertauscht.

Ja, es ist sehr verwirrend. Doch so können Sie das reparieren:

1. Öffnen Sie die Systemeinstellungen (*Apfelmenü → Systemeinstellungen*), und klicken Sie auf das Einstellungsfeld *Tastatur*. Vergewissern Sie sich, dass der Reiter *Tastatur* ausgewählt ist.

2. Klicken Sie den Knopf *Sondertasten*. Oben in dem Einblendfenster wählen Sie *Unbekannte externe Tastatur* aus der Aufklappliste neben *Tastatur auswählen*.

3. In der Aufklappliste neben der Wahltaste ⌥ wählen Sie ⌘ *Befehlstaste*.

4. In der Aufklappliste neben der Befehlstaste ⌘ wählen Sie ⌥ *Wahltaste*. Alles sollte so aussehen wie in Abbildung 45. Klicken Sie auf *OK*, und schließen Sie die Systemeinstellungen.

Die Änderungen werden sofort übernommen.

Abbildung 45: Die Sondertastenzuweisungen für eine PC-Tastatur ändern

297 Verbinden Sie sich bei der Anmeldung mit Netzwerkfreigaben

Wenn Sie in einem Büro arbeiten oder mehr als einen Rechner zu Hause haben, sind Sie vielleicht daran gewöhnt, Ordner über das Netzwerk freizugeben. Doch Sie werden auch wissen, dass Ihr Mac von Ihnen erwartet, dass Sie jedes Mal, wenn der Rechner hochfährt, eine neue Verbindung aufbauen. Das kann lästig sein.

Es ist möglich, sich automatisch beim Anmelden mit freigegebenen Ordnern zu verbinden, und das geht so:

1. Zuerst müssen Sie verbundene Server als Symbole auf dem Schreibtisch anzeigen. Dazu öffnen Sie den Finder und klicken auf das Anwendungsmenü und danach auf *Einstellungen*. Vergewissern Sie sich, dass der Reiter *Allgemein* ausgewählt ist, und setzen Sie unter der Überschrift *Diese Objekte auf dem Schreibtisch anzeigen* einen Haken vor *Verbundene Server*.

2. Sobald das erledigt ist, verbinden Sie sich mit dem freigegebenen Ordner, wenn Sie nicht bereits verbunden sind. (Normalerweise können Sie das durch einen Klick auf das Serversymbol unter der Überschrift *Freigaben* in der Seitenleiste eines Finder-Fensters erledigen, doch siehe Tipp 213, *Nehmen Sie zu freigegebenen Ordnern auf Servern Verbindung auf*, auf Seite 230). Setzen Sie unbedingt einen Haken vor die Option, das Kennwort im Schlüsselbund zu sichern.

3. Öffnen Sie nun die Systemeinstellungen (*Apfelmenü → Systemeinstellungen*), und klicken Sie das Einstellungsfeld *Benutzer & Gruppen* an. Entsperren Sie gegebenenfalls die Systemeinstellungen, indem Sie auf das Vorhängeschloss-Symbol klicken. Danach vergewissern Sie sich, dass auf der linken Seite Ihr Benutzerkonto ausgewählt ist. Klicken Sie rechts auf den Reiter *Anmeldeobjekte*.

4. Danach ziehen Sie einfach das Schreibtischsymbol des Servers in die Liste der Anmeldeobjekte. Beachten Sie, dass es nicht nötig ist, einen Haken vor den neuen Listeneintrag zu setzen – das wird nur dazu verwendet, um Anmeldeobjekte nach dem Start auszublenden, und das ist hier nicht relevant.

Und das war's schon! Wenn Sie die Schreibtischsymbole der Netzwerkverbindungen ausblenden wollen, können Sie die obigen Schritte wiederholen, die die Darstellung der Serversymbole auf dem Schreibtisch aktiviert hatten. Doch diesmal entfernen Sie den Haken vor *Verbundene Server*. Der Tipp funktioniert, ob sie angezeigt werden oder nicht – wir mussten sie nur sehen können, um die Anmeldeverknüpfung zu erstellen.

Wenn Sie irgendwann nicht mehr bei der Anmeldung eine Serververbindung aufbauen wollen, wiederholen Sie die Schritte einfach und entfernen den Servereintrag aus der Liste der Anmeldeobjekte für Ihr Benutzerkonto, indem Sie ihn auswählen und auf den Minus-Knopf links unter der Liste klicken.

298 Kehren Sie eine Dateiauswahl um

Dies ist ein nützlicher Trick, wenn Sie viele Dateien auf einmal auswählen müssen, außer einigen wenigen. Doch er funktioniert nur auf dem Schreibtisch oder in der Symbolansicht im Finder.

Beginnen Sie damit, die Dateien auszuwählen, die Sie *nicht* in Ihre Auswahl aufnehmen möchten. Das geht ganz einfach, indem Sie ⌘ gedrückt halten und sie anklicken. Danach halten Sie die Taste ⌘ gedrückt und verwenden die Maus, um alle Dateien mit einem Auswahlfeld auszuwählen. Sie werden merken, dass sich die Auswahl umkehrt – Dateien, die nicht ausgewählt waren, sind nun ausgewählt, und bei denjenigen, die ausgewählt waren, wird die Auswahl automatisch aufgehoben.

299 Öffnen Sie Duplikate von Dashboard-Widgets

Dieser Tipp kann für manche Benutzer offensichtlich, für andere jedoch umwerfend sein.

Sie sind nicht auf nur eine Instanz eines Dashboard-Widgets beschränkt. Mit anderen Worten: Sie könnten so viele Uhren im Dashboard anzeigen, wie Sie wollen, von denen jede die Zeit einer anderen Zeitzone anzeigt – ziehen Sie einfach wiederholt ein neues Weltzeituhr-Widget aus der Widgets-Auswahlleiste unten am Bildschirm.

Sie können auch mehrere Instanzen des Wetter-Widgets aktivieren, die das Wetter von verschiedenen Orten anzeigen, oder mehrere Versionen des Notizzettel-Widgets mit verschiedenenfarbigen Notizen.

300 Lassen Sie Filmszenen sekundenweise abfahren

Wenn Sie die kleine Raute, die die Abspielposition in der Zeitleiste des QuickTime Player anzeigt, anklicken, können Sie den angezeigten Film vorwärts und rückwärts fahren, was man *Scrubbing* nennt. Doch wenn Sie die Raute geklickt halten, ohne sie zu bewegen, sehen Sie weiße

Streifen in der Zeitleiste eingeblendet. Jeder dieser Streifen zeigt eine Sekunde an, und die gesamte Zeitleiste wird geändert, sodass sie jetzt zehn Sekunden repräsentiert. Wenn Sie nun die Raute ziehen, ist es Ihnen möglich, sich präzise durch den Film zu bewegen. Lassen Sie die Maustaste los, kehrt die Zeitleiste wieder zur normalen Ansicht zurück.

Steht der Film noch dazu auf Pause, kann die Bewegung durch das Drücken der Pfeiltasten nach links und rechts Bild für Bild bewegt werden. Halten Sie eine der Tasten gedrückt, läuft der Film in Zeitlupe ab.

301 Wandeln Sie eine Website in ein Programm um

Wenn Sie einfach auf ein Programmsymbol doppelklicken wollen, um eine Website auf Ihrem Schreibtisch zu öffnen, ganz ohne einen Webbrowser mit allen Schikanen, dann ist dieser Tipp etwas für Sie. Mit den folgenden Schritten wandeln Sie eine Website in ein Programm um:

1. Starten Sie das Programm *Automator*. Es liegt im *Programme*-Ordner im Finder.

2. Sobald Automator startet, wird ein Dialogfenster eingeblendet, in dem Sie die Art des Dokuments auswählen können. Doppelklicken Sie das Programmsymbol an – das Symbol ist ein Roboter. Wenn das Einblendfenster nicht erscheint, klicken Sie auf *Ablage → Neu*.

3. Scrollen Sie in der Liste der Aktionen unter dem Suchfeld *Name* nach unten, bis Sie den Eintrag *Angegebene URLs abfragen* finden. Führen Sie einen Doppelklick darauf aus, um ihn auf der rechten Seite des Fensters zu öffnen.

4. Unter der neuen Überschrift *Angegebene URLs abfragen* klicken Sie die Apple-Website-Adresse doppelt an und ersetzen sie durch die Website, die Ihr neues Programm besuchen soll, einschließlich des Bestandteils http://. Hinweis: Wenn Sie eine der Web-Apps von Google als Ziel angeben wollen, müssen Sie ans Ende der Adresse möglicherweise /?browserok=true anhängen. Mit anderen Worten: Etwas wie http://docs.google.com muss so lauten: http://docs.google.com/?browserok=true. Wenn Sie diese Anweisung an die URL anhängen, bewirkt sie, dass Google nicht überprüft, ob der Browser kompatibel ist, was Probleme verursachen kann.

5. Zurück in der Aktionsliste unter dem Suchfeld *Name* suchen Sie den Eintrag *Website-Pop-Up*. Er steht wahrscheinlich ganz unten in der Liste. Führen Sie auch darauf einen Doppelklick aus, um ihn zur rechten Fensterseite hinzuzufügen.

6. Unter der neuen Überschrift *Website Pop-Up* können Sie die meisten Einträge so lassen, wie sie sind. Doch in den Aufklapplisten *Site-Größe* und *User-Agent* können Sie entweder iPad oder iPhone auswählen, was nicht nur das Programmfenster auf die Größe eines iPad oder iPhone skaliert, sondern Sie auch auf die iPad- oder iPhone-Versionen einer Site zugreifen lässt. Diese sind oftmals für kleine Bildschirmgrößen optimiert, was sie ideal für unsere neue App macht.

7. Sobald Sie fertig sind, klicken Sie auf *Ablage → Sichern* und geben Ihrem neuen Programm einen Namen. Sobald das erledigt ist, können Sie *Automator* schließen. Das Programm ist nun gebrauchsfertig, also probieren Sie es mit einem Doppelklick aus.

Das neue Programmfenster hat Knöpfe für Abbrechen und OK unten rechts, und beide beenden das Programm. Sie können das Programm auch beenden, indem Sie das Zahnrad im rechten Teil der Menüleiste und den Schließknopf neben dem Eintrag Ihres Website-Programms anklicken.

Sie können das Programm zu jeder Zeit bearbeiten, indem Sie *Automator* erneut starten und Ihr Programm über das Dateimenü öffnen.

Sie können das Symbol Ihres neuen Programms so verändern, dass es sich leichter mit der Website identifizieren lässt, indem Sie Tipp 19 befolgen, *Gestalten Sie jedes Symbol persönlicher*, auf Seite 35.

Eine andere Möglichkeit, um Websites in einzelnen Programmfenstern auf Ihren Schreibtisch zu bekommen, besteht darin, einen Dashboard-Webclip der Website zu erstellen und dann Tipp 21 zu befolgen, *Dashboard-Widgets auf dem Schreibtisch verwenden*, auf Seite 37.

302 | Stellen Sie Videoclips online

Wollten Sie schon einmal schnell einen Videoclip auf Facebook oder YouTube stellen oder auf eine andere Website, die Sie Filme hochladen lässt? Auf einem Mac geht das ganz einfach. Laden Sie den Clip in den QuickTimePlayer, und trimmen Sie ihn wenn nötig, wie es in Tipp 127 beschrieben wird, *Bearbeiten Sie Filme im QuickTime Player*, auf Seite 155. Danach klicken Sie im Menü *Bereitstellen* den Eintrag für den Dienst an, den Sie nutzen möchten, und folgen den Anweisungen des Assistenten.

303 Erstellen Sie neue Ordner, wo Sie wollen

Möchten Sie einen neuen Ordner erstellen? Drücken Sie einfach ⇧+⌘+N. Das funktioniert auf dem Schreibtisch, in einem Finder-Fenster, in einem *Sichern-unter*-Dialogfenster und sogar in einem *Datei-öffnen*-Dialogfenster. Kurz: Praktisch überall, wo Sie mit Dateien in Kontakt kommen, sollte es funktionieren!

304 Verwenden Sie Übersicht (Quick Look), um Websites zu überfliegen

Kommen wir nun zu einer interessanten Weise, Webseiten anzuschauen, die für jene nützlich sein könnte, die öfter in Eile sind und nur die erste Seite von Websites überfliegen wollen, ohne zuvor Safari laden zu müssen.

Dazu sind einige Vorbereitungen nötig. Erstellen Sie einen neuen Ordner. Danach verwenden Sie Safari, um die erste der Websites zu besuchen, die Sie regelmäßig überfliegen wollen. Ziehen Sie das kleine Symbol direkt vor der Webadresse auf den neuen Ordner. Dadurch wird eine Web-Ortsdatei (engl. *web location file*) erstellt – ein dateibasiertes Lesezeichen für eine Site, die die Dateierweiterung .webloc besitzt. Wiederholen Sie das mit den anderen Websites, die Sie regelmäßig diagonal lesen wollen. Sie möchten vielleicht die Webloc-Dateien umbenennen, um sie leichter auf den ersten Blick erkennen zu können.

Die Vorbereitungen sind damit abgeschlossen. Um in Zukunft die Websites zu überfliegen, müssen Sie lediglich die erste Webloc-Datei in der Liste auswählen und danach die `Leertaste` drücken, um die Übersicht aufzurufen. Das Übersichtsfenster wird die Website laden, wobei es aussieht wie eine sehr abgemagerte Version von Safari. Sobald Sie mit dem Lesen fertig sind, klicken Sie auf die nächste Webloc-Datei. Sie öffnet sich daraufhin im Übersichtsfenster. So machen Sie weiter, bis Sie fertig sind, und dann drücken Sie die `Leertaste`, um das Übersichtsfenster zu schließen.

305 | Laden Sie Dateien von FTP-Servern, indem Sie den Finder verwenden

Der Finder verfügt über eine grundlegende FTP-Zugriff-Funktion. Sie können Dateien und Ordner auf einem FTP-Server durchsuchen und sie herunterladen, doch es ist nicht möglich, Dateien hochzuladen. Dafür benötigen Sie einen FTP-Client von einem Drittanbieter.

Um sich mit einem FTP-Server zu verbinden, öffnen Sie ein Finder-Fenster und klicken auf *Gehe zu → Mit Server verbinden*. In das Feld *Serveradresse* des Dialogfensters, das daraufhin erscheint, geben Sie ftp:// ein, gefolgt von der Adresse. Um beispielsweise zu dem Server in *ftp.nureinbeispiel.de* eine Verbindung aufzubauen, würde ich Folgendes eingeben:

ftp://ftp.nureinbeispiel.de

Danach klicken Sie auf den Knopf Verbinden. Sie werden nach Ihrem Benutzernamen und Kennwort gefragt, sobald Sie verbunden sind.

Das Protokoll, um sich an einem öffentlichen FTP-Server anzumelden, verlangt für gewöhnlich die Angabe von *anonymous* als Benutzername und Ihre E-Mail-Adresse als Kennwort.

Um die Verbindung zum Server zu trennen, schließen Sie einfach das Finder-Fenster.

306 | Stellen Sie die Feststelltaste ab

Einige Leute drücken bisweilen aus Versehen die Feststelltaste, während sie tippen. Unter OS X können Sie sie ausschalten, sodass das Drücken dieser Taste nichts bewirkt – noch nicht einmal die Feststell-Leuchte wird eingeschaltet. Dazu öffnen Sie die Systemeinstellungen (*Apfelmenü → Systemeinstellungen*) und klicken auf das Einstellungsfeld *Tastatur*. Vergewissern Sie sich, dass der Reiter *Tastatur* ausgewählt ist, und klicken Sie auf den Knopf *Sondertasten*. In der Aufklappliste neben *Feststelltaste* wählen Sie *Keine Aktion*. Die Änderung wird sofort übernommen.

Um die Feststelltaste zu einem späteren Zeitpunkt wieder zu aktivieren, wiederholen Sie einfach die Schritte, um auf das *Sondertasten*-Einblendfenster zuzugreifen, und wählen *Feststelltaste* aus der Aufklappliste *Feststelltaste*.

307 Aktivieren Sie die Hintergrundbeleuchtung

Wenn die Tastatur Ihres Mac eine Hintergrundbeleuchtung besitzt, können Sie diese mit den Sonderfunktionstasten angleichen (für gewöhnlich sind das die Funktionstasten F5 und F6, über den Tasten 5 und 6 der Tastatur). Doch manchmal lässt sich die Beleuchtung nicht aktivieren – Sie sehen dann ein „Verbot der Einfahrt"-Schild, wenn Sie die Sonderfunktionstasten drücken, ganz gleich, wie oft Sie sie drücken.

Keine Angst, es ist nichts kaputt. Es ist nur einfach so, dass Ihr Mac bemerkt hat, dass das Umgebungslicht im Zimmer hell genug ist, um Ihre Tastatur natürlich zu beleuchten, und dass daher die Hintergrundbeleuchtung nicht notwendig ist. Legen Sie Ihren Finger über die iSight/FaceTime-HD-Kamera über dem Bildschirm; das sollte Ihren Mac austricksen, sodass er meint, es sei dunkel. Dann sollte er es Ihnen wieder ermöglichen, die Tastaturbeleuchtung anzupassen.

Wenn Sie diese Verwirrung zukünftig vermeiden möchten, öffnen Sie die Systemeinstellungen (*Apfelmenü → Systemeinstellungen*) und klicken auf das Einstellungsfeld *Tastatur*. Vergewissern Sie sich, dass der Reiter *Tastatur* ausgewählt ist. Danach entfernen Sie den Haken vor *Tastatur bei schlechten Lichtverhältnissen automatisch beleuchten*. Sie sollten nun die Tastaturbeleuchtung unabhängig von den Umgebungsbedingungen einstellen können, doch bedenken Sie, dass die Verwendung der Tastaturbeleuchtung die Batterie schneller als sonst entlädt.

308 Erkennen Sie den Zustand Ihrer Batterie auf einen Blick

Dies ist ein Tipp für jeden, der einen Rechner der MacBook-Serie besitzt.

Wenn Sie ⌥ gedrückt halten und die Batterieladeanzeige oben rechts im Bildschirm anklicken, wird Ihnen der Zustand Ihrer Batterie gemeldet. Auf den meisten Macs lautet die Meldung „Normal", was bedeutet, dass die Batterie in gutem Zustand ist. Wenn Sie stattdessen *Bald ersetzen*, *Jetzt ersetzen* oder *Batterie warten* sehen, ist die Batterie wahrscheinlich defekt, und Sie sollten Ihren Rechner so bald wie möglich zur Reparatur bringen. Doch bevor Sie das tun, sollten Sie erwägen, den *System Management Controller* zurückzusetzen, wie in Tipp 81, *Setzen Sie die Hardware-Einstellungen Ihres Mac zurück*, auf Seite 106 beschrieben. Dadurch schließen Sie die Möglichkeit aus, dass der Status von einer verfälschten Systemeinstellung falsch berichtet wurde.

Um noch viel mehr Details über die Batterie zu sehen, klicken Sie das Apfelmenü an, halten ⌥ gedrückt und klicken auf den Menüeintrag *Systeminformationen*. In dem Fenster, das daraufhin erscheint, klicken Sie auf der linken Seite auf *Stromversorgung* und sehen sich dann auf der rechten Seite die Details unter der Überschrift *Batterie-Informationen* an.

309 Vergrößern Sie mit Leichtigkeit Bereiche von Fotos oder PDFs

Wenn Sie Fotos oder PDFs in *Vorschau* betrachten, verwenden Sie vielleicht die Vergrößerungsknöpfe in der Symbolleiste, um die Einzelheiten besser sehen zu können. Doch probieren Sie stattdessen Folgendes: Drücken Sie die Taste für den Akzent Gravis (⇧+`; links von der Löschtaste gelegen), und ein Vergrößerungsglas wird eingeblendet. Wenn Sie ein Multi-Touch-Trackpad besitzen, können Sie die Spreiz- und Kneifgeste verwenden, um mit dem Vergrößerungsglas ein- oder auszuzoomen. Alle anderen Benutzer können die Plus- und Bindestrichtasten verwenden (halten Sie gleichzeitig ⌘ gedrückt, um auch das Bild/Dokument zu zoomen). Das Vergrößerungsglas werden Sie wieder los, indem Sie einfach erneut die Gravis-Taste oder esc drücken.

310 Besorgen Sie sich ein unverfälschtes Bild von der Andromeda-Galaxie

Apple hat ein Bild von der Andromeda-Galaxie als Standard-Hintergrundbild von OS X Lion und für den Hintergrund von Time Machine ausgewählt. Allerdings haben die Apple-Designer eine Handvoll nahegelegener Sterne und sogar eine ganze Galaxie (M110) herausretuschiert, um das Bild hübscher zu machen. Wenn Sie ein unverfälschtes Bild der Galaxie als Schreibtischhintergrund haben möchten (nun gut, so unverfälscht wie astronomische Fotografien eben sein können, wenn man bedenkt, dass sie in der Regel zusammengesetzt werden), besuchen Sie http://www.robgendlerastropics.com/M31NMmosaic.html.

311 Starten Sie das Dock neu

Arbeitet das Dock auf Ihrem Mac nicht ordentlich, oder ist es defekt? Starten Sie Launchpad, und drücken Sie ⌘+D. Das beendet das Dock und startet es auf ähnliche Weise neu wie der Befehl killall Dock, der in vielen Tipps in diesem Buch verwendet wird.

312 Sagen Sie Ihrem Mac, was er tun soll

Diesen Tipp können wir unter der Kategorie „Innovative Funktionen, die schon vor einiger Zeit eingeführt wurden" ablegen.

Ihr Mac verfügt über mächtige Spracherkennungssoftware, und wenn sie Ihnen auch nicht erlaubt, Briefe zu diktieren, so lässt sie Sie doch Ihrem Mac auf Englisch sagen, was er tun soll, was Ihnen Schreibarbeit oder Mausbenutzung sparen kann. Natürlich benötigen Sie dazu einen Mac mit eingebautem Mikrofon, doch alle modernen mobilen Macs und iMacs haben eines.

Aktivieren Sie die Spracherkennung

Um die Spracherkennung zu aktivieren, öffnen Sie die Systemeinstellungen (*Apfelmenü* → *Systemeinstellungen*) und öffnen das Einstellungsfeld *Sprache*. Danach klicken Sie auf den Reiter *Spracherkennung* und klicken auf den runden Knopf *Ein* neben der Überschrift *Speakable Items*. Ein neues, kreisrundes schwebendes Fenster wird oben rechts auf dem Schreibtisch eingeblendet, damit Sie wissen, dass Ihr Mac auf Stimmeingabe wartet. Jetzt müssen Sie nur noch die Taste esc gedrückt halten und einen Befehl sprechen, wobei Sie esc wieder loslassen, wenn Sie fertig sind. Um zu erfahren, welche Kommandos Sie erteilen können, halten Sie esc gedrückt und sagen „Open speech commands window". Daraufhin sollte ein Fenster geöffnet werden, das alle Befehle zeigt, die standardmäßig erkannt werden.

Das Mikrofon kalibrieren

Sehr wahrscheinlich müssen Sie das Mikrofon kalibrieren, um die besten Resultate zu erzielen. Dazu klicken Sie auf den Knopf *Kalibrieren* unter dem Reiter *Spracherkennung* im Einstellungsfeld *Sprache* in den Systemeinstellungen. In dem Fenster, das daraufhin eingeblendet wird, ziehen Sie den Schieber unter dem Audiometer auf ungefähr 25 Prozent. Dann probieren Sie die neue Einstellung aus, indem Sie einige der Testsätze sprechen, die links im Fenster aufgelistet sind. Sie blinken auf, wenn sie erkannt wurden. Wenn keiner davon funktioniert oder die Resultate durchwachsen sind, versuchen Sie es damit, den Schieber nach links oder rechts zu ziehen. Beachten Sie, dass ich auf dem MacBook Pro, das ich zum Testen verwendet habe, den Schieber auf den ganz ersten Strich nahe der Aufschrift *Gering* ziehen musste, um durchgehend eine akkurate Spracherkennung zu erzielen, obwohl die Audiometeranzeige bei höheren Einstellungen einen vollkommen akzeptablen Eingang anzuzeigen schien (siehe Abbildung 46).

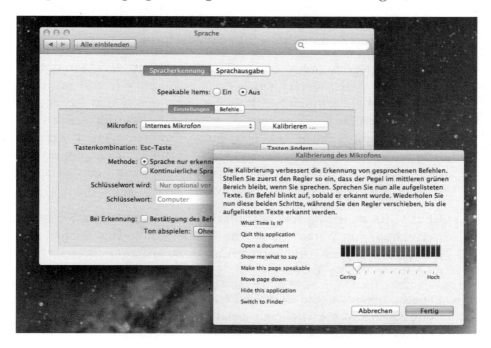

Abbildung 46: Die Spracherkennung kalibrieren

Spaß haben

Sagen Sie versuchsweise: „Tell me a joke." OS X kennt schon ein paar Witze, also versuchen Sie es mehrmals.

> **313** **Benutzen Sie drei Finger, und revolutionieren Sie Ihren Umgang mit dem Mac**

Wenn Ihr Mac über ein Multi-Touch-Trackpad verfügt, öffnen Sie die Systemeinstellungen (*Apfelmenü → Systemeinstellungen*) und klicken das Einstellungsfeld Trackpad an. Prüfen Sie, dass der Reiter *Zeigen und Klicken* ausgewählt ist, und setzen Sie dann einen Haken vor *Mit drei Fingern bewegen*.

Dies aktiviert mehrere nützliche Funktionen, und zwar folgende:

- Fenster gleiten lassen: Setzen Sie drei Finger auf das Trackpad, während der Mauszeiger über der Titelleiste eines Fensters ist, und bewegen Sie sie ein wenig. Dann lassen Sie zwei Finger ständig auf dem Trackpad und wischen mit einem benachbarten Finger – das Fenster wird ein Stück weit „gleiten". (Denken Sie an einen Puck auf einem Air-Hockey-Tisch oder an das Wischen einer Liste auf einem iPhone-/iPad-Bildschirm.)

- Dateien kopieren: Wenn Sie in Finder-Fenstern den Mauszeiger über einer Datei oder einem Ordner positionieren und mit drei Fingern ziehen, können Sie ihn sofort an einen neuen Ort kopieren (drücken Sie `esc`, um abzubrechen, falls Sie währenddessen Ihre Meinung ändern). Um über lange Entfernungen zu ziehen, heben Sie einen Finger an, sodass zwei Finger noch immer auf dem Trackpad liegen, und wischen mit dem Finger, um zu „gleiten". (Probieren Sie es aus, dann sehen Sie den Effekt.)

- Bilder aus dem Internet herunterladen: Positionieren Sie beim Betrachten von Webseiten die Maus über einem Bild, ziehen Sie es mit drei Fingern, und kopieren Sie es so auf Ihren Schreibtisch oder in ein Finder-Fenster.

- Fenster bewegen: Sie können Fenster bewegen, indem Sie den Mauszeiger auf die Titelleiste positionieren und mit drei Fingern auf dem Trackpad ziehen.

- Text auswählen: Sie können Text auswählen, indem Sie den Mauszeiger über einem Satz in einem Absatz positionieren, drei Finger auf das Trackpad setzen und ziehen. (Führen Sie einen Doppelklick auf das erste Wort aus, und ziehen Sie dann, um jeweils ganze Wörter auszuwählen.)

- In einer Liste auswählen: Ziehen Sie drei Finger über eine Dateiliste, und Sie können sie mit einem Auswahlfeld auswählen. Dasselbe gilt für das Ziehen mit drei Fingern in jeder anderen Liste in OS X, wie beispielsweise in der Liste *Eingang* in *Mail*.

Beachten Sie, dass die Dreifingergeste auf vier Finger umgeschaltet wird, wenn das Bewegen mit drei Fingern aktiviert ist – das Wischen mit vier Fingern nach links oder rechts wechselt Spaces, und wenn Sie mit vier Fingern aufwärts wischen wird Mission Control aktiviert.

314 Verwenden Sie AirDrop auch auf inkompatiblen Macs

AirDrop ermöglicht es Ihnen, Dateien zwischen kompatiblen Macs auszutauschen (siehe *OS X erforschen: AirDrop* auf Seite 70), doch wenn Sie eine verborgene Einstellung verändern, können auch manche Rechner, die Apple für inkompatibel erklärt, zum AirDrop-Netzwerk Kontakt aufnehmen (wobei allerdings auf allen Rechnern OS X Lion laufen muss).

Doch anders als herkömmliches AirDrop-Netzwerken – das Anwender Dateien austauschen lässt, selbst wenn sie sich in verschiedenen WLAN-Netzwerken befinden – wird AirDrop auf diese Weise nur funktionieren, wenn die Macs, zwischen denen Sie Dateien austauschen wollen, Teil desselben Netzwerks sind. Anders jedoch als mit dem normalen AirDrop, kann es hier entweder ein drahtgebundenes (Ethernet) oder WLAN-Netzwerk sein.

Es ist wichtig anzumerken, dass dies eine absolut inoffizielle Optimierung ist – vielleicht läuft es bei Ihnen perfekt, vielleicht läuft es aber auch überhaupt nicht. Versuchen Sie es einfach! Wenn es nicht funktioniert, deaktivieren Sie die Optimierung einfach wieder, wie es am Ende dieses Tipps beschrieben wird.

AirDrop auf inkompatiblen Macs aktivieren

Öffnen Sie ein Terminalfenster (*Finder* → *Programme* → *Dienstprogramme* → *Terminal*) auf dem Mac, der von AirDrop nicht unterstützt wird, und geben Sie Folgendes ein:

```
defaults write com.apple.NetworkBrowser BrowseAllInterfaces -int 1
```

Danach starten Sie den Rechner neu. Wiederholen Sie diese Optimierung auf jedem anderen Mac, auf den Sie Dateien über AirDrop übertragen möchten, *selbst wenn er bereits mit AirDrop kompatibel ist*. Starten Sie jeden Mac nach der Optimierung neu.

AirDrop auf inkompatiblen Macs verwenden

Sobald AirDrop auf allen betreffenden Rechnern aktiviert ist, sollte es exakt so funktionieren, wie es in *OS X Lion erforschen: AirDrop* auf Seite 70 beschrieben wird. Ziehen Sie die Dateien auf die Symbole der anderen Macs, die in der Radaransicht erscheinen, die eingeblendet wird, wenn AirDrop in einem Finder-Fenster ausgewählt ist. Deren Anwender können auch Dateien auf Ihr Symbol ziehen, um die Dateien an Sie zu übermitteln.

Es kann auch sein, dass manche Macs nicht auf Ihrem AirDrop-Radar erscheinen, obwohl Ihr Rechner auf dem Radar der anderen Macs erscheint. Sobald aber jemand eine Datei an Sie übermittelt hat, sollte dieser Mac sichtbar werden.

Bedenken Sie, dass der übliche AirDrop-Dienst absichtlich durch die Entfernung begrenzt ist, weil er dazu gedacht ist, Dateien mit denjenigen auszutauschen, die in Ihrer Nähe sind. Wenn Sie diese Optimierung aktivieren, wird AirDrop für jeden Mac im Netzwerk geöffnet, was in einer Büroumgebung ein gesamtes Gebäude sein kann – oder mehr.

Die AirDrop-Einstellung deaktivieren

Um diese Optimierung zu deaktivieren, öffnen Sie ein Terminalfenster und geben Folgendes ein, wonach Sie Ihren Rechner erneut neu starten müssen:

```
defaults delete com.apple.NetworkBrowser BrowseAllInterfaces
```

Vergessen Sie nicht, das auf allen Rechnern zu tun, auf denen Sie die Optimierung aktiviert haben.

315 Setzen Sie Ihr Mac-Abenteuer fort: Einige Programme, die Sie unbedingt haben müssen

In diesem Buch habe ich es absichtlich vermieden, Programme von Drittherstellern zu empfehlen. Es gibt ein paar Ausnahmen, bei denen Programme benötigt werden, um einen der seltenen Mängel in der

Funktionalität von OS X auszugleichen – ein Beispiel sehen Sie in Tipp 294, *Erweitern Sie die Dateikenntnisse des QuickTime Player*, auf Seite 295. Doch das ganze Buch hindurch wollte ich Sie dazu ermutigen, selbst Einstellungen vorzunehmen und auf das reichhaltige in OS X eingebaute Werkzeugsortiment zu vertrauen..

Abgesehen davon gibt es einige Add-in-Programme, die für viele Anwender ein Teil der Standardeinstellung des Mac sind. Ich habe ein paar davon aufgelistet. Wenn nichts anderes angegeben ist, sind die Programme kostenlos und können von den erwähnten Websites heruntergeladen werden.

- *Growl* (http://growl.info): Ergänzt OS X um ein einfaches Benachrichtigungssystem, damit Programme beispielsweise berichten können, wenn sie eine Aufgabe abgeschlossen haben. Plugins sind von vielen Programmen erhältlich, die mit OS X mitgeliefert werden, und viele Dritthersteller-Programme unterstützen Growl auch.

- *ClamXav* (http://www.clamxav.com): Ergänzt OS X um einen Virusscanner auf Abruf. Anders als andere Antivirenprogramme[21] bleibt ClamXav nicht im Speicher. Sie können es laufen lassen, um jede Datei zu scannen, die verdächtig aussieht, wie diejenigen, die Sie von einer weniger bekannten Website heruntergeladen haben. Erhältlich über den App Store.

- *Xcode* (http://developer.apple.com/technologies/tools): Apples eigene Programmierwerkzeugsammlung und integrierte Entwicklungsumgebung ist für jeden, der OS X Lion gekauft hat, kostenlos über den App Store erhältlich. Xcode ermöglicht es Ihnen, Programme für OS X und iOS zu entwickeln und sogar Dashboard-Widgets zu erstellen.

- *The Unarchiver* (http://wakaba.c3.cx/s/apps/unarchiver.html): Erweitert die Kenntnisse von OS X über komprimierte Dateiformate bedeutend, insbesondere die Fähigkeit, die Formate RAR, 7-zip und StuffIt zu entpacken.[22] Erhältlich über den App Store.

---

[21] Zum Beispiel *Sophos Anti-Virus for Mac Home Edition*: http://www.sophos.com/en-us/products/ free-tools/sophos-antivirus-for-mac-home-edition.aspx.

[22] Das offizielle Programm von den Schöpfern des StuffIt-Formats, StuffIt Expander, kann kostenlos aus dem App Store heruntergeladen werden.

- *Little Snitch* (http://www.obdev.at/products/littlesnitch/index.html): OS X verfügt bereits über eine mächtige Firewall, die Ihren Rechner vor ankommenden Verbindungen schützt, doch Little Snitch ergänzt OS X um ausgehenden Firewall-Schutz. So können Sie kontrollieren, welche Programme Zugang zum Internet haben und auf diese Weise Schadsoftware blockieren oder Software einfach davon abhalten, „nach Hause zu telefonieren". Little Snitch kann auf der Website des Autors gekauft werden.

- *Transmission* (http://www.transmissionbt.com): Es gibt eine Vielzahl von BitTorrent-Clients für OS X, doch dieser ist vielleicht der mit den meisten Funktionen und wird regelmäßig durch Updates mit neuen Funktionen versorgt.

- *Cyberduck* (http://cyberduck.ch): Ein Dateiübertragungsprogramm, das mit FTP, SFTP, WebDAV, Amazon S3, Google Storage (einschließlich Google Docs), Microsoft Azure und Rackspace Cloud Files umgehen kann. Kann über den App Store gekauft werden, doch es ist eine Donationware-Version zum Ausprobieren auf der Website erhältlich.

- *iWork* (http://www.apple.com/iwork): Die Apple-eigene Office-Suite, die aus Pages (Textverarbeitung), *Numbers* (Tabellenkalkulation) und *Keynote* (Präsentationen) besteht. Alle sind vollgepackt mit Funktionen samt leichter Anwendung und dem exzellenten Design, das von Apple-Produkten erwartet wird. Aber das vielleicht absolut Fantastische daran ist, dass die Programme zu 100 Prozent die Funktionen von OS X Lion integrieren wie *Versionen* und *iCloud*, und es gibt Versionen davon, die auch für das iPhone bzw. iPad erhältlich sind. Jede Komponente von iWork für OS X kann einzeln im App Store erworben werden, oder man kann in Apple Stores Paketversionen der Suite kaufen.

- *VMware Fusion* (http://www.vmware.com/products/fusion/overview.html): Erstellt virtuelle Rechner in einer Software, die es Ihnen ermöglicht, Microsoft Windows, Linux oder sogar zusätzliche Installationen von OS X Lion zu erstellen. *Fusion* ist nützlich, wenn Sie Windows-Software oder Spiele laufen lassen wollen, aber keinen hinreichenden Grund für eine vollständige BootCamp-Installation von Windows haben, und Sie können auch auf bereits vorbereitete Maschinen zugreifen, die bisweilen zum Download angeboten werden. VMware Fusion kann auf der VMware-Website erworben werden.

- *iTerm 2* (http://www.iterm2.com): Wenn Sie auf der Kommandozeile arbeiten, stoßen Sie vielleicht an Grenzen des in OS X eingebauten Terminalprogramms. iTerm 2 ist ein Ersatz von Drittherstellern, der viel mehr Funktionen samt erweiterter Kompatibilität beim Aufbau von Fernverbindungen anbietet.

- *Adium* (http://adium.im): Ein Instant-Messaging-Client, der so ziemlich jedes Chat-Protokoll unterstützt, das es gibt, und vollständig mit dem Adressbuch von OS X zusammenarbeitet.

Außerdem sollte angemerkt werden, dass die Hersteller der meisten großen Windows-Programme für gewöhnlich auch OS-X-Versionen produzieren. Es gibt beispielsweise eine Mac-Version von *Microsoft Office*[23] und Mac-Versionen von *Skype* und *Yahoo! Messenger* (siehe Abbildung 47).[24]

Abbildung 47: Das Mac-Abenteuer mit Programmen von Drittherstellern fortsetzen

---

23 http://www.microsoft.com/mac
24 http://www.skype.com/intl/en-us/get-skype/on-your-computer/macosx und http://messenger.yahoo.com/mac, in dieser Reihenfolge.

Außderdem finden Sie für gewöhnlich Mac-Versionen von großen Open-Source-Projekten wie *LibreOffice* und *Gimp*.[25]

Beachten Sie, dass einige Open-Source-Programme X11 verwenden, das auf allen OS-X-Lion-Systemen vorinstalliert ist und automatisch aktiviert wird, wenn das Programm läuft.

---

25 http://www.libreoffice.org und http://www.gimp.org/macintosh, in dieser Reihenfolge.

Index

A

abmelden und wieder anmelden 9
Adium 313
Adressbuch
    teilen 74
    Verknüpfungen erstellen 148
Adressen
    in Google Maps ansehen 112
AirDrop
    erforschen 69
Aliasdateien
    anlegen 53
    über 80
    Ziele ändern 255
Alles-beenden-Programm
    erstellen 242
An 55
Andromeda-Galaxie
    unverfälschtes Bild besorgen 305
Anhänge
    in E-Mails mit Übersicht (Quick Look) betrachten 179
animierte Übergänge
    in Zeitlupe zeigen 227
Anmeldebildschirm
    Hintergrundbild ändern 183
Anmeldeeinstellungen 133
    Infos ändern, die beim Hochfahren angezeigt werden 133

Ansichten
    im Finder zwischen A. umschalten 106
Anwendungsfensterkontrollen
    Verweise im Buch 9
Anwendungsmenüs
    auf versteckte Optionen zugreifen 118
    über 6
Apfelmenü 6
    über 6
App Exposé-Modus
    zwischen Programmen wechseln 42
App Store
    im A. eines anderen Landes stöbern 231
Apple 85
Apple Remote
    Startmenü anzeigen 134
Apple-Handbücher
    online zugreifen 296
Apple-Hardware
    Bezahlung fürs Recyceln 215
    Details überprüfen 149
    recyceln 215
Apple-Logo
    in den Text eingeben 31
Apple-Maus
    Sekundärklick ausführen 7–8
AppleScript
    erforschen 233

Archive
    plattformübergreifende
        verschlüsselte Dateiarchive
            erstellen 136
Audio
    wechseln zwischen Eingabe und
        Ausgabe 55
Aufnahme
    Medienaufnahme mit QuickTime
        Player 116
aufspringende Ordner
    Zeiteinstellung zum Öffnen
        verändern 144
Ausblendeffekte 17
    ausschalten 14
Auslassungszeichen (Ellipse)
    eingeben 31
Auswurftaste
    hinzufügen 117
automatisches Sichern
    erkunden 178
automatisches Umbenennen
    Dateien umbenennen 34
Automator 32–34
    Dateien umbenennen 32
    erforschen 253
    mehrere Dateien taggen 78

B

Batterien 46
    Leistung verlängern 46
    Zustand erkennen 304
Befehlszeile
    Arbeit an der B. sichern 232
    Unix-Befehlszeilen-Werkzeug cal
        verwenden 60
Belegfenster 188
Betriebssysteme
    beim Hochfahren auswählen 134
    Grundeinstellung vornehmen 278
Bilder 147
    als Symbole verwenden 35
    Anmeldbild zur Geltung
        bringen 119–120
    aus der Zwischenablage in Dateien
        umwandeln 147

aus Hintergrundfenster
    kopieren 194
Blitz ausschalten 176
Countdown ausschalten 176
Ordner mit
    Schreibtischhintergrundbildern
        ergänzen 39
PDF-Dateien B. hinzufügen 154
schnell per E-Mail versenden 208
sehen, wie groß B.
    wirklich sind 260
über Bildverarbeitungsprogramm
    einfügen 174
Bildschirm 149, 151–160
    Bildschirmfoto aufnehmen 158
    sperren aus
        Sicherheitsgründen 149
    zweiten B. zum Laufen bringen 157
Bildschirmanzeige
    bei strahlendem Sonnenschein
        arbeiten 280
    dunkel halten 47
Bildschirmfoto-Dienstprogramm
    verwenden 159
Bildschirmfotos 88–158, 160
    aufnehmen 158
    Einstellungen kontrollieren 88
Bildschirmfotoschatteneffekt 90
    loswerden 90
Bildschirmkopie
    in Zwischenablage 39
Bildschirmschoner 130–132
    als Schreibtischhintergrund
        verwenden 130
    Musik auswählen 49
Bildschirmschoner-Pakete
    Schreibtischhintergründe
        herausziehen 290
Bildschirmzoom 199
Bildverarbeitungsprogramm
    Bilder über B. einfügen 174
Blitz
    ausschalten 176
Bluetooth 47
    ausschalten 47
BMP-Dateiformat 89

C

Caches
  leeren 182–183
CDs
  steckengebliebene auswerfen 157
ClamXav 311
CMYK-Farbwerte 92
  sehen 92
Cover Flow
  iCal-Kalenderereignisse in C.
    darstellen 120
Curser *siehe* Einfügemarke
Cyberduck 312

D

Dashboard 128, 130
  ausschalten 252
  Hintergrund ersetzen 128
  Wetter-Widget durch die
    Wetterlagen wechseln 259
Dashboard und Mission Control 128
Dashboard-Widgets 37–39
  auf Schreibtisch verwenden 37
  Duplikate öffnen 299
  entfernen 226
  iCal-Widget verwenden 60
Dateidialogfenster
  ausschalten 15
Dateien 32–34, 51–53, 77–79, 83, 103–104,
  114–115, 126–127, 134–139, 143–144,
  174–176
  Auswahl umkehren 299
  automatisch umbenennen 34
  automatische Wiederherstellung
    beim Programmneustart
    deaktivieren 134
  einen sicheren Ort für persönliche
    D. anlegen 51
  Finder öffnen beim Sichern oder
    Öffnen 211
  Gesamtgröße mehrerer D. zeigen
    113
  im Übersicht-Vollbildmodus
    öffnen 221
  Infos auf dem Schreibtisch
    zeigen 82
  Liste erstellen 26
  mehrfache Auswahl zu neuem
    Ordner hinzufügen 226
  mit Übersicht an der
    Eingabeaufforderung eine
    Vorschau betrachten 185
  mit ZIP-komprimierten D.
    arbeiten 174
  mithilfe von Unix verstecken 86
  Möglichkeiten zum Schützen 127
  nach Dateiarten suchen 103
  nach mit Farbetiketten
    versehenen D. suchen 105
  nur Dateien sehen, die heute oder
    gestern erstellt wurden 194
  PDF verkleinern 83
  plattformübergreifende
    verschlüsselte Archive
    erstellen 136
  Projekte mit Farbetiketten
    verwalten 114
  schnell umbenennen 202
  Schreibtischverknüpfungen
    erstellen 80
  schützen 126
  Sicherung bestimmter D.
    verhindern 229
  Speicherort ändern 90
  Speicherorte finden 98, 143, 263
  Symbole anderer Dateien
    verwenden 37
  taggen 77
  taggen, um sie schneller
    zu finden 78
  Tastaturkurzbefehle zum
    Verschieben 143
  über AirDrop weitergeben 69
  umbenennen 202
  versteckte Dateien sehen 87
  voreingestellten Speicherort
    überschreiben 145
  während des Gebrauchs in
    zweitem Programm öffnen 152

Dateiformate 89
  alle Mediendateiarten
    abspielen 295
  Bildschirmfotoformat ändern 88
Dateiinfo
  Dateien schützen 127
Dateioperationen widerrufen 226
Dateisymbole 37
Daten
  von Windows zum Mac
    migrieren 294
Datenkompression 174, 176
  in den Griff bekommen 174
Definitionen
  Sekundärklick 140
Desktop-Macs 40–41
  in Schlaf versetzen 40
diakritische Zeichen 60–62
  eingeben 60
Dialogfenster
  Effekt ausschalten 14
  sofort schließen 279
  Übersicht in Öffnen- oder Sichern-
    D. verwenden 237
Dialogfenster Ausschalten
  Tastaturkurzbefehl zur Anzeige
    102
Dock 94–95, 162–163
  aktivieren über die Tastatur 147
  Ansicht auf dem Bildschirm
    ändern 223
  auf ganz winzige Größe
    verkleinern 94–95
  ausblenden 17
  ausgeblendete Programme
    anzeigen 227
  Benutzte-Objekte-Stapel
    hinzufügen 164
  bestimmte Einstellungsfenster
    hinzufügen 168
  Dateiorte finden 98
  Fenster ins D. verkleinern 171
  im Vollbildmodus 19
  iTunes-Titel anzeigen 13
  Kopie erstellen 99
  neu starten 306

  nur laufende Programme
    anzeigen 162
  Sekundärklick auf die
    Systemeinstellungen im D. 167
  verrücktspielen lassen 258
  von Grund auf neu erstellen 256
Dockstapel 81–180
  aktivieren 25
  Ansicht verstecken 96
  Benutzte Objekte hinzufügen 164
  Einträge mit Übersicht
    (Quick Look) anschauen 124
  Programmstapel in einen D.
    umwandeln 180
  Symbole beim Gebrauch
    hervorheben 81
  über 81
  verschiedene Animationen
    verwenden 262
Dokumente 65, 67, 105–111
  Links erstellen 62
  Programme dazu bringen, D. zu
    öffnen 110
  Textclips einfügen 85
  Vorlagen erstellen 65
  zusammenfassen 24
Dokumentfenster
  wechseln zwischen D. 201
Download-Quarantäne 142–143
  abstellen 142
Drag & Drop
  Drucken mithilfe von D. 103
  mitten in der Bewegung
    abbrechen 228
Druckdialogfenster 15
  ausschalten 15
Drucken
  aus dem Finder 99, 117
  mithilfe von Drag & Drop 103
Drucker 100–101
  einen Drucker-Pool im Netzwerk
    erstellen 100
Drucker-Pool 100–101
  im Netzwerk erstellen 100
Drucker-Warteliste
  Druckaufträge in der D.
    einsehen 109–110

Index ◀ 319

DS_store-Dateien
　die Erstellung in Netzwerken
　　verhindern 231
DVD-Disks
　Lion-Installationsdisk erstellen 71
DVDs
　steckengebliebene auswerfen 157

E

Einblendeffekte
　ausschalten 14–17
Einblendfenster 14
　einschalten 14
Einen 72
Einfrieren 73
　Erholung davon 73, 146
Einfügemarke (Cursor) 144–145
　bewegen beim seitenweisen
　　Blättern mit Tasten 144
Einschaltknopf
　Neustart erzwingen 146
Einsetzen von Text
　ohne Formatierung 239
Einstellungen-Dialogfenster
　Tastaturkurzbefehl zum Öffnen
　　281
Einstellungsfelder 171–172
　E. anderer Hersteller entfernen 172
　in Systemeinstellungen
　　entfernen 171, 173
Emacs Kommandozeilen-Editor
　Spiele als Teil von E. 285
E-Mails 148
　Adressverknüpfung erstellen 148
　beschleunigen 275
　Links zu Programmen senden 187
　mit Übersicht (Quick Look)
　　betrachten 179
　ohne Formatierung anschauen 270
　sichere Notizen erstellen 241
　stapelweise weiterleiten 289
　Text oder Bilder schnell
　　versenden 208
　Textkopie erstellen 246
　verrückte E-Mails erstellen 48–49

Emoji, japanische
　verwenden 292
Emoticons
　japanische Emoji verwenden 292
Ereignisse
　verkürzen 216
Etiketten 114–115
　Farbe für die Verwaltung von
　　Projektdateien verwenden 114
　nach Farben suchen 105
externe Bildschirme
　auf Nicht-Apple-Bildschirmen
　　Zeichensätze reparieren 29

F

FaceTime-HD-Kamera 176
Farbauswahl-Programm 90–93
　erstellen 90–91
Fenster
　beim Verkleinern zum Stehen
　　bringen 259
　inaktive Programmfenster
　　ausblenden 235
　offene F. verstecken 97
　skalieren 19
　von Space zu Space bewegen 42
Festplatten
　mobile F. verschlüsseln 23
　reparieren 141, 265–266
　Wiederherstellung 141
Festplattenprobleme
　beheben 265
　reparieren 266
Festplattenspeicherplatz
　Belegung durch welche Medien
　　anzeigen 287
　Menge freien F.es herausfinden 108
Feststelltaste
　ausschalten 303
FileVault 51, 135
Filme
　mit QuickTime Player bearbeiten
　　155–156
　schneller Rück- und Vorlauf
　　mithilfe des Trackpad 158
　sekundenweise abfahren 299

Tonspur herausziehen 237–238
verborgene Info anzeigen 103
Videoclips online stellen 301
Finder 75–76, 100, 179–180
   auf Systemeinstellungen
      zugreifen 100
   Auswurftaste hinzufügen 118
   beim Sichern oder Öffnen von
      Dateien F. öffnen 211
   darin verwendete Zeichensätze
      ändern 75
   Dateiauswahl umkehren 299
   Dateien und Ordner schnell
      öffnen 99
   Dock-Kopie erstellen 99
   drucken 99, 117
   Installationsdatei Mac OS X Lion
      Installation 71
   Scrollverhalten ändern 218
   Spaltenansicht verwenden 97
   Spaltengrößen verändern 98
   Symbolleisteneintrag
      entfernen 100
   Verknüpfungen in Dockstapel
      umwandeln 179
   vollständige Pfade in der Titelleiste
      anzeigen 88
   wissen, wo Sie darin sind 44–45
   Zeiteinstellung zum Öffnen
      verändern 144
   zum Launchpad hinzufügen 289
   zwischen verschiedenen Ansichten
      umschalten 106
FireWire-Festplatten
   verschlüsseln 23
Fotos 32–34
   automatisch umbenennen 32, 34
   verborgene Info anzeigen 102
freier Festplattenspeicherplatz
   Menge herausfinden 107
fremde Sprachen
   in TextEdit verwenden 293
FTP-Server
   konfigurieren 284
Funktionstasten 167
   auf Systemeinstellungen
      zugreifen 167

G

Garantieprüfer
   verwenden 149
Gedankenstriche
   eingeben 31
GIF-Dateiformat 89
Google
   ausgewählten Text googeln 261
   sofort suchen 119
Google Maps
   Kontakte ansehen in G. 112
Grammatikprüfung
   bei der Eingabe aktivieren 221
   schlechte Grammatik
      korrigieren 222
Growl 310–311

H

Handbuchseite (man page)
   am Prompt sehen 161
handgemalte Zeichnungen
   in PDF-Dateien einfügen 224
Hardware
   Apple-H. recyceln 215
   Details über Apple-H.
      überprüfen 149
   zurücksetzen 106
Hauptmenü
   über 6
Herunterfahren
   Tastaturkurzbefehl für
      sofortiges H. 102
Hintergrund
   Effekt ändern 45
   Unschärfe verändern 46
Hintergrundbild 128–129
   Anmeldebildschirm-H. ändern 183
   ersetzen 128
   kleine Vorschaubilder
      vergrößern 281
   unverfälschtes Bild der
      Andromeda-Galaxie
      besorgen 305
Hintergrundeffekt
   in Launchpad 45

hochfahren
    startende Programme
        kontrollieren 63

I

iCal 60
    Ereigniszeiten verkürzen 216
    Kalenderereignisse in Cover-
        Flow-Ansicht darstellen 120
    Widgets 60
iCloud
    entdecken 108
Infofenster für mehrere Dateien 113
Installationsdatei Mac OS X Lion
    Installation 71
iPhone
    Sprachsynthese des Mac auf iPh.
        hinunterladen 216
iPod
    Sprachsynthese des Mac auf iP.
        hinunterladen 216
iSight 176
iTerm 2 313
iTunes
    Sounddateien mit iT. ins AIFF-
        Format konvertieren 206
    Sprachsynthese des Mac in Track
        für iT. umwandeln 216
    Titel im Dock anzeigen 13
    visuelle Effekte ändern 288
iWork 312

J

JPEG-Dateiformat 89

K

Kalender
    Ereigniszeiten verkürzen 216
    iCal-Kalenderereignisse in Cover-
        Flow-Ansicht darstellen 120
    schnell einsehen 59
Kamera
    Anmeldebild zur Geltung
        bringen 119–120
    Blitz ausschalten 176
    Countdown ausschalten 176
Kennwort 23, 52–53
    PDF-Dateien verschlüsseln 154
    Ruhezustand ermöglichen 150
    zerbrochenes K. reparieren 170
    Zugang zu vergessenem K. 109
Klangquelle
    beim Aufnehmen von Screencasts
        auswählen 116
Kommandozeile
    Gebrauch 5
    Sichern-Dialogfenster
        verwenden 279
    Spiele als Teil des Texteditors
        Emacs 285
    Terminalfenster während der
        Findernavigation öffnen 185
Kontakte
    aus dem Adressbuch
        exportieren 74
    in Google Maps ansehen 112
Kopieren von Text
    ohne Formatierung 239

L

Launchpad 45–46
    erscheinen und verschwinden
        lassen 16–17
    Finder hinzufügen 289
    optische Effekte optimieren 45
    zu einem persönlich gestalteten
        Programmstarter machen 56
Lautstärke
    ultraleise machen 124
Leseliste
    verwenden 214
Library
    dauerhaft wiederherstellen 80
    schnell einsehen 80
Links
    in Dokumenten erstellen 62

Linux
    Mac für L.-Anwender 152
    verbinden mit L. 192
Listenmodus 95–96
    Stapelanzeige ändern 95
Little Snitch 312

M

MacBooks 40–41, 46
    aufwachen, sobald das
        Stromkabel angeschlossen
        wird 248
    in Tiefschlaf versetzen 40
    Time-Machine-Backups erstellen
        ohne angeschlossene
        Festplatte 93
    Zustand der Batterie erkennen 304
Macs 88
Mac-Tastatur Modustasten
    Verweise im Buch 10–11
Mac-Wörterbuch
    Einträge korrigieren 123
Magic Mouse 7, 26
    Scrollen mit Nachlauf
        ausschalten 27
    Stapel im Dock aktivieren 25
    über 7
    umgekehrte Scrollrichtung
        abschalten 26
Mathematik 112–113
    allgemein übliche Zeichen
        eingeben 31
Maus 26
    horizontal scrollen mit PC-Maus 28
    Ruhezustand aktivieren 151
Mauszeiger
    vergrößern 121
MemTest86 67
Menüleiste
    Auswurftaste hinzufügen 117
Menüleistensymbole
    neu anordnen 256
Menüzeile
    im Vollbildmodus einblenden 19

Microsoft Windows
    als Standardbetriebssystem
        festlegen 278
    Daten zum Mac migrieren 294
Mighty Mouse 7
Mikrofon
    für die Spracherkennung
        kalibrieren 307
Mission Control 128–130, 165–166
    aktivieren 42
    App Exposé-Modus in 42
    drücken und gedrückt halten 59
    erforschen 36
    Fenster bewegen 42
    Hintergrund ersetzen 128
    Programmfensterstapel
        auflösen 43
    über 41
    Übersichtsfenster in 41
    Zoom ausschalten 15
mobile Macs
    aufwachen, sobald das
        Stromkabel angeschlossen
        wird 248
    Bildschirmanzeige ändern, um bei
        strahlendem Sonnenschein zu
        arbeiten 280
    Bildschirme dunkel halten 47
    Drahtlosnetzwerke ausschalten 47
    Tastaturbeleuchtung
        abschalten 47
    Time-Machine-Backups erstellen
        ohne angeschlossene
        Festplatte 93
    Zustand der Batterie erkennen 304

N

Netzwerk
    Probleme diagnostizieren 271–272
Netzwerkdienstprogramm 271–272
Netzwerke 101
    die Erstellung von DS_store-
        Dateien verhindern 231
    Drucker-Pool anlegen 101

Neustart
  erzwingen 146
  Tastaturkurzbefehl für sofortigen N. 102
Notebooks
  in Tiefschlaf zum Stromsparen 40
Notizzettel 241
Nur-lesen-Ordner
  beim Zugriff erkennen 208

O

optische Effekte
  aus Anmeldebild
    anwenden 119–120
    ausschalten 14–17
  Dockstapel damit versehen 81
Ordner 78, 114–115, 126–127
  anlegen 226, 302
  Indizierung erzwingen 204
  nach mit Farbetiketten
    versehenen O. suchen 105
  Pfad zu aktuell angezeigten O.
    finden 44–45
  schnell umbenennen 202
  schützen 126
  Zugriff auf Nur-lesen-O.
    erkennen 208
Ordnernamen
  Liste erstellen 26

P

Papierkorb 35
  leeren 34–35
  sicher entleeren 35
Parameter-RAM (PRAM)
  zurücksetzen 107
Passwörter
  USB-Speichersticks
    verschlüsseln 21–22
PC-Maus
  horizontal scrollen 28
PC-Tastaturen
  am Mac verwenden 296–297

PDF-Dateien 83, 153
  Anmerkungen hinzufügen 153
  Bilder hinzufügen 154
  Format 89
  große P. verkleinern 83
  Handgemaltes einfügen 224
  handgeschriebene Unterschriften
    hinzufügen 274
  mit Kennwort schützen 154
  schneller machen 173
  Seitenanzahl von P. erkennen 213
  Webseiten als P. sichern 214
  zusammenfügen 154
Perian
  für Video- und
    Audiodateiformate 295
Plugins
  Übersicht (Quick Look) 261
PNG-Dateiformat 89
Podcast-Publisher
  Podcasts erstellen und
    verteilen 211
Podcasts
  mit QuickTime Player
    aufnehmen 115
PRAM (Parameter-RAM)
  zurücksetzen 107
Pre-Compiled Bootable ISO
  über 68
Programme 121–123, 134–136
  Alles-beenden-Programm
    erstellen 242
  ausgeblendete Dockprogramme
    anzeigen 227
  automatische
    Dateiwiederherstellung beim
    Neustart deaktivieren 134
  Dateien schützen 127
  kontrollieren beim Hochfahren 63
  Link zu P. senden 187
  mit Tastaturkurzbefehlen
    ausblenden oder beenden 123
  mit Tastaturkurzbefehlen
    umschalten 121
  Schreibtisch ausblenden 169
  vergrößern, dass sie den
    Schreibtisch füllen 276

Programmfenster
    inaktive P. ausblenden 235
    Vorschau mit Tastatur-
        kurzbefehlen ansehen 122
Programminstallations-DVD 67
Programmstapel
    in Stapel umwandeln 180
Programmstarter auf dem
    Schreibtisch anlegen 163
Programmsymbole 125
Projekte 114–115
Proxysymbol (Stellvertretersymbol)
    Verknüpfungen mit P. erstellen 80
Prozessor (CPU)
    Auslastung und Aktivität
        überwachen 64
    Stresstest 76–77

Q

Quarantäne 142–143
    abstellen 142
Quick Look (Übersicht) 96
    an der Eingabeaufforderung
        verwenden 185
    Dateien im Vollbildmodus
        öffnen 221
    Dateien öffnen 96
    Dockstapeleinträge anschauen 124
    Druckaufträge in der Warteliste
        einsehen 110
    E-Mails betrachten 179
    in Mission Control 96
    in Öffnen- oder Sichern-
        Dialogfenstern verwenden 237
    Plugins 261
    Text im Übersichtsfenster
        auswählen 18
    über 16
    vCard 74
    Websites mit Q. überfliegen 302
QuickTime Player
    Dateikenntnisse erweitern 295
    Filme bearbeiten 155–156
    Filme sekundenweise abfahren 299
    für die Medienaufnahme
        verwenden 115

R

RAM 67–69
    aufrüsten 243–244
    testen 67–68
RDP (Remote Desktop Protocol)
    für die Bildschirmfreigabe 192
Rechnen
    sofort ausführen 112
Rechner 113
    Ergebnisse kopieren und
        einfügen 188
    mit Belegfenster verwenden 189
    Spotlight als R. verwenden 113
Rechtschreibkontrolle
    Einträge im Wörterbuch
        korrigieren 123
    TextEdit für fremde Sprachen
        verwenden 293
Recovery-System
    Safari verwenden 294
Remote Desktop Protocol (RDP)
    für die Bildschirmfreigabe 192
RGB-Farbwerte 92
    sehen 92
Rollbalken
    immer anzeigen 27
    zu einer anderen Stelle springen 28
root-Benutzer
    aktivieren 246–247
Ruhezustand
    kennwortgeschützt
        ermöglichen 150
    mit Maus aktivieren 151
    Tastaturkurzbefehl für
        sofortigen 102
    verhindern 67

S

Safari
    Dateien herunterladen 195
    einen größeren Suchbereich
        erhalten 188
    Fenster im Vollbildmodus
        verkleinern 189

im Recovery-System
    verwenden 294
  in Websites forschen mithilfe
    von S. 283
Schieberegler für die Größe der
  Zusammenfassung 24
Schlüsselbundverwaltung
  Bildschirm sperren 150
  reparieren 170
Schreibtisch 168–169
  heranzoomen 199
  mithilfe von Tastenkombinationen
    darauf bewegen 147
  Programme so vergrößern,
    dass sie den S. füllen 276
  über Sonderfunktionstaste
    einblenden 185
Schreibtischbild
  Speicherort des derzeitigen 23
Schreibtischhintergrund 130–132
  aus Bildschirmschoner-Paketen
    ziehen 290
  Bilderordner ergänzen für 39
  Bildschirmschoner verwenden 130
Schreibtischsymbole
  beim Ziehen ausrichten 227
Schreibtisch-Vorschaubild
  Fenster darauf ziehen 42
schwungvolles Scrollen
  ausschalten 27–28
Screencasts
  mit QuickTime Player
    aufnehmen 115–116
Screenshots *siehe* Bildschirmfotos
Scrollen 28
  abbremsen 28
  Finderverhalten ändern 218
  Nachlauf ausschalten 27
  richtig beherrschen 26
Scrollen mit Nachlauf 28
Sekundärklick
  mit zwei Fingern 234
SFTP
  mit Rechnern über S.
    verbinden 284
Sicherheit 149–151
  Bildschirm sperren 149

FileVault verwenden 135
Sichern-Dialogfenster
  erweiterte Ansicht als Standard
    einstellen 220
  Übersicht verwenden 237
  von der Kommandozeile aus
    verwenden 279
Sichern-unter-Dialogfenster
  Tastaturkurzbefehle zum
    Navigieren 280
Sie 44, 70, 96
Sobald 54
Sofort beenden (Menüeintrag) 146
Software
  Updates ignorieren 160
Sonderfunktionstasten
  Verknüpfungen 181
  Ziffernblock für Verknüpfungen
    verwenden 181
Spaces
  Geste fürs Umschalten zum
    vorherigen Space 262
  Schreibtisch-Space durch
    Anschubsen wechseln 20
Spalten
  Größen verändern 98
Speicher 67–69
  testen 67–68
Spezialeffekte
  auf Bilder anwenden 48
Spiele
  als Teil von Kommandozeilen-
    Editor Emacs 285
Spotlight 103–105, 113
  auf Systemeinstellungen
    zugreifen 167
  ausschalten 252
  Dateiorte finden 98
  erforschen 50
  Ergebnisse für bestimmte Tage
    anzeigen 105
  Ergebnisse in Programmen
    öffnen 59
  mathematische Berechnungen mit
    S. durchführen 113
  nach Dateiarten suchen 103

nach dem Autor eines Dokuments
    suchen 105
nach mit Farbetiketten
    versehenen Dateien suchen 105
Suchaufträge sichern 111
Wörter bestimmen, nach denen
    nicht gesucht werden soll 105
Wörter nachschlagen 140
zwischen Kategorien wechseln in
    S. 256
Spracherkennungssoftware 307
Sprachsynthesizer
    zum Vorlesen und Aufnehmen
    verwenden 216
SSH
    Dienst starten 284
Stapel 81–82, 95–96, 179–180
    Ansichtsmodi 95
    Anzeige verstecken 95
    die Programmliste in einen S.
        umwandeln 180
    Einträge mit Übersicht (Quick
        Look) anschauen 124
    Finderverknüpfungen in S.
        umwandeln 179
    im Dock aktivieren 25
    Symbole beim Gebrauch
        hervorheben 81
    über 81
    verschiedene Animationen
        verwenden 262
startfähige Disks
    Lion-Installationsdisk erstellen 71
Startmenü
    mit der Apple Remote anzeigen 134
Startvorgang
    langsamen beschleunigen 44
Startvorgang beschleunigen
    boot-up 44
Stresstest 76–77
    Prozessorfehler finden 76
Strom sparen 40–41
    Notebooks in Tiefschlaf v
        ersetzen 40

suchen 78–79, 177–179
    Dateien taggen, um sie schneller
        zu finden 78
    Ergebnisse besser sichtbar
        machen 177
    gesicherte Suchaufträge ansehen
        und verwenden 112
    sofort mit Google s. 119
Symbole 35–37, 82, 125
    auf der Symbolleiste neu
        anordnen 84
    hervorheben beim Gebrauch von
        Stapeln 81–82
    in voller Auflösung betrachten 126
    personalisieren 35
    Programmsymbole, wie man sie
        aus nächster Nähe
        betrachtet 125
    wie man sie aus nächster Nähe
        betrachtet 125
Symbole für Warenzeichen
    eingeben 32
Symbole und Zeichen 30–31
    allgemein übliche eingeben 30
Symbolleiste
    Symbole neu anordnen 84
Symbolleisteneintrag 100
    entfernen 100
sysdiagnose
    technische Informationen
        festhalten 278
System Management
    Controller (SMC)
    zurücksetzen 106–107
Systemabstürze 73, 76–77
    Erholung davon 73, 76, 146
Systemeinstellungen 167–168, 171–172,
    174–176
    Einstellungsfelder
        entfernen 171, 173
    schneller Zugriff auf S. 167
    zu ZIP-Dateien hinzufügen 174
    Zugriff 100
Systemmenüs
    auf versteckte Optionen
        zugreifen 118

T

Tabs
  abreißen 267
  schnell wechseln 281
Tastaturbeleuchtung
  ausschalten 47
Tastaturen
  PC-T. am Mac verwenden 296–297
Tastaturfunktionen
  alle nutzen 29
Tastaturkurzbefehle 18, 30–31, 122–123, 143–144
  auf dem Schreibtisch bewegen 147
  ausgewählten Text googeln 261
  Bildschirm sperren 150
  Bildschirmfoto aufnehmen 158
  das Dialogfenster Ausschalten anzeigen 102
  Dateien verschieben 143
  Dateioperationen widerrufen 226
  Dateiorte finden 98
  Einstellungen-Dialogfenster öffnen 281
  im Finder auf Spaltenansicht zugreifen 97
  navigieren in Sichern-unter-Dialogfenstern 280
  navigieren mit 42
  Notizzettel erstellen 210
  offene Programmfenster ins Dock schicken 97
  Programme starten 18
  Ruhezustand 102
  Schriftstil von Text kopieren 254
  sofort beenden 146
  sofort herunterfahren 102
  sofort neu starten 102
  Standardeinstellungen wiederherstellen 12
  Symbole und Zeichen eingeben 30
  Tabs erstellen 267
  Tabs schnell wechseln 281
  Versionsnummer von Programmen finden 37
  Wörter nachschlagen 140
  zu einer bestimmten Zeilennummer in TextEdit springen 289
  zum Speichern von Bildschirmkopien in der Zwischenablage 39
  zwischen Programmen umschalten 122
Tastenwiederholung
  einschalten 84
technische Informationen
  festhalten 278
Terminal
  zeichnen Sie Ihre Arbeit im T. auf 232
Terminalfenster
  während der Findernavigation öffnen 185
Text 30–31
  aus Hintergrundfenster kopieren 194
  ausgewählten T. googeln 261
  auswählen 176
  kopieren und einsetzen ohne Formatierung 239
  schnell per E-Mail versenden 208
  Schnipsel erstellen 85
  Schriftstil von T. kopieren 254
  Symbole und Zeichen eingeben 30
  Textbausteine erstellen 65
  Textkopien von E-Mails erstellen 246
  zusammenfassen 24
TextEdit 57–58, 177–179
  Adressbuch-Verknüpfungen erstellen 148
  für fremde Sprachen verwenden 293
  Suchergebnisse besser sichtbar machen 177
  Wortzählung hinzufügen 57
  zu einer bestimmten Zeilennummer springen 289
Textersetzungseinträge 66–67
  erstellen und verwenden 66
Thunderbolt-Festplatten
  verschlüsseln 23

Tiefschlaf 40–41
    MacBook versetzen in 40
TIFF-Dateiformat 89
Time-Machine-Backups 93–94
    Dateien aus dem Backup
        löschen 229
    erforschen 203
    erstellen ohne angeschlossene
        Festplatte 93
    Frage abstellen, neue Festplatten
        für T. zu verwenden 204
    Papierkorb leeren 34
    Sicherung bestimmter Daten
        verhindern 229
    weniger oft erstellen 200
Time-Machine-Hintergrund
    unverfälschtes Bild besorgen 305
Ton
    Audiodateien mit iT. ins AIFF-
        Format konvertieren 206
Trackpad
    Programmfensterstapel
        auflösen 43
    schneller Rück- und Vorlauf bei
        Filmen 158
    Scrollen mit Nachlauf
        ausschalten 27
    Sekundärklick ausführen 7–8
    Stapel im Dock aktivieren 25
    umgekehrte Scrollrichtung
        abschalten 27
Transmission 312
TrueCrypt 136–139

U

Über diesen Mac
    Plattenspeicherbelegung nach
        Medien geordnet sehen 287
Übergangseffekte
    neue hinzufügen 46
Übersichtsfenster in Mission Control 41
Übersichtsfenster (Quick Look)
    Erscheinen verhindern 14–15
Um 69
umgekehrte Scrollrichtung
    abschalten 26

Unarchiver 311
Unix
    Befehlszeilen-Werkzeug
        verwenden 60
    Dateien verstecken 86
    Mac für U.-Anwender 152
USB-Festplatten, mobile
    verschlüsseln 23
USB-Speichersticks 23, 71–72
    Lion-Installationsstick
        erstellen 71–72
    mit Passwort schützen 21
USB-Verbindungen 101
    Drucker freigeben 101

V

vergrößern
    Dock 171
verkleinerte Programmfenster
    mit Tastaturkurzbefehlen
        wiederherstellen 122
Verknüpfungen 179–181
    Finder, in Dockstapel
        umwandeln 179
    von Dateien auf dem Schreibtisch
        erstellen 80
    Ziffernblock für
        Sonderfunktionstasten
        nutzen 180
verschlüsselte Archive 51–53, 136, 139
    anlegen 51
Versionen
    erkunden 178
Versionsnummern von Programmen
    finden 37
Virtual Network Computing (VNC) für
    die Bildschirmfreigabe 192
VMware Fusion 312
Vollbildmodus
    in Übersicht öffnen 221
    Menüzeile und Dock
        einblenden in 19
    Safari im V. verkleinern 189
Vorlagen 65
    erstellen und verwenden 65

Vorlesen
	Sprachsynthesizer verwenden 216
Vorschau
	Bildschirmfotofunktion verwenden 159
	sehen, wie groß ein Bild wirklich ist 259

W

Währungssymbole
	in den Text eingeben 30–31
WebDAV-Server
	Verbindung aufnehmen 231
Webseiten
	auf Disk sichern 214
	mit Übersicht (Quick Look) in E-Mails betrachten 179
Websites
	überfliegen 302
	zur Homepage navigieren mithilfe von Safari 283
Wetter-Widget
	durch die Wetterlagen wechseln 259
Widgets 37
	auf Schreibtisch verwenden 37
	aus dem Dashboard entfernen 226
	Duplikate öffnen 299
	iCal 60
	Wetter 259
WiFi 47
	ausschalten 47
Windows
	als Standardbetriebssystem festlegen 278
	Daten zum Mac migrieren 294
Windows Media Components for QuickTime
	für Video- und Audiodateiformate 295
Windows-PCs
	verbinden mit W. 192

Windows-Programme
	Mac-Versionen von W. 313
Witze
	OS X W. erzählen lassen 307
WLAN
	Verbindungsdetails sehen 54–55
Wörter 140–141, 161–162
	automatisch vervollständigen 161–162
	nachschlagen 140–141
Wörter automatisch vervollständigen 161–162
Wörterbuch
	Einträge korrigieren 123

X

Xcode 311
	Entwickler-Werkzeugsammlung 48
Xsan-Cluster-Dateisystem 85

Z

Zeichen und Symbole 30
Zeichensätze 29
	auf externen Nicht-Apple-Bildschirmen reparieren 29
	ein Schriftmusterdokument erstellen 161
	Stil von Text kopieren 254
Zeigegeräte
	Scrollen mit Nachlauf ausschalten 28
Zeiger
	vergrößern 121
ZIP-Dateien 174, 176
	arbeiten mit Z. 174
Zoom, Bildschirm 199
Zwei-Finger-Scrollgeste
	abschalten 26
Zwischenablage-Bilder 147

Digitaler Lifestyle

iPad: Das Missing Manual

J. D. Biersdorfer, 336 Seiten, 2010, 19,90 €
ISBN 978-3-89721-655-6

Ist es ein großer iPod oder eher ein schlanker Tablet PC? Egal: Das iPad hat ganz neu definiert, wie ein Gerät heutzutage aussehen muss, das persönlicher Begleiter für alle Lebenslagen sein will. Ob man nun E-Books lesen, Musik hören, Filme gucken, Mails lesen und schreiben, spielen, im Web surfen oder vielleicht sogar ein bisschen arbeiten möchte: Das iPad ist ein echter Allrounder – wenn man weiß, wie's geht und wie man das Beste aus seinem eleganten Schätzchen holt! Zum Glück zeigt die Apple-Expertin und New York Times-Kolumnistin Jude Biersdorfer in diesem Missing Manual alle Kniffe und Tricks, die auch Sie zum iPad-Profi machen.

iPhone 4S: Das Missing Manual, 5. Auflage

David Pogue, 560 Seiten, 2012, 29,90 €
ISBN 978-3-86899-230-4

Das iPhone ist ein Meisterwerk in Sachen Design, Eleganz und Funktionalität. Das neue iPhone 4S bietet viele interessante neue Features, die den Umfang des Missing Manuals beträchtlich anwachsen lassen. Hierzu zählen die Spracherkennung Siri, ein leistungsstärkerer Prozessor, eine bessere Kamera, deutlich mehr Speicherplatz und die iCloud, mit der sich Inhalte ganz einfach speichern und drahtlos auf andere Geräte schicken lassen. Wer mehr darüber wissen will, ist bei David Pogue wie immer in den besten Händen. Er erklärt alles Wissenswerte rund ums iPhone 4S und iOS 5 auf gewohnt verständliche und sehr amüsante Art und Weise.

iPod: Das Missing Manual, 2. Auflage

J.D. Biersdorfer & David Pogue
328 Seiten, komplett in Farbe, 2010, 19,90 €
ISBN 978-3-89721-990-8

Erfahren Sie in diesem Bestseller alles Wichtige zu iTunes 9 und zu den neuen iPods aus erster Hand! Da hat Apple die ganze Welt mit seinem fantastischen Multimedia-Wunder geködert – aber ein Handbuch, das einem zeigt, wie man das Beste aus seinem Schatz holt, bekommt man leider nicht dazu. Hier springen J.D. Biersdorfer und David Pogue ein: *iPod: Das Missing Manual* verschafft Ihnen nicht nur einen Überblick über die neue Produktlinie, sondern bringt Ihnen mit glasklaren Erklärungen, übersichtlichen Farbabbildungen und viel Expertise all die tollen Sachen näher, die Sie mit Ihrem iPod machen können.

Das Android-Smartphone-Buch

Hans Dorsch
392 Seiten, 2011, 19,90 €
ISBN 978-3-86899-105-5

Stinknormale Handys gibt es fast nicht mehr. Wer heute seinen Vertrag beim Mobilfunkanbieter verlängert, bekommt ein Smartphone dazu, wenn er sich nicht ausdrücklich dagegen entscheidet. Die meisten dieser Geräte nutzen Android als Betriebssystem. Das ist vielen Anwendern im Grunde egal, aber dieses System bestimmt, was Ihr Smartphone alles kann. Das Buch zu Android Smartphones zeigt diese Möglichkeiten. Schon die eingebaute Funktionalität ist vielen Nutzern nicht klar, da den wenigsten Geräten ein ordentliches Handbuch beiliegt. Hans Dorsch stellt außerdem nützliche Apps vor, die den Funktionsumfang erheblich erweitern, und gibt zahlreiche Tipps, mit denen Sie Ihren Androiden noch etwas mehr lieben lernen.

Das Buch zu Skype

Julian Finn
216 Seiten, 2011, 17,90 €
ISBN 978-3-86899-109-3

Hunderte Millionen Menschen weltweit haben sich bereits bei Skype registriert, um via Internet zu telefonieren, zu chatten und Videotelefonate zu führen. Die Vorteile liegen auf der Hand: Das Skypen ist einfach, komfortabel – und kostenlos. Doch Skype kann noch viel mehr. Wussten Sie zum Beispiel, dass Sie Skype auch auf Ihrem Smartphone nutzen können? Dass Sie Ihrem Gesprächspartner während des Skype-Gesprächs Dateien zukommen lassen und sogar einen Blick auf Ihren Bildschirm gewähren können? Und dass sich das Leistungsspektrum von Skype zu geringen Kosten um interessante Funktionen erweitern lässt – etwa um eine Anrufweiterleitung oder eine Festnetznummer? Dies und vieles andere erklärt *Das Buch zu Skype* – verständlich, kompakt und unterhaltsam.

Blogs, Video & Online-Journalismus, 2. Auflage

Moritz »mo.« Sauer
432 Seiten, 2010, 24,90 €
ISBN 978-3-89721-973-1

Dieses Buch zeigt, wie Sie in wenigen Schritten ein Blog mit WordPress aufsetzen, nach Ihren Vorstellungen gestalten und mit attraktivem Bildmaterial versehen. Sie lernen, wie Sie Ihre Artikel über Twitter bekannter machen und für Suchmaschinen optimieren. Auch das Produktion und Einbindung von Videos wird behandelt. Wenn Sie online publizieren, müssen Sie natürlich darauf achten, dass Sie sich juristisch auf sicherem Terrain bewegen. Deshalb haben zwei Juristen konkrete Hinweise und Hintergründe zu rechtlichen Fragen im (Video-)Blogger-Umfeld ergänzt.

anfragen@oreilly.de • http://www.oreilly.de • +49 (0)221-97 31 60-0

Informieren Sie sich auf www.oreilly.de

➼ Gesamtübersicht aller englischen und deutschen Bücher mit **Online-Bestellmöglichkeit**

➼ **Probekapitel** und Inhaltsverzeichnisse unserer Bücher

➼ Ankündigungen von **Neuerscheinungen**

➼ lesen Sie **Themenspecials, Artikel, Autoreninterviews**

➼ abonnieren Sie unseren **Newsletter**

➼ Sie wollen O'Reilly **Autor werden**? *www.oreilly.de/author*

➼ für **User Groups** bieten wir ein spezielles Programm an: *www.oreilly.de/ug*

➼ lesen Sie unser **Verlagsblog** unter: *http://community.oreilly.de/blog*

➼ folgen Sie uns auf **Twitter:** *http://twitter.com/OReilly_Verlag*

O'Reillys eBooks

Ob Tierbücher, Kochbücher, Basics oder die beliebten Missing Manuals: O'Reilly-Leser können auch online auf das deutschsprachige Verlagsprogramm zugreifen (ausgenommen Taschenbibliothek und »Von Kopf bis Fuß«).

Und: Die eBook-Ausgabe ist ca. 20 % günstiger als das gedruckte Buch!

Erhältlich unter:
www.oreilly.de/ebooks

O'Reilly Verlag GmbH & Co. KG
Balthasarstraße 81, 50670 Köln
kommentar@oreilly.de

O'REILLY®